개정판

지방행정론

임 재 현

도서출판 대영문화사

개정판을 내면서

2021년에 이 책의 개정판을 출판하면 좋겠다는 의뢰를 받았다. 그동안 이 책으로 수업을 진행하면서 수정할 부분, 보완할 부분, 삭제할 부분들에 대해 생각을 하였기 때문에 바로 개정판 집필 작업에 들어가고 싶었다. 그러나 2022년 1월부터 지방자치의 모법인 「지방자치법」이 전면 개정되어 실시될 것이므로 개정판 집필을 미룰 것을 부탁하였고 출판사에서도 쾌히 받아들였다.

전면 개정된 「지방자치법」의 규정 중에서 이 책에 꼭 필요한 규정도 많이 바뀌었다. 개정된 법 규정에 기반하여 개정판을 집필하다 보니 책에서도 적지 않은 변화가 있었다. 또한 이 책으로 수업을 진행하면서 책의 내용이 15주 내에 끝내기에는 양이 조금 많음을 느꼈다. 그래서 가능하면 15주 내에 이 책의 대부분을 소화할 수 있도록 내용에 변화를 주었다.

이러한 이유들로 인해서 개정판을 쓰는 와중에 많은 분들에게 고마움을 다시 한 번 느끼게 되었다. 그 어느 때보다도, 어려운 상황에서 많은 선생님들과 후학들이 이 책을 사랑해주시지 않았다면 개정판을 집필하지 못했을 것이라는 생각을 하니 이 책을 사랑해주신 모든 분들에게 감사 인사를 드리지 않을 수 없다.

또한 하늘에 계신 존경하고 사랑하는 아버님과 어머님, 항상 내 곁을 지켜주고 있는 사랑하는 아내, 꿋꿋하게 자신의 길을 가고 있는 자랑스러운 자식들, 나를 위해 항상 기도해주는 사랑하는 동생들과 그 가족들, 격려를 아끼지 않는 처가 식구들께 깊이 감사를 드리고 싶다. 그리고 6살이 된 흰둥이와 이제 돌이 막 지난 나리의 재롱이 책 집필 과정에서 발생한 스트레스를 잊게 해주었다. 또한 이 책이 발간되도록 도움을 주신 대영문화사의 임춘환 사장님, 임현준 부장님, 장선옥 선생님에게도 감사의 인사를 드린다.

2022년 11월 어느 날

저자 임재현

초판 머리말

25년이라는 세월 동안 지방행정을 강의하면서 많은 것을 배우고 또한 배운 것을 학생들에게 가르치려고 열심히 노력했다. 어떤 때는 강의가 잘된 것 같기도 했지만 아쉬움이 남는 경우가 더 많았다. 아쉬움이 남을 때마다 다시금 자료를 찾아 공부하고 수정 · 보완하는 일을 수도 없이 반복한 것 같다. 그런 과정을 거쳤지만 아직도 나의 강의에 나 스스로 만족하지 않는 경우가 많다. 마치 지방자치에 대해 우리가 만족하지 못하는 것처럼!!!

국가가 처해 있는 상황에 따라 지방자치를 실시하기도 하고 실시하지 않기도 한다. 일반적으로 보면 경제가 발전할수록 교육수준과 의식수준이 높아지면서 지방자치가 실시되는 경향이 있었다. 그러나 현재의 상황은 지방자치의 실시를 '선택의 문제'가 아니라 할 수밖에 없는 '필수의 문제'로 만들고 있다. 즉, 세계화라는 거대한 물결 속에서 국가와 지방이 살아남기 위한 전략으로 지방화를 추진하게 함으로써, 소위 'Glocalization'이라는 단어가 만들어졌고, 이를 우리는 '세방화(세계화+지방화)'라고 부르기도 한다. 즉, "Think Globally, Act Locally"라는 표현에서처럼 어느 지방도 경쟁을 강조하는 사회변화를 외면할 수 없는 상황이 되었다.

이러한 상황에서 우리나라도 지방자치를 실시하고 있지만, 여러 측면에서 부족한 것이 사실이다. 지방행정을 강의하면서 이러한 점들에 대해 많이 고민하였다. 그 고민들 속에서 많은 선 · 후배 교수님들의 훌륭한 업적들을 접하면서 많은 것을 배우고 느꼈다. 지방자치를 통해 지역의 발전과 주민들의 복지를 향상시키기 위해서는 주민, 지방행정, 지방정치가 제 역할들을 해야 함을 많은 연구들이 지적하였다. 주민의 역할이 매우 중요한 것은 틀림없는 사실이지만, 현재까지 우리나라의 지방자치는 지방행정과 지방정치가 중심이 되어 운영되고 있다. 특히, 지방행정의 중요성에 대해서는 새삼 강조할 필요가 없을 정도이다. 지방행정과 지방정치의 전문성을 비교하면 더욱 지방행정의 중요성을 깨닫게 한다.

이러한 것을 느끼면서 그동안 배우고 깨달은 점들을 모아 정리하여 이 책을 발간하기로 마음을 먹었다. 25년 동안 지방행정을 강의하고 있고 지방행정에 대해 많이 생각해 왔으면서도 책을 쓰는 것이 쉽지 않음을 다시 한 번 느낀다. 스스로 부족함을 알기에 더욱 최선을 다하고자 마음을 다잡아 왔다. 이 책이 우리나라 지방행정의 발전에 조금이라도 도움이 되고, 아울러 후학들에게 다소나마 도움이 되었으면 좋겠다는 희망을 가져 본다.

마지막으로, 이 책을 발간하는데 정신적으로, 그리고 실제적으로 도움을 주신 많은 분들께 감사를 드리고 싶다. 이 책을 집필하면서 수년 전에 돌아가신 아버님과 작년에 돌아가신 어머님께서 하늘나라에서 매우 기뻐하시리라 생각을 했다. 또한 항상 내 곁을 지켜주고 있는 사랑하는 아내, 꿋꿋하게 자신의 길을 가고 있는 자랑스러운 아들들, 나를 위해 항상 기도해주는 사랑하는 동생들과 그 가족들, 격려를 아끼지 않는 처가 식구들께 깊이 감사를 드리고 싶다. 또한 이 책이 발간되도록 도움을 주신 대영문화사의 임춘환 사장님, 임현준 과장님, 장선옥 선생님, 그리고 박사과정에 있는 이지윤 예비박사에게도 감사의 인사를 드린다.

2017년 6월 어느 날

청파동 언덕에서

저자 임재현 씀

차례

제 1 부

지방자치

제 1 장 사회변화와 지방

20세기에 인류는 두 차례에 걸친 세계대전을 포함하여 많은 분야에서 다양한 경험을 하였다. 특히, 교통 · 통신 · 과학 · 기술의 급속한 발달로 인해 20세기 후반부터 인류 역사에 유례가 없을 정도로 사회변화의 폭이 확대되고 속도가 빨라지고 있다. 소위 '변화의 소용돌이'에 인류가 휘말려 있다고 해도 과언이 아닐 정도로 다양한 변화가 빠르게 진행되고 있다. 이러한 변화를 주도하는 대표적인 현상은 세계화(전 지구화), 정보지식화, 지방화라고 할 수 있다. 세계화, 정보지식화, 지방화는 매우 다양한 분야, 과장하여 표현하면 인류와 관련된 모든 분야에서 매우 중요한 변화를 야기하고 있다. 국가는 물론이고 지방에서도 전례가 없는 변화들이 발생하고 있음은 당연한 일이다.

사회변화는 위기이면서 동시에 기회가 될 수 있기 때문에 개별 지방이 이에 어떻게 대응하느냐에 따라 발전의 기회가 될 수도 있고 쇠퇴의 출발점이 될 수도 있다. 따라서 주요한 사회변화의 내용을 검토하고, 그 변화와 지방과의 관계를 분석하는 것은 의미가 있는 일이다.

제 1 절 세계화(Globalization)

1. 세계화의 의미

앞에서 언급한 바와 같이, 20세기 후반에 들어와서 교통 · 통신과 과학 · 기술의 획기적인 발전으로 인해 인류는 다양한 분야에서 다음과 같은 중요한 변화를 경험하고 있다(임재현, 2016: 12-13). 첫째, 공간이 실질적으로 변하지는 않지만 심리적으로 압축됨으로써, 사람과 물류와 자본의 이동성이 크게 증대되고 있다. 즉, 시·공간의 제약이 많이 완화되어 교류와 소통이 활발해지고 있다. 둘째, 특정 국가 혹은 특정 지역의 주요 문제가 실시간으로 전 세계에 영향을 미치는 '파급의 연쇄성'이 크게 증대되고 있다. 특정 국가 혹은 지역에서 발생된 경제적·사회적·정치적·문화적·환경적 문제를 포함한 많은 주요 문제는 바로 국경을 넘어 전 세계에 영향을 미칠 정도로 '상호의존성'이 높아지면서 전 세계가 하나의 체계로 통합되고 있다. 셋째, 기업의 활동이 국가의 경계를 넘어 전 세계로 확대되면서 상품이나 자본이 자유롭게 이동하게 되었다. 특정 국가를 중심으로 생산·판매되던 상품이 국경을 넘어 세계를 시장으로 삼으면서 기업 간의 경쟁이 확대되고, 이에 따라 인적 자원, 자본 등의 이동도 활발해지고 있다. 넷째, 미국과 소련을 중심으로 대립하였던 냉전시대가 종식되면서 다양한 분야에서 국가 간 교류의 폭이 확대되었다. 냉전시대의 마감은 다양한 측면에서 많은 변화를 야기하였으며, 특히 경제적 측면에서의 교류가 괄목할 정도로 증대되어 세계가 하나의 시장이 되고 있다.

이러한 변화는 세계가 '동시 생활권'이 되고 개방체제가 되었음을 의미한다. 이것이 '세계화(globalization)'[1]이다. 즉, 세계화는 지구상의 모든 국가가 이념과 국경을 초월해서 단일 시장을 형성하는 현상을 의미한다.

세계화만이 개방체제를 추구하는 것은 아니다. 세계화와 유사한 뜻으로 1970년대부터 많이 사용되어 온 '국제화(internationalization)'라는 현상이 있다. 세계화와 마찬가지로 국제화도 개방사회를 추구한다. 따라서 현재도 이들을 구별하지 않고 동일한 개념으로 사용하는 사람들도 있지만, 엄격하게 말하면 두 현상은 다르다. 즉, 국제화는 경제적 측면을 중심으로 국가 간의 교류가 증가하는 개방사회를 추구하는 반면에, 세계화는 경제적 측면에서의 개방을 포함하여 정치, 사회, 문화, 환경, 교육 등 사회 전반적 측면에서의 개방사회를 추구한다.

1) 학문적으로는 '전 지구화'라는 단어가 통용되고 있으며, 우리나라에서는 '전 지구화'를 김영삼 정부 시절부터 '세계화'라고 부르고 있다.

2. 세계화의 전개

개방사회를 추구하는 세계화는 다양한 형태로 전개되고 있다. 즉, 세계화는 상품의 전 지구적 이동에서 시작하여, 초국적기업의 전 지구적 이동을 거쳐서, 금융자본의 전 지구적 이동으로 전개되고 있다. 이러한 변화에서 유의할 점은 상품의 세계화가 끝나고 초국적기업의 세계화가 나타나는 것이 아니고, 또한 초국적기업의 세계화가 끝나고 금융자본의 세계화가 나타나는 것이 아니라는 것이다. 상품의 세계화가 계속 진행되면서 초국적기업의 세계화가 나타났고, 상품의 세계화와 초국적기업의 세계화가 확대되면서 금융자본의 세계화가 진행되고 있다.

1) 상품의 세계화

상품의 세계화란 상품의 판매가 생산된 국가에 한정되지 않고 전 세계에서 판매되는 현상을 말한다. 즉, 특정 국가 내의 기업들이 생산한 상품들이 해당 국가의 시장 안에서 판매를 위해 서로 경쟁하는 것이 아니라, 다양한 국가에서 생산된 많은 상품들이 세계의 모든 시장을 대상으로 판매 경쟁을 하는 현상을 의미한다. 따라서 기업은 생존은 물론이고 발전을 위해서 가능한 모든 생산요소들을 향상시킴으로써 경쟁력을 제고시키려고 한다. 따라서 상품 판매를 둘러싼 경쟁이 치열해질 수밖에 없다. 이러한 경쟁 상황을 이겨나가기 위해 기업들은 상품의 판매를 촉진하는 하나의 방안으로 가격을 인하하려고 한다. 특정 기업의 가격 인하는 다른 기업들의 가격 인하를 유발함으로써 세계적 차원의 가격 인하 경쟁이 발생한다. 가격 인하 경쟁은 다양한 측면에서 다양한 방법으로 진행될 수 있지만, 생산적 측면에서는 두 가지 방식이 많은 관심을 받아왔다. 한 가지 방식은 '규모의 경제(economy of scale)'이고, 다른 방식은 '범위의 경제(economy of scope)'이다. '규모의 경제'는 대량생산을 통해 효율성을 향상시키는 방식이고, '범위의 경제'는 투입요소들을 공동으로 활용함으로써 효율성을 높이는 방식이다.

범위의 경제(economy of scope)

경제가 발전하여 소득이 상승함에 따라 소비자들의 취향과 기호가 표준화와 획일화에서 벗어나 개성화와 다양화되는 경향이 나타났다. 그 경향은 정보지식화가 진행되면서 더욱 강해지고 있다. 이러한 상황에서 특정 제품의 생산량을 확대하는 '규모의 경제(economy of scale)'가 지나칠 경우에는 재고를 증가시킬 위험이 있기 때문에 효율성 향상의 측면에서 바람직하지 않는 경우가 발생할 수 있다. 재고 축적의 위험을 완화시키면서 효율성을 향상시키고자 하는 것이 '범위의 경제(economy of scope)'이다. 범위의 경제는 기업이 어느 제품의 생산 공정을 다른 제품의 생산 공정에도 사용할 수 있도록 하는 것이다.

2) 초국적기업의 세계화

상품의 세계화에 이어서 등장한 것이 초국적기업(Transnational Corporation: TNC)의 전 지구적 이동이다. 상품의 생산과 판매를 둘러싼 경쟁이 확대 · 심화되면서 기업은 특정 지역에서만 생산과 판매 등의 경제활동을 하지 않고, 전 세계의 모든 시장들을 대상으로 하여 많은 기업들과 경쟁과 협력의 관계를 맺으면서 생산전략과 판매전략을 수립할 수밖에 없다. 이러한 전략들의 일환으로 등장한 것이 기업의 해외 직접투자이다. 해외 직접투자의 중요성에 대한 관심이 커지면서 초국적기업이 등장하게 되었다. 초국적기업은 본국을 기반으로 세계적으로 자본을 축적하기 위해 거대한 조직과 전략을 보유하고 있는 기업이다.

초국적기업이 증대하면서 세계 경제의 기본 구조가 크게 변하였다. 초국적기업은 효율적으로 자본을 축적하기 위해 노동력이 싼 국가에 지사, 자회사, 공장 등을 설립하고, 자본 축적을 위해 근로자들의 단결을 약화시키는 전략을 구사하여 왔다. 이에 대한 반작용으로 근로자들은 노동 착취를 방지하기 위해 단결을 강화하였다. 이처럼 초국적기업으로 인한 장점과 단점이 함께 나타나고 있음에도 불구하고, 재정이 어려운 많은 국가들과 지방정부들은 경제발전을 위해 초국적기업을 유치하려고 적극적으로 노력하였다. 초국적기업과 이들을 유치하려는 국가와 지방정부들의 이해관계가 부합하면서 초국적기업의 수가 크게 확대되고, 이들이 세계 경제에서 차지하는 비중이 괄목할 만큼 증가하였다.

초국적기업(Transnational Corporation: TNC)의 실과 허

초국적기업은 세계 각지에 자회사·지사·합병회사·공장 등을 확보하고, 생산과 판매를 위해 국제적 규모로 다양한 활동을 벌이는 기업을 말한다. 유엔무역개발회의(UNCTAD)의 2009년 세계투자보고서에 따르면, 2009년 현재 전 세계적으로 활동하는 초국적기업은 총 82,000여 개이며, 지구상 곳곳에 퍼져나가 있는 초국적기업의 외국 자회사는 약 81만 개에 이른다. 세계 경제에서 초국적기업이 차지하는 비중도 갈수록 커져 초국적기업이 전 세계 상품 수출의 1/3가량을 담당하고 있다.

세계에서 가장 수익성이 좋은 초국적기업 중 하나인 로얄 더치 쉘(Royal Dutch Shell)은 1998년에 1,380억 4,100만 달러의 판매실적을 올렸다. 이 수치는 산유국인 나이지리아 1억 명 인구의 연 수입의 4배에 해당된다. 농산품 무역의 80% 이상을 초국적기업이 담당하고 있다. 500대 초국적기업들이 세계 무역의 70%, 해외 투자의 70%, 세계 GDP의 30% 정도를 좌우한다는 추정치도 있다.

제3세계의 경제적 현실은 초국적기업이 존재해야 하는 이유일 수 있다. 초국적기업은 제3세계를 구원할 수도 있기 때문이다. 그리하여 1980년대 후반과 1990년대에 대부분의 개발도상국들은 초국적기업을 유치하기 위해 각종 규제를 철폐하는 경제자유화정책을 도입했다. 국영기업의 민영화도 초국적기업에게는 매력적인 정책이었다.

그러나 초국적기업을 유치한 제3세계에서 많이 나타나는 현실은 고용창출효과는 미미하고 소득불평등이 확대되었다는 것이다. 이는 초국적기업을 유치한 혜택이 일부 부유층에게만 돌아갔음을 의미한다.

이러한 현실에 대한 비판이 고조되면서, 초국적기업을 민주적으로 통제해야 한다는 목소리가 높아지기 시작하였다. 이 주장은 초국적기업 활동에 대한 통제는 궁극적으로 정부와 시민들에게 달려 있다는 것이다. 즉, 정부는 초국적기업을 규제할 수 있고, 생산자는 초국적기업의 원료를 사용하지 않을 수 있으며, 소비자들은 초국적기업의 상품과 서비스를 구매하지 않을 수 있다는 것이다.

출처: 『시사경제용어사전』(2016)과 존 메들리(2004)의 『초국적기업 세계를 삼키다』에서 부분 발췌·재서술

3) 금융자본의 세계화: 글로벌 자본주의화

20세기의 경제는 국가와 시장이 주도권을 둘러싸고 서로 경쟁을 벌이는 상황이라 할 수 있다. 20세기 초의 경제적 호황은 시장의 주도 하에 이루어졌지만 시장실패가 나타났고, 1950년대에서 1970년대 초반까지의 호황은 국가의 개입에 의한 것이었지만 시간이 흐를수록 정부실패가 야기되었다. 그러다가 1970년대 후반을 기점으로 시장이 주도하는 분위기가 등장하였다. 이러한 상황에서 금융자본이 전 지구적으로 빠르게 이동하는 현상이 나타났다. 이것이 금융자본의 세계화이다. 금융자본의 세계화는 '글로벌 자본주의화'라고도 불린다. 금융자본의 세계화가 인류에 미치는 영향은 상품의 세계화와 초국적기업의 세계화보다 크리라 평가되고 있다.

금융자본의 세계화는 글로벌 금융시장이 팽창한 것으로서, 금융자본의 역할을 크게 증대시켰다. 또한 금융자본의 세계화는 미국의 주도 하에 운영되고 있다고 해도 과언이 아니다. 즉, 미국이 국제기구를 통해 미국식 자본주의를 따르도록 조정하고 있으며, 특히 IMF는 관리대상국에게 미국식 자본주의를 수용하도록 강요하고 있다(임재현, 2016: 18).

미국식 자본주의는 경쟁 중심적이고, 시장 중심적이며, 금융 중심적이고, 기업 중심적이며, 성과 중심적이고, 장기적인 발전보다 단기 수익을 중시하는 경향이 있다(조지프 스티글리츠, 2021). 따라서 미국식 자본주의의 영향을 크게 받고 있는 금융자본의 세계화는 경영의 유연성 강조, 기업의 탈집중화와 네트워크화 촉진, 노동 대비 자본의 중요성 강조, 노동운동의 영향력 축소, 국가의 시장에 대한 규제 완화, 복지국가 축소, 전 지구적 경쟁 확대 등을 특징으로 한다. 경제적 측면에서 금융자본의 세계화의 특징을 한마디로 정리하면, 국가의 힘은 약화되고 시장의 힘은 강화되는 것이다.

금융자본의 세계화에서는 자유경쟁과 상호의존이 이데올로기로 자리매김하는 경향을 보이고 있다. 금융자본의 세계화를 신봉하는 사람들은 자유경쟁과 상호의존만이 경제를 발전시키고 민주주의를 번영시킬 것이라고 주장한다. 그들이 주장하는 자유경쟁과 상호의존에 대해 살펴보면 다음과 같다(임재현, 2016: 18-19).

첫째, 정보와 지식의 신속한 흐름이 확대되면서 시간적 제약과 공간적 제약을 받고 있던 경쟁이 그 범위를 무한대로 확산시키고 있다. 이와 같이 시간과 공간의 벽을 허무는 경쟁은 경쟁의 속성을 '규제된 경쟁(governed competition)'에서 '초경쟁(hypercompetition)'으로 전환시켰으며, 이로 인해 모든 관계는 경쟁을 매개로 하여 형성된다. 경쟁에서 이길 수 있는 전략은 '필요할 때 필요한 것을 공급할 수 있는 시간 관리', 즉 '적기공급생산(just-in-time)'이다.

둘째, 세계를 대상으로 초국가적 네트워크가 체계적으로 구축됨에 따라 교역, 자본이동, 환경 문제 등을 포함하여 다양한 측면에서 국가 간, 국가와 지방 간, 지방 간의 상호의존성이 더욱 크게 증대되고 있다. 이에 따라, 전 지구가 하나가 되는 현상이 빠르게 진행되어 세계의 한 지역에서 발생하는 사건, 활동, 결정은 시시각각으로 다른 지역에 지대한 영향을 미친다.

3. 세계화의 특징

역사적으로 특정 지역 혹은 특정 부문에서 개방사회를 추구하는 노력들이 가끔 있었지만, 전 지구적으로 모든 부문에서 개방사회를 추구하는 것은 이례적이라 할 수 있다. 세계화는 다양한 측면에서 독특한 특징을 보이고 있지만, 특히 경제적, 조직적, 문화적 측면에서 다음과 같은 중요한 특징을 보이고 있다.

1) 경제적 측면

경제적 측면에서 볼 때 세계화의 특징은 매우 다양한 형태로 나타나고 있다. 특히, 경쟁이 촉진되는 것과 지방의 역할이 증대되는 것이 매우 중요한 특징으로 자리매김하고 있다.

(1) 경쟁 확대

세계화는 개방사회를 추구하기 때문에 경쟁이 확대·심화될 수밖에 없다. 앞에서 언급한 바와 같이, 세계화는 상품의 세계화, 초국적기업의 세계화, 금융자본의 세계화로 진행되면서 세계 시장을 대상으로 경쟁이 확대되는 현상이다. 즉, 상품과 초국적기업과 금융자본을 중심으로 국가 간의 경쟁, 국가 내의 지역 간의 경쟁, 지역과 국가와의 경쟁, 지역과 타 국가와의 경쟁, 지역과 타 국가의 지역과의 경쟁이 활발하게 이루어지면서 '무한경쟁사회'를 지향하는 방향으로 진행되는 것이 세계화이다.

(2) 지방 역할 중시

세계화로 인해 경쟁이 확대되면서 이에 대한 효율적인 대응 방식으로 지방의 역할이 증대되는 특징을 보인다. 폐쇄사회에서는 지방이 고립되더라도 생존·성장할 수 있지만, 경쟁이 확대되는 개방체제 하에서는 환경변화에 얼마나 신속하게 대응·적응하느냐가 국가와 지방의 생존과 발전에 중요한 요인이 된다. 이러한 관점에서 보면 국가 차원의 대응보다 상대적으로 신속하게 대응할 수 있는 지방 중심적인 대응이 바람직하다. 국가 중심적 대응은 대응 속도가 느리고, 획일적이며, 비효율적이고, 유연성이 부족할 수밖에 없는 반면, 국가에 비해 크기가 작은 지방이 주도하는 대응은 대응 속도가 빠르고 지방의 특수성이 고려되어 효율적이고 유연할 수 있기 때문이다. 이처럼 세계화가 진행될수록 국가의 역할보다 지방의 역할이 상대적으로 중요시되는 이유를 살펴보면 다음과 같다.

첫째, 초국적기업의 활동이 증가될수록 국가의 산업보호자로서의 역할이 축소될 수밖에 없다. 많은 나라는 자국의 경제발전을 위해 초국적기업의 유치를 원한다. 그런데 초국적기업은 국가를 협상상대자로 할 때보다 지방정부를 협상상대자로 할 때 더 많은 이익을 취할 수 있다. 즉, 많은 지방정부들이 초국적기업을 유치하려고 하기 때문에 지방정부들 간에 출혈경쟁이 발생할 수 있고, 이는 초국적기업의 수익을 크게 증대시킬 수 있다. 반면에, 국가가 협상대상자가 될 경우에는 출혈경쟁을 전혀 기대할 수 없다. 따라서 초국적기업은 지방정부를 협상대상자로 원하고 또한 국가는 초국적기업의 유치를 다른 국가에 뺏기는 것을 원하지 않기 때문에, 초국적기업이 원하는 대로 지방정부를 협상대상자로 하는 제안을 수용하는 경향이 있다. 이리하여 국가의 역할이 축소된다.

둘째, 세계화가 진행되면 소비자들은 수많은 기업의 다양한 상품들을 접촉할 기회를 더 많이 갖게 됨으로써 소비자의 선택의 기회가 확대되고, 따라서 기업의 활동이 매우 중요해진다. 산업사회에서는 상품을 결정할 때 국가 브랜드 가치를 중시하는 경향이 있었다. 그러나 세계화로 인해 소비자들은 다양한 상품을 접촉할 기회를 많이 가짐으로써 국가가 아니라 기업의 이미지와 경쟁력을 상품 선택의 중요한 기준으로 여기게 되었다. 그런데 기업의 이미지는 기업 자체의 이미지와 함께 기업이 입지하고 있는 지역의 이미지에 의해 결정된다. 이로 인해, 기업들은 자신들의 이미지를 높이는 데 도움이 되는 지역에 입지하려는 경향이 있음을 부인하기 어렵다. 미국의 많은

IT 기업들이 실리콘밸리(Silicon Valley)에서 사업을 하려는 것과 독일의 많은 창업기업들이 '베를린 비즈니스 인큐베이터(Berlin Business Incubator)'에 입주하려는 것도 이와 관련이 있다(임재현, 2021: 71-71, 225).

셋째, 지방정부는 지역경제 활성화를 위한 지역의 장점을 최대한 활용하고 지역의 상황을 고려하면서 지역경제정책에 적극적으로 임하고 있다. 경제활동의 범위가 전 지구적으로 확대되면서 기업활동에 유리한 조건을 제공하는 지역은 초국적기업과 유동자본을 유치하여 지역경제를 활성화시키는 반면에, 이를 무시한 지역의 경제는 침체에 빠지기 때문이다. 지방정부와 구성원들의 노력에 따라 지역경제의 희비가 엇갈린 대표적인 사례를 보면 다음과 같다. 영국의 조그만 공업도시이었던 케임브리지(Cambridge)는 시 정부를 포함하여 지역 내의 혁신 주체들의 적극적인 노력으로 '케임브리지 테크노폴(Cambridge Technopole)'을 만들어 '케임브리지 신드롬(Cambridge Syndrome)'이라는 말이 만들어질 정도로 많은 초국적기업들이 입주하여 세계에서 가장 선도적인 혁신클러스트가 되었다(임재현, 2021: 214-215). 반면에, 산업사회에서 철강의 메카로 불리면서 지역경제가 활성화되었던 피츠버그(Pittsburgh)와 자동차의 메카로 알려졌던 디트로이트(Detroit)는 기업활동에 유리한 상황을 제공하는 것과 신기술을 개발하는 것을 등한시하고 노동조합의 활동이 매우 강하였기 때문에 후발 주자와의 경쟁에서 밀려 주력산업이 쇠퇴하고, 이에 따라 지역서비스산업조차 도태하여 지역경쟁력이 크게 퇴보하였다(임재현, 2021: 72).

넷째, 사회가 변하면서 개인은 국적에 의해서가 아니라 여가, 취향, 문화 등을 통해서 정체성을 확인하려는 경향이 나타났고, 이로 인해서 국가의 역할은 감소하는 반면에 상대적으로 지역공동체가 중시된다. 토플러(A. Toffler)가 세계화시대의 국가를 '경계가 무른 후기국민국가(soft-edged post-nation state)'라고 부른 바 있다. 후기국민국가에서는 국가의 경계와 주권의 중요성이 약화되고, 개인은 자신의 정신적 만족을 추구하는 경향이 강하게 나타난다. 따라서 예전과 같이 '단일 민족국가로서의 연대감'을 기대하기 어렵기 때문에 국가의 역할이 감소한다. 반면에, 개인은 정체성 확보의 수단으로 지역공동체를 중시하는 경향을 보인다. 정보와 지식의 유통이 빠르게 확대되면서 가상공간을 통해 정체성을 확보하려는 경향이 나타나는 것도 사실이고, 이로 인해 국가의 역할이 축소되고 있다. 가상공간과 아울어 장소, 문화, 여가, 인적 교류 등도 여전히 정체성 확보의 중요한 수단으로 작용하고 있다(https://kisingo.tistory.com/481). 장소에 대한 감정, 문화·여가활동, 인적 교류 등은 국가적 차원보다는 지역적 차원에서 우선시되는 것이 일반적이다. 자신이 거주하는 특정 지역을 중심으로 문화・여가활동, 취미생활 등을 중심으로 사회적 관계를 공고히 하면서 지역공동체의 구성원이 되어 정체성을 구축하려는 경향이 더욱 강하다.

이러한 변화가 국가를 무시해도 된다는 의미는 결코 아니다. 중요한 것은 국가의 역할이 변해야 한다는 것이다. 국가는 예전에 익숙했던 권력적이고 시혜자(施惠者)적 역할을 지양하고, 촉진자적, 지원자적, 보완자적 역할을 하여야 한다.

2) 조직적 측면

세계화가 진행되면서 초국적 조직, 즉 국제기구와 초국적기업 등의 활동이 활성화되는 특징을 보이고 있다. 먼저, 세계무역기구(WTO), 초국적기업 등의 활동이 생산부문을 지구적으로 재배치함으로써 세계 경제 구성원들 간의 협조와 경쟁이 확대되고 있다. 이로 인해, 초국적 분업과 초국적 교류가 확대됨으로써 초국적기업의 활동이 국가 내에서, 그리고 범지구적 차원에서 중요하게 인식되고 있다.

또한 기존 국민국가의 틀 내에서는 처리하기 어려운 문제들을 해결하기 위해 결성된 국제기구들의 규모와 중요성이 크게 증대되었다. 관세 및 무역에 관한 일반협정(GATT), 국제통화기금(IMF) 등은 물론이고, 그린피스(Green Peace), 국경없는 의사회(Doctors Without Borders) 등과 같은 초국적 조직의 활동이 커져 왔다.

이러한 초국적 조직들은 국민국가의 경계를 넘어서서 발생하는 초국적 문제들을 해결하는 데 주력함으로써 개별 국가에게 작지 않은 영향력을 행사하고 있다. 초국적 조직의 종류에 따라 영향력이 다르지만, 예를 들어 관세 및 무역에 관한 일반협정, 국제통화기금, 세계은행 등의 영향력은 개별 국가에 큰 부담으로 작용하는 경우가 적지 않다.

3) 문화적 측면

경제적 측면을 넘어서서 문화적 측면에서 세계화가 확산되면서, 경제와 문화의 영역에서 더 이상 한 나라만의 고유한 사건이 존재하기 힘든 방향으로 나아가고 있다. 문화의 세계화는 두 유형, 즉 '문화적 동질화'와 '문화적 다양화'로 대별될 수 있다(임재현, 2021: 13-14).

문화적 세계화의 초창기에는 서구 국가의 문화가 개발도상국으로 전파되면서 개발도상국의 독특한 가치와 문화를 붕괴시키고, 나아가서 문화적으로 종속되게 만들었다. 이로 인해, 전 세계적으로 같은 문화를 공유하는 '문화적 동질화'가 발생하였다. 청바지, 코카콜라, 맥도널드, 피자 등이 전 세계로 전파된 것이 대표적인 사례이다. '문화적 동질화'는 '문화적 침식' 혹은 '문화제국주의'를 발생시킨다는 비판을 받았다.

문화의 세계화

문화는 과거로부터 현재를 거쳐 다음 세대로 전해지는 것 중에서 사람들의 인정을 받는 매우 소중한 유·무형의 자산이다. 따라서 문화는 한 사회 혹은 지역 안에서 사람, 제도, 사건 등을 의미 있는 관계로 만드는 역할을 한다.

산업화가 진행되면서 부유한 국가들이 주도하는 문화상품의 세계화는 경제 논리에 충실히 입각해 오직 수요와 시장에 따라 경쟁력이 있는 상품을 만드는 것을 강조했다. 그리고 예술, 스포츠, 종교, 정치적 행동들마저도 '구경거리'로 바꿔 놓았다. 그 결과, 외부에서 유입된 새로운 문화 앞에 다양한 지역의 특수한 문화들이 사라졌다. 이를 문화적 침식이라고 한다. 그러나 문화적 침식을 당하는 사회는 결코 수동적인 장난감이 아니라 유입된 새로운 문화를 자기 것으로 만드는 능력을 보였다.

20세기 후반 컴퓨터와 전화가 결합하면서 세계가 하나의 유통망을 구축함에 따라 등장한 '문화의 세계화'는 사라져가는 전통문화를 보존하거나 혹은 다양한 문화들 간의 차이를 없애고자 하는 것이 아니라, 그 차이를 인정하면서 다양한 문화가 서로 교류하고 혼합할 수 있는 틀을 만드는 역할을 해야 한다고 강조한다. 이를 위해 가장 중요한 것은 각 국가와 지역이 자신의 문화를 생산하는 능력과 이를 지원하는 제도와 정책을 만드는 것이다.

출처: 장 피에르 바르니에(2008)의 『문화의 세계화』에서 부분 발췌·재서술

이에 대한 반작용으로 문화적 정체성을 확보하기 위한 노력이 다양하게 전개되면서 '문화적 다양화'가 확대되고 있다. 문화의 세계화는 자본이나 기술, 국가의 영향력 등에 의해서도 많은 영향을 받지만 가장 기본이 되는 것은 문화 자체의 내용이라는 인식이 확대되고 있다. 이러한 인식을 바탕으로 각 국가와 지역은 자신의 문화에 대한 자부심과 정체성을 바탕으로 전통문화의 좋은 점을 창조적이고 합리적으로 전승

하는 한편, 다른 국가와 지역의 문화가 지닌 긍정적 요소를 개방적이고 주체적으로 수용하여 재구성하는 노력을 기울이고 있다. 이로 인해, '문화적 다양화'가 확대되는 추세가 나타나고 있다. '문화적 다양화'는 국가적 차원에서 추진되기도 하지만, 국가를 구성하고 있는 많은 지역들도 나름의 독특한 지역문화를 보유하고 있기 때문에 문화적 정체성을 구축하는 측면에서 상당한 역할을 하고 있다. 또한 문화적 정체성을 구축하는 데 중요한 역할을 하는 공동체 구축, 주민참여 활성화 등의 측면에서는 지역이 국가보다 상대적으로 유리하기 때문에 문화적 정체성을 구축하는 데 있어서 지역의 역할을 결코 간과해서는 안 된다. 이러한 이유로 인해서 '문화적 다양화'를 위해 지역 차원에서의 자발적이고 적극적인 노력이 매우 중요하다는 연구들이 최근에 많이 나타나고 있다.

4. 세계화의 장 · 단점

다양한 분야에서 전개되는 세계화는 인류의 삶의 많은 부분을 긍정적으로 변화시키기도 하고 부정적인 영향을 미치기도 한다. 이에 대해 살펴보면 다음과 같다.

1) 장점

세계화의 장점은 매우 다양하지만, 여기에서는 인류의 문화와 삶의 질 향상, 소비자 만족도 증대, 정치적 · 사회적 발전 등에 대해 살펴보기로 한다.

첫째, 세계화는 문물의 교류를 활발하게 하여 인류의 문화와 삶의 질을 발전시킨다. 세계가 점차 개방사회로 진행되는 상황에서 다른 국가와 교류하지 않고 폐쇄적인 정책을 고수하면 국가의 발전이 어려울 뿐만 아니라 점차 쇠퇴할 가능성이 커진다. 세계화에 따른 외국과의 활발한 문물 교류는 자국의 부족함을 깨닫는 동시에 외국의 우수성을 배우는 계기가 될 수 있다. 개발도상국은 선진국의 우수한 문물을 습득하고, 선진국은 개발도상국이 가지고 있는 장점을 배우는 기회가 확대되어 인류의 문화와 삶의 질이 향상되는 기회가 확대된다.

둘째, 세계화가 지구적 차원의 단일 시장과 경쟁 원칙을 강화하기 때문에, 많은 국가들이 상호교역에서 비교우위를 가지는 부분에 집중한다. 따라서 소비자는 더 우수한 제품과 서비스를 더 적은 비용으로 구입할 수 있기 때문에, 소비자의 만족도가 증대된다.

셋째, 경제적인 부분 외에도 다양한 부분에서 국제적 협력이 활성화됨으로써 정치적·사회적 발전을 기대할 수 있다. 예를 들어, 개발도상국이 선진국의 우수한 정치제도를 배울 수 있는 기회가 확대되어 자국의 정치제도를 발전시킬 수 있는 동력을 확보하기도 하고, 또한 독재국가에 대한 국제적 반대 여론을 형성하여 이 국가의 정치 발전을 도모하기도 한다. 또한 범세계적인 의제, 즉 환경, 노동, 여성, 인권 등에 대한 국제적 협력이 가속화될 수 있다.

2) 단점

세계화는 장점과 더불어 많은 단점을 포함하지만, 대표적인 단점으로는 노동자 일자리 불안정, 불평등 확대, 국제사회 통합 저해, 문화의 획일화 등을 지적할 수 있다. 이에 대해 살펴보면 다음과 같다.

첫째, 세계화가 진행되면서 자유 무역이 확산됨과 함께 자본 이동과 노동력 이동이 활발해지는데, 자본이 노동력보다 훨씬 신속하고 용이하게 이동하면서 노동조건보다 자본의 수익 창출을 더욱 강조함으로써 노동자의 일자리가 불안정해진다. 이는 실물경제에 부정적인 영향을 미치고, 실물경제의 어려움은 다시 노동시장을 더욱 악화시킴으로써 실업이 증가하고 국민들의 생활이 더욱 어려워진다. 이로 인해, 경쟁력이 약한 사람, 산업 혹은 국가는 더욱 어려운 상황을 경험하게 된다.

둘째, 세계화의 한 형태인 금융자본의 세계화가 심화될수록 첨단금융기법과 파생상품이 전 세계 금융시장으로 확산된다. 자본집약적이며 고수익·고배당을 추구하는 금융산업에 비정상적으로 집중하게 되면 다음과 같은 문제들을 양산할 수 있다. 먼저, 금융산업에만 지나치게 몰두하는 것은 GDP에서 노동소득 비중을 축소시키는 주요한 원인이 될 수 있다. 또한 금융소득은 소위 '돈이 돈을 버는 소득'으로서 상대적으로 투자의 여유가 있는 부유층에게 돌아갈 확률이 높다. 복잡한 금융기법이 동원되는 상황에서 일반 서민 투자자는 거의 수익을 내기 어렵다. 따라서 금융산업의 규모가 커지면 커질수록 소득불평등은 심화될 수밖에 없다. 소득불평등은 민간소비를 위축시켜 경기침체의 원인이 될 수 있다.

이처럼 세계화는 개인 간의 소득불평등을 확대하는 것은 물론이고, 국가 간의 경제적 불평등도 심화시킨다. 세계은행(IBRD)을 비롯한 많은 기구들과 개인들의 보고

서와 연구는 경제가 통합될수록 국가 간의 양극화 현상이 더 확대된다고 주장하고 있다. 초국적기업의 경우도 개발도상국보다는 선진국 중심으로 투자가 이루어지고 있고, 개발도상국에 대한 투자는 생산설비투자보다는 우량기업을 M&A 하는 투자가 더 많으며, 초국적기업의 R&D 투자는 주로 본국에서 이루어지고 있다(존 그레이, 2016). 이는 선진국과 개발도상국 간의 경제적 격차를 더욱 확대시킬 수 있다.

가짜 여명

자유민주주의와 자본주의는 동반자적 관계가 아니라 대립적인 관계이기 때문에, 글로벌 자본주의가 민주주의를 발전시킨다는 생각은 환상이다. 금융자본이 제한 없이 전 지구적으로 이동하여 실제로 아시아 경제에 엄청난 타격을 초래했다. 미국의 강압과 IMF의 획일적 정책에 의해 브레이크 없이 질주하고 있는 글로벌 자본주의는 실패할 수밖에 없다. 그런데도 글로벌 자본주의가 지속되는 것은 경제만 잘되면 모든 일이 잘 풀린다고 믿기 때문이다. 즉, 인간적 가치를 고양하는 창조와 포섭보다는 파괴와 배제의 원리가 팽배하기 때문이다.

좋은 자본주의는 개별 나라와 개별 사회에서 전통・관습과 조화를 이루는 자본주의이다. 즉, 좋은 자본주의란 국가와 사회의 고유한 특성을 인정하고, 공동체와의 연대를 배척하지 않으며, 차별이 없으면서 차이가 존재하는 자본주의이다.

출처: 존 그레이(2016)의 『가짜 여명(*False Dawn*)』에서 부분 발췌・재서술

셋째, 현재의 금융자본의 세계화는 국제사회의 통합을 해치는 경향이 있다는 주장이 제기되고 있다(존 그레이, 2016). 그레이(J. Gray)의 주장에 따르면, 세계은행(IBRD)이나 국제통화기금(IMF)의 구조조정은 채무국에 민영화와 자유주의 정책을 강요하여 왔으며, 이로 인해 가장 큰 이익을 보는 쪽은 해외 투자가들이다. 결국, 금융자본의 자유로운 이동은 투기가 판치는 일종의 '카지노사회'를 만들었고, 개발도상국의 취약한 구조는 금융투자가나 투기자본의 사냥감이 되었다. 그리하여 중・장기적인 세계 경제의 발전보다 투기자본 혹은 선진국의 단기적인 수익을 중시함으로써 글로벌 금융위기를 초래한 사례들이 있다. 이로 인해, 개발도상국에서는 선진국에 대한 반감이 고조되고 있다.

신자유주의의 신봉자인 그레이는 『가짜 여명(*Flase Dawn*)』에서 현재의 세계변화

는 잘못된 목표를 향해 가고 있다고 한다(존 그레이, 2016). 그는 자유시장은 강한 국가 없이는 존속이 어렵기 때문에 민주주의와 자유시장은 동반자적 관계가 아니라 대립적인 관계라고 주장한다. 따라서 미국식 글로벌 자본주의가 자유민주주의를 번영시키리라는 생각은 환상임을 인식해야 한다고 주장한다.

넷째, 전 지구적 상호의존성이 높아짐에 따라 문화적 측면에서도 서구 문화가 널리 확산되면서 문화의 획일화 현상, 즉 '문화적 침식' 혹은 '문화제국주의'가 나타났다. 이로 인해, 정치적 · 경제적 영향력이 상대적으로 약한 약소국이나 원주민의 문화는 차별과 편견의 대상이 되거나 소멸하는 운명에 처하는 경우도 발생하였다. 물론, 앞에서 지적한 바와 같이 문화의 세계화는 '문화적 동질화'와 '문화적 다양화'로 대별되며, 이러한 문화 획일화 현상은 문화적 세계화의 초창기에 대대적으로 확산되었고, 그 이후에는 문화적 다양화 현상이 나타남으로써 문화 획일화로 인한 피해가 많이 줄고 있음은 매우 다행스러운 일이다. 그렇지만 현재에도 문화적 침식이 완전히 사라진 것은 아니다.

제 2 절 정보지식화

1. 정보지식화의 의미

20세기 후반 컴퓨터와 통신시스템과 관련된 기술의 급속한 발전, 사회적으로 정보 · 지식의 중요성 확대, 개인들의 정보 · 지식 욕구의 증대 등으로 인해 '정보혁명'이 사회 전반에 나타나면서 지식 · 정보 관련 산업이 크게 발달하고 있다. 특히, 반도체, 디지털, 네트워크, 뉴 미디어 등의 기술이 빠르게 발전하여 대량의 정보와 지식을 저장 · 전달 · 공유하는 것이 가능해지고 있다. 이로 인해, 정보와 지식의 중요성이 높아지는 현상이 정보지식화이다. 즉, 정보와 지식의 생산 · 유통 · 소비가 생활의 중심이 되는 현상이 정보지식화이다. 산업 분야에서는 정보 · 지식 관련 산업이 발달하고, 직업 분야에서는 정보 · 지식 관련 직업이 늘어나며, 정보 · 지식 관련 전문가들의 사회적 권력이 확대되는 현상이 정보지식화이다(임재현, 2021: 21). 정보화와 지식화를 구별하는 사람들도 있고 지식정보화라고 하는 사람들도 있지만, 정보화가 더욱 성숙한 것이 지식화라는 점과 정보화와 지식화를 구별할 때 정보화가 먼저 진행되었다는 점을 고려하여 이 책에서는 정보지식화라고 부르기로 한다.

정보지식화가 진행된 결과로 등장한 사회가 정보지식사회이다. 정보지식사회는 정보사회, 지식사회(knowledge society), 지식정보사회, 후기포드주의사회(post-Fordist society), 후기문명사회(post-civilization society), 후기산업사회(post-industrial society), 초산업사회(super-industrial society), 탈근대사회(post-modern society), 전자기술사회(technotronic society) 등으로 불리기도 한다.

이처럼 다양한 명칭을 지니고 있는 정보지식사회를 한마디로 정의하면 정보와 지식이 사회를 움직이는 핵심적인 동력이 되는 사회이다. 다시 말하면, 정보와 지식이 대량으로 생산·유통되면서 정보·지식 관련 활동이 인간의 핵심적 활동으로 등장하며, 그 효과가 경제를 비롯한 사회 전반에 지대한 영향을 미치는 사회를 의미한다. 다른 측면에서 정의를 하면, 정보지식사회는 'know-how' 중심에서 'know-where' 중심으로 변화하는 사회라고 할 수 있다. 즉, 개인이나 조직이 스스로 정보·지식 관련 핵심기술을 보유하는 것도 중요하지만, 그것보다 핵심기술을 소유한 전문가가 누구이며, 핵심기술을 보유한 조직은 어느 조직이고, 그들은 어느 지역에 있는지 등의 정보가 중요하며, 이러한 정보를 기반으로 이들과의 연계네트워크를 구축하여 가치를 창조하는 사회를 정보지식사회라고 일컫는다(임재현, 2016: 20-21).

2. 정보지식화의 특징

많은 측면에서 정보지식화는 산업화와 다른 특징들을 보인다. 정보지식화의 대표적인 특징을 살펴보면 다음과 같다.

첫째, 정보지식화는 가치 창출의 원천으로서의 지식과 정보가 경제체제의 중심이 되는 변화를 발생시킨다. 정보지식화가 진행되면 가치를 결정하는 주요 요인이 육체적 노동량에서 정신적 노동의 질로 변하게 된다. 물론, 육체적 노동의 중요성이 완전히 사라지는 것은 아니지만 가치 창출의 측면에서 그 중요성이 점차 약화된다. 반면에 정보와 지식은 새로운 가치 창출의 주요 원천으로서의 입지를 강화하게 된다. 이로 인해 질적으로 우수한 정신노동을 투입하는 것이 육체노동을 다량으로 투입하는 것보다 비용·편익 측면에서 효율성을 향상시키는 결과를 발생시킨다. 따라서 사회의 지속적인 발전을 위해서는 양적 확대보다 질적 혁신을 더욱 중시하게 된다.

둘째, 정보지식화는 시·공간의 압축 현상을 발생시킴으로써 심리적으로 거리를 축소시켜 사회체제의 구성요소들 간의 교류, 상호작용 등을 급속도로 증가시킨다. 따라서 정치적, 행정적, 경제적, 사회적, 문화적 측면을 포함한 모든 측면에서 부동적(정적) 활동보다 시간적·공간적 한계를 초월한 동태적 활동의 중요성이 강조된다. 이는 사회체제를 매우 복잡하게 만들 뿐만 아니라 정치, 행정, 경제 등을 포함한 모든 측면에서 불확실성을 증가시킨다.

권력이동

권력의 원천은 폭력, 부, 지식인데, 정보화시대로 변화하면서 사회를 통제하는 권력의 원천이 폭력과 부에서 지식으로 급속히 변화한다. 권력의 이동이란 권력의 단순한 이동이 아니라 권력 자체의 성질의 변화를 의미한다. 즉, 폭력과 부가 아니라 지식이 가장 중요한 권력의 원천이라는 것이다. 또한 지식은 가장 중요한 권력의 원천일 뿐만 아니라 폭력과 부의 가장 중요한 요소가 된다.

출처: 토플러의 『권력이동(*Power Shift*)』에서 부분 발췌·재서술

셋째, 모든 조직에서 창조성이 중요시된다. 정보지식화가 진행되면 개성화, 다양화, 경쟁이 확대되고, 따라서 모든 조직은 생존과 발전을 위해 다른 조직과 차별되는 창의적 아이디어를 필요로 한다. 이는 유연하고 혁신적인 조직을 요구한다. 이로 인해, 수평적 조직이 발달하고 탈권위, 탈관료제 현상이 나타난다.

부의 미래

혁명적 부를 창출하는 요인들은 시간, 공간, 지식이다. 이 요인들은 비즈니스는 물론 경제, 사회 전반을 주관하는 기반(fundamental), 즉, 내면 깊숙한 곳에서부터 작용하고 있는 심층기반(deep fundamentals)이다. 심층기반과 관련된 주요 변화를 살펴보면 다음과 같다.

먼저, 세계가 직면하고 있는 위기 상황은 속도의 충돌에서 비롯된다. 경제발전의 속도를 사회제도나 정책 등이 보조하지 못하기 때문이다. 기업은 시속 100마일의 속도로

혁신에 혁신을 거듭하고 있지만 정부, 관료조직, 정책, 법 · 제도는 30마일도 안 되는 속도로 거북이걸음을 하고 있다. 이런 속도의 차이는 결국 상호 충돌을 야기하고 변화와 발전의 흐름을 저해하는 요소로 작용한다.

또한 부의 공간적 이동을 보면, 아시아, 특히 중국이 세계의 부를 지배하게 될 것이다. 역사적 관점에서 아시아가 가지고 있던 부의 주도권이 산업혁명 이후 유럽으로 넘어갔으며, 제2차 세계대전으로 인해 미국으로 옮겨갔고, 다시 지식혁명이라는 제3물결과 함께 그 흐름이 아시아로 움직이고 있다.

심층기반 중 가장 핵심적이라고 할 수 있는 지식은 상호작용하면서 더 거대하고, 힘있는 지식으로 재편되고 있다. 더불어 무한대의 속도로 지식이 변화, 발전하고 있기 때문에 무용지식과 진실을 구별해 내는 방법을 익혀야 한다.

이로 인해, 다양한 방면에서 다양한 변화가 나타나고 있다. 그 중의 하나가 생산과 소비의 융합이다. 예를 들어, 판매나 교환보다 자신의 사용이나 만족을 위해 서비스 제품 또는 경험을 생산하는 이들을 지칭하는 신조어인 프로슈머와 프로슈밍(생산소비)이 증가하여, 프로슈머 경제가 급성장하고 있다.

급성장한 부와 자본주의는 다양한 문제를 야기한다. 부의 혁명으로 인한 부정적 측면에 대한 해법으로서 무엇보다 발상과 사고의 전환이 중요하다. 유형 자산에 대한 집착을 버리고 무형 자산으로의 전환에 발맞춰야 한다.

자본주의의 미래는 결코 부정적이지 않다!

출처: 토플러(2006)의 『부의 미래(*Revolutionary Wealth*)』에서 부분 발췌 · 재서술

넷째, 정보통신망이 확대됨으로써 정보기기를 활용하여 사회적 관계를 맺는 범위가 확대된다. 즉, 대면 접촉이 줄어드는 대신 가상공간이나 통신매체를 통해 새로운 인간관계를 형성하는 현상이 증가한다.

다섯째, 정보지식화는 전반적으로 상품과 서비스의 생명주기를 단축시킨다. 전통산업과 비교할 때 정보 · 지식산업을 포함한 첨단산업에서는 짧은 시간에 관련 전문지식을 축적할 수 있다. 정보 · 지식 축적 시간의 단축은 새로운 상품과 서비스를 개발하여 제공하는 데 걸리는 시간을 단축시킨다. 이로 인해, 새로운 상품과 서비스의 개발 · 생산 · 공급 · 소멸에 이르는 과정이 시간적으로 크게 단축된다(임재현, 2016: 21).

미래 쇼크

산업사회에서 초산업사회(후기산업사회)로 전환되는 과정에서 기술과 지식은 급격히 변화하는 반면, 인간의 적응력은 이를 따르지 못해 충격을 받는다. '미래의 충격'이란 기술적 · 사회적 변화가 초가속화되는 상황에서 인류의 적응이 점차 어려워지는 데 그 적응 한계를 넘어선 '적응 부재' 상태를 말한다. 즉, 인류가 겪게 될 문화의 충격이고, 극심하게 빨라지는 사회변화가 낳은 산물이다. 초산업사회의 주요 변화는 다음과 같다.

첫째, '변화의 가속화'이다. 영속성의 중요성이 사라지고 변화의 속도가 가속화되며 또한 생활의 속도도 빨라진다. 둘째, '일시성과 새로움'이다. 신상품의 생명주기가 짧아지면서 새로운 제품이 빠르게 등장하고, 인류는 물건을 일시적인 소모품으로 대하게 되었다. 또한 예전에 경험하지 못한 새로운 것들을 추구한다. 새로움을 주도하는 힘의 원천은 바로 과학기술이다. 셋째, '다양성'이다. 초산업사회는 표준화된 대량생산체제가 아니라, 다품종소량생산체제로 움직일 것이다. 따라서 어느 한 분야에 능통한 '외골수'보다 다양한 분야를 아우를 수 있는 '마당발'이 초산업사회가 요구하는 인간상이다. 다양한 상품이 생산되었다 사라지는 만큼 다양한 직업도 생겨났다 사라지며, 가치관과 생활양식도 세분되고 있다.

이러한 변화 속에서 인류는 적응력의 한계를 경험하게 된다. 적응 한계를 넘는 자극으로 인해, 신체적 차원에서 신체 기관이 손상을 입게 되고, 심리적 차원에서 적응 노력을 상실하게 된다. 결국, 우리가 미래에 겪을 충격의 실체는 선택 과잉에 대한 적응력의 위기에서 비롯된다. 그래서 미래의 충격이란 인간유기체의 적응체계와 그 의사결정과정의 과도한 부담에서 야기되는 육체적 · 심리적 고통이다.

출처: 토플러의 『미래 쇼크(*Future Shock*)』에서 부분 발췌 · 재서술

여섯째, 첨단산업에 종사하는 전문가들은 다른 업종 전문가들에 비해 직장을 옮기는 성향이 높다. 산업사회에서는 처음 선택한 직장에서 정년을 맞는 '평생직장'을 선호하는 경향이 매우 강했으나, 최근에는 '직장을 옮기는 것은 능력'이라는 말이 점차 확대되고 있다. 이처럼 직장을 옮기는 것을 바라보는 시각이 크게 변하고 있다. 이러한 직장 이주 현상, 특히 자율적인 직장 이주 현상은 첨단산업에서 더욱 자주 볼 수 있다(임재현, 2016: 21). 이직의 이유에는 개인 성향, 가치관, 자연환경, 문화 · 여가시설 등이 포함되며, 무엇보다 '자기발전 기회'를 확대하기 위해 '경력개발(career development)'을 통해 새로운 경험을 추구하고자 하는 욕구도 포함되어 있다(뉴스인데

일리, 2018).

네트워크사회

오늘의 사회는 글로벌경제와 정보혁명이 결합한 신세계로서 오늘의 자본주의는 정보자본주의이다. 정보자본주의를 재생산하는 매체가 네트워크이고, 이는 경제, 사회조직, 문화 영역에도 급속히 확산되어 자본주의 전체를 새로운 방식으로 재구조화한다. 네트워크가 정보전달 속도를 획기적으로 높이고 범위를 전 지구적으로 확대하면서, 거래비용을 거의 제로로 만들어 생산성과 경제가 비약적으로 향상된다. 반면에, 네트워크에는 배제의 논리가 작용한다.

네트워크사회의 재앙을 피하고 새로운 제도를 구축하는 것이 가능하며, 이 과정에서 기존의 국가가 네트워크의 발전과정을 개별적으로 제어하기는 어렵기 때문에, 국가 간 네트워크를 구축하는 일이 중요하다. 예컨대, 유럽공동체와 같은 초국가적 형태, NGO, 민간기업들의 네트워크 등을 생각해 볼 수 있다.

출처: 카스텔(2003)의 『네트워크사회의 도래(*The Rise of the Network Society*)』에서 부분 발췌 · 재서술

일곱째, 이러한 급속한 변화에 적절하고 신속하게 대응하기 위해서는 국가 차원이 아닌 지역 차원의 대응 전략이 요구된다. 국가는 규모가 커서 대응 속도가 느리고, 변화에 적응하는 유연성이 부족하며, 차별화보다 획일화를 추구하는 경향이 있다. 따라서 국가 차원의 대응은 정보지식화라는 변화에 적절하게 대처하지 못하는 경우가 많다. 상대적으로 지역은 규모가 작고 유연하며 차별화를 추구하기 쉽기 때문에, 급속한 변화에 신속하고 효율적으로 대응하기 용이하다(임재현, 2016: 22).

정보사회의 구조적 특징

사회의 성패를 좌우하는 요인은 옛날처럼 교통수단이 아니라 통신기술이다. 세계는 재화와 서비스를 이동하는 새로운 방식을 끊임없이 개발하고 있으며, 그것에 앞서가는 조직은 살아남는다. 통신기술의 발달은 정치, 경제, 사회는 물론이고, 개인의 삶의 방식, 기업의 형태도 바꾼다.

> 인류는 지금까지 제1의 물결, 제2의 물결, 제3의 물결을 경험하였다. 토지를 비롯한 자연물을 소유하는 것이 사회를 움직이는 힘이었던 농경사회가 제1의 물결이고, 건물, 공장, 자본 등의 생산수단이 중시되던 산업사회가 제2의 물결이며, 형태를 눈으로 볼 수 없는 첨단기술과 정보가 중요한 사회가 제3의 물결이다.
>
> 정보사회의 조직원리는 컴퓨터와 커뮤니케이션 기술 등의 발달에 의한 산업의 소프트화, 다품종소량생산체제 등으로 인해 모든 사회구조의 조직원리가 탈대중화(demassification), 분산화(deconcentration), 분권화(decentralization), 소규모화(minimization)로 대표된다. 정보사회에서는 다양한 상품을 생산 · 공급할 수 있으면서 대량생산체제에 대한 의존도가 낮은 정보산업이 산업의 주종을 이루고, 사회조직의 원리도 위계적인 피라미드구조에서 네트워크형으로 변하며, 분권화와 소규모화가 중요하게 된다. 변화에 대한 적응 능력이 높은 조직이 중시되어 전문가들의 수평적 네트워크가 확대된다.
>
> 출처: 토플러(2006)의 『제3의 물결(*The Third Wave*)』에서 부분 발췌 · 재서술

3. 정보지식화의 장 · 단점

1) 장점

정보지식화는 인류의 생활에 많은 긍정적인 영향을 미치고 있는데, 대표적인 장점들로는 다양한 정보의 신속한 공유, 참여민주주의 가능, 지역공동체 형성, 삶의 질 향상 등을 들 수 있다.

첫째, 정보매체의 발달에 따라 다양한 정보를 손쉽게 접할 수 있다. 예전에는 주위에 나도는 소문 혹은 신문과 책 등의 인쇄매체를 통해 정보를 획득할 수 있었다. 정보지식화가 진행되면서 누구나 인터넷을 통해 실시간으로 정보를 제공받을 수 있게 되었다.

둘째, 참여민주주의가 확대될 수 있다. 정보지식화로 인해 인터넷의 사용이 확대되어 많은 사람들이 이를 통해 설문조사 참여, 민원 제기 등을 포함하여 정책과정과 정치과정에 참여할 수 있는 기회가 높아지기 때문에 참여민주주의가 활성화된다.

셋째, 지역공동체를 형성하는 데 이바지할 수 있다. 세계화와 정보지식화로 인해 국가 간의 벽이 허물어지고 세계가 하나의 생활권을 형성하면서, 국가 간, 국가와 지방 간, 지방 간의 경쟁이 확대 · 심화되고 있다. 또한 이에 대응하는 방안으로 정체성 문제가 주요 이슈로 떠올랐다. 이러한 상황에서 경쟁에서 살아남고 정체성 문제를 해

결하기 위해 지방의 중요성이 강조되고 있다. 특히, 지역주민들이 공동체 의식을 가지고 지방의 문제들을 해결하는 데 능동적으로 참여하는 것이 매우 중요하다. 정보지식화는 지방의 정보를 지역주민들이 공유하고 대화를 촉진하는 데 이바지함으로써 지역공동체를 구축하는 데 긍정적인 역할을 한다.

넷째, 사람들의 삶의 질을 향상시킬 수 있다. 정보지식화로 인해 신속하게 공유되는 다양한 정보들은 사회적 문제는 물론이고, 실생활에 직접 도움이 될 수 있는 내용들을 포함하고 있다. 즉, 환경, 문화, 건강, 여가, 음식, 학교, 쇼핑 등을 포함한 다양한 정보들이 생활에 실질적으로 많은 도움을 주고 있다. 아울러, 원격진료, 재택근무 등이 가능해짐에 따라 개인의 복지가 향상되는 데 기여하고 있다.

2) 단점

정보지식화는 위에서 살펴본 이점을 가지고 있으면서 동시에 새로운 문제점들을 발생시킨다. 대표적인 문제점들로는 정보의 홍수, 정보의 불평등, 사생활 침해, 지적 재산권 침해, 비인간화 등을 들 수 있다.

첫째, '정보의 홍수 현상'이 나타난다. 정보지식화가 진행되면서 누구나 정보의 소유자가 되면서 동시에 정보의 생산자가 될 수 있다. 이로 인해, 사람들은 수많은 정보가 돌아다니는 '정보의 홍수 현상'에 직면하게 된다. 수많은 정보들 중에서 꼭 필요하고 정확한 정보를 식별하는 것은 결코 쉬운 일이 아니다. 따라서 정보 판단능력이 부족한 많은 사람들은 점점 복잡하고 다양해지는 정보의 홍수 현상에 적응하기 어려워져서, 전문가가 판단해 준 정보에 쉽게 의존하거나 혹은 자신의 취향에 맞는 것에만 집착할 우려가 있다.

둘째, 정보와 지식의 격차 문제가 발생한다. 정보지식화가 진행되면 정확하고 다양한 정보 · 지식을 신속하게 획득하는 것이 정치적, 사회적, 경제적 측면을 포함한 다양한 측면에서 유리한 경우가 많다. 그런데 소득과 교육수준이 높은 사람들이 그렇지 못한 사람들보다 더 정확하고 다양한 정보 · 지식을 빠르게 얻을 수 있을 것이다. 이는 정보 · 지식의 격차 문제를 일으킬 수 있다.

셋째, 사생활 침해가 빈번하게 발생된다. 정보지식화는 개인의 사생활과 관련된 여러 가지 정보를 수월하게 생성 · 축적 · 유통시킬 수 있게 하기 때문에, 개인 정보가 쉽게 노출될 위험이 항상 존재한다. 개인과 관련된 정보가 유출되거나 악용되면 개인의 권리와 사생활에 위협이 될 수 있고, 개인에게 엄청난 피해를 입힐 수 있다. 또한 정보의 수집 · 유통은 공공복지, 국가안보, 기업활동의 자유 등 유익한 목적에만 사용되어야 함에도 불구하고, 정치적 악용, 독점, 왜곡, 조작의 가능성이 존재하는 것이 현실이다.

넷째, 지적 재산권이 침해받을 수 있다. 정보지식화가 진행될수록 정보와 지식에 대한 접근성이 높아져서 매일 수많은 정보와 지식을 접하기 때문에, 지적 재산권을 인정하고 존중해야 한다는 인식이 약해질 수 있다. 그리하여 대부분의 사람들은 정보와 지식의 생산자의 허락을 얻지 않거나 혹은 대가를 지불하지 않고, 무단으로 복제한 정보와 지식을 사용하는 것이 잘못된 것임을 인식하지 못하는 경향을 보인다.

다섯째, 비인간화 현상이 나타날 수 있다. 컴퓨터를 비롯한 각종 정보통신매체가 발달하면서 인간이 본래 지니고 있는 보편적인 모습이나 가치관 등에서 벗어나는 경우가 증대된다. 즉, 정보지식화가 진행되면서 비인격적인 간접적 관계가 많아짐에 따라 인간 소외, 개인의 정체성 상실, 컴퓨터 혹은 인터넷 중독증 등이 많이 발생되고 있다.

제 3 절 사회변화와 지방화

1. 지방화의 의미

지방화의 의미를 좀 더 명확하게 이해하기 위해서는 중앙집권과 비교할 필요가 있다. 중앙정부와 지방정부의 관계는 연속선상에 있다고 볼 수 있다. 연속선의 한 쪽 끝은 중앙집권이고, 다른 쪽 끝은 지방분권이다.

중앙집권이란 중앙정부가 지방과 관련된 정책을 결정하고 이를 집행할 지침을 마련하여 지방으로 하달하면, 지방정부는 중앙정부의 지침에 따라 지방정책을 집행하는 시스템이다. 중앙집권체제 하에서 지방정부는 중앙정부의 통제와 관리를 받는 하급기관과 같은 역할을 수행한다. 따라서 지방정부는 중앙정부로부터 독립된 법인격을 소유하지 않는다. 중앙집권체제 하의 지방정부는 지방자치단체가 아니다.

지방화는 일부 권한이 중앙에서 지방으로 이양되는 것을 의미하기 때문에, 지방분권이나 지방자치와 동일한 의미로 일반인이나 언론 등에 의해 인식되는 경향이 있다. 그러나 학문적 입장에서 엄격하게 말하면 이들은 동일한 의미가 아니며, 이에 대해서는 제2장 제3절에서 구체적으로 후술하기로 한다. 다만, 이해를 돕기 위해서 여기에서는 간략하게 설명하기로 한다. 지방화에는 지방분권과 지방자치가 모두 포함된다. 다만, 지방분권과 지방자치는 학문적으로는 구별된다. 지방분권은 자치적 분권과 행정적(관리적) 분권으로 분류되기 때문이다. 여기에서는 지방화의 범위를 엄격하게 축소하여, 지방분권 중에서 자치적 분권, 즉 지방자치(local autonomy)에 해당되는 것으로 한정하기로 한다.

엄격한 의미의 지방화에 해당되는 지방자치가 이루어지면 법적인 측면에서 볼 때 지방정부는 중앙정부의 지휘통제를 받지 않는, 즉 중앙정부와 동일한 독립된 법인격을 지니게 된다. 이 시스템 하의 지방정부는 중앙정부의 하급기관이 아니라 주민이 직접 선출한 주민대표자들, 즉 지방자치단체장과 지방의회의원들을 중심으로 상당한 정도의 자율권을 가지고 지방문제를 해결하기 때문에 지방자치단체가 된다. 즉, 지방자치단체는 지방과 관련된 많은 사무에 대한 정책결정권을 중앙정부로부터 이양받아서 그 사무의 범위 내에서 지방문제들과 지역주민들의 다양한 요구들을 자율적으로 결정·수행한다(임재현, 2016: 23).

지방정부와 지방자치단체

지방정부는 지방자치시대이든 중앙집권시대이든 간에 존재한다. 지방정부가 지방자치단체로 되려면 중앙정부로부터 독립된 법인격을 가지고 주민의 선거에 의해 선출된 주민대표자를 통해 지역문제를 자율적으로 처리할 수 있어야 한다. 따라서 지방정부는 지방자치단체인 경우도 있고, 지방자치단체가 아닌 경우도 있다. 즉, 중앙집권체제 하에서의 지방정부는 지방자치단체가 아니고, 지방자치시대에서의 지방정부는 지방자치단체이다.

종합하여 살펴보면, 지방화는 일정한 지역을 바탕으로 법률이 정한 범위 내에서 지역과 관련된 사무를 지방자치단체와 주민들의 의사와 책임 하에서 처리하는 활동과정이다. 즉, 법률에 의해 지방에게 배분된 자치사무(고유사무)를 수행하기 위해 필요한 행정적 권한, 재정적 권한, 법률적 권한 등을 실질적으로 지방에 부여하여 지방 스스로가 책임을 지고 지방정책을 형성, 결정, 집행하면서 그 과정에 주민이 참여할 수 있는 기회를 확대하는 것이 지방화의 본질이다.

2. 지방화의 경향

시대적으로 볼 때, 지방화는 두 가지 유형으로 분류해 볼 수 있다. 하나는 19세기 입법국가시대의 지방화이고, 다른 하나는 20세기 중반 이후의 지방화이다. 이에 대해서는 후술되는 '제2장 중앙정부와 지방정부 간 관계'에서 구체적으로 다룰 예정이기 때문에 여기에서는 간략하게 살펴보기로 한다.

먼저, 19세기 입법국가시대의 지방화에 대해 살펴보면 다음과 같다. 18세기 절대군주제 하에서는 국내·외적으로 중앙집권체제가 필요한 상황이었다. 국외적으로는 외국의 간섭을 배제하면서 동시에 국가 간의 경쟁에서 이겨야 하는 상황이 전개되었다. 국내적으로는 산적한 문제들을 신속하고 효율적으로 해결해야 하는 문제에 직면하였다. 이러한 국내·외적 상황을 타개하기 위해 강력한 중앙집권체제를 구축하는 경향이 있었다. 그러나 중앙집권체제 하에서는 효율성은 향상될 수 있었지만 민주성은 크게 위협받는다. 이에 19세기 입법국가시대에 들어와서 중앙집권체제와 상반되는 지방분권체제를 추구하였다. 이 당시의 지방화는 지방의 배타적 권리를 인정하는 것이었다. 개별 지방정부는 중앙정부를 비롯한 그 누구의 간섭도 받지 않았다. 19세기의 지방화는 민주성을 높이는 데는 어느 정도의 성공을 거두었으나, 인적 자원과 재정력이 부족한 지방정부가 지방행정을 효율적으로 집행하지 못하는 문제를 보였다. 또한 배타적 자율권을 인정하였기 때문에, 지방행정 결과에 대해 지방정부에게 책임을 묻기가 어려웠다. 현재는 누구나 알고 있는 "권한이 있는 곳에는 책임이 있다"라는 기초 상식에 위배되었던 것이다. 권한을 행사하면서 책임을 지지 않았기 때문에 그 당시로는 예상하지 못했던 많은 부작용들이 발생하였고, 이로 인해 행정책임의 중요성을 인식하게 되었다. 이러한 문제로 인해 20세기에 들어와서 효율성에 대한 관심이 크게 높아졌다.

그리하여 20세기 초반에 중앙정부와 지방정부의 관계에 대한 화두는 민주성과 효율성을 동시에 추구하는 체제, 즉 신중앙집권화였다. 그러나 신중앙집권화는 다음과 같은 점에서 비판을 받았다. 첫째, 민주성과 효율성을 동시에 추구하는 신중앙집권은 효율성 추구만을 강조했던 18세기의 중앙집권과는 다르지만, 시간이 흐를수록 상대적으로 달성하기 어려운 민주성보다 달성하기 쉬운 효율성을 추구하는 경향을 보였다. 둘째, 중앙정부의 지방사무에 대한 개입은 사무처리의 궁극적인 권한이 어디에 있는지에 대한 의문을 제기하여 행정 운영상의 혼란과 책임소재의 불분명이라는 문제를 발생시켰다. 셋째, 신중앙집권화는 정보지식사회를 맞이하여 사람들의 욕구와 가치관이 다양화·개성화·분권화·정신적 만족 추구 등으로 변화하는 것을 수용하지 못하였다.

이리하여 1960년대 후반부터 신지방분권체제를 추구하게 되었다. 신지방분권체제는 행정을 효율적으로 수행하기 위해 정부 간 관계를 능동적으로 변화시키려는 목적을 지니고 있기 때문에, 지방정부의 배타적 자율성이나 중앙정부의 통제 위주보다는 중앙정부와 지방정부 간의 긴밀한 협력을 바탕으로 하는 실질적인 분업체제를 의미한다.

신지방분권의 관점에서 보면, 지방화는 국가의 권력구조가 일극 중심에서 다극 중심 형태로 변화하는 것을 의미하며, 권한의 이전만이 아니라 책임의 이전을 내포하는 포괄적 개념이다. 따라서 지방화란 국가권력의 다극화 내지 다원화 현상일 뿐만 아니라 지방의 문제에 대해 지방이 스스로 책임지는 책임의 다원화 현상을 의미한다고 보아야 한다(박종화 외, 2003: 112-113).

종합적으로 살펴보면, 지방화란 중앙 중심적인 인식과 질서에서 벗어나 지방이 상대적 자율성을 확보하면서 중앙과 지방 간, 그리고 지방 간 상호 협조체제를 구축하여 중앙과 지방의 발전을 추구하는 것이다. 즉, 지방화란 국가의 내부관계에 있어서 결정권한이 중앙과 지방에 분산되고, 이에 대한 책임도 각자가 지는 것을 뜻한다. 중앙정부는 국가와 관련된 것을 결정하고 책임지며, 지방정부는 지방과 관련된 상당한 부분을 결정하고 책임지면서 서로 간에 배타적 관계가 아니라 협력적 관계를 추구하는 것이 지방화이다(임재현, 2016: 25).

3. 사회변화와 지방의 중요성

세계화, 정보지식화, 지방화라는 거대한 변화를 맞고 있는 현재 사회에서 지방이 차지하는 위치와 역할은 산업사회에서의 지방의 위치와 역할과 매우 다르다. 세계화와 정보지식화라는 변화의 물결은 위에서 검토한 것처럼 장점과 단점을 지니고 있다.

세계화와 정보지식화가 지니는 장점을 잘 활용하면 국가와 지방에 도움이 될 것이고, 그렇지 못한 경우에는 발전은 말할 것도 없고 생존조차 위협을 받을 수 있다. 즉, 세계화와 정보지식화라는 거스를 수 없는 변화에 직면한 국가와 지방은 지방 중심의 변화를 전략적으로 선택할 수밖에 없다는 인식이 확대되어 왔다. 이에 따라, 점차 지방의 중요성이 더욱 커지고 있다. 이에 대해 살펴보면 다음과 같다.

1) 세계화에 대한 전략으로서 지방화: 세방화(Glocalization)

세계화라는 경쟁지향적인 변화 속에서 국가와 지방이 생존·발전하기 위해서는 지방의 역할이 그 어느 때보다 중요하다. 산업사회에서 지방경쟁력을 결정하는 가장 중요한 요인 중의 하나가 국가경쟁력이라면, 세계화가 진행되는 상황에서 국가경쟁력을 결정하는 가장 중요한 요소 중의 하나는 지방경쟁력이다.

이는 사회변화로 인해 공간상의 변화가 야기되어 지방의 역할이 증대되기 때문이다. 즉, 정보·통신·과학·기술의 발달에 따라 공간의 물리적 거리는 변하지 않지만 심리적 거리가 압축됨으로써, 사람, 물류, 금융자본 등의 이동이 활발해지면서 지방의 기능과 역할에 대한 인식이 종전과 다르게 다음과 같이 변하였다.

공간에 대한 개념이 정적(static)에서 동적(dynamic)으로 변한다. 산업사회에서는 토지를 중심으로 경제활동이 수행되기 때문에 공간이 부동적인 것으로 인식되었다. 그러나 세계화라는 변화를 맞은 사회에서는 종래의 시간적·공간적 제약을 넘어서는 활동이 증대되어 공간의 동태성이 강조되고 있다. 즉, 카스텔(M. Castells, 1994)이 지적한 바와 같이 공간에 대한 인식이 '장소의 공간(space of place)'에서 '유통의 공간(space of flow)'으로 변화한다. '유통의 공간'이란 지식이나 정보와 같은 유동적 자원으로 구성되는 공간을 말한다. 대표적인 사례가 가상공간(cyber space)이다. 공간의 동태성이 강조될수록 경쟁과 상호의존성이 확대되고 이에 대한 신속하고 유연한 대응이 요구되기 때문에 국가보다 지방을 중심으로 하는 활동이 활성화될 수 있다.

종합하면, 세계화에 대응하기 위한 전략은 다음과 같이 정리될 수 있다. 상대적으로 반응속도가 느리고 획일적이며 비효율적이고 유연성이 부족한 국가 중심적인 대응보다 반응속도가 빠르고 지역의 특수성이 고려되며 효율적이고 유연한 지방 중심적 대응이 중시되어야 한다. 그러나 지방 중심적인 대응이 바람직하다고 해서 지방이나 국가의 울타리 안에서 대응방안을 모색해서는 안 된다. 세계가 변화해가는 방향을 심사숙고하여 지방정책에 반영하지 않으면 변화의 주류(mainstream)가 아니라 아웃사이더(outsider)가 될 수 있다는 사실을 반드시 유념해야 한다. 세계화(globalization)와 지방화(localization)를 합친 세방화(glocalization)[2]라는 단어가 만들어진 것도 이러한 맥락이다. 이는 "Think Globally, Act Locally"라는 표어를 통해 잘 표현되는데, 이 표어는 급변하는 세계 속에서 사고와 전략은 세계적인 흐름에 바탕을 두면서 행동은 지역적으로 해야 한다는 의미를 지니고 있다. 즉, 지방은 더 이상 국가에 전적으로 의존하는 인식과 행태를 보여서는 안 되고, 지방 스스로가 경쟁에서 이겨나가기 위해 사회변화를 확인하면서 이에 효율적으로 대처할 수 있는 전략을 세워야 한다.

2) 정보지식화에 대한 전략으로서 지방화

정보와 지식의 입지자유성으로 인해 지역 간의 경쟁이 확대된다. 교통, 과학, 정보통신기술이 발전함에 따라 운송비용의 중요성은 감소하고 정보와 지식의 중요성은 증대하는 한편, 지역 간 정보와 지식에 대한 접근성의 격차는 줄어들게 된다. 앞에서 지적한 바와 같이 정보와 지식은 유동적 자원이기 때문에, 비도시지역도 노력 여하에 따라 도시지역과 동일한 정보와 지식 혹은 경우에 따라서는 더 좋고 많은 정보와 지식을 가질 수 있음을 의미한다. 따라서 공간의 독점적 가치, 즉 입지의 중요성이 떨어지고 자유입지의 경향이 확대된다. 그렇다고 해서 입지의 중요성이 완전히 없어졌다는 의미는 아니다. 입지의 중요성이 절대적 개념에서 상대적 개념으로 변한 것이다. 예를 들어, 예전에는 산업입지 지역으로서 도시가 비도시지역에 비해 절대적으로 유리한 위치에 있었던 반면에, 세계화와 정보지식화라는 변화를 맞은 사회에서는 도시가 비도시지역보다 상대적으로 유리한 위치에 있게 된다. 즉, 산업사회에서 도시가 아닌 지역은 경쟁에서 절대적으로 불리한 위치에 있었지만, 이제는 비도시지역도 노력 여하에 따라 도시와 경쟁할 수 있는 위치에 있게 되었다는 의미이다. 이는 지역 간의 경쟁이 점차 확대되고 있음을 의미한다. 따라서 지역은 중앙정부에 의존적인 자세에서 벗어나 스스로 장점을 살리는 발전을 꾀하여 경쟁에서 이겨나가도록 해야

---

2) glocalization의 생성과정은 보면, globalization과 localization에 공통인 알파벳은 그대로 사용하면서 globalization에서 'g'를 가져오고 globalization의 'b'대신에 localization의 'c'를 넣어 만든 신조어이다. 학문적으로는 glocalization으로 사용되지만, 우리나라의 일부 학자들은 glocalization이 만들어진 과정과 동일하게 '세계화'의 '세'와 '지방화'의 '방'을 따서 '세방화'라고 칭하기도 한다.

한다.

3) 세계도시(World City)와 메가시티(Mega-City)의 부상

사회가 변화하면서 지방의 한 유형인 메가시티와 세계도시의 중요성이 강조되고 있다. 교통 · 과학 · 기술 · 정보 · 통신의 발전으로 인해 사람, 물류, 자본의 이동이 범세계적으로 확대되었고, 이에 따라 국가 경계를 넘어선 초국적 활동이 증대되었다. 초국적 활동의 중심지로서 메가시티와 세계도시가 등장하였고, 이들의 중요성을 점차 많은 사람들과 국가들이 인식하게 되었다.

세계도시란 초국적기업의 본사와 더불어 국제적인 금융 · 회계 · 법률 · 컨설팅 · 정보 · 미디어 회사 등 생산자서비스업이 집중된 결절지[3]로서 전 세계 경제활동을 조절 · 통제할 수 있는 중심지이면서, 동시에 정치 · 행정 · 문화 등에서 범세계적으로 막강한 영향력을 발휘하는 도시이다(임재현, 2016: 61-62).

메가시티는 행정적으로는 분리되어 있으나 핵심 도시를 중심으로 일일 생활이 가능하도록 기능적으로 연결되어 있으면서 글로벌 비즈니스 창출이 가능한 경제규모를 갖추고, 인구가 1,000만 명 이상인 거대 도시를 의미한다(시사경제용어사전, 2016). 메가시티와 세계도시는 모두 인구규모가 크기 때문에 유사한 개념으로 인식될 수 있지만, 세계 경제에서 지배적인 역할을 하느냐의 여부로 구별할 수 있다. 메가시티와 세계도시는 모두 세계 경제체제에서 결절 기능을 수행한다. 즉, 메가시티와 세계도시는 생산을 통해서 그리고 대규모 인구에 기반을 둔 수요를 통해서 세계 경제체제에서 결절 기능을 수행한다. 그러나 메가시티는 세계 경제에서 지배적인 역할을 반드시 한다고 볼 수는 없다. 메가시티 중에는 세계 경제의 지배적 중심지 역할을 하는 세계도시도 있고, 세계도시가 되지 못한 도시도 있다는 의미이다. 그러나 세계도시는 세계 경제를 지배 · 통제할 수 있는 도시이다(임재현, 2016: 148).

메가시티와 세계도시는 해당 지역의 경쟁력은 물론이고, 주변 지역의 경쟁력, 나아가서 국가경쟁력에 큰 영향을 미치는 것으로 나타나고 있다. 이에 따라, 많은 국가들은 메가시티와 세계도시를 육성하기 위한 정책적 노력을 지속적으로 기울이고 있다. 세계도시와 메가시티의 중요성이 강조되면서 이를 위한 노력이 경쟁적으로 이루어질

3) 결절지란 주변 지역을 조정하고 통제할 수 있는 지역을 말한다.

수록 지방의 중요성은 더욱 커질 것이다.

4) 정체성 확보 수단으로서의 지방화

지방 중심적인 대응은 정체성 확보에 유리하다. 세계화를 비판하는 사람들은 세계화는 선진국 중심의 패권주의를 창출한다고 주장한다. 예를 들어, 세계를 하나의 시장으로 만드는 것을 추진해 온 WTO는 회원국 전체의 이익보다는 선진국의 이익을 더 중시하는 경향이 있다고 주장한다. 이러한 패권주의에 대한 반작용으로 정체성, 즉 문화적 정체성, 사고적 정체성, 종교적 정체성, 도덕적 정체성 등을 강조하는 움직임이 나타난다는 것이다. 이러한 반작용은 헌팅턴(S. Huntington)이 말한 '문명의 충돌'을 일으킬 수 있다고 세계화 비판론자들은 주장한다.

산업사회 이후 서구 국가의 주요 문물들이 다른 국가들에 미치는 영향은 매우 크다는 점을 부인하기 어렵다. 예를 들어, 세계 공용어인 영어에 대한 한국인들의 인식을 보자. 영어의 중요성이나 활용성을 낮추어볼 수는 없다. 그러나 영어에 대한 지나친 맹종, 즉 '영어의 생활화'라고 할 정도의 잘못된 인식이 나타나고 있는 것도 사실이다. 세계적 언어학자인 램지(R. Ramsey) 교수를 비롯한 많은 저명한 언어학자들이 한글의 우수성에 대해 지속적으로 말하고 있음에도 불구하고, 우리나라에서는 한글의 우수성을 모르는 한국인들이 훨씬 더 많은 것 같다. 많은 측면에서 주도권을 가지고 있는 미국이기 때문에 영어의 중요성은 당연히 인정되어야 하지만, 반드시 영어를 사용해야 하는 상황이 아님에도 불구하고 영어를 사용하면서 그것을 자랑스러워하는 한국인들이 지나치게 많이 나타나고 있다. 특히, 어떠한 언어보다 과학적이고 세계적

한글에 대한 언어학자들의 평가

- 램지(R. Ramsey): 한글보다 뛰어난 문자는 세계에 없으며, 한글은 세계의 알파벳이다.
- 보스(F. Vos): 한글은 세계에서 가장 훌륭한 문자이다.
- 맥컬리(J. McCawley): 한글날은 모든 언어학자들이 기념해야 할 경사스러운 날이다.
- 레드야드(G. Ledyard): 한글은 무엇과도 비교할 수 없는 문자의 사치이며, 세계에서 가장 진보된 문자이다.

인 유산이라는 평가를 받는 한글이 있음에도 불구하고, 어릴 때부터 한글보다 영어를 더 가르치려고 하는 등 영어에 대한 도를 넘는 지나친 애착을 보이는 것이 사실이다. 빌딩이라고 하면 더 웅장한 것 같고 건물이라고 하면 상대적으로 작은 느낌을 가지는 한국인들이 많은 것도 사실이다.

이러한 현상은 영어에만 국한된 것이 아니라 여러 분야에서 나타나고 있으며, 또한 우리나라에서만 발생되는 것이 아니라 매우 많은 나라에서 겪고 있는 현상이다. 이것이 서구 문물의 세계화이다.

그러나 이에 대한 반작용이 지방을 중심으로 나타나고 있다. 국가적 차원의 공동체 구축보다 지방 차원의 공동체 구축이 용이하기 때문에, 지방의 문화유산, 언어 등을 중심으로 지역공동체를 형성하면서 정체성을 확보하고자 하는 경향이 확대되고 있다. 즉, "가장 지방적인 것이 가장 세계적인 것이다"라는 인식이 확대되고 있다. 이는 세계화라는 변화에 대응하여 지방 중심적으로 정체성을 확보하는 것이 얼마나 중요한 것인지를 반증하는 현상이다.

5) 복지사회 구현을 위한 지방화

1980년대 초반부터 많은 사회정책학자들은 복지국가의 위기가 도래하였다고 주장하였다. 복지국가의 정당성을 위협하는 이유는 매우 다양하지만, 자주 거론되는 이유는 크게 두 가지로 정리될 수 있다.

첫째, 국가 경제가 어려울수록 복지서비스 수요가 증가함에도 불구하고, 실제로 제공되는 복지서비스 수준은 낮아지기 때문이다. 경제가 호황일 때는 재정 지출의 확대가 가능하기 때문에 높은 수준의 다양한 복지서비스를 제공할 수 있지만, 불황기에는 실업률과 빈곤율이 높아져서 복지서비스에 대한 요구가 증대되지만 정부 재정의 문제로 인해 복지서비스의 질과 양이 줄어드는 경향이 있다. 즉, 가장 많은 복지서비스가 필요할 때 복지서비스를 제공할 여력은 가장 낮은 것이 현실이다.

둘째, 복지국가가 사회적 · 정치적 질서를 유지하는 도구로 이용되는 경우가 있기 때문이다. 복지국가를 유지할 능력이 전혀 없으면서도 복지국가를 전면에 내세우지 않으면 국가를 유지 혹은 경영할 수 없기 때문에, 사회적 · 정치적 질서를 유지하기 위한 수단으로서 복지국가를 악용하는 경우도 있다. 이러한 나라들은 실질적으로 복지서비스 혜택을 제공하려는 노력보다는 복지서비스를 제공하기 위하여 많은 것들이 이루어지고 있는 중임을 홍보하거나 혹은 기존의 프로그램을 새롭고 강력한 이미지로 포장하여 마치 혁신적인 프로그램인 것처럼 착각하게 하는 데 몰두하는 경향이 있다(Ife, 2002: 39-42).

복지국가의 정당성이 위기에 직면하고 있다는 주장이 제기되면서, 이에 대한 대응방안을 모색하는 연구들도 다양하게 나타나고 있다. 대표적인 대응방안들은 다음과 같은 네 가지 방안들이다(Ife, 2002). 첫째, 복지국가를 수호해야 한다는 주장이 있다. 이 주장은 복지국가시스템에 문제가 있는 것은 사실이지만 복지국가의 근본적인 목적이 사회적 약자를 보호하고 사회정의를 실현하는 것이므로, 복지국가가 그대로 수호되어야 한다고 강조한다. 둘째, 경제적 합리주의와 민영화를 강조하는 신우익적 주장이 있다. 즉, 시장의 효율성을 극대화하고 경쟁을 촉진시키면 경제적 효율성이 향상되고 경제가 발전하기 때문에, 재정이 확대되어 더 많은 복지서비스를 제공할 수 있다는 주장이다. 셋째, 이해관계가 대립되는 세력들 간의 합의를 강조하는 조합주의적 대응이 있다. 공공부문과 민간부문 간의 경쟁을 유도하여 효율성을 향상시키고 민간부문에게 사회적 책임을 강조하면, 복지서비스를 제공하기 위한 재정이 확대될 수 있다고 주장한다. 넷째, 사회주의 질서를 구축하는 것만이 유일한 대안이라고 주장하는 사회주의적 대응이 있다. 사회주의적 대응은 앞의 세 가지 방식에 대해 서구 사회의 자본주의 질서를 유지하고자 하는 방식이라고 비난하면서 사회주의적 방식으로 복지서비스를 제공해야 한다고 주장한다.

그러나 위 대응방안들은 다음과 같은 문제점들을 안고 있다고 비판받았다(Ife, 2002). 복지국가 수호 방식, 신우익적 방식, 조합주의적 방식은 지속적 성장 위주의 정책을 강조하기 때문에, 이로 인해 지불해야 할 인간적 비용(성장제일주의로 인해 저소득층에 대한 관심 약화)과 환경적 비용(개발로 인한 환경파괴는 저소득층에게 더 큰 피해)이 너무 크며, 경제발전이 예전과 달라서 복지지출에 문제가 발생하고 있다는 것이다. 또한 사회주의 국가들은 현실적으로 주민을 억압하고 통제하는 국가이기 때문에, 주민에게 도움이 되는 복지서비스를 제공하는 것이 어렵다는 비난과 더불어 사회주의 국가들이 지향하는 국가관료주의와 중앙집권체제는 비효율성과 인간 소외 현상을 강화하기 때문에 바람직한 복지사회와는 거리가 있다는 비판이 제기되고 있다.

이리하여 위의 네 가지 방식에서 벗어난 새로운 대응방안이 필요하다는 주장이 점차 확대되고 있다. 즉, 가족, 시장, 국가 중심에서 지역사회가 중심이 되어 복지서비스를 제공하여야 한다는 주장이 조심스럽게 설득력을 확보하고 있다(임재현, 2021:

48-50). 지역사회가 중심이 되어 복지서비스를 제공해야 한다는 주장에 대해 값싼 서비스, 여성과 가족의 부담 증가, 지역 간 불평등 심화 등의 비판이 제기될 수 있다. 그러나 이러한 비판은 현재의 서구 사회가 사회적 자본을 침식하면서까지 경제자본을 강조함으로써 공동체를 파괴시킨 결과로 보아야 한다. 즉, 시장원리가 인간관계에 작용함으로써 개인적 성취가 공동체나 사회자본보다 중요시되었기 때문이다.

이러한 관점에서 보면 위의 비판을 약화시키기 위해서는 공동체나 사회자본을 구축하여야 한다. 공동체나 사회자본을 구축하는 것은 국가적 차원보다 지역사회적 차원이 상대적으로 수월하다. 따라서 지역사회가 중심이 되어 복지서비스를 제공해야 한다는 주장이 확대되고 있다. 즉, 복지국가의 위기를 대처할 방안으로서 지방의 역할이 중시되고 있다.

알아두면 좋아요

1. 20세기 교통·통신·과학·기술의 급속한 발달로 전 세계가 '변화의 소용돌이'에 휩싸여 세계화, 정보지식화, 지방화 등의 중요한 변화를 겪고 있다. 세계화(globalization)는 세계가 단일시장, 즉 '동시 생활권'을 형성하고 개방체제를 지향하는 변화이고, 정보지식화는 정보·지식이 대량 생산·유통되고 정보·지식 활동이 인간의 핵심 활동이 되며, 그 효과가 사회 전반에 지대한 영향을 미치는 변화이다.
2. 세계화와 정보지식화가 진행됨에 따라 지방화라는 변화가 부각되었는데, 지방화는 법률에 의해 지방에게 배분된 자치(고유)사무를 수행하기 위해 필요한 권한을 실질적으로 지방에 부여하여 지방 스스로가 책임을 지고 지방정책을 형성·결정·집행하는 것을 말한다. 사회변화에 따라 지방의 중요성이 부각되는 주요 이유는 세계화에 대한 전략(세방화), 세계도시와 메가시티의 부각, 정체성 확보, 복지사회 구현 등이다.

논 의

1. 세계화에 대한 정의와 세계화의 장점과 단점에 대해 논하시오.
2. 정보지식화에 대한 정의와 정보지식화의 장점과 단점에 대해 논하시오.
3. 지방화에 대한 정의와 세계변화에 따라 지방의 중요성이 부각되는 이유에 대해 논하시오.

제 2 장 중앙정부와 지방정부 간 관계

제 1 절 정부 간 관계

1. 정부 간 관계의 의미

중앙정부(혹은 연방정부)와 지방정부 간의 관계를 다루는 '정부 간 관계(Intergovernmental Relations: IGR)'는 연방제도(Federal System)를 채택하고 있는 미국에서 처음으로 사용한 개념이다. 연방제도를 채택하는 다른 국가와 마찬가지로, 미국의 연방제도는 주(state)들을 하나의 포괄적인 정치체제인 연방체제로 통합하면서 동시에 각 주가 본래의 기본적인 정치 형태를 유지할 수 있도록 허용하는 정치제도이다. 따라서 연방정부와 주정부들 간의 관계에 대한 관심이 지대할 수밖에 없었다. 그 후 정부 간 관계에 대한 연구는 단일국가체제(Unitary System)로 확대되었다.

정부 간 관계는 다의적 개념이기 때문에 그 내용은 국가의 형태에 따라 매우 다양하게 존재하지만, 일반적으로 특정 국가 내에 존재하는 다양한 정부들 간의 상호관계를 말한다. 즉, 정부 간 관계란 중앙정부와 지방정부들 간의 상호관계를 말한다.

중앙정부와 지방정부들 간의 관계에 대한 많은 연구들은 궁극적으로 집권 혹은 분권에 초점을 맞추고 있다. 집권 혹은 분권은 지역적 차원, 조직적 차원 등에서 살펴볼 수 있다. 지역적 차원에서 중앙정부와 지방정부의 관계를 보면 중앙집권이냐 혹은 지방분권이냐의 문제이다. 조직적 차원에서 보면 권한이 상위 계층에 집중되어 있느냐 혹은 분산되어 있느냐의 문제이다. 어떠한 측면에서 보더라도 집권과 분권은 상대적인 개념으로서 완전한 집권 혹은 완전한 분권은 존재하기 어렵다. 일반적으로 보면 집권적인 문화가 팽배하면 할수록 중앙정부와 조직의 상층부로 권한이 집중되고, 분권적 문화가 확대될수록 지방정부와 조직의 하층부로 권한이 분산되는 경향을 보인다.

이 장의 제2절부터 제5절까지는 시대별로 중앙정부와 지방정부의 관계에 초점을 맞추어 논의할 것이다. 시대별로 보면 18세기에는 중앙집권이 강하게 나타났고, 19세기에는 지방분권이 강조되었으며, 20세기에 들어와서 신중앙집권이 나타났고, 20세기 중후반부터 신지방분권에 대한 관심이 높아졌다.

2. 정부 간 관계 모형

정부 간 관계는 각국의 정치적 전통에 따라 다양한 형태로 나타난다. 모든 국가에 적용되는 것은 아니지만 일반적인 경향을 조심스럽게 살펴보면, 민주주의와 지방자치의 역사가 길수록 정부 간 관계는 수평적 관계가 강해지는 반면에, 그 역사가 길지 않을수록 수직적 관계를 보이는 국가들이 많다.

정부 간 관계에 대해서는 다양한 연구들이 있었다. 정부 간 관계에 대한 대표적인 연구들로는 딜런(J. Dillon)의 법칙, 로즈(R. Rhodes)의 권력의존모형, 엘코크(H. Elcock)의 모형, 라이트(D. Wright)의 모형 등이 있다. 정부 간 관계에 대한 연구들을 종합적으로 분석하여 볼 때, 개별 연구들의 모형의 명칭은 각기 다르지만 정부 간의 관계가 독립적인지, 의존적인지 혹은 종속적인지에 대한 연구들이라고 볼 수 있다(정일섭, 2010: 220). 따라서 여기에서는 위에서 언급한 대표적인 연구들만을 살펴보기로 한다.

1) 딜런의 법칙(Dillon's Rule)

1776년 독립 이후 미국의 지방정부는 3권 분립의 정신, 즉 견제와 균형의 원칙에 따라 지방정부는 집행기관과 의결기관으로 분리되었고, 지방정부의 중요한 공무원들은 주민에 의해 직접 선출되었다. 남북전쟁 이후 1868년 아이오와(Iowa) 주 법원의 판사인 딜런(J. Dillon)은 미국의 주정부와 지방정부 간 권력관계에 대해서 지방정부의 권력은 주헌법으로부터 유래되는 것이라는 '딜런의 법칙'을 천명하였다. '딜런의 법칙'에 따르면, 미국의 지방정부는 주정부의 강력한 통제에 놓여 있고, 주정부의 피조물로서 명백히 부여된 자치권만을 행사하게 되며, 주정부에 의해 폐지될 수 있다.

딜런의 법칙(Dillon's Rule)

딜런의 법칙의 주요 내용은 다음과 같다.

- 지방자치의 관습적 권리는 인정되지 않는다.
- 지방자치단체는 주정부의 창조물이므로 탄생과 폐지는 주의 재량 사항이다.
- 지방자치단체의 권력은 수여받은 범위 내에서 행사된다.
- 지방자치단체는 주 입법부의 의지를 실천하는 단순한 대리인이다.

2) 로즈의 권력의존모형(Power Dependence Theory)

로즈(R. Rhodes)는 중앙정부와 지방정부의 관계를 다차원적으로 이해해야 한다는 주장과 함께 권력의존모형을 제시하였다. 이 모형은 거시적 측면에서 구조화된 중앙정부와 지방정부의 관계를 파악하면서 동시에 미시적 측면에서 행위자들의 자원의 의존·교환관계, 그리고 전략을 설명하고자 하는 복합적인 분석틀이다. 로즈(Rhodes, 1980: 299-300)는 정부 간 관계를 파악하기 위해 권력과 의존의 개념을 중시하면서, 권력을 보다 정확하게 파악하기 위해 세 가지 유형, 즉 자원(resources)으로서의 권력, 지배적 상호작용(rule-governed interaction)으로서의 권력, 편견의 동원(mobilization of bias)으로서의 권력으로 분류하였다. 그에 따르면, 중앙정부와 지방정부의 관계는 이러한 권력을 둘러싸고 전략적인 행위자들이 자원을 이용하여 교환과 게임을 하는 관계로 파악하고 있다.

초기 권력의존모형에서는 중앙정부와 지방정부의 관계를 설명하기 위한 자원으로서 ① 헌법·법률, ② 행정 계층, ③ 재정, ④ 정치적 자원, ⑤ 정보자원이라는 다섯 가지의 자원을 제시하였다. 그 후 그는 이를 토대로 하여 ① 권위(authority), ② 재정적 자원(financial resource), ③ 정치적 정통성(legitimacy), ④ 정보자원(informational resource), ⑤ 조직자원(organizational resource)이라는 다섯 가지의 자원으로 재구성하여 제시하였다.

권위는 헌법이나 법률 등으로 배분된 기능을 수행할 자율적 권능을 말한다. 재정적 자원은 세금, 사용료 등으로 각 기관에서 거두어들이는 자금이다. 정치적 정통성이란 공적인 의사결정구조에 접근하는 정치적 능력, 그리고 선거나 기타 수단으로 대중적 지지를 동원할 수 있는 정치적 능력을 지칭한다. 정보자원은 자료의 소유, 수집, 활용 등에 대한 통제를 의미한다. 마지막으로, 조직자원이란 사람, 기술, 건물, 장비 등을 직접 활용할 수 있는 능력을 말한다.

로즈의 권력의존모형(Power Dependence Theory)

로즈(R. Rhodes)는 유연한 네트워크 형태의 정부구조에 대한 연구를 선도했던 학자에 속한다. 그는 1980년대 초반부터 정책네트워크이론, 권력의존모형, 거버넌스이론을 주도하여 왔다. 이 가운데 권력의존모형은 중앙정부-지방정부 간 관계에 대해서 전통적인 개념으로는 그 관계의 본질을 이해하기 어렵다는 문제를 의식하면서 제기된 모형이다. 중앙정부 내에는 지방을 위해 활동하는 다수의 행위자들이 존재하고, 또한 공기업과 특수 법인(QUANGOS)이 중앙정부-지방정부 관계에 커다란 영향을 미치기 때문이다.

로즈의 권력의존모형은 기본적으로 중앙정부-지방정부 관계를 조직과 사무처리에 초점을 맞추는 단순한 관계로 파악하지 않는다. 거시적 차원에서는 중앙정부를 둘러싼 환경변화를 중시하고, 중범위적 차원에서는 정책네트워크 시각을 강조하며, 미시적 관점에서는 공공조직 행위자로서의 요소에 집중한다. 이를 통해 거시적인 차원에서는 현대사회의 구조변화, 국가의 통치관리체제의 변화, 복지국가의 변동 등을 분석할 수 있고, 중범위적 차원에서는 정책과정에 있어서의 상호의존구조를 분석할 수 있으며, 미시적 차원에서는 자원과 전략, 경기의 규칙 등을 설명할 수 있다는 것이다. 로즈의 권력의존모형은 아래의 다섯 가지 명제에 근거하고 있다.

첫째, 자원의 측면에서 볼 때 모든 조직은 다른 조직과 의존관계에 있다.

둘째, 목표 달성을 위해서 조직들은 자원을 교환해야 한다.

셋째, 조직 내 의사결정이 여타 조직들에 의해 제약되는 것은 사실이지만, 지배적인 연합(dominant coalition)이 재량권을 보유하게 된다. 지배적인 연합의 인식에 따라 문제가 규정되고, 자원이 모색된다.

넷째, 지배적인 연합이 자원의 교환과정을 조절하기 위해 경기의 규칙(rules of game)이라고 알려진 전략을 구사한다.

다섯째, 재량권의 차이는 상호관계에 있는 조직의 목표 및 상대적인 권력잠재력에서 비롯된다. 상대적인 권력잠재력은 각 조직의 자원, 경기의 규칙, 조직 간 교환과정의 산물이다.

3) 엘코크의 정부 간 관계모형

엘코크(H. Elcock)는 영국의 정부 간 관계를 설명하면서 세 가지 모형을 제시하였다. 즉, 그의 모형은 대리자모형(agent model), 동반자모형(partnership model), 교환모형(exchange model)으로 구성되어 있다(Elcock, 1982: 3-7).

대리자모형은 지방정부를 중앙정부의 대리자로서 인식하고, 중앙정부가 결정한 정책을 지방정부가 효율적으로 집행하는 형태를 나타내는 모형이다. 대리자모형에서는 중앙정부가 지방정부를 권력적으로 완전히 지배·통제한다.

동반자모형은 지방정부를 중앙정부의 동반자로 보고 국민에게 서비스를 공급하는 과정에서 중앙정부가 개략적으로 정책을 결정하면, 지방정부는 그 정책을 해석·실현하는 데 필요한 자원을 동원하는 역할을 수행한다고 주장하는 모형이다. 이 모형에 따르면, 중앙정부와 지방정부는 상호 대등한 입장에 있다.

교환모형은 중앙정부와 지방정부의 관계를 각각 보유하고 있는 자원의 교환을 통하여 권력의 균형을 찾는 관계로 파악하고 있는 모형이다. 즉, 이 모형에 의하면 중앙정부와 지방정부는 ① 중앙정부만이 갖는 권력자원, ② 양쪽이 갖는 정치적 자원, ③ 재원, ④ 지방정부의 기득권, ⑤ 양쪽이 갖는 정보·지식 등 모두 다섯 가지 자원을 서로 교환하면서 권력균형을 이룬다.

4) 라이트의 정부 간 관계모형

라이트(D. Wright)는 중앙정부와 지방정부의 권력관계 및 기능적 상호의존관계를 기준으로 정부 간 관계를 분리적 권위모형, 포괄적 권위모형, 중첩적 권위모형으로 나누고 있다(Wright, 1988: 39-52). 그는 정부 간 관계를 정부 계층 간의 단순한 제도적 관계가 아니라 다양한 상호작용의 관계임을 분명히 하고 있다. 이 세 가지 모형은 미국과 같은 연방정부체제 하에서 적용되는 모형으로서, 우리나라와 같은 단일정부체제에 적용하는 데에는 한계가 있다.

(1) 분리적 권위모형(Separated Authority Model)

분리적 권위모형이란 연방정부와 주정부는 대등한 지위를 가지고 명확하게 분리되어 완전 자치적·상호 독립적·상호 경쟁적인 관계에 있는 반면에, 지방자치단체는 주정부에 종속된 이원적 관계를 제시하는 모형이다. 기능적인 측면에서 볼 때 연방정부와 지방자치단체는 상호 독립적이기 때문에, 지방자치단체의 자치권은 고유의 권리로서 연방정부에 의해 함부로 축소되거나 침해될 수 없다.

(2) 포괄적 권위모형(Inclusive Authority Model)

포괄적 권위모형은 연방정부, 주정부, 지방자치단체가 계층적 상·하관계에 있는 경우를 나타내는 모형이다. 연방정부는 주정부와 지방자치단체를 완전히 포괄하여 종속관계를 맺고 강력하게 계층적 통제를 한다. 주정부와 지방자치단체는 연방정부에 의존적이다. 따라서 지방자치단체의 자치권에 대한 제약이 많고, 연방정부 혹은 주정부의 정책결정과정에서 지방자치단체의 의사가 받아들여질 가능성이 적다. 연방정부와 주정부의 의견이 상충될 때에는 연방정부가 최종적으로 결정할 권한을 보유하며, 주정부와 지방자치단체는 이를 따라야 한다. 앞에서 설명한 딜런의 법칙(Dillon's Rule)과 관련이 있는 모형이다.

(3) 중첩적 권위모형(Overlapping Authority Model)

중첩적 권위모형은 연방정부, 주정부, 지방자치단체가 상호의존적 관계임을 나타내는 모형이다. 즉, 연방정부, 주정부, 지방자치단체가 각각 고유한 영역을 가지는 동시에 동일한 관심과 책임이 있는 영역에서는 기능의 일부를 공유하면서 대화와 타협을 중시하는 상호의존적 관계를 강조하는 모형이다. 연방정부, 주정부, 지방자치단체

[표 2-1] 라이트의 정부 간 관계모형

모형	내용
분리적 권위모형	• 연방정부와 주정부는 상호 독립적·완전 자치적이고, 지방자치단체는 주정부에 종속된 이원적 관계 • 연방정부와 주정부는 대등한 지위를 가지며 상호 경쟁적 관계
포괄적 권위모형	• 연방정부가 주정부와 지방자치단체를 완전히 포괄하여 종속적 관계를 맺고 강력하게 계층적으로 통제함 • 딜런의 법칙(Dillon's Rule)과 관련됨
중첩적 권위모형	• 연방정부, 주정부, 지방자치단체가 각자 고유한 영역을 가지면서 동시에 동일한 관심과 책임 영역을 갖는 상호의존적 관계 • 정부기능이 연방정부·주정부·지방자치단체에 의해 동시적으로 작용 • 자치권과 재량권이 제한적으로 분산 • 협상·교환관계를 형성하면서 재정적 상호협조와 경쟁 관계

간에 자치권과 재량권이 제한적으로 분산되어 있으며, 다양한 측면에서 협상·교환 관계가 형성되어 있고 또한 경쟁 관계가 나타나기도 한다. 연방정부는 주정부와 지방자치단체의 업무수행에 대해 재정적·기술적 지원을 하고, 주정부와 지방자치단체는 연방정부의 정책 수립과 사업 추진에 협조한다. 라이트는 중첩적 권위모형을 가장 바람직한 것으로 보았다.

제 2 절 중앙집권

1. 중앙집권의 등장 배경과 정의

절대군주제에 대한 논의는 중세 후기의 봉건제로부터 시작되었다. 이 시기의 군주는 귀족들의 수장이라는 의미에 가까웠다. 그 후 17세기에 유럽의 최대 해상국가인 네덜란드가 쇠퇴하면서 프랑스, 영국 등을 비롯한 열강들 간의 해외 시장과 식민지를 둘러싼 경쟁이 치열해지면서, 군주가 상공업의 발전에 따라 세력화된 중상층과 손잡고, 교회, 귀족, 지주 등의 특권계급을 물리치고 통치권을 독점하게 되었다. 이것이 절대군주제이다. 절대군주국가는 대외적으로 열강들과의 경쟁에서 이겨야 하는 한편, 대내적으로 통일민족국가를 수립하기 위해 중앙집권체제를 강화하고 강력한 상비군을 육성하였다. 중앙집권체제와 상비군은 군주의 힘을 더욱 강화하였다. 이리하여 18세기는 절대군주제의 시대로 알려지고 있다.

사전적 의미로 집권이란 의사결정권한이 중앙정부나 상급기관에 집중되어 있는 것을 의미한다. 이에 기반하여 정의를 내리면, 중앙집권이란 중앙정부가 지방과 관련된 정책을 결정하고, 이를 집행할 지침을 마련하여 지방으로 하달하면 지방정부는 중앙의 지침에 따라 지방정책을 집행하는 시스템이다. 즉, 중앙집권이란 지방행정에 관한 의사결정권한이 거의 모두 중앙정부에 집중되고, 중앙정부의 책임 하에 지방행정을 집행하는 제도로서, 행정의 효율성을 높이는 데 목적이 있다. 중앙집권은 계획, 조정, 통제를 통하여 행정의 종합성, 통일성, 일관성을 확보함으로써 상대적으로 지방분권보다 효율성을 달성하기가 용이하기 때문이다. 중앙집권체제 하에서 지방정부는 중앙정부의 통제와 관리를 받는 하급기관적 역할을 수행한다. 따라서 지방정부는 중앙정부로부터 독립된 법인격을 소유하지 않는다. 중앙집권체제 하의 지방정부는 지방자치단체가 아니다.

중앙집권과 관방학(Cameralism)

18세기 절대군주제 하에서는 중앙집권체제가 강조되었다. 이에 따라, 강력한 상비군과 직업관료가 필요하였다. 직업관료를 육성하기 위해 관방학이 발달하였다. 관방학은 경제학, 경찰학, 재정학으로 구성되는데, 경제학과 재정학은 현대 경제학과 현대 재정학의 모체가 되었다. 시간이 흐르면서 경찰학은 경찰학과 행정법학으로 나누어졌고, 행정법학은 현대의 행정법학의 기반이 되었으며, 경찰학은 행정학의 아버지라 불리는 슈타인(L. von Stein)에 의해 행정학으로 이어지게 되었다.

2. 중앙집권의 장점과 단점

이론상으로는 중앙집권의 장점은 지방분권의 단점이고, 지방분권의 장점은 중앙집권의 단점이다. 그러나 이것이 모든 국가와 사회에 공통적으로 적용되는 것은 아니고, 역사적, 정치적, 사회경제적 여건에 따라 달리 나타날 수 있다. 여기에서는 이론적 관점에서 자주 거론되는 중앙집권의 장점과 단점에 대해 살펴보기로 한다.

1) 중앙집권의 장점

현대 사회에서는 경제가 발전할수록 지방분권, 특히 '제3절 지방분권'에서 검토될 자치적 분권(지방자치)이 대세이지만, 경제가 발전한 국가 중에서도 여전히 중앙집권이 유리한 국가도 존재할 수 있다. 또한 동일한 국가라고 하더라도 효율성이 중시되는 경제적 여건이나 특수한 정치적 여건 등을 포함하여 다양한 요인에 의해 중앙집권이 유리한 시기도 있었다. 이러한 상황들을 포괄하면서 중앙집권의 장점을 몇 가지 소개하면 다음과 같다.

(1) 행정의 통일성 확보

중앙집권은 행정의 통일성을 확보하는 데 이바지한다. 동일한 정책 혹은 사무에 대한 지침을 중앙정부에서 내리기 때문에, 전국적으로 통일된 집행이 이루어질 수 있다. 특히, 근로기준의 설정, 징병연령의 결정 등과 같이 전국적으로 통일성이 요구되는 행정사무를 수행하는 데 적합하다.

(2) 효율성 향상

행정효율성을 향상시킬 수 있다. 예를 들어, 분권체제의 경우 동일한 부서가 중복적으로 존재할 수 있기 때문에 효율성이 떨어질 수 있는 반면에, 집권체제에서는 동일한 부서가 중복적으로 존재할 가능성이 줄어들거나 혹은 최소화될 수 있기 때문에 효율성이 높아질 수 있다. 또한 집권체제 하에서는 필요한 물자를 집중구매하는 경향이 있는데, 분산구매보다는 집중구매가 예산을 절약하는 데 유리하기 때문에 효율성을 높이는 데 기여한다.

(3) 행정 전문성 제고

행정관리의 전문성을 높이는 데 이바지한다. 분권체제 하에서는 중앙정부는 물론이고, 각 지방정부에서도 분야별 전문가가 필요하다. 분야별로 많은 전문가들이 존재할 경우에는 문제가 되지 않겠지만, 분야별 전문가가 많지 않을 경우에는 문제가 생길 수 있다. 즉, 이들이 자신의 전공 분야에서 전문성을 발휘하지 못하고, 인접한 분야에서 업무를 수행하거나 혹은 전공 분야와 인접한 분야를 아우르면서 업무를 수행하는 경우가 발생할 수 있다. 예를 들면, 특정 지방정부에서 교통정책전문가를 채용하고 싶은데, 중앙정부와 다른 지방정부에서 교통정책전문가들을 채용하여 남는 전문가가 없으면, 지방정책의 다른 분야인 주택정책전문가를 채용하여 교통정책을 담당하게 할 수도 있다.

그러나 집권체제에서는 지방과 관련된 정책을 중앙정부에서 관리하기 때문에 지방정부가 유능한 전문가를 채용할 필요성이 없어진다. 따라서 소수의 유능한 인재를 중앙에서 관리함으로써 행정의 전문성을 높일 수 있다.

(4) 위기에 신속 대처

중앙집권체제는 국가적 위기에 신속하게 대처하는 데 유리하다. 지방분권의 경우,

많은 권한이 지방으로 이양되어 있기 때문에 국가적 위기가 발생할 때 지방별로 대응해야 할 경우가 있다. 이 경우, 지방별로 위기에 대한 인식이 다를 수 있어서 이에 대처하는 속도와 내용이 매우 다양할 수 있다. 이는 신속한 대처를 제약하는 요인이 된다. 그러나 집권체제는 통치 권한이 중앙정부, 특히 권력의 정점에 집중되어 있기 때문에 국가적 위기에 직면할 때 전국적으로 일사불란하고 신속하게 대응할 수 있다.

(5) 전국적 · 광역적 사무 처리

전국적 또는 광역적 규모의 사무를 수행하는 데 적합한 제도이다. 지방정부는 중앙정부에 비해 상대적으로 인적 자원과 물적 자원이 열악한 것이 현실이기 때문에, 고속도로 건설, 항공 관리, 철도, 우편 등과 같은 전국적 혹은 광역적 사무를 수행하기 어렵다. 물론, 우리나라의 특별시, 광역시, 도 등과 같은 광역자치단체는 광역적 규모의 사무를 수행하는 것이 하나의 목적이지만, 그들도 전국적 규모의 사무를 수행하기에는 인적 · 물적 자원이 부족하다. 또한 지방정부가 광역적 사무를 수행하려면 지방정부 간의 협조가 요구되는데 이 또한 쉬운 일이 아니다. 중앙집권체제 하에서는 중앙정부가 많은 권한과 책임을 가지고 상대적으로 풍부한 인적 자원과 물적 자원을 활용함으로써 전국적 혹은 광역적 사무를 효율적으로 그리고 수월하게 수행할 수 있다.

(6) 전국적 이익 도모

중앙집권체제가 구축되면 지방적 이익이 아니라 전국적 이익을 도모하는 데 유리하다. 지방분권체제는 경쟁체제이기 때문에 대부분의 지방은 전국적 이익보다 자신들의 이익을 우선시하면서 지방정책을 결정하는 경우가 적지 않다. 그러나 중앙집권체제 하에서는 중앙정부가 지방적 이익이 아니라 전국적 이익을 우선적으로 고려한다.

(7) 소규모 혹은 신설 국가에 적합

소규모 국가나 신설 국가에 적합한 체제이다. 영토가 좁은 국가는 조직적 차원의 분권을 실시할 수는 있지만 지역적 차원의 분권을 실시할 이유가 없다. 예를 들면, 싱가포르와 같은 소규모 국가의 경우 조직적 차원의 분권은 필요하지만, 지역적 차원의 분권을 실시할 필요는 없다. 또한 신설 국가는 인적 자원과 물적 자원이 부족하기 때문에, 이를 집중적으로 관리하는 것이 유리하다.

(8) 지방 간 행 · 재정력 균형

각 지방 간의 행 · 재정력의 균형을 유지하는 데 유리하다. 지방분권을 실시하면 지역발전에 대한 일차적인 권한과 책임이 지방에 있기 때문에, 지역발전에 성공한 지방과 이에 실패한 지방 간에 행 · 재정력의 격차가 확대될 수 있다. 중앙집권을 실시하면 중앙정부가 행 · 재정력이 풍부한 지방에는 지원을 줄이거나 혹은 중단하는 반면에, 행 · 재정력이 열악한 지방에는 지원을 확대함으로써 지방들 간 행 · 재정력 격차를 줄일 수 있다.

2) 중앙집권의 단점

앞에서 서술된 바와 같이, 이론적으로 볼 때 중앙집권의 단점은 지방분권의 장점에 해당되기 때문에 중앙집권의 단점은 지방분권의 장점에서 자세히 다루기로 하고, 여기에서는 중복적이지만 매우 중요한 단점만 살펴보기로 한다.

(1) 민주주의 약화

중앙집권체제는 지방에서 민주주의의 기초를 약화시킬 수 있다. 이는 두 가지 관점, 즉 주민들의 참여의식과 비판의식의 측면, 그리고 정당 활동의 측면에서 검토될 수 있다.

먼저, 주민들의 참여의식과 비판의식이 강할 때 주민참여가 활성화되고, 이는 참여민주주의를 구축하는 데 이바지한다. 그러나 중앙집권체제에서는 대부분의 지방 문제들을 중앙정부에서 결정하기 때문에, 주민이 지방문제를 해결하는 데 참여할 수 있는 기회가 극히 제한적이다. 이는 주민들의 참여의식과 비판의식을 낮추어 주민참여를 약화시킨다. 이리하여 민주주의 기초가 위협받을 수 있다.

또한 대의민주주의가 제대로 작동하려면 정당 활동이 활성화되어야 한다는 것은 주지의 사실이다. 그러나 중앙집권체제에서의 정당은 중앙집권적 구조를 가지고 중앙당을 중심으로 정권 획득에 깊은 관심을 보이는 반면에, 지방에서 주민 의사를 수렴하여 정책화하는 일을 경시하는 경향이 있다. 즉, 지방 차원에서 지방당원이 할 일이 별로 없다는 의미이다. 이는 지방에서의 정당 활동을 위축시켜 대의민주주의의 활성화에 장애요인으로 작용한다.

(2) 지방행정 획일화

지방적 특성과 여건을 무시한 획일적 행정이 될 수 있다. 지방은 대도시, 기업시, 관광시, 문화시, 농어촌, 광산지역 등과 같이 다양하게 분류되고, 이들은 각기 다른 특성과 행정수요를 갖고 있다. 그러나 중앙집권체제에서는 지방정책의 결정 권한을 가지고 있는 중앙정부가 매우 다양한 지역별 특성과 여건을 제대로 파악하기 어렵기 때문에, 모든 지역을 동일하게 보면서 획일적 행정을 실시하기 쉽다.

(3) 창의성 저하

지방에서 창의성이 발현되기 어렵다. 지방에서 창의성이 활발하게 나타나려면 주민들이 지방문제에 대해 관심을 가지고 이를 해결하기 위해 지속적으로 노력해야 한다. 그러나 중앙집권체제에서는 지방문제의 해결방안을 중앙에서 결정하기 때문에 주민들이 지방문제에 관심을 가질 이유가 없다. 이는 지방에서 창의성을 약화시키는 방향으로 작용한다.

제 3 절 지방분권

1. 지방분권의 등장 배경과 정의

정부 간 관계는 절대적 개념이라기보다 상대적 개념이다. 즉, 연속선상에서 한쪽 끝은 완전한 지방분권이고 다른 쪽 끝은 완전한 중앙집권이며, 현실적으로 모든 정부 간 관계는 그 사이의 어딘가에 위치하는 것으로 보아야 한다.

지방분권이 나타나게 된 배경을 간략하게 살펴보면 다음과 같다. 18세기 절대군주제 하에서는 중앙집권체제를 구축하는 경향이 강하였다는 점은 앞에서 설명하였다. 중앙집권은 효율성을 향상시킬 수 있었지만 민주성을 크게 위협하였다. 19세기 입법국가시대에서는 자유방임주의와 민주행정 사상이 널리 보급됨에 따라 중앙집권체제와 상반되는 지방분권체제가 추구되었다. 이 당시의 지방분권은 민주성을 높이는 목적이 강하여 지방의 배타적 권리를 인정하였다. 이로 인해, 행정 결과에 대해 책임을 묻기가 어려운 상황에 직면하게 되었다. 권한을 행사하면서 책임을 지지 않았기 때문에, 그 당시로는 예상하지 못했던 많은 부작용들이 발생하였다. 19세기의 지방분권은 현재는 누구나 알고 있는 "권한이 있는 곳에는 책임이 있다"라는 기초 상식에 위배되었으며, 이로 인해 신중앙집권이 출범하게 되었다. 신중앙집권에 대해서는 제2장 제4절에서 논의하기로 한다.

이 절의 '2. 지방분권의 방법'에서 후술되는 바와 같이 지방분권은 자치적 분권과 행정적 분권으로 분류된다. 여기에서 다루는 19세기의 지방분권은 자치적 분권으로서, 지방정부는 중앙정부와 별개의 독립된 법인격을 부여받은 지방자치단체이기 때문에 중앙정부의 하급기관이 아니다. 지방자치단체는 지방과 관련된 많은 정책결정권을 중앙정부로부터 이양받아 자율적으로 수행한다. 지방분권은 일정한 지역을 바탕으로 법률이 정한 범위 내에서 지역주민이 구성한 지방자치단체를 통해 자치사무(고유사무)를 지역주민들의 의사와 책임 하에서 처리하는 활동과정이다. 즉, 법률에 의해 지방자치단체에게 이양된 자치사무를 수행하기 위해 필요한 행정적, 재정적, 그리고 법률적 권한을 실질적으로 지방자치단체에게 부여하고, 또한 지방정책의 형성 · 결정 · 집행 · 평가과정에 주민이 참여할 수 있는 기회를 확대하는 것이 지방분권의 본질이다.

이러한 측면에서 볼 때, 지방분권은 국가의 권력구조가 일극 중심에서 다극 중심의 형태로 변화하는 것을 의미하며, 권한의 이전은 물론이고 책임의 이전을 포함하는 포괄적 개념이다(임재현, 2016: 23-24). 즉, 지방분권은 국가권력의 다극화 혹은 다원화 현상이면서 동시에 지방의 문제에 대해 지방이 스스로 책임지는 책임의 다원화 현상으로 보아야 한다(박종화 외, 2003: 112-113). 훼슬러(Fesler, 1965)는 지방분권을 지리적인 측면에서 권한을 이양하는 것으로 규정하였다. 코너스(Conyers, 1981)는 지방분권을 중앙정부로부터 지방정부로 권한이 이전되는 구조로 정의하였다. 스미스(Smith, 1985)는 국가의 권력이 지리적으로 분산되는 것을 지방분권이라고 하였다.

종합적으로 살펴보면, 지방분권이란 중앙 중심적인 인식과 질서에서 벗어나 지방과 관련된 결정 권한이 가능한 한 많이 지방에 분산되어 있는 조직 형태이다. 즉, 지방분권이란 본질적으로 권력 현상을 의미하는 것으로서, 국가의 내부관계에 있어서 결정 권한이 중앙과 지방에 분산되고 이에 대한 책임도 각자가 지는 것이다(임재현, 2016: 25). 중앙정부는 국가와 관련된 것을 결정하고 책임지며, 지방정부는 지방과 관련된 상당한 부분을 결정하고 책임지면서 서로 간에 배타적 관계가 아니라 협력적 관계를 추구하는 것이 지방분권이다. 하지만, 19세기의 지방분권은 지방의 배타적 권리를 인정하였다는 점에서 현재의 자치적 분권, 즉 지방자치와는 차이가 있다.

이처럼 지방분권은 권한이 지방으로 분산됨으로써 민주성을 향상시키는 데 기여한다. 그 외에도 지방분권은 여러 장점을 가지고 있다. 또한 지방분권은 여러 단점도 가지고 있다. 이에 대해서는 제3장에서 자세하게 다루도록 한다.

2. 지방분권의 방법

일반적으로 지방분권은 지방정부의 자율성 정도를 기반으로 해서 자치적 분권과 행정적 분권으로 대별된다. 최근에 와서 민간부문의 역할이 강조되면서 협력적 분권을 고려하는 경우도 있다. 이에 대해 살펴보면 다음과 같다.

1) 자치적 분권(Autonomous Decentralization)

자치적 분권이란 지방자치단체가 그 지방의 대부분의 행정사무를 자치사무로 인식하고 부여된 권한을 행사하면서 자주적으로 행정을 수행하는 분권을 말한다. 자치적 분권은 아래와 같이 포괄적 수권주의, 개별적 수권주의, 절충주의(折衷主義), 계약주의(契約主義)로 세분된다.

(1) 포괄적 수권주의(Universality Principle)

포괄적 수권주의는 헌법 또는 법률에 의해 지방업무를 처리할 수 있는 권한을 지방에 일괄적으로 부여하는 방식이다. 즉, 법률에 의해 특별히 금지된 사무나 중앙정부의 전속 관할 사무를 제외한 나머지 사무와 그 사무의 처리 권한을 일괄적으로 지방정부에 이양하는 방식이다. 유럽 대륙과 같이 단체자치제도를 채택하는 국가에서 많이 활용하는 방식이다.

포괄적 수권주의의 장점은 다음과 같다. 첫째, 권한 부여 방식이 간단하다. 둘째, 지방행정에 융통성을 부여함으로써 각 지방자치단체의 행·재정력에 맞추어 신축성 있는 행정을 수행할 수 있다. 셋째, 사무처리 주체를 구체적으로 명시하지 않기 때문에 상황에 따라 주체를 달리할 수 있다.

포괄적 수권주의의 단점으로 다음과 같은 점들이 지적되고 있다. 첫째, 사무처리

주체가 명확하지 않아 상황에 따라 주체를 다르게 할 수 있기 때문에, 국가사무와 자치사무가 불분명하여 사무처리에 있어서 혼란이 발생될 수 있다. 둘째, 자치사무에 대해 중앙정부가 개입할 여지가 있어서 자치권이 침해될 우려가 있으며 중앙정부의 통제·감독이 강화될 수 있다. 셋째, 지방자치단체의 업무 부담이 가중될 수 있다.

(2) 개별적 수권주의(Enumeration Principle)

개별적 수권주의는 사무의 종류에 따라서 그리고 지방자치단체별로 필요할 때마다 개별적인 법률에 의하여 지방자치단체가 처리할 수 있는 권한 사항을 구체적으로 명시해 주는 방식이다. 개별적 지정주의라고도 한다. 개별적 수권주의에 의하면, 각 지방자치단체는 지방자치에 관한 일반법(우리의 경우, 「지방자치법」) 외에 특정 지방자치단체에만 적용되는 무수한 개별법을 통하여 권한 사항을 배분받는다. 또한 각 지방자치단체는 어떤 일을 하고자 할 때 불충분하다고 판단되면 새로운 권한을 부여받기 위하여 개별 법률안을 의회에 제출하여 해당 지방자치단체에만 적용되는 법의 제정을 추진한다. 예를 들어, A라는 지방자치단체는 행·재정적 여건상 지역개발사업을 수행할 능력이 있기 때문에 자치사무로 부여받고, B라는 지방자치단체는 행·재정적 여건상 지역개발사업을 수행할 능력이 없기 때문에 자치사무로 부여받지 않고 국가에서 직접 처리하도록 법률에 규정하는 방식이다. A지방자치단체는 지역개발사업을 추진하다가 권한이 불충분하면 새로운 권한을 획득하기 위하여 의회에 새로운 법의 제정을 요구할 수 있다.

이 방식은 주민자치제 국가에서 주로 채택하고 있다. 예를 들어, 영국을 비롯한 호주, 캐나다, 스웨덴, 덴마크 등에서 이 방식을 사용하고 있다.

개별적 수권주의의 장점은 다음과 같다. 첫째, 중앙정부와 지방자치단체 간 사무배분을 명확하게 할 수 있다. 둘째, 지방자치단체의 특수성과 개별성을 고려한 지방행정이 가능하다. 셋째, 지방자치단체가 처리할 수 있는 사무를 구체적으로 명시하므로 그 사무에 대해서는 중앙정부의 간섭을 최대한 배제하기 때문에, 실제로 자치사무의 범위와 자치권의 영역이 넓다.

개별적 수권주의의 단점으로는 다음과 같은 점들이 지적되고 있다. 첫째, 국가가 특별법을 제정하여 개별적으로 권한을 부여하는 방식은 경우에 따라서는 무수한 법들을 제정해야 하므로 노력과 시간이 많이 소모된다. 둘째, 개별 법률에 의해 지방사무와 권한을 지정하기 때문에 행정상의 혼란이 야기될 수 있다. 셋째, 법률이 변동될 때마다 중앙정부와 지방자치단체 간의 관계가 변화될 수 있다. 넷째, 법 제정에 많은 시일이 걸리는 경우 행정 수요에 신속하고 탄력적으로 대응하기 어렵다. 다섯째, 각 지방자치단체별로 사무를 구체적으로 지정해주므로 운영상 융통성이 약해진다. 특히, 지나치게 특수성과 개별성을 강조할 경우 행정의 통일성이 저해되기 쉽다.

(3) 절충주의(Mixed System)

지방자치단체가 처리할 수 있는 권한, 사무의 종류, 권한 부여 기준 등을 법률로서 포괄적으로 열거하고(포괄적 수권주의에 해당), 자격요건을 구비한 지방자치단체에게 각령(閣令) 또는 부령(部令)에 의하여 개별적으로 권한을 부여하는(개별적 수권주의에 해당) 제도이다. 따라서 절충주의는 포괄적 수권주의와 개별적 수권주의가 혼합되어 있는 형태라고 할 수 있다. 지방자치제도가 초보적으로 시행되고 있는 개발도상국, 특히 나이지리아를 포함한 아프리카의 일부 국가에서 채택하고 있다.

절충주의의 장점은 지방자치단체가 처리하는 사무의 종류와 내용이 명백하다는 점과 지방자치단체의 행·재정력에 맞추어 권한을 부여함으로써 융통성과 탄력성을 부여할 수 있다는 점이다. 절충주의의 단점으로는 중앙정부가 권한을 정치적으로 남용하면 지방자치를 약화시킬 수 있다는 점과 지방자치의 환경이 열악한 개발도상국에서 이 유형을 채택할 경우 자치행정이 허구에 그칠 우려가 있다는 점이 지적될 수 있다.

(4) 계약주의(Contract System)

국가와 지방자치단체 간 혹은 지방자치단체 상호 간에 계약을 맺어 특정 업무의 처리를 위탁하고 그 경비를 지원하는 방식이다. 콜롬비아와 미국의 일부 주정부 등에서 채택하고 있다.

계약주의의 장점은 국가와 지방자치단체의 관계를 수평적 관계로 인식하기 때문에, 지방자치단체의 자주성과 개별성이 존중된다는 점이다. 반면에, 이 방식은 권한 부여의 절차가 복잡하고, 계약의 내용과 형식에 따라 제약이 발생할 수 있으므로 제한된 형태로 수행되어야 한다는 문제점을 지니고 있다.

2) 행정적 분권(Administrative Decentralization)

지방분권의 또 다른 형태는 행정적 분권이다. 이는 관리적 분권이라고도 불린다. 행정적 분권은 중앙정부가 특정 국가사무와 그 사무의 처리 권한을 지방행정기관 혹은 지방자치단체에 위임(委任)하여 그들로 하여금 중앙정부의 감독 아래 그 사무를 수행하도록 하는 방식이다. 다시 말하면, 행정적 분권은 다음과 같은 두 가지 방식, 즉 중앙정부의 하급기관에 위임하는 방식과 지방자치단체의 집행기관에 위임하는 방식으로 지방행정을 수행하는 것이다.

(1) 중앙정부의 하급행정기관에 위임

중앙정부의 하급행정기관에 위임하는 방식은 중앙정부가 하급행정기관인 지방행정관서를 설치하고, 이 기관에 지방과 관련된 행정사무를 위임・집행하는 방식이다. 이 방식은 종합지방행정기관을 설치하거나 혹은 특별지방행정기관을 설치하여 지방행정사무를 수행한다. 종합지방행정기관에 의한 방법이란 특정 중앙관청에 소속되지 않은 종합지방행정기관을 설치하여 중앙정부가 위임하는 모든 지방행정사무를 종합적으로 담당하게 하는 것이다. 특별지방행정기관에 의한 방법이란 특정 업무만을 담당하는 특별지방행정기관을 설치하여 그 부문의 행정사무만을 집행하게 하는 것이다.

(2) 지방자치단체의 집행기관에 위임

이 방식은 지방행정사무를 처리하기 위하여 별도로 중앙정부의 하급행정기관을 설치하지 아니하고, 지방자치단체의 집행기관에 위임하여 처리하는 방식이다. 이처럼 특정 국가사무를 지방자치단체에 위임할 경우, 중앙정부와 지방자치단체의 관계는 그 사무에 한해서는 계층적 지휘・감독 관계에 있게 된다. 다시 말하면, 지방자치단체의 집행기관은 중앙정부의 하급기관과 동일한 지위에서 지휘・감독을 받으면서 해당 국가사무를 처리하게 된다.

이 방법의 장점은 지방행정의 종합화와 행정경비의 감소이다. 지방자치단체가 국가의 지방행정사무와 함께 지방자치단체의 고유사무를 종합적으로 처리함으로써 지방행정의 종합화를 꾀할 수 있다. 또한 지방행정기관의 무분별한 남설(濫設)로 인해 발생될 수 있는 행정경비의 팽창을 방지할 수 있다.

반면에, 다음과 같은 단점도 존재한다. 첫째, 자치사무와 국가사무 간의 구별이 명확하지 않을 수 있고, 이로 인해 행정책임소재가 불분명해질 수 있다. 둘째, 지방자치단체의 집행기관은 국가사무로 인해 업무상 압박을 더욱 심하게 받을 수 있다. 셋째, 중앙부처 간의 이견이나 중앙정부의 과도한 통제와 간섭으로 인해 행정상의 혼란이 야기될 수 있다. 넷째, 지방자치단체가 중앙정부의 하급행정기관과 유사한 역할, 즉 중앙부처의 일선출장소와 같은 역할을 함으로써 지방자치단체의 약화를 초래할 수 있다. 다섯째, 중앙정부가 위임사무의 경비를 부담하지 않을 경우 지방자치단체의 재정적 부담이 확대될 수 있다.

3) 협력적 분권(Collaborative Decentralization)

사적 단체나 법인에게 정부의 기능과 권한을 위임하여 행사하는 유형이다. 특허의 경우와 사법인(私法人)에 대해 보조금을 지급하는 경우가 이 유형에 해당된다.

제 4 절 신중앙집권

19세기의 배타적 지방분권은 민주성을 높이는 데는 어느 정도의 성공을 거두었으나, 효율성의 약화를 비롯한 여러 가지 문제들을 야기하였다. 이는 20세기 들어와서 효율성에 대한 관심을 높이는 계기가 되었고, 또한 19세기에 발생한 여러 문제들을 해결해야 한다는 목소리를 확대시켰다. 그리하여 20세기 초반에 중앙정부와 지방정부의 관계에 대한 화두는 민주성과 효율성을 동시에 추구하는 체제, 즉 신중앙집권이었다.

1. 신중앙집권의 필요성

신중앙집권은 19세기 지방분권이 야기한 여러 문제들을 해결할 필요성으로 인해 등장한 것이다. 신중앙집권이 필요한 대표적인 원인들을 살펴보면 다음과 같다.

1) 민주성과 효율성의 조화

18세기 중앙집권은 효율성을 향상시키는 데는 기여하였지만 민주성을 약화시켰다는 비판에 따라 19세기에 들어와서 민주성을 향상시키기 위해 지방분권이 추진되었다. 그러나 19세기의 지방분권은 민주성을 향상시켰지만 효율성을 크게 약화시켰다. 20세기에 들어와서 행정기능이 양적으로 팽창하고 질적으로 변화함에 따라 행정의 효율성이 다시 강조되기 시작하였다. 이에 따라, 19세기에 확보된 민주성을 당연한 것으로 인식하면서 이에 더하여 효율성을 높일 수 있는 시스템에 관심을 가지기 시작하였다. 즉, 중앙집권과 지방분권의 조화와 균형을 모색함으로써, 중앙집권을 추진할 경우에 향상시킬 수 있는 효율성과 지방분권을 추진할 경우에 향상시킬 수 있는 민주성을 동시에 확보하려는 취지에서 신중앙집권체제를 필요로 하였다.

2) 적극적 행정

19세기와 달리 20세기에 들어와서 경제, 교통, 통신, 과학, 기술 등이 급속하게 발달함으로써 다양한 사회문제들이 발생하였고, 동시에 여러 다른 문제들이 서로 복잡하게 얽히면서 나타났다. 또한 전국적 차원의 경제적·사회적 개발에 대한 요구가 증대하였으며, 국제사회도 급격한 변화에 휩싸였다. 이로 인해, 종래의 소극적인 행정, 즉 '보이지 않는 손(invisible hand)'으로는 다양하고 복잡하며 급변하는 사회문제들을 효과적으로 해결하기 어렵게 되었다.

이에 대한 사례는 여러 가지를 들 수 있지만, 1929년에 발생한 세계 대공황이 대표적인 사례라고 할 수 있다. 세계 대공황은 소극적 행정인 '보이지 않는 손'으로는, 그리고 지방 중심의 대응으로는 도저히 해결할 수 없었고, 이에 따라 중앙정부(미국의 경우는 연방정부)의 적극적인 개입이 요구되었다.

3) 지방자치단체의 재정능력 부족 해결

19세기의 지방분권은 민주성을 지나치게 강조하여 민주성과 더불어 두 마리 토끼[1] 중의 하나로 비유되는 효율성을 약화시킴으로써 지방의 재정 상황을 크게 악화

1) 민주성과 효율성은 각각 토끼에 비유되기도 한다. 한 사람이 두 마리의 토끼를 한꺼번에 잡는 것

시켰다. 더구나, 배타적 지방분권으로 인해 지방자치단체들 간의 협조가 잘 이루어지지 않아 중복행정이 많이 발생하였기 때문에 재정적 낭비를 더욱 확대시켰다. 이러한 상황으로 인해 지방자치단체의 어려운 재정 상태가 쉽사리 해결되기 어려웠고, 따라서 중앙정부는 지방자치단체에게 보조금을 지원할 수밖에 없었다. 그렇다고 중앙정부의 재정 상황이 지방자치단체를 충분히 지원할 정도로 좋은 것도 아니었다. 따라서 중앙정부는 지방자치단체의 재정 상황을 개선시킬 필요성에 직면하였으며, 이를 가능하게 할 수 있는 시스템이 필요하였다.

4) 국민적 최저수준(National Minimum)의 유지

19세기의 배타적 지방분권으로 인해 지방자치단체들 간의 경제적 · 사회적 불균형이 심하게 나타나, 지방자치단체에 따라 주민들의 삶의 수준이 크게 차이가 났다. 어떤 지방자치단체의 주민들은 비교적 괜찮은 삶을 누리지만 어떤 지방자치단체의 주민들은 매우 빈곤한 삶을 영위할 수밖에 없었다. 이에 따라, 지방자치단체들 간의 경제적 · 사회적 불균형을 중앙정부가 조정할 필요성이 제기되었다. 중앙정부는 법령으로 모든 지방자치단체에서 국민적 최저수준이 유지되도록 지방자치단체의 급부행정을 의무화하거나, 급부의 수준이나 내용을 법정화하거나, 중앙정부가 직접 급부를 하는 등과 같이 관여할 필요성이 확대되었다.

급부행정(給付行政)

급부행정이란 공익적 활동을 통하여 국민의 복지 향상에 기여하는 공행정 활동을 말한다. 무엇을 급부행정으로 파악하는가에 관하여는 학설상 견해가 일치되어 있지 않지만, 일반적으로 급부행정의 개념에 포함되는 공행정의 활동 범위로서는 ① 국민에게 재화 또는 서비스를 공급하는 공급행정, ② 국민의 보건복지 수준의 향상을 위한 사회보장행정, ③ 보조금 혹은 융자금 등을 지원하여 국민의 생활 영역을 구조적으로 개선시켜 주기 위한 자금보조행정(조성행정)을 들 수 있다. 급부행정에 대하여 법치주의의 원리의 타당성이 문제되는 경우가 있기 때문에, 급부행정에 대하여도 법률의 근거가 필요

은 불가능에 가까운 것처럼 민주성과 효율성을 동시에 달성하는 것은 어렵다는 것을 표현하는 것이다.

하다고 하는 견해가 일반적이다.

출처: 김철용(2004)의 『행정법』에서 부분 발췌 · 재서술

5) 지방행정에 대한 통제의 필요성 증대

19세기 지방분권 하에서는 지방에서 각종 부패가 만연되었고, 지방행정의 투명성과 건전성이 매우 낮았다. 즉, 주민대표자들인 지방자치단체장과 지방의회의원들이 부패에 앞장서는 경우가 빈번하였고, 또한 이러한 일이 점차 확대되었다. 따라서 이들이 스스로 부패를 방지하리라 기대하기 어려웠다. 그렇다고 해서 주민들이 부패를 방지할 정도로 정치의식의 수준이 높은 것도 아니었다. 이로 인해, 지방행정에서의 부패의 고리는 더욱 복잡하게 확대되는 악순환이 지속되었다. 결국, 중앙정부가 지방행정의 부패를 개선시킬 수 있는 제도적 장치를 마련해야 한다는 요구가 강하게 제기되었다.

2. 신중앙집권의 개념

위에서 지적한 바와 같이 신중앙집권은 19세기 지방분권으로 인해 나타난 여러 가지 문제들을 해결하기 위해 나타났다. 이러한 배경으로 등장한 신중앙집권은 중앙정부가 지방정부에 대하여 기술적 · 재정적 지원을 확대하면서 지방의 일부 사무를 중앙으로 이관하거나 중앙의 통제를 강화하는 현상을 말한다. 한마디로 요약하면, 신중앙집권이란 행정의 민주화와 효율화를 동시에 충족시키기 위해 중앙정부가 후견적 · 보완적 입장에서 지방정부와 협력하는 방식을 말한다. 18세기 중앙집권과 비교할 때 신중앙집권은 여러 측면에서 다르지만, 가장 다른 신중앙집권의 특징은 다음과 같은 두 가지로 요약될 수 있다.

1) 지식적 · 기술적 관여

18세기 중앙집권체제에서 중앙정부와 지방정부의 관계는 권력적 · 수직적 · 지배적 · 강압적이어서, 중앙정부는 지방정부를 지휘 · 감독 · 통제하고 지방정부는 중앙정부에

의존하였다. 이러한 관계는 신중앙집권체제의 목표 중에서 효율성을 확보하는 데에는 도움이 되지만, 민주성을 확보하는 데에는 큰 장애요인으로 작용하였다. 따라서 신중앙집권체제는 중앙정부와 지방정부 간의 관계를 비권력적 · 사회적 · 지도적 · 협동적 · 지식적 · 기술적 관계로 구축하려는 특성을 보인다. 즉, 중앙정부는 지방정부를 지휘 · 감독 · 통제하는 것이 아니라 지방정부가 부족한 점들을 지원하는 역할, 특히 지식 · 정보 · 자료를 제공하거나 기술을 지원하는 등의 역할에 집중한다.

2) 재정 지원의 변화

신중앙집권체제 하에서 중앙정부는 재정력이 빈약한 지방정부를 재정적으로 지원함으로써 지방자치단체가 건전하게 유지 · 운영되도록 하고, 주민에게 적절한 서비스가 제공되도록 하며, 지역들 간의 행정서비스 격차가 완화되도록 하는 역할을 한다. 중앙정부의 재정적 지원의 특이한 사항은 개별적 보조금 위주의 지원에서 벗어나 일반보조금(일반교부금)이나 평형교부금(平衡交付金)의 비중이 확대되는 경향을 보이는 것이다. 개별보조금, 일반보조금(일반교부금), 평형교부금에 대해 살펴보면 다음과 같다.

(1) 개별보조금(Specific Grants)

특정 목적을 위해 특정 지방정부에게 개별적으로 지원하는 보조금으로서, 우리나라의 국고보조금이 여기에 해당된다. 개별보조금은 비례보조금과 단위보조금으로 나눌 수 있다. 비례보조금(percentage grants)은 지방정부가 수행하는 특정 사업의 비용 중에서 일정 비율을 중앙정부가 보조하는 것을 말한다. 단위보조금(unit grants)은 지방정부의 특정 사업에 대해 단위비용의 표준액(단위당 비용)을 정하여 교부하는 보조금이다. 개별보조금의 단점은 다음과 같다.

① 지방정부 간 재정적 불균형 확대

개별보조금은 매칭펀드(matching fund)[2] 방식을 주로 활용하기 때문에 지방정부

2) ① 경영학에서는 공동자금출자라는 의미로 쓰인다. 흔히 컨소시엄의 형태로 자금을 여러 기업이 공동출자할 때 매칭펀드라고 부른다. ② 금융에서는 혼합기금이라는 의미로 쓰인다. 투자신탁회사가 국내투자자들과 외국투자자들을 대상으로 수익증권을 발행 · 판매한 투자자금을 국내증권

의 재정 상황에 따라 다르게 지원하는 것이 아니라 지방정부의 재정 상황을 고려하지 않으면서 지원한다. 즉, 지방정부가 중앙정부에 예산을 요구하기 전에 먼저 자체적으로 노력을 하면 중앙정부는 그에 상응한 예산을 지원하는 것이 개별보조금이다. 다시 말하면, 보조금 액수는 개별보조금 지원대상 사업들을 위해 지방정부가 지출하는 액수와 직접적으로 관련이 있다. 개별보조금을 받을 수 있는 특정 사업을 위해 지방정부가 지출해야 하는 금액을 내놓을 경우에만 중앙정부는 나머지 금액을 보조금으로 제공한다. 지방정부가 지출해야 하는 금액을 내놓지 않거나 혹은 지출해야 하는 금액보다 적은 금액을 내놓으면, 지방정부는 개별보조금을 받을 수 없다. 그러므로 개별보조금을 받을 수 있는 사업들을 위해 지출을 충분히 할 수 있는 지방정부는 상대적으로 많은 개별보조금 사업들을 지원받을 수 있기 때문에, 재정력을 더욱 튼튼하게 할 수 있다. 반면에, 충분한 재원을 확보하기 어려운 빈곤한 지방정부는 상대적으로 적은 개별보조금 사업들을 지원받기 때문에, 중앙정부의 지원이 그만큼 줄어들게 된다. 이로 인해, 재정력이 좋은 지방정부와 재정력이 좋지 않은 지방정부 간의 재정적 불균형은 더욱 확대된다.

② 지방정부의 자율성 약화

개별보조금은 특정한 목적과 까다로운 조건이 붙어 있는 지원금으로서 특정한 사업에 사용하는 것을 의무화하고 있다. 즉, 중앙정부가 결정한 특정 사업을 수행하려는 지방정부는 중앙정부가 정해놓은 조건들을 충족시켜야 개별보조금을 받을 수 있다. 지방정부가 이 조건들을 충족시키려고 노력하는 과정에서 중앙정부는 자신의 의도대로 지방정부를 조정할 수 있다. 즉, 재정적 능력이 약하여 중앙정부의 지원이 필요한 지방정부는 재정 확충을 위해 중앙정부의 조건을 수용할 수밖에 없다. 이로 인해, 개별보조금을 '끈이 달린 돈(money with a string)'이라고 부르기도 한다. 중앙정부가 개별보조금에 끈을 달아서 조정하고 그 끈이 이끄는 대로 따라오는 지방정부에

과 해외증권에 동시에 투자하는 것을 말한다. 즉, 투자신탁회사를 통한 간접적 방법에 의해 외국투자자들에게는 국내증권투자를, 내국인에게는 해외증권투자를 할 수 있는 기회를 부여한 펀드이다. 이는 해외투자비중과 국내투자비중을 여건에 따라 탄력적으로 조정할 수 있다. ③ 재정에서는 중앙정부가 지방자치단체나 민간에게 예산을 지원할 때 자구노력에 연계해 자금을 배정하는 방식을 말한다. 우리나라 정부는 1993년 지방 중소기업 지원사업에서 이 매칭펀드를 처음 도입했다. 지방이 무조건 중앙정부에 예산을 달라고 요구할 것이 아니라, 먼저 자체적으로 노력을 하면 그에 상응한 지원을 하겠다는 취지이다(매일경제 dic.mk.co.kr).

게 지원하기 때문에 지방정부의 자율성은 위축될 수밖에 없다.

③ 지방정책의 우선순위 변경

대부분의 지방정부들은 수행해야 할 사무에 비해 행·재정적 능력이 약하기 때문에 실제로 수행할 수 있는 사무가 제한적인 것이 일반적이다. 따라서 지방정부는 행정력과 재정력, 특히 재정력을 확대할 수 있는 방안을 모색하기 위해 많은 노력을 기울이고 있다. 이러한 상황에서 우선순위에서는 뒤쳐져 있지만 중앙정부가 개별보조금을 지원하는 사무가 있다면, 지방정부는 지방정책의 우선순위를 변경하더라도 그 사무를 수행하려 할 것이다.

(2) 일반보조금(Broader Grants)

일반보조금은 개별 조건 없이 포괄적이고 일반적인 목적을 위해 사용할 수 있는 보조금이다. 개별보조금이 특정 지방정부에게 교부되는 것과 달리 일반보조금은 모든 지방정부에게 균등하게 지원된다. 개별보조금의 여러 까다로운 조건은 지방정부의 자율성을 위축시킬 수 있기 때문에, 지방정부의 자주성을 높이기 위해서 사용 목적과 조건을 정하지 않으면서 보조금을 지급할 필요성이 제기되어 나타난 보조금이 일반보조금이다.

(3) 평형교부금(Equalization Grants)

평형교부금은 부유한 지방정부와 빈곤한 지방정부 간의 재정적 불균형을 시정하기 위하여 보조하는 것으로서, 우리나라의 지방교부세가 이러한 목적을 가지고 있다. 개별보조금과 일반보조금은 지방정부의 재정적 능력을 고려하지 않은 방식이기 때문에, 지방정부의 균형 있는 발전이 저해될 수 있다. 이를 시정하기 위해 등장한 것이 평형교부금이다. 즉, 재정력이 좋은 지방정부에게는 지원을 적게 하거나 혹은 지원을 하지 않으면서, 재정력이 좋지 않은 지방정부에게 많이 지원하는 것이 평형교부금이다.

3. 신중앙집권의 형태

신중앙집권은 여러 형태로 나타날 수 있지만, 대표적인 형태는 지방사무를 중앙정부가 흡수하거나, 지방사무를 광역자치단체로 이관하거나, 지방사무에 대한 중앙정부의 감독과 통제를 강화하는 것이다.

1) 중앙정부의 지방사무 흡수

20세기에 들어와서 다양한 사회문제들이 복잡하게 얽히고 동시에 급하게 전개되면서 이를 해결할 수 있는 행정이 전국적 그리고 지방적으로 요구되었다. 지방과 관련하여 발생하는 문제는 지방정부가 해결해야 하지만, 지방정부는 행·재정력이 부족하여 이 문제들을 감당하기 어려운 상황이었다. 이러한 지방문제들은 방치되면 지방정부는 물론이고 주민들에게도 부정적인 영향을 미칠 수 있기 때문에 사무재분배에 대한 요구가 팽배하였다. 이리하여 다음과 같은 특징을 지닌 지방사무들을 국가사무로 바꾸는 경향이 나타났다.

- 국가적 이해관계가 있는 지방사무
- 중앙정부가 더욱 효율적으로 수행할 수 있는 지방사무
- 전국적 통일성이 요구되는 지방사무
- 행정 결과가 국가 전체에 영향을 미치는 지방사무

지방사무였지만 국가사무가 된 대표적인 사무를 보면 도로행정, 복지행정, 환경행정, 공익행정(전기, 통신 등) 등의 사무였다. 예를 들면, 복지행정의 경우 복지서비스 수혜자에게 서비스를 효율적으로 전달하기 위해서는 지방정부가 담당하는 것이 좋지만, 또 하나의 주요 이슈인 복지재정확보를 위해서는 중앙정부가 수행하는 것이 유리하다. 환경행정도 관련된 지방정부들 간의 협의에 의해 해결되는 것이 바람직하지만, 효율적인 협조체제가 구축되기 어려운 상황이 빈번하게 발생되기 때문에 중앙정부로 이관하는 경향이 나타났다.

2) 광역자치단체로 사무 이관

20세기에 들어와서 교통과 통신이 발달하여 사람들의 이동성이 향상되면서 광역적 처리와 서비스의 균질화를 요구하는 행정수요가 크게 증가하였다. 이에 따라, 광역행정이 점차 강조되었다. 주로 다음과 같은 특징을 지니는 사무들이 광역자치단체로 이

관되었으며, 구체적으로는 지역계획, 교통, 상 · 하수도사업 등이 여기에 해당된다.

- 행정내용이 전문적이고 많은 자본이 요구되지만, 대상이 편재 혹은 희소한 사무
- 기술상 공동처리가 필요한 사무

3) 지방행정에 대한 중앙정부의 감독 · 통제 강화

지방정부가 지방사무를 적절하게 수행하지 못하는 경우가 빈번하게 나타남에 따라 중앙정부가 이를 감독하고 통제하는 경향이 나타났다. 이의 대표적인 사례들은 다음과 같다.

(1) 사무에 대한 시정조치 · 행정감사 확대

지방정부가 시행하고 있는 지방사무에 대해 중앙정부가 감독을 확대하는 경향이 나타났다. 예를 들어, 지방사무에 대해 보고를 요구하거나, 관련 정보를 요구하거나, 잘못된 경우에 시정조치를 명하거나 혹은 행정감사를 실시하는 사례가 증대되었다.

그러나 중앙정부의 간섭이 지나치게 강하면 지방행정의 효율성이 약화되거나 혹은 중앙정부와 지방정부 간의 관계가 경직되는 부작용이 발생할 수 있다는 우려가 제기되었다. 그리하여 중앙정부가 관여를 확대하면서, 동시에 이러한 부작용들을 줄이기 위해 중앙정부가 관여할 수 있는 사무의 범위와 한계를 사전에 규정하는 경향이 있었다.

(2) 재정통제 강화

지방정부의 재정 상황이 점차 악화되었기 때문에 중앙정부가 지방정부의 재정 상황을 검토하고 통제해야 한다는 목소리가 확대되었다. 중앙정부가 지방정부의 재정을 통제하는 일은 다양한 분야에서 나타날 수 있었다. 가장 대표적인 사례는 지방채 발행에 대해 통제를 하거나 개별보조금 사용에 대해 감독을 강화하는 것이었다.

지방정부가 지방채를 발행할 때 중앙정부의 승인을 받도록 통제하는 경우가 많이 나타났다. 그러한 조치를 취하지 않을 경우, 지방정부는 예산을 방만하게 운영하면서 이를 충당하기 위해 채권을 발행함으로써, 중 · 장기적으로 지방정부의 재정 상태를 더욱 어렵게 할 수 있기 때문이었다.

또한 개별보조금에 대한 감독을 강화하는 사례가 증가하였다. 예를 들어, 개별보조금의 사용 용도를 엄격하게 제한하거나, 사용 진도에 대한 보고를 요구하거나, 사용 결과에 대해 회계감사를 실시하는 경우가 증대되었다.

(3) 인사통제 강화

지역사회 내에서 다양한 비리와 부패가 확대되는 상황에서, 지방공무원이 이에 개입하거나 혹은 이를 방조하는 경우가 빈번하게 발생하였다. 또한 능력있는 사람을 지방공무원에 임용하는 것보다 자기 사람을 임용하려는 사례도 확대되었다. 이러한 문제들은 지방의 발전을 저해하는 중요한 요인이기 때문에, 반드시 시정되어야 한다는 비판의 목소리가 강하게 제기되었다. 그러나 지방정부는 스스로 이러한 문제들을 해결할 능력도 없었고 의지도 부족하였다. 이에 따라, 중앙정부가 지방의 인사문제를 통제하게 되었다.

예를 들어, 지방정부의 고위공무원이 부정을 저지르거나 직무를 유기할 경우에 지방정부 스스로가 이를 처리하여야 하지만, 그렇지 않은 경우가 자주 발생하였다. 이에 따라, 중앙정부가 그를 징계에 회부하는 경우가 나타났다.

또한 지방공무원의 자격 기준을 중앙정부가 결정하는 경향이 나타났다. 지방공무원의 채용기준을 지방정부에 맡겨 놓으면 지방정부의 고위공무원과 가까운 사람을 무차별적으로 채용하는 경우가 빈번하게 발생될 수 있기 때문이다. 즉, 엽관제(spoils system)를 방지하기 위해서 인사통제를 강화하는 경향이 나타났다.

(4) 지방정부의 인·허가 사무 사전 규정

지방정부가 인·허가를 남발하는 경향을 제지하기 위해 지방정부가 인·허가할 수 있는 사무를 사전에 규정하도록 하였다. 지방정부의 인·허가 사무를 제외한 지방정부의 특정 계획, 사무, 행정조치 등에 대해 중앙정부의 사전승인 혹은 허가를 받도록 하였다.

(5) 행정명령 확대·강화

중앙정부가 지방정부에게 행정명령을 하달하는 권한이 확대·강화되었다. 즉, 지방정부의 권한이나 기능과 관련된 법률 규정을 보완하기 위해 관계 장관에게 행정명령을 내릴 수 있는 권한이 확대·강화되었다.

(6) 대집행(代執行)

지방정부가 수행해야 할 사무를 집행하지 않거나 혹은 집행할 능력이 없는 경우에 관계 장관(주무부 장관)은 지방정부에게 직무이행을 명령할 수 있도록 하였다. 그럼에도 불구하고, 지방정부가 이 명령을 수행하지 않으면 중앙정부는 법원을 통해 직무이행명령을 발효시키는데, 지방정부가 이 명령조차 어기면 관계 장관은 해당 지방공무원을 법적으로 처벌하면서 그 사무에 대해 대집행을 실시하도록 하였다.

우리나라의 경우에는 지방자치단체장이 의무에 속하는 위임사무를 제대로 관리 혹은 집행하지 않으면 시·도에 대해서는 관계 장관 그리고 시·군·자치구에 대해서는 시·도지사가 기간을 정하여 서면으로 이행할 사항을 명령한다. 그럼에도 불구하고 이행명령을 따르지 않으면 대집행할 수 있다. 우리나라의 경우에는 법원을 경유하지 않는다. 우리나라를 포함하여 대집행을 활용하는 국가에서는 대집행에 대한 비용을 지방정부가 부담하도록 하는 경향을 보인다.

「지방자치법」상의 대집행

제189조(지방자치단체의 장에 대한 직무이행명령)

① 지방자치단체의 장이 법령에 따라 그 의무에 속하는 국가위임사무나 시·도위임 사무의 관리와 집행을 명백히 게을리하고 있다고 인정되면 시·도에 대해서는 주무부장관이, 시·군 및 자치구에 대해서는 시·도지사가 기간을 정하여 서면으로 이행할 사항을 명령할 수 있다.

② 주무부장관이나 시·도지사는 해당 지방자치단체의 장이 제1항의 기간에 이행명령을 이행하지 아니하면 그 지방자치단체의 비용부담으로 대집행 또는 행정상·재정상 필요한 조치(이하 이 조에서 "대집행등"이라 한다)를 할 수 있다. 이 경우 행정대집행에 관하여는 「행정대집행법」을 준용한다.

③ 주무부장관은 시장·군수 및 자치구의 구청장이 법령에 따라 그 의무에 속하는 국가위임사무의 관리와 집행을 명백히 게을리하고 있다고 인정됨에도 불구하고 시·도지사가 제1항에 따른 이행명령을 하지 아니하는 경우 시·도지사에게 기간을 정하여 이행명령을 하도록 명할 수 있다.

④ 주무부장관은 시·도지사가 제3항에 따른 기간에 이행명령을 하지 아니하면 제3항에 따른 기간이 지난 날부터 7일 이내에 직접 시장·군수 및 자치구의 구청장에게 기간을 정하여 이행명령을 하고, 그 기간에 이행하지 아니하면 주무부장관이 직접

대집행등을 할 수 있다.

⑤ 주무부장관은 시·도지사가 시장·군수 및 자치구의 구청장에게 제1항에 따라 이행명령을 하였으나 이를 이행하지 아니한 데 따른 대집행등을 하지 아니하는 경우에는 시·도지사에게 기간을 정하여 대집행등을 하도록 명하고, 그 기간에 대집행등을 하지 아니하면 주무부장관이 직접 대집행등을 할 수 있다.

⑥ 지방자치단체의 장은 제1항 또는 제4항에 따른 이행명령에 이의가 있으면 이행명령서를 접수한 날부터 15일 이내에 대법원에 소를 제기할 수 있다. 이 경우 지방자치단체의 장은 이행명령의 집행을 정지하게 하는 집행정지결정을 신청할 수 있다.

4. 신중앙집권의 한계

신중앙집권은 민주성은 당연한 권리이고 이와 더불어 효율성을 향상시키기 위한 시스템이다. 그러나 지방자치를 실시하면서 신중앙집권체제를 도입하면 다음과 같은 부작용이 발생한다는 비판을 받았다.

1) 지방자치 약화

신중앙집권은 민주성과 효율성을 동시에 향상시키는 목적을 가지고 등장하였다. 그러나 시간이 흐를수록 상대적으로 달성하기 어려운 민주성보다 상대적으로 달성하기 쉬운 효율성 향상에 집중함으로써, 중앙정부의 관여가 확대되어 지방에서 민주성과 자율성이 약화되었다. 이는 주민들의 지방자치에 대한 흥미와 관심을 약화시켰다. 이처럼 신중앙집권은 지방자치를 약화시킬 수 있기 때문에, 풀뿌리민주주의(grass-roots democracy)의 유지와 발전에 부정적인 영향을 미쳤음을 부인하기 어렵다.

2) 중앙정부의 통제 강화

신중앙집권은 속성상 집권적 요소가 포함되어 있기 때문에, 중앙정부의 지휘·감독이 확대될 수밖에 없다. 그러나 지방자치단체는 중앙정부와 별개의 독립적인 법인격을 소유하고 있기 때문에, 실질적인 측면에서는 아니라고 하더라도 적어도 법적으로는 수평적인 관계이다. 그러므로 지방자치단체에 대한 중앙정부의 통제가 필요하더라도 그 방식이 수직적·권력적·강압적이어서는 안 된다. 지방자치단체에 대한 중앙정부의 통제방식은 간접적·지원적·후원적 방식이어야 한다. 이 방식이 신중앙집권의 기본 취지에도 부합된다. 그러나 신중앙집권체제 하에서 중앙정부의 권한이 점차 커지면서 지방자치단체에 대한 중앙정부의 통제방식이 수직적·권력적·강압적이었다는 비판이 제기되었다.

3) 획일적 지방행정

앞에서 설명한 것처럼 지방사무 중의 일부를 중앙사무로 흡수하면 해당 사무에 대한 결정권은 중앙정부가 갖게 된다. 중앙정부는 국가적 차원의 사무와 더불어 새로이 흡수한 사무를 수행해야 하기 때문에 업무 부담이 가중될 수밖에 없다. 이런 상황에서 중앙정부가 새롭게 흡수된 사무를 수행하는 과정에서 지방의 특수성을 고려하는 것을 기대할 수 없다. 즉, 중앙정부는 새로운 사무를 수행함에 있어서 지방의 특수한 상황을 고려하지 않고 모든 지방을 동일하게 인식하는 경향이 있었다. 그러나 전국적으로 획일화된 지방행정을 실시해서는 안 된다. 지방자치단체는 개별적으로 차별화된 특징을 지니고 있으며, 또한 독특한 상황 속에 있다. 따라서 개별 지방자치단체는 자신이 처한 여건을 구체적으로 분석하면서 타 지방보다 비교우위에 있다고 판단되는 장점을 최대한 살려야 발전을 꾀할 수 있다. 신중앙집권으로 인해 전국적으로 획일화된 지방행정이 실시되면 지방자치단체의 발전을 기대하기 힘들어진다.

4) 자치구역 확대

신중앙집권은 효율성을 중시하기 때문에, 규모의 경제를 달성하기 위하여 구역을 확대하려는 경향을 보였다. 그러나 지방자치단체의 구역을 인위적·기계적으로 무제한 확대해서는 안 된다. 지방자치단체의 구역을 확대하면 주민참여에 소요되는 실질비용이 상승하고 또한 무임승차(free-riding)가 증대된다. 이는 주민참여를 제약하는 요인으로 작용함으로써 지방자치를 위축시킬 수 있다.

5) 지방이 원하지 않는 인사교류

중앙정부와 지방자치단체의 행정력을 비교하면 일반적으로 중앙정부의 행정력이 우월하기 때문에, 지방자치단체의 부족한 행정력을 보완하기 위해 중앙정부와 지방자치단체 간의 인사교류를 실시하는 나라가 많다. 이는 지방자치단체의 행정력을 보완함으로써 중앙정부와 지방자치단체 간의 상생을 도모하기 위한 것이다. 이를 위해서는, 특히 지방자치단체에 부족하기 쉬운 기획 분야의 전문공무원을 지방자치단체에 파견하는 것이 바람직하다. 그러나 업무수행 능력이 탁월하고 성실한 공무원을 옆에 두고 싶은 것은 누구나 바라는 일이기 때문에, 업무수행 능력이 탁월한 중앙공무원보다 상대적으로 업무수행 능력이 떨어지거나 혹은 자신과 뜻이 다른 중앙공무원을 지방자치단체에 파견하는 경우가 자주 발생하였다. 이처럼 중앙정부의 게으르거나 무능한 관료를 지방자치단체에 전보해서는 안 된다. 이는 지방자치단체의 자율성과 기획능력을 향상시키는 데 기여하지 못하기 때문이다.

제 5 절 신지방분권

1. 신지방분권의 개념

신중앙집권과 마찬가지로, 신지방분권은 행정의 민주화와 효율화를 동시에 추구하는 중앙정부와 지방자치단체 간의 협력 방식이다. 종래의 지방분권이 국가권력을 견제하는 배타적 · 대립적 개념이었는데 반해, 신지방분권은 국가와 지방자치단체가 공동목표를 위해 서로 기능을 분담하면서, 지배와 복종을 기조로 하는 상 · 하관계가 아닌 협력과 공존의 관계를 표방하는 능동적이고 상생적인 시스템이다. 즉, 신지방분권은 중앙집권과 지방분권이 갖고 있는 장점을 동시에 충족하면서 지방자치단체의 배타적 자율성이나 중앙정부의 통제 위주보다는 중앙정부와 지방자치단체 간의 긴밀한 협력을 바탕으로 하는 실질적인 분업체제이다.

2. 신지방분권의 등장 배경

신지방분권은 신중앙집권에 대한 비판에서 출발하였다. 즉, 신중앙집권이 민주성과 효율성을 동시에 추구하고자 시도되었지만, 시간이 흐르면서 위정자들의 관심이 상대적으로 단기간에 이룰 수 있는 효율성에 집중함으로써 다양한 문제점들이 제기된다는 비판을 받게 되었다. 좀 더 구체적으로 신지방분권이 등장한 배경을 살펴보면 다음과 같다.

1) 지방자치단체의 자율성 회복

민주성과 효율성을 동시에 추구하려던 신중앙집권은 실질적으로 효율성을 더욱 강조하여 집권화의 경향을 보임으로써 지방정부의 자율성을 위축시켰다. 지방정부의 자율성이 위축된다는 것은 지방문제를 지방 스스로가 결정할 수 있는 기회가 감소된다는 것을 의미한다. 자신의 문제에 대한 결정권이 약화되는 상황에서 주민들이 지방자치에 대해 흥미와 열의를 가지기를 기대하기는 어렵다. 주민참여를 기본으로 하는 지방자치가 약화된다는 것은 참여를 바탕으로 하는 민주주의의 기본 원리에 역행하는 것이다. 따라서 지방자치단체의 자율성을 회복시키기 위하여 신지방분권이 추진되었다.

2) 행정 운영의 혼란과 비효율성 방지

신중앙집권체제는 중앙집권적 대의민주주의를 확대시키고, 또한 지방사무에 대한 중앙정부의 개입을 강화하였다. 이는 행정 운영상 혼란을 야기시키고 비효율성을 높이는 결과를 초래하였다. 이를 방지하기 위한 시도가 신지방분권을 구축하는 것이었다. 이에 대해 구체적으로 살펴보면 다음과 같다.

기본적으로 정당조직은 집권적 특성을 가지는 경향이 강한데, 여기에 신중앙집권체제로 인해 중앙집권적 분위기가 사회적으로 확대되면 대의민주주의의 운영에서도 중앙집권적 특징이 강해질 수 있다. 중앙집권적 대의민주주의 하에서 지방 정당인들은 지역에서의 행정수요에 능동적이고 신속하게 대처하기보다는 중앙당의 눈치를 보기가 쉽다. 즉, 지역의 독특한 장점과 상황을 고려하고 주민들의 수요를 분석하는 정책적 활동보다 중앙당의 지시를 따르는 경향이 나타날 수밖에 없다. 이는 경쟁사회에서 지역경쟁력을 향상시키는 데 제약요인으로 작용할 수 있다.

그리고 중앙정부의 지방사무에 대한 개입은 사무처리의 궁극적인 권한이 어디에 있는지에 대한 의문을 제기하여 행정 운영상의 혼란과 책임소재의 불분명이라는 문제를 일으킨다. 또한 지방사무에 대한 중앙정부의 개입은 지방의 자율성을 제약함으로써, 주민대표와 주민들로 하여금 지역 사무에 능동적으로 참여하지 않게 만든다. 이는 비효율성을 발생시킨다.

이러한 문제점들을 가진 신중앙집권으로는 급변하는 현대 사회, 특히 주민들의 행정수요가 급변하는 상황에 효율적으로 대처하기 어렵다. 이에 따라, 지방자치단체의 자율권을 확대하여 지방의 문제를 주민들의 의사를 바탕으로 가능한 한 지방에서 처리할 수 있도록 하는 동시에, 중앙정부가 지방자치단체의 부족한 점을 지원할 필요가 있었다. 즉, 지방자치단체와 중앙정부가 공조하는 시스템이 요구되었다. 이에 따라, 신지방분권이 등장하였다.

3) 사람들의 변화된 가치관 충족

산업사회에서 경제가 발전하면서 소득수준이 크게 상승하였다. 소득 상승은 다양한 변화를 수반하였고, 특히 교육수준을 전반적으로 크게 상승시켰다. 이로 인해, 사람들의 욕구와 가치관이 크게 변화하였으며, 이러한 경향은 정보지식사회로 진입하면서 더욱 강하게 나타났다.

산업사회의 대표적인 가치관이 획일화, 대량화, 집권화, 물질적 만족 추구 등이라면, 산업사회의 후반부부터 나타난 변화된 가치관은 다양화, 개성화, 분권화, 정신적 만족 추구 등의 특징을 지니고 있다. 집권화를 상대적으로 강조하는 신중앙집권체제는 이처럼 변화하고 있는 가치관을 충족시키는 데 한계가 있을 수밖에 없기 때문에, 중앙정부와 지방자치단체 간의 새로운 분업론이 제기되었다. 이리하여 1960년대 중후반부터 신지방분권체제를 추구하게 되었다.

3. 신지방분권의 대표적 사례

신지방분권의 사례는 여러 나라에서 나타나고 있다. 대표적인 사례로는 그동안 중앙집권체제를 고수하고 있던 프랑스를 들 수 있지만, 프랑스를 포함하여 몇 개의 국가들을 소개하면 다음과 같다.

1) 미국

미국은 1960년대 중후반부터 신지방분권을 추진하였으며, 대표적 사례는 닉슨(R. Nixon) 정부와 레이건(R. Reagan) 정부의 정책, 그리고 지방정부의 노력 등이다. 이에 대해 간략하게 살펴보면 다음과 같다.

첫째, 닉슨 대통령의 대표적인 정책 중의 하나가 신연방주의(New Federalism)인데, 신연방주의는 신지방분권의 특징을 강하게 내포하고 있다. 즉, 연방정부의 정책결정권 중 일부를 지방정부에 이양하였고, 주정부와 지방정부가 특정 연방사업의 정책결정과정에 참여토록 유도하였으며, 지방정부의 자율성을 높이기 위해 일반보조금을 확대·시행하였다.

둘째, 레이건 대통령도 신지방분권을 확대하는 정책을 추구하였다. 대표적인 내용은 지방정부에 업무를 이양하고, 목적별 보조금을 시행하는 것 등이다. 먼저, 연방정부의 예산을 삭감하면서, 연방정부의 일부 업무, 예를 들면 보건, 교육, 환경, 사회복지 등의 업무를 지방정부에 이양하였다. 또한 통제 위주의 사업별(개별) 보조금을 통합하여 목적별 보조금으로 전환시켰다. 목적별 보조금(block grants)이란 우리나라에서 2005년 1월부터 지방교부세로 흡수되어 사라진 지방양여금과 유사한 것으로서, 지원금의 목적만을 명시하고 구체적인 사업내용을 지방정부에 일임하여 지방정부의 자율성을 강화하는 보조금이다. 레이건 행정부 시절인 1981년에 보건행정과 관련된 19개의 사업별(개별) 보조금을 4개의 목적별 보조금으로 전환시켰다.

셋째, 지방정부 스스로도 자율성 회복을 위해 노력하였다. 캘리포니아 주에서는 자동차 배기가스의 기준치, 그리고 미네소타 주에서는 핵방사선의 기준치를 연방정부의 기준치보다 높게 규정함으로써 연방정부와 갈등을 초래하기도 하였다. 이 주들의 주장은 주민들의 건강과 관련된 것은 기준치가 높을수록 좋다는 것이었다. 미국 연방대법원(Supreme Court)으로부터 합헌 판결을 이끌어냄으로써 자율성을 확대하였다.

2) 영국

1980년대 이후 영국의 보수당 정부는 시장경제원리를 바탕으로 중앙정부의 주도하에 지방분권 개혁을 추진하였다. 그러나 1997년 집권한 블레어(Tony Blair)의 노동당 정부는 지방자치의 문제점으로 다음과 같은 사항들을 지적하였다. 즉, 지방정부가 여전히 공급자 중심의 행정서비스를 제공하고, 지역공동체와의 관계는 계속 약화되어 부정・부패가 조장되고 있으며, 주민의 지방자치에 대한 무관심은 지속되고, 지방자치단체의 대표성이 약화되고 있으며, 지방선거제도가 부적합하고, 지방세에 대한 책임성이 낮다는 점들을 제기하였다(초의수, 2000).

이러한 문제들을 해결하기 위해서 다양한 방면에서 다각도의 노력이 전개되었다. 예를 들어, 민주적 쇄신을 통해 지방자치단체와 지역사회 간의 관계를 재설정하고, 최상의 가치를 지닌 서비스를 주민들에게 제공하며, 지방의원과 지방공무원에 대한 새로운 윤리체계를 마련하고, 지방자치단체와 중앙정부 간 연계를 강화하는 재정체계를 수립하는 등의 정책을 추진하게 되었다(초의수, 2000). 이러한 정책들은 통제와 자유를 병행하면서 지방분권 개혁을 추진하는 것이었다. 즉, 중앙정부는 재정보조금제도 등을 통해 지방정부를 엄격하게 통제하면서 동시에 주민의 자유의사를 존중하는 개혁을 시도하였다. 보수당 정부가 1986년에 폐지한 런던 시 정부를 1998년 5월에 '런던특별시부활에 대한 주민투표'를 실시하여 34.6%의 투표율에 찬성 72%를 얻어 2000년에 런던특별시(Greater London Authority: GLA)를 부활시킨 것은 주민의 자유의사를 존중한 대표적인 사례이다(임승빈, 2014: 19-20).

3) 프랑스

1870년 보불전쟁에서 패한 뒤 1875년 제3공화국이 탄생하였는데, 제3공화국 동안 12명의 대통령이 나오고, 헌법이 세 번 개정되고, 내각이 빈번히 교체되는 등 정국이 매우 불안정하였다. 이처럼 불안정한 상황에서 제3공화국을 지탱한 것은 강력한 관료제였다.

제2차 세계대전 이후 드골(C. de Gaulle)은 제4공화국이 불안정해지자 임시정부 지도자가 되었고, 이후 소위 '드골 헌법'을 제정하여 제5공화국의 초대 대통령이 되면서 강력한 중앙집권체제를 구축하였다.

그 후 프랑스는 강력한 중앙집권체제를 유지하다가, 1981년 사회당 출신의 미테랑(F. Mitterrand)이 대통령이 된 이후에 지방분권화를 추진하였다. 1982년 「코뮌(Commune) · 데파르트망(Département) · 레지옹(Région)의 권리와 자유에 관한 법」과 1983년 「코뮌 · 데파르트망 · 레지옹 · 국가 간의 권한 배분에 관한 법」을 제정하면서 급속도로 지방분권체제로 전환되었다. 프랑스에서 실시된 신지방분권의 대표적인 내용을 살펴보면 다음과 같다.

- 지방자치단체의 결정, 명령, 처분은 국가대표자에게 통보함으로써 바로 집행되고 국가기관에 의한 사전통제는 금함
- 지방자치단체의 모든 결정 사항은 일정 기간 내에 데파르트망과 레지옹에 있는 국가대표기관에 통보해야 하지만, 설령 합법성에 위배되더라도 국가대표는 이를 무효화할 수 없고 행정재판소에 제소할 수 있음
- 지방자치단체의 예산 행위에 대한 중앙통제는 금하고, 만약 법에 위배된 경우가 있으면 이의 교정을 레지옹회계검사원에 요청할 수 있음
- 도(département)지사의 임명제를 폐지하고, 도의회의장이 도의 집행기관의 수장이 됨
- 법률상 근거가 있는 경우에만 지방자치단체에 대한 기술적 지도가 가능

4) 일본

일본은 오랫동안 지방분권과 문화예술의 지역성을 간직하고자 하는 전통을 유지하고 있었다. 메이지유신(明治維新) 이후 노일전쟁과 대동아전쟁을 수행하기 위해서 중앙집권체제를 강화했지만, 패전한 이후 다시 과거의 지역문화를 존중하는 전통으로 회귀하였다. 그럼에도 불구하고, 중앙집권적인 성격이 완전히 없어지기보다는 부분적으로 여전히 유지되고 있어서, 보기에 따라서는 중앙과 지방이 공존하는 것으로 인식되기도 하고 혹은 중요한 부분에서는 지방이 중앙에 예속되는 것으로 인식되고 있었다.

1980년 이후 발생한 세계적인 변화의 물결에서 일본도 예외일 수는 없었다. 국내 · 외에서 발생된 급속한 변화, 즉 세계화, 정보지식화, 중앙정부의 역할에 대한 재조명, 정치행정의 부패에 따른 정치행정개혁 요구, 노령화 등의 변화로 인해서 지방분권의 필요성에 대한 공감대가 확산되었다.

이리하여 중앙정부와 지방자치단체 간의 관계를 개선하는 문제, 행정사무를 재배분하는 문제 등을 포함한 논의가 진행되었다. 1993년 국회가 '지방분권추진에 관한 결의'를 하고, 1995년에 한시법인 「지방분권추진법」을 제정했다. 그 후 1999년 7월 「지방분권일괄법」을 제정하고, 2000년에 이를 시행하면서 기관위임사무를 전면 폐지하는 개혁을 단행하였다. 기관위임사무 중 약 54%를 자치사무로 이양하였고, 39%를 지도사무와 유사한 법정수탁사무(法定受託事務)로 전환시켰으며, 약 6%는 국가가 직접 수행하는 사무로 이관시켰고, 나머지는 폐기하였다(임승빈, 2014: 18).

제 6 절 중앙정부와 지방정부 간 관계의 방향

제1장에서 언급된 바와 같이 현재의 세계는 세계화, 정보지식화, 지방화로 인해 경쟁이 확대되고 있다. 적절한 경쟁은 발전의 원동력이 되기 때문에 경쟁을 통하여 개인은 물론이고 사회는 발전한다. 경쟁이 없는 사회에서는 스트레스나 갈등은 약해질 수 있지만 사회의 전반적인 발전을 기대할 수 없다. 그러나 경쟁의 방법에 따라 나타나는 결과는 큰 차이가 있을 수 있다.

이러한 경쟁 상황에 부응하기 위해서 중앙정부와 지방자치단체가 수행해야 할 일이 매우 많지만, 그 중에는 중앙정부와 지방자치단체의 관계를 제대로 설정하는 것도 포함된다. 중앙정부와 지방자치단체의 관계는 지방에서 민주성과 효율성을 추구하는 동시에 사회변화에 따른 시대적 요청에 부응하는 방향을 지향해야 한다. 즉, 중앙정부와 지방자치단체의 관계는 서로의 이익만을 고집하는 '제로섬 게임(zero-sum game)'이 아니라 중앙정부가 지방자치단체를 지원·보완·후견하면서 상호 협조하는 '플러스섬 게임(plus-sum game)'을 추구하는 관계이어야 한다. 이러한 동반자적 관계를 성공적으로 구축하기 위해서는 지방자치의 활성화, 민주적 지방행정, 지방경쟁력 강화, 주민 수요 충족 등을 위해 중앙정부와 지방정부가 협조하여야 한다. 이에 대해 살펴보면 다음과 같다.

'제로섬 게임(zero-sum game)'과 '플러스섬 게임(plus-sum game)'

'제로섬 게임'이란 자원이 한정된 상황에서 어떤 사회문제를 해결하려면 서로가 자신의 목적이나 이익을 달성하고자 경쟁하기 때문에, 한쪽이 이익을 보면 다른 쪽은 손해를 보아서 이해관계를 합하면 제로가 되는 게임을 말한다. 이는 경우에 따라서는 모두가 손해 보는 '마이너스섬 게임(minus-sum game)'으로 나타날 수도 있다.

반면에, '플러스섬 게임'이란 경쟁 관계에 있는 모두에게 이익이 되는 게임이다. '플러스섬 게임'은 모두가 이기는 윈-윈(win-win) 전략 또는 1과 1이 더해져 2보다 더 큰 효과를 창출한다는 의미를 지닌 시너지 효과를 추구하는 게임이다.

1. 지방자치 활성화

현재 진행되고 있는 주요 사회변화에 효과적으로 대응하기 위해서는 지방자치를 활성화시킴으로써 중앙정부와 지방자치단체가 상생하는 방향으로 중앙정부와 지방자치단체의 관계가 정립되어야 한다. 지방자치를 활성화하는 일은 다양한 측면에서 많은 노력을 필요로 하지만, 기본적으로 다음과 같은 노력은 반드시 전제되어야 한다.

1) 지방으로 자율권 이양

많은 국가들은 세계화라는 거대한 변화 속에서 생존·발전을 위한 전략으로 지방화를 추진하였으며, 이러한 현상을 적절하게 표현하기 위하여 '세방화'라는 단어가 만들어졌다. 이는 세계화라는 변화를 헤쳐나가기 위해서는 국가 중심적인 대응이 아닌 지방 중심적인 대응을 해야 한다는 것을 의미한다. 국가 중심적인 대응은 신속하지 못하고 유연하지 못하며, 지방의 특수성을 반영하지 못하기 때문이다. 지방은 상대적으로 신속하고 유연하며 지방의 특성을 반영하는 대응을 할 수 있기 때문에 지방 중심적인 대응이 효과적이다. 따라서 지방자치단체에게 자율권을 이양하여 지방자치단체와 주민들이 스스로 지방의 문제들을 해결하도록 하는 것이 중앙과 지방이 같이 공생할 수 있는 '윈-윈 전략(win-win strategy)'이다.

2) 지방의 책임의식 강화

경쟁사회에서 중앙정부와 지방자치단체가 경쟁력을 향상시키기 위해서는 지방의 문제는 가능한 한 지방자치단체가 해결하고, 중앙정부는 국가적인 일에 전념하여야 한다. 자신의 역할을 충실하게 이행하는 과정에서 중앙정부와 지방자치단체는 문제해결능력을 향상시킬 수 있다. 만약 지방자치단체가 자신의 문제를 제대로 해결하지 못하면, 중앙정부는 지방의 문제를 해결하는 데에도 신경을 써야 하기 때문에, 중앙정부의 힘이 분산되어 국가의 발전에 부정적인 영향을 미칠 수 있다. 따라서 지방자치단체는 중앙정부에 의존하려는 의식과 행태를 지양하고, 자신의 문제를 스스로 해결하고자 하는 책임의식과 행태를 가져야 한다.

3) 중앙과 지방 간 협조체제 구축

중앙정부와 지방자치단체는 더 이상 지휘 · 감독관계가 아니라 상호 협조관계를 구축하여야 한다. 주민참여, 자치권, 사무배분, 지방재정 등을 포함한 다양한 측면에서 지방자치가 활성화되도록 법적 · 제도적 개선방안이 모색되어야 한다. 또한 미국처럼 중앙정부가 정책이나 계획을 수립할 때, 지방자치단체의 참여를 유도하거나 의견을 개진할 기회를 주는 것을 고려해볼 필요가 있다. 이는 지방자치단체의 창의력과 전문성을 고양시키는 기회가 될 수 있기 때문에, 양자 간의 발전적 협력에 긍정적으로 이바지할 수 있다.

2. 주민 능력 향상

1) 주민의 사회적 역량 향상

지방자치의 활성화를 통해 지방을 발전시켜서 국가의 발전에 이바지하도록 하는 관계를 중앙정부와 지방자치단체 간에 유지하려면 상대적으로 인적 · 물적 자원이 빈약한 지방자치단체의 모든 구성원들의 능력을 향상시켜야 한다. 특히, 지방의 발전을 위해서는 지방자치단체의 주인에 해당되는 주민들의 인간적 요소, 즉 주민의 자율성, 책임성, 전문성 등을 포함한 다양한 사회적 역량이 요구된다.

2) 주민의 주인의식 · 비판능력 배양

주민이 지방의 주인이 되는 민주적 지방행정이 실시되도록 지방자치단체가 노력하고 동시에 중앙정부가 지원하여야 한다. 즉, '주민의, 주민에 의한, 주민을 위한' 민주적 지방행정이 수행될 때 주민은 자신의 지역에 대한 주인의식을 갖게 된다. 주민이 주인의식을 가질 때 방관자적 자세가 아니라 지역문제에 대해 적극적인 관심과 탐구를 하게 된다. 이러한 과정을 통해 주민은 전문성과 창의성을 향상시킬 수 있는 기회를 가지게 되고, 또한 지방정책에 대한 비판의식을 습득하게 된다. 자율성, 책임성, 전문성, 창의성, 주인의식, 비판능력 등이 향상되면 주민은 지역문제를 해결하는 과정에 능동적으로 참여하려고 한다.

중앙정부는 이러한 선순환 과정이 순조롭게 일어나도록 지방자치의 활성화를 위한 법적 · 제도적 장치를 구축하고, 이에 필요한 계획, 교육, 예산 등을 지원하는 역할을 할 필요가 있다.

3. 지방경쟁력 강화

1) 창의력 향상

21세기는 경제활동에서 네트워크가 중시되는 네트워크 경제의 사회이고, 이러한 사회에서 부의 창출은 물적 자본보다 오히려 개념 · 아이디어 · 이미지에 의존한다(조성호, 2015: 16). 제이콥스(Jacobs, 1984)도 지역이 경쟁력을 갖기 위해서는 창조성이 있어야 한다고 강조하였다. 결국, 변화의 소용돌이로 인해 경쟁이 확대되는 속에서 경쟁력을 가지려면 창의적 아이디어를 필요로 한다. 창의성은 사회 현상에 대해 끊임없는 관심과 탐구가 있을 때 발현될 가능성이 높다. 중앙집권체제 하에서 지방정부는 지방문제에 대한 결정권을 갖고 있지 않기 때문에 주민은 지방문제에 대한 관심과 문제해결 의지를 갖기 어려워진다. 지방정부와 주민들이 지역문제에 대해 관심을 가지고 탐구를 하게 하려면 지방정부에게 자율권을 부여하는 지방자치를 실시해야 한다.

지방자치를 실시하면 지역정책이 실패했을 경우의 일차적 책임을 지방자치단체와 주민이 지게 되므로, 문제를 정확하게 인지 · 분석하고 지방정책을 성공적으로 결정 · 집행하기 위해 스스로 부단하게 노력할 것이다. 한정된 자원을 둘러싸고 지방자치단체들이 이러한 노력을 할 때 자연스럽게 경쟁시스템이 구축되고, 경쟁시스템 내에서 경쟁하는 과정을 통해 창의적 아이디어가 나타나 지방경쟁력이 강화될 가능성이 높아진다.

2) 전문인력 육성

지방경쟁력을 강화하기 위해서는 문화, 감성, 기술이 어우러진 생활양식과 산업양식을 지향해야 한다. 문화와 감성과 기술이 어우러진 생활과 산업은 고급 전문인력들의 창의적인 아이디어를 필요로 한다. 이에 지방자치단체는 고급 전문인력을 유치하기 위해 첨단산업으로의 변화와 더불어 쾌적한 자연환경을 갖춘 주거환경, 높은 수준의 교육환경과 문화·여가시설, IT 인프라, 교통·통신망 등을 구축하고자 한다. 이는 지역경제를 더욱 발전시키고 전문인력들을 더 많이 유입하는 선순환을 발생시켜 지방경쟁력을 더욱 높이고 주변 지역에도 파급효과를 발생시킨다.

3) 중앙정부의 후견적·보완적 지원

지방자치단체들 스스로가 창의적 아이디어를 통해 경쟁력을 갖추려 노력하면서 동시에 지방자치단체들 간에 경쟁시스템이 작동하게 되면 경쟁력을 갖춘 지방자치단체들이 확대될 것이다. 이는 국가경쟁력을 향상시키는 데에도 긍정적인 영향을 미칠 수 있다. 더구나, 21세기에는 개성화·다양화가 더욱 심화되고 초국적기업의 활동이 확대되는 등의 변화가 예상되기 때문에, 국가는 국가 자체의 발전을 도모하면서 동시에 지방자치단체의 발전까지 주도하기가 쉽지 않다. 따라서 국가는 지방자치단체의 경쟁력을 향상시키는 것을 지원하고 보완함으로써, 국가는 국가 차원의 발전에 전념하고 지방자치단체는 지방의 발전에 전념할 수 있게 하여 중앙과 지방이 상생하는 방향을 취하여야 할 것이다.

4. 다양화 · 개성화된 주민수요 충족

1) 지방별 수요 파악

경제가 발전하고 소득수준이 높아져 교육수준이 향상되면서 사람들의 가치관이 표준화, 확일화, 집권화, 물질적 만족 추구에서 다양화, 개성화, 분권화, 정신적 만족 추구 등으로 변해왔기 때문에, 중앙집권적인 방법으로 지방행정을 수행하면 이러한 변화에 제대로 대응하기 어렵다. 주민들이 원하는 수요는 지방에 상관없이 동일한 것도 있지만 지방에 따라 다른 수요도 있는데, 중앙정부 차원에서는 지방에 따라 다른 수요들을 정확하게 파악 · 분석하고 이를 충족시키는 데 한계가 있을 수밖에 없기 때문이다. 따라서 개별 지방의 수요는 지방자치단체가 파악하도록 하고, 그 과정에서 부족한 사항들을 중앙정부가 지원하도록 해야 한다.

2) 주민이 원하는 서비스 제공

모든 주민들은 높은 생활의 질, 품격 있는 문화생활, 다양한 복지서비스 등을 제공받기를 원한다. 그러나 서비스 제공 방식에 있어서는 위에서 알아서 제공하는 일방적 방향이 아니라 주민들이 바라는 서비스를 제공받기를 원한다. 이러한 측면에서 많은 주민들은 접근성이 상대적으로 낮은 중앙정부보다는 접근하기 용이한 지방자치단체로부터 자신들의 욕구가 충분히 반영된 서비스를 편하게 받을 수 있기를 원한다. 따라서 중앙정부는 표준화되고 획일화된 행정서비스를 제공하는 관행에서 탈피하여 가능한 한 지방자치단체로 하여금 지방의 상황과 특성에 맞는 행정서비스를 제공하도록 하여야 한다. 이를 수행하는 과정에서 지방자치단체에게 부족한 것을 중앙정부가 보완하고 후원하는 관계를 구축하여야 한다.

알아두면 좋아요

1. 정부 간 관계는 특정 국가 내에 존재하는 다양한 정부들 간의 상호관계이며, 중앙정부와 지방정부 간 관계의 대표적인 변화는 18세기 중앙집권, 19세기 지방분권, 20세기 신중앙집권, 20세기 중후반 이후 신지방분권이다.
2. 중앙집권은 중앙정부가 지방행정에 관한 결정권을 가지는 제도이고, 지방분권은 지방 관련 결정권한이 가능한 한 지방에 분산된 형태이다. 19세기의 지방분권은 지방자치단체의 배타적 자율권을 인정하였다. 지방분권의 유형은 자치적 분권, 행정적 분권, 협력적 분권이며, 자치적 분권이 지방자치이다.
3. 20세기에 들어와서 19세기의 지방분권이 민주성 향상에는 도움이 되지만 효율성을 약화시킨다는 점이 부각되면서 등장한 것이 신중앙집권이다. 신중앙집권이 등장한 이유는 민주성과 효율성의 조화, 적극적 행정의 필요, 지방자치단체의 재정능력 부족 해결, 국민적 최저수준의 유지, 지방행정에 대한 통제의 필요성 증대 등이다. 신중앙집권이란 행정의 민주화와 효율화를 동시에 충족시키기 위해 중앙정부가 후견적·보완적 입장에서 지방정부와 협력하는 방식이다. 신중앙집권의 대표적 형태는 중앙정부의 지방사무 흡수, 지방사무의 광역자치단체 이관, 지방행정에 대한 중앙정부의 감독·통제 강화 등이다. 신중앙집권의 문제점은 지방자치의 약화, 중앙정부의 통제 강화, 획일적 지방행정, 자치구역 확대, 지방이 원하지 않는 인사교류 등이다.
4. 신중앙집권이 시간이 흐를수록 효율성을 강조하는 문제가 나타남에 따라 등장한 것이 신지방분권이고, 이는 국가와 지방자치단체가 공동목표를 위해 서로 기능을 분담하면서 상·하관계가 아닌 협력과 공존의 관계를 표방하는 능동적·상생적 시스템을 말한다. 신지방분권이 등장한 배경은 지방자치단체의 자율성 회복, 행정 운영상 혼란과 비효율성 방지, 사람들의 변화된 가치관(다양화, 개성화, 분권화, 정신적 만족 추구) 충족 등이다.
5. 중앙정부와 지방정부 간 관계의 방향은 지방자치 활성화, 주민 능력 향상, 지방경쟁력 강화, 다양화·개성화된 주민수요 충족 등을 지향하는 것이 바람직하다.

논 의

1. 지방분권의 방법에 대해 논하시오.
2. 신중앙집권의 등장 배경, 개념, 대표적인 형태, 문제점에 대해 논하시오.
3. 신지방분권의 정의와 신지방분권이 등장한 배경에 대해 논하시오.
4. 중앙정부와 지방정부 간의 관계가 지향해야 하는 방향에 대해 논하시오.

제 3 장 지방자치

제 1 절 지방자치의 정의와 필요성

1. 지방자치에 대한 정의

지방자치(local autonomy)에 대한 정의를 내리기 전에 자치가 무엇인지를 명확하게 할 필요가 있다. 자치의 개념을 분명히 이해하기 위해서는 이와 대비되는 개념인 관치와 비교해보는 것이 좋다. 관치는 자신의 문제를 스스로 자율적으로 처리하지 못하고, 타율적인 관료체제에 의해 처리하는 것을 의미한다. 반면, 자치란 개인 또는 개체가 자주적으로 스스로를 다스리는 것이다.

지방자치가 생성·발전되어 온 역사적·정치적·사회적 환경은 국가에 따라 다르기 때문에 지방자치는 국가별로 상이한 다의적 개념이다. 그러나 지방자치가 생성된 배경을 고려하면, 지방자치는 중앙집권으로 인해 발생되는 독재정치에 대한 일종의 항의적·투쟁적 개념으로 이해되어, '아래로부터의 민주주의' 혹은 '풀뿌리민주주의'를 의미하고 있다. 이는 지방자치의 별칭을 통해서도 알 수 있다. 지방자치의 별칭은 민주주의 학교, 민주주의 훈련장, 민주주의 실현의 보증인, 주민참여의 장(場), 정책의 실험실 등이다.

이기우·하승수(2007: 21)는 일정한 지역에 거주하는 주민들이 자신들의 책임 하에서 자신들의 문제를 해결하는 것으로 지방자치를 정의하고 있다. 우성호·이환범(2010: 59)에 의하면, 지방자치는 중앙집권화되어 있는 행정결정권을 국가적 통일성이 유지되는 범위 내에서 지방자치단체로 이양함으로써 중앙정부와 지방자치단체 간에 효율적 역할 분담, 상호 견제, 상호 협력 등을 도모함으로써 경쟁력 향상 등을 이루는 데 의미가 있는 것이다. 정일섭(2010: 19-20)은 지방자치를 주민이 지역의 발전과 복리를 위하여 스스로 조달한 자원을 이용하여 지역사무를 스스로 혹은 대표자를 통해 자주적으로 처리하고, 그 결과에 대해 책임을 지는 제도라고 정의하고 있다. 임승빈(2016: 3)은 지역주민이 지방자치단체에 참여하여 지역사무를 스스로의 책임 하에 또는 대표자를 통하여 처리하는 정치분권화 제도라고 정의하고 있다.

지방자치의 개념에 대한 다양한 견해들을 종합하여 정의를 내리면, 지방자치란 지방의 사무를 주민들이 스스로 책임을 지고 처리하는 것이라고 할 수 있다. 좀 더 구체적으로 말하면, 지방자치는 일정한 지역을 바탕으로 법률이 정한 범위 내에서 지역주민이 구성한 지역단체를 통해 지역적 사무를 그들의 의사와 책임 하에서 처리하는 활동 과정이다. 즉, 지방자치의 본질은 법률이 정한 바에 따라 일정 사무를 지방자치단체에 이양하고, 이를 수행하기 위해 필요한 행정적, 재정적, 그리고 법률적 권한을 실질적으로 지방자치단체에 부여하며, 지방자치단체의 정책과정에 주민이 참여할 수 있는 기회를 확대하는 것이다. 이것은 중앙정부의 정책지침에 의존해서 지방행정사무를 결정하고 시행하는 것이 아니라, 중앙정부로부터 상대적인 자율성을 갖고 지방의 행정사무를 자치기관을 통하여 자율적으로 처리하는 활동임을 의미한다.

2. 지방자치의 필요성

지리적 여건, 역사적 상황 등을 포함하여 다른 조건들이 동일하다면, 경제가 발달하면서 사람들의 교육수준과 의식수준이 향상됨에 따라 지방자치에 대한 관심이 높아지고, 이로 인해 지방자치를 실시하는 국가가 많아진다. 그러나 다른 조건들에서 많은 차이가 나기 때문에, 지방자치에 대한 흥미, 실시 여부, 형태 등이 다양하다. 이처럼 국가별로 지방자치를 둘러싼 상황이 다르지만, 앞에서 설명한 바와 같이 급변하는 국내·외 환경은 지방자치의 필요성을 강조하고 있다. 지방자치의 필요성을 살펴보면 다음과 같다.

1) 풀뿌리민주주의의 달성

우리나라 헌법 제1조 제2항에는 "대한민국의 주권은 국민에게 있고, 모든 권력은 국민으로부터 나온다"라고 규정되어 있다. 한 국가의 주인은 국민이기 때문에 국가의 모든 일은 국민들이 스스로 생각하고 결정해야 한다. 이것이 민주주의의 기본 원리이다. 그러나 국가의 일은 복잡하고 이에 대한 정보도 제대로 알려져 있지 않은 경우가 많고 이해관계당사자들도 매우 많기 때문에, 국민들이 국가의 일을 스스로 결정하는 것은 결코 쉬운 일이 아니다. 그러나 지방의 일은 국가의 일보다 덜 복잡하고 주민들과 직접 관련된 일이 많기 때문에 주민들이 상대적으로 이에 대해 잘 알고 있으며, 또한 이해관계당사자들도 상대적으로 적어 서로 알고 있을 가능성이 높기 때문에 협의와 타협이 용이하다. 지방의 일을 주민들 스스로 해결하고자 할 때, 자신의 지역과 지역정책에 대한 애정, 비판의식, 참여의식, 문제해결 능력 등이 향상되어 독재정치와 전제정치에 대한 방파제 역할을 함과 동시에 주민들과 지방공무원들이 민주주의와 민주시민으로서의 소양과 의식을 배울 수 있는 기회가 증대된다. 즉, 주민들이 지역의 정치, 행정, 경제, 사회, 문화, 교육, 환경 등을 포함하여 다양한 문제들을 스스로 결정하고 처리함으로써 민주주의의 기초를 다질 수 있다. 이러한 의미에서 지방자치를 '풀뿌리민주주의(grass-roots democracy)'라고 한다. 뿌리가 튼튼해야 풀도 튼튼하게 잘 자랄 수 있듯이, 민주주의가 꽃피고 나라가 발전하려면 지방자치가 제대로 실시되어야 한다. 이러한 의미에서 파이너(H. Finer)도 "민주주의를 위해서는 말단조직에서 지방자치를 철저히 실시해야 한다"고 했다. 즉, 민주사회에서 지방자치는 최선의 가치라는 의미이다. 토크빌(A. Tocqueville)은 "지방자치는 민주주의의 학교"라고 했다. 브라이스(J. Bryce)는 "지방자치는 민주주의의 원천일 뿐만 아니라 민주주의의 최상의 학교이고, 민주주의 성공의 보증서라는 명제를 입증해 준다"고 했다.

2) 국가경쟁력과 지방경쟁력의 향상

세계화와 정보지식화를 포함한 현재의 급격한 사회변화는 국가 간, 중앙정부와 지방자치단체 간, 그리고 지방자치단체들 간의 경쟁을 촉진시키고 있다. 이러한 상황을 이겨나가기 위한 전략으로 많은 국가들은 지방자치를 추진하는 경향을 보이고 있다. 이는 "Think Globally, Act Locally"로 설명되는 세방화(glocalization)라는 단어를 창출하기도 했다(임재현, 2016: 15).

경쟁이 빠르게 확대되는 상황에서 모든 지방들은 지방의 발전을 위해 사회의 변화를 고려하면서 중·장기적인 목표를 설정하고, 이를 달성하기 위해 지역적 차원에서 혼신의 노력을 다하여야 한다. 이러한 노력이 결실을 맺기 위해서는 모든 지방들이 그 지방의 특수성과 상황을 고려하면서 창의적인 정책을 결정・집행할 수 있어야 한다. 따라서 지방의 발전을 위한 목표와 정책을 결정할 수 있는 권한이 지방에게 부여되어야 한다. 이것이 지방자치이다. 지방자치가 실시될 때 지방경쟁력이 향상될 가능성이 높아진다. 그리하여 많은 지방들은 경쟁력 확보를 위해 가능한 모든 방법을 동원하는 한편, 지역마케팅에도 집중하고 있다. 국가를 구성하고 있는 많은 지방들이 동일한 경쟁력을 가질 수는 없다. 경쟁력 확보에 상대적으로 유리한 지방도 있고 불리한 지방도 있다. 그러나 경쟁력을 확보하기 위해 노력하는 과정에서 경쟁력 확보에 불리한 지방조차도 노력하지 않을 때와 비교하면 경쟁력이 높아지는 것은 자명한 일이다.

지방자치는 지방경쟁력을 높이는 데 기여할 뿐만 아니라 국가경쟁력 향상에도 긍정적인 영향을 미친다. 산업사회에서 지방경쟁력은 국가경쟁력에 의해 가장 큰 영향을 받았지만, 세계화시대와 정보지식화시대에서는 지방경쟁력이 국가경쟁력을 결정하는 가장 중요한 요인이기 때문이다. 이리하여 20세기 후반 유럽연합(EU)를 중심으로 "지방의 경쟁력이 곧 국가의 경쟁력이다"라는 인식 하에 지방자치를 강화하고 있다. 스위스에 있는 '세계경제포럼'의 1993년 세계경쟁력보고서에 의하면, 우리나라의 국가경쟁력 저하요인 중의 하나가 지방자치의 실시를 지체한 것이었다. 즉, 우리나라는 국가발전을 과거처럼 중앙정부에 의존하는 형태에서 탈피하여 지방과 민간의 자치 능력을 발전의 원동력으로 삼아야 한다고 강조하였다.

3) 주민참여의 활성화

국민은 국가의 구성원이면서 동시에 자신이 거주하는 지방의 주민이다. 미국의 제16대 대통령 링컨(Abraham Lincoln)이 게티즈버그에서 한 연설의 핵심 부분인 "국민의, 국민에 의한, 국민을 위한 정부(government of the people, by the people, for the people)" 중에서 "국민에 의한(by the people)"의 의미가 바로 자치를 의미하는 것이고, 이러한 자치가 지방에서 실현되는 것이 지방자치이다. 지방자치를 실시하는 이유 중의 하나는 지방이 더 잘할 수 있는 일은 지방이 하는 것이 바람직하기 때문이다.

그러나 현대 민주주의 국가에서 채택되고 있는 간접민주주의 방식은 주민들의 의사를 정책에 제대로 반영하지 못한다는 비판을 받아 왔다. 지방 차원에서도 지방의 일을 처리하는 과정에서 지방의회는 주민의 의사를 제대로 반영하지 못한다는 비판에 직면해 있다. 이를 시정하는 차원에서 주민참여의 중요성이 지속적으로 제기되어 왔다. 특히, 지방자치단체의 업무는 주민생활과 밀접하게 연관되어 있기 때문에, 지방정책과정 등을 포함한 지역의 정보가 주민들에게 충분히 제공되어져야 하고, 또한 지방정책과정에 주민들이 직·간접적으로 참여할 수 있는 충분한 기회가 주어져야 한다. 그렇지 않다면 지방자치단체의 정책은 지역주민들의 의사와 행정수요에 적절하게 대응하지 못하여 주민들이 피해를 보는 일이 발생될 수 있기 때문이다. 따라서 지방자치단체 스스로 주민들의 참여를 보장할 수 있는 시스템을 구축하는 것이 필요하다. 이리하여 1980년대부터 주민참여는 "거스를 수 없는 대세"로 인식되고 있다. 이는 '의회치환설'과 '의회보완설' 간의 논쟁을 불러 일으켰다. '의회치환설'은 주민참여가 의회를 대신해야 한다는 주장이고, '의회보완설'은 주민참여가 의회의 부족한 측면을 보완해야 한다는 주장이다. '의회치환설'과 '의회보완설'은 의회의 역할에 대해 주장하는 바가 다르지만 주민참여가 활성화되어야 한다는 점에서는 의견을 같이하고 있다.

주민참여는 주민들이 스스로 결정할 수 있는 사무가 있을 때 활성화될 수 있다. 지방의 일을 중앙에서 결정하여 주민들이 스스로 결정할 수 있는 사무가 없으면 주민들이 정치과정과 정책과정에 대해 흥미를 가질 수가 없다. 지방자치는 지방의 일을 가능한 한 지방이 처리하도록 하는 제도이기 때문에 주민들이 결정해야 할 일이 많다. 지방자치가 실시될 때 주민참여가 활성화될 수 있고, 주민참여가 활성화되면 지방자치가 더욱 확고하게 자리를 잡을 수 있는 선순환이 일어난다.

4) 주민복지의 향상

지역주민들의 복지 욕구를 충족시키려면 지방자치단체가 지역의 특수한 복지 상황을 분석하여 주민이 원하는 복지서비스를 제공하여야 한다. 즉, 어떠한 복지서비스를 어느 정도의 범위, 양, 질적 수준으로 제공할 것인지에 대한 결정권이 지방자치단체에게 주어져야 한다. 이때 중앙정부는 지방자치단체의 부족한 측면을 보완하고 지원하는 역할을 해야 한다. 이처럼 역할 분담이 제대로 이루어질 때 효율적으로 주민복지가 충족될 수 있다.

5) 지방행정의 효율성 확보

행정이념 중에서 효율성은 중앙집권에 의해, 민주성은 지방자치에 의해 용이하게 확립될 수 있는 것으로 알려져 왔다. 그러나 최근에 들어 국내·외 학자들의 연구결과를 종합해보면, 지방자치는 민주성뿐만 아니라 효율성 확보에도 유리한 것으로 나타나고 있다. 예를 들어, 오스트롬(V. Ostrom)은 "행정의 민주성과 효율성을 확립하기 위해서는 중앙집권보다 권력을 적절히 분산시키는 지방자치가 필요하다"고 강조하였다. 특히, 사회적 효율성을 향상시키기 위해서는 지방자치를 실시하는 것이 유리하다. 사회적 효율성은 국가 시스템의 운영 효율성과 국가 구성원들의 재능, 능력, 자원의 활용 효율성을 나타내는 것이다. 즉, 사회적 효율성을 높이려면 국가 시스템이 재원을 합리적·경제적으로 활용해야 하고 동시에 구성원들이 자신들이 가진 재원과 에너지를 효율적으로 활용하여 소기의 성과를 이루도록 해야 한다. 이를 위해서는 중앙과 지방이 공생하는 체제를 구축하여서 중앙은 전국적 차원의 일에 전념하고, 지방은 지방적 차원의 일에 집중하도록 하며 또한 지방의 일에 주민들이 스스로 자신들의 재능, 능력, 자원 등을 발휘할 수 있도록 해야 한다.

6) 주민수요 충족

정보지식사회에서는 인간의 의식이 표준화·획일화에서 벗어나 다양화와 개성화를 추구하기 때문에, 개인과 지방의 자율성이 더욱 요구된다. 다시 말하면, 국가가 모든 지역들과 모든 주민들의 다양화되고 개성화된 행정수요를 적절히 충족시킨다는 것은 거의 불가능할 뿐만 아니라, 그러한 행정수요를 충족시키는 데 필요한 자원조차도 지방에 효율적으로 배분하는 것이 현실적으로 어렵다. 그럼에도 불구하고 다양화되고 개성화된 행정수요는 충족되어야 한다. 결국 지방자치단체가 중앙정부를 대신하여 그 역할을 수행해야 하기 때문에 지방자치가 더욱 필요하다.

3. 지방자치의 보장

지방자치의 구체적인 내용은 우리나라 헌법 제117조 제1항 후단, 제117조 제2항, 제118조 제2항에 의해 법률에 유보되어 있다. 따라서 국회는 재량으로 지방자치단체의 자치권, 조직, 활동 등에 관여할 수 있다(이기우 · 하승수, 2007: 46). 그러나 자치권은 헌법으로 보장된 것이기 때문에 국회의 재량이 자치권의 본질을 침해할 수는 없다. 지방자치를 제도적으로 보장하는 내용은 지방자치단체의 존재 보장, 자치권 보장, 자치권 침해에 대한 방어 등으로 정리될 수 있다.

1) 지방자치단체 존재 보장

지방자치의 실효성을 확보하기 위해서는 우선적으로 자치사무를 자율적으로 처리할 수 있는 지방자치단체가 존재해야 한다. 따라서 국가는 지방자치단체 자체를 폐지할 수 없고, 헌법상 보장된 것과 다른 형태의 지방자치단체를 설립할 수 없다(이기우 · 하승수, 2007: 47). 즉, 지방의회가 없는 지방자치단체를 설립하거나 혹은 지방자치단체의 자치권이 극히 제한된 지방자치단체를 설립하는 것은 헌법이 지방자치를 보장하는 취지에 맞지 않는다. 그러나 지방자치단체의 통 · 폐합, 분할, 구역 개편, 종류 변경 등은 헌법을 위반하는 것이 아니므로 허용된다.

2) 자치권 보장

지방자치단체가 존재하는 것만으로는 지방자치를 보장할 수 없다. 지방과 주민이 원하는 바를 실질적으로 수행할 수 있는 권리가 지방자치단체에게 부여되어야 한다. 다시 말하면, 주민의 복리와 관련된 사무를 자신의 책임 하에 자율적으로 처리할 수 있는 권한, 즉 자치권이 지방자치단체에게 보장하여야 한다. 자치권이 보장되지 않는 지방자치란 있을 수 없다. 대표적인 자치권은 자치입법권, 자치행정권, 자치조직권, 자치재정권 등이다. 이에 대한 구체적인 내용은 '제8장 자치권'에서 논의된다. 다만, 이러한 자치권은 자치구역 내의 모든 사람이나 물건에 대해 법적 구속력을 갖기 때문에 지방자치단체는 이에 대한 책임을 져야 한다.

3) 자치권 침해 방어

지방자치가 보장되려면, 헌법에서 보장되고 있는 내용들이 국회 혹은 중앙정부에 의해 침해당할 경우 이에 대해 방어할 수 있는 권한이 지방자치단체에게 주어져 있다. 지방자치단체의 대표적인 방어수단은 행정소송과 헌법소송이다(이기우 · 하승수, 2007: 50).

제 2 절 지방자치의 구성요소

지방자치가 실현되기 위해서는 매우 다양한 요소들이 존재하면서 상호작용을 해야 한다. 그 요소들 중에서 적어도 다음과 같은 구성요소들은 지방자치의 존재를 위해 반드시 필요하다(김현조, 2009: 35-36).

1. 지리적 공간

지방자치가 존재하기 위해서는 지방자치단체의 자치권이 행사될 수 있는 지리적 공간인 지역이 존재해야 한다. 정보지식사회가 되면서 가상공간의 중요성이 커지고 있지만, 지방자치를 구성하는 요소로서 일정한 범위의 구역이 필요하다는 것은 변하지 않고 있다.

지리적 공간으로서의 지역은 국가의 한 부분으로서, 다른 지역과는 자연적 · 사회적 · 문화적 · 언어적으로 독특한 특성을 지니는 것이 일반적이다. 그리고 이러한 특성은 지역의 동질성과 응집성을 강화시킴으로써, 지역공동체를 형성하는 데 유리하게 작용한다.

지리적 공간이 중요한 구성요소인 또 다른 이유는 특정 지역에 거주하는 주민은 자동적으로 해당 지방자치단체를 구성하는 요소가 된다는 점이다. 당연히 다른 지역에 거주하는 주민은 다른 지방자치단체의 구성요소가 된다.

2. 주민과 지방자치단체

지방자치가 실시되려면, 행정 주체자로서 주민과 지방자치단체가 존재해야 한다. 먼저, 지역을 구성하는 구성원이면서 지역의 주인인 주민이 존재하지 않으면 지방자치를 실시할 이유가 없다. 지방자치는 '주민의, 주민에 의한, 주민을 위한' 제도이기 때문이다. 주민은 법령이 정하는 바에 의하여 소속 지방자치단체의 비용을 분담하는 의무를 지는 동시에, 그 지방자치단체의 재산과 공공시설을 공용하는 권리를 가진다. 그리고 주민은 일정한 요건 하에서 당해 지방자치단체에의 참정권(선거권·피선거권)을 가진다. 지방행정의 공정성과 투명성을 강화하기 위하여 도입된 주민소송제도에 주민은 직접 참여할 수 있다. 이처럼 지방자치와 관련된 주민의 권리를 보장하고 의무를 부과하는 것은 지방자치에 대한 주민의 관심과 노력이 지방자치의 활성화에 매우 중요하기 때문이다.

또한 지방자치단체가 존재해야 한다. 지역에 거주하고 있는 주민들이 많으면 많을수록, 주민들이 지역문제를 직접 처리하는 것이 힘들어진다. 주민들의 의사와 행정수요를 잘 집약해서 주민들의 요구를 충족시키고 지역문제를 해결할 수 있는 기구가 필요하다. 이 기구가 지방자치단체이다. 지방자치단체는 인위적으로 만들어지는 기구이지만 법인격을 갖기 때문에, 자연인과 마찬가지로 계약당사자로서 재산을 취득·관리·처분하는 등 다양한 법적 능력을 보유한다.

3. 자치권

자치권(right of autonomy)이 있어야 지방자치가 실현될 수 있다. 자치권이란 지방자치단체가 일정한 지역에서 자신의 책임 하에서 자치사무를 처리할 수 있는 권한, 즉 지방자치단체가 그의 구역 내에서 자치사무를 처리하면서 구성원들에게 행사하는 지배권을 말한다.

주민에 대한 공적 지배권인 점에서 국가의 통치권과 그 성질이 유사하다고 볼 수 있다. 지역이 존재하고 지방자치단체가 추진할 수 있는 자치사무가 배분되어 있더라도 자치사무를 실질적으로 처리할 수 있는 자치권이 지방자치단체에게 이양되지 않으면 지방자치단체의 자율성은 크게 훼손되어 지방자치가 유명무실해질 수 있다.

4. 자치사무

지방자치단체가 자율적으로 수행할 수 있는 자치사무가 필요하다. 자치란 스스로 다스리는 것이므로 지방자치가 실시되기 위해서는 스스로 수행할 수 있는 사무가 있어야 함은 당연한 일이다.

자치사무란 지방자치단체의 존립 목적에 속하는 본래의 사무로서 주민의 복리에 관한 것들을 포괄적으로 처리하는 기능을 가진 사무이다. 즉, 자치사무는 지방자치단체가 스스로의 의사와 책임, 그리고 부담 하에서 자주적으로 처리 여부를 결정하고 시행하는 사무이다. 이는 고유사무라고도 불린다.

5. 재정력

지방자치가 원래의 목적대로 실현되려면 지방자치단체가 재정적 능력을 갖추고 있어야 한다. 지방자치단체는 자치사무이든 혹은 위임사무[1])이든 간에 지역과 관련된 업무를 수행해야 하는데, 이에 소요되는 비용을 자체적으로 조달할 수 있는 능력이 있어야 한다. 재정적 능력이 약한 지방자치단체는 중앙정부의 지원에 의존할 수밖에 없기 때문에 자율성을 유지하는 데 어려움을 겪을 수 있다.

제 3 절 지방자치의 본질과 유형

1. 지방자치의 본질

1) 고유권설

고유권설은 인간의 기본권에 지방자치를 할 수 있는 권한이 포함되었다고 주장하는 이론이다. 즉, 지방자치권은 국가(중앙정부)의 인정에 의해서 발생한 것이 아니라, 국가가 성립되기 이전부터 지방자치단체가 가지고 있는 고유의 권한이라는 것이다. 따라서 고유권설에 따르면, 지방자치단체가 갖는 자치권은 국가로부터 부여받음으로써 발생하는 것이 아니라, 개인의 기본권과 마찬가지로 그 자체로서 갖는 기본적인 권리이다. 그러므로 자치권에 대한 국가의 간섭은 원칙적으로 제한되어야 하며, 헌법에서 보장하는 것은 단지 이를 확인한 것에 불과하다는 것이다. 다만, 국가의 발전이

1) 위임사무에 대해서는 '제9장 사무배분'에서 구체적으로 설명된다.

나 존재에 저해되는 경우에 한하여 국가는 자치권에 대해 통제·감독을 할 수 있다고 주장한다.

고유권설은 1789년의 프랑스혁명 헌법에서 채택한 후 유럽 대륙으로 확산되었다가 점차 쇠퇴하였다. 그 이유는 다음과 같다. 첫째, 자연법사상이 퇴조하였기 때문이다. 둘째, 중앙정부의 전제적 군주정치가 대의제 민주정치로 대체되어 근대 국민국가가 형성되었기 때문에, 자치권을 절대적인 권리 혹은 기본적인 권리로 보장할 필요성이 약화되었다.

이러한 이유들로 인해 현재 고유권설을 주장하는 사람이 없음에도 불구하고, 다음과 같은 두 가지 측면에서 긍정적 평가를 받고 있다. 첫째, 대륙계 국가의 관료적 중앙집권제에 대한 저항 혹은 항쟁의 수단으로 사용되었다. 둘째, 지방자치의 불완전성을 개선하는 데 이바지했다.

2) 전래설

19세기 법실증주의의 영향으로 나타난 전래설은 자치권을 국가의 승인 혹은 허용에 의해 생성되는 권리로 파악하고 있다. 지방자치단체의 자치권은 원래 중앙정부의 것으로서 국가의 운영과 지방의 통치를 원활하게 하기 위해 중앙정부가 지방자치단체에게 부여하는 권력이기 때문에, 국가의 승인 또는 위임이 있는 경우에만 가능하다는 것이다. 즉, 자치권은 헌법과 법률에 의해서만 비로소 존재하며, 국가의 주권적 통제에서 벗어날 수 없다는 것이다.

이 학설은 주로 독일의 공법학자들이 주장한 것으로서 종래에는 통설적 위치에 있었다(정세욱, 2000: 141). 그러나 이는 지방자치권을 지나치게 제한한다는 비판을 받으면서 그 의의가 많이 상실되어, 이 학설을 지지했던 많은 사람들은 제도적 보장설을 지지함으로써 이 학설은 오늘날 설 자리를 잃게 되었다.

3) 제도적 보장설

일반적으로 제도적 보장설은 그 기원을 바이마르(Weimar)헌법으로 보고 있다. 우리나라와 일본 공법학자들의 통설 내지 다수설은 제도적 보장설이다(최창호, 2007: 53; 정세욱, 2000: 141).

제도적 보장설은 자치권을 국가의 통치권에 의해 승인 또는 위임된 권리라고 인식하는 점에서는 전래설과 맥을 같이하지만, 헌법에 의하여 특별히 보호를 받고 있다는 점에서는 전래설과 다르다. 전래설과 달리 제도적 보장설은 오직 헌법 개정을 통해서만 지방자치의 존폐 여부를 결정할 수 있다는 입장을 취하고 있다. 이 이론에 따르면, 지방자치단체의 자치권한은 본래 중앙정부의 것이었으나 필요에 의하여 헌법을 통해 지방정부의 고유권한으로 보장된 것이기 때문에 그 범위가 무제한적인 것은 아니다.

2. 지방자치의 유형

지방자치는 중앙정부, 지방자치단체, 주민 간의 관계 속에서 존재하기 때문에, 3자 간의 관계를 기준으로 유형화할 수 있다. 다시 말하면, 지방자치의 개념을 이해하기 위해서는 기본적으로 두 가지 측면을 살펴보아야 하는데, 하나는 지방자치단체와 중앙정부와의 관계에서 파악하는 것이고, 다른 하나는 지방자치단체와 주민과의 관계 속에서 이해하는 것이다. 전자를 단체자치라고 하고, 후자를 주민자치라고 한다. 이에 대해 살펴보면 다음과 같다.

1) 주민자치

주민자치는 주민이 지방자치의 주권자가 되어야 한다는 이념으로 영국에서 발달한 제도이다. 앞에서도 지적한 바와 같이 주민자치는 지방자치단체와 주민 간의 관계에 초점을 두고 있는 유형으로서, 민주주의의 원리를 표현하는 지방자치 사상이기 때문에 '정치적 의미의 지방자치'이며, 주민의 자치 능력을 중요시하는 민주적 지방자치제도이다. 즉, 이는 지방자치의 주체를 지방자치단체가 아니라 정치와 행정을 실제로 움직이는 사람으로 인식하는 것으로서 중앙정부로부터 독립하여 자기들의 의사와 책임 하에 스스로 또는 대표자를 선출하여 일상생활과 관련되는 사무를 결정하고 집행하는 제도를 의미한다. 그 구체적인 제도는 단체자치보다 뒤떨어지지만 영국에서 법제화되었고 미국에도 도입되었다. 이리하여 영미형으로 불리기도 한다. 우리나라와 일본의 지방자치도 주민자치의 이념을 지향하고 있다. 주민자치의 대표적인 특징은 다음과 같다.

- 지방자치의 주체는 주민이다.
- 주민의 권리를 중시한다.
- 자치권의 범위가 광범위하다.
- 자기책임성에 입각하여 민주주의 이념을 구현하고자 한다.

2) 단체자치

단체자치는 독일과 프랑스에서 발달된 대륙법계통의 자치관념이기 때문에 대륙형으로 불린다. 주민자치가 민주주의의 원리를 강조하는 데 반해, 단체자치는 상대적으로 지방분권적 요소에 중점을 두고 있다. 즉, 주민자치와 달리, 단체자치는 지방자치단체와 중앙정부의 관계에 중점을 두는 유형이다. 법률상으로 법인격을 가진 지방자치단체는 국가로부터 상대적으로 독립된 지위를 가지고 일정한 권한을 부여받아 국가의 간섭을 받지 않고 지방과 관련된 사무를 자주적으로 처리하는데, 법률이 이를 보장하기 때문에 '법률적 의미의 자치'라고 한다. 지역문제를 지방자치단체의 힘으로 처리하는 것은 주민자치와 같지만, 주체가 주민이 아니라 법인격을 가진 지방자치단체라는 점이 주민자치와 다르다. 주민자치와 비교할 때 단체자치의 대표적인 특징은 다음과 같다.

- 지방자치의 주체는 법인격을 가진 지방자치단체이다.
- 지방자치단체의 자치권을 중시한다.
- 자치권의 범위가 협소하다.
- 지방분권 이념을 구현하고자 한다.

3) 주민자치와 단체자치와의 관계

위에서 주민자치와 단체자치에 대해 살펴보았다. 몇 가지 기준들에 의해 이 두 제도를 구체적으로 비교하면 [표 3-1]과 같이 요약될 수 있다. [표 3-1]을 보면 주민자치와 단체자치는 상당한 정도 다르기 때문에, 양립할 수 없는 제도로 인식할 위험이 있다.

그러나 각 국가의 지방자치제도를 구체적으로 분석해 보면, 이 두 가지 유형은 대

[표 3-1] 주민자치와 단체자치의 비교

구분	주민자치	단체자치
자치의 의미	정치적 의미(민주주의사상)	법률적 의미(지방분권사상)
자치권의 인식	자연법상의 천부적 권리	실정법상 국가에 의해 주어진 권리
자치의 중점	지방자치단체와 주민과의 관계	지방자치단체와 국가와의 관계
중시되는 권리	주민의 권리	지방자치단체의 자치권
자치의 범위	광범	협소
권한 부여 주체	주민	국가의 법률
권한 배분의 방식	개별적 수권주의	포괄적 수권주의
중앙통제의 방식	입법적 · 사법적 통제	행정적 통제
지방정부의 형태	기관통합형(의결기관 우월주의)	기관대립형(집행기관 우월주의)
사무 구분	자치사무와 국가위임사무 비구분 (위임사무 부존재)	자치사무와 국가위임사무 구분
중앙 · 지방 간 관계	기능적 협력관계	권력적 감독관계
지방정부의 성격	단일적 성격(자치단체)	이중적 성격(자치단체인 동시에 국가의 하급기관)
주요 국가	영국, 미국 등 영미계 국가	독일, 프랑스 등 대륙계 국가

립되는 것이 아니고, 다음과 같은 점에서 상호보완하고 있음을 알 수 있다. 주민자치의 경우 지방자치단체라는 법인격 없이는 지역과 관련된 일을 신속하고 효율적으로 처리하기가 힘들고, 단체자치의 경우 법인격을 가진 지방자치단체가 주민이 없으면 구성될 수도 없고 운영될 수도 없다.

그러한 인식 하에서 영미형은 처음에는 주민자치로 시작하였으나 나중에 단체자치의 요소를 가미하였다. 마찬가지로, 독불형도 처음에는 단체자치로 시작하였으나 시간이 지나면서 주민자치적 요소를 보완하였다.

제 4 절 지방자치의 장점

일반적으로 경제가 발전하지 않은 국가에서는 사람들의 의식, 참여 정도, 행정력, 재정력 등의 문제로 지방자치를 실시하기 어렵다. 앞에서 소개된 신지방분권의 필요성에서 지적되었듯이, 경제가 발전한 국가에서는 중앙집권보다 지방자치를 실시하는 것이 유리할 경우가 많다. 물론, 국토가 좁은 나라 등과 같이 특수한 경우에는 경제가 발전하더라도 지방자치를 실시할 필요가 없을 수 있다. 그러한 특수한 경우를 제외하면, 일반적으로는 경제가 발전할수록 지방자치의 장점으로 인해서 지방자치를 실시하는 것이 유리하다. 지방자치의 장점은 매우 많지만, 여기에서는 중요한 몇 가지만 검토하기로 한다(임재현, 2016: 25-29).

1. 지방의 특수성과 장점을 반영한 지방행정

어떠한 지방도 정치, 행정, 경제, 문화, 역사 등을 포함하여 모든 면에서 다른 지방과 동일할 수 없다. 예를 들어, 서울특별시, 부산광역시, 대구광역시, 인천광역시 등은 우리나라의 대표적인 대도시이지만 동일하지는 않다. 경기도 양평군, 강원도 횡성군, 충청북도 괴산군, 전라남도 신안군, 경상북도 청송군 등은 동일한 '군'이지만 전혀 다른 특성을 지니고 있다. 따라서 모든 지방을 획일적으로 인식하는 것은 매우 비현실적이다.

그럼에도 불구하고, 중앙집권체제 하에서는 행정적 제약, 재정적 제약, 정보의 제약 등으로 인해 모든 지방을 획일적인 것으로 인식하면서 지방 관련 정책을 중앙정부가 결정한다. 다시 말하면, 한정된 수의 중앙공무원들이 수많은 지방들의 특수한 상황을 구체적으로 분석하고 파악하는 것은 현실적으로 불가능하기 때문에, 지방과 관련된 특정 문제를 해결하고자 할 경우 개별 지방의 특수성이나 상황을 고려하지 않고 모든 지방을 동일한 것으로 간주하면서 하나의 지방정책을 만들어 모든 지방에서 시행한다. 이러한 중앙정부 주도의 지방정책이 모든 지방에서 성공하리라고 기대를 하지는 않지만, 중앙집권이 가지고 있는 현실적인 제약으로 인해서 그렇게 할 수밖에 없다.

지방자치가 실시되면, 지방자치단체는 자신과 관련된 일을 자율적으로 처리할 수 있는 권한을 가지게 된다. 예를 들어, 지방자치단체는 자신의 지역이 처해 있는 독특한 상황과 자신의 지역만이 가지고 있는 특수성을 고려하면서 지역정책을 결정할 수 있는 권한을 가지게 된다. 또한 지방자치단체는 다른 지방자치단체들과 비교하여 상대적으로 비교우위에 있는 분야, 즉 자신의 장점을 집중적으로 살리는 지역정책을 실시할 수 있는 권한을 가지게 된다.

경쟁의 확대와 국가

세계화가 진행되면서 점차 경쟁이 확대·심화되고 있다. 토플러(A. Toffler)는 세계화 시대의 국가를 "경계가 무른 후기국민국가(soft-edged post-nation state)"라고 표현한 바 있다. 이는 국가경계와 주권의 중요성이 약화되고 있다는 것을 의미한다. 즉, 국가의 구성요소인 국민, 지방, 기업 등은 더 이상 국가경계 내에서 주권의 보호 울타리에 안주할 수 없고, 국가 간에 왕래와 거래가 활발하게 되는 무한경쟁사회에서 살게 된다는 것을 뜻한다.

게니치 오마에(Kenich Ohmae)는 세계화가 진행되면서 민족국가의 중요성은 약화되고 지역의 중요성이 부각된다고 한다. 국가의 중요성이 약화되는 원인으로 4I를 제시하였다. 즉, 세계화가 진행되면서 개인소비자(Individual Consumer)는 세계의 다양한 정보를 공유하면서 다양한 욕구를 지니게 되고, 소비자의 욕구가 다양해짐에 따라 시장창출의 기회가 발생되며, 시장이 형성되는 곳에 국경을 초월한 투자(Investment)가 이루어지고, 투자가 발생되는 지역에 산업(Industry)이 발달하는데, 정보기술(Information Technology)은 이 과정에서 시간적·공간적 장애요인을 극복하게 함으로써 투자와 산업의 이동을 더욱 빠르게 한다.

이처럼 지방자치가 실시되면 지방과 관련된 많은 정책결정권이 지방자치단체로 이양되어 지방자치단체와 주민들은 자율적이고 자주적으로 지역문제를 해결할 수 있는 권한을 가지게 된다. 그런데 권한이 주어지는 만큼 동시에 지방자치단체와 주민들은 지역발전에 대한 일차적인 책임을 져야 한다. 모든 지방자치단체들은 자신의 권한과 책임 하에서 경제, 정치, 사회, 교육, 문화 등을 포함한 다양한 측면에서 현재보다 더 좋은 지역으로 만들기 위해 노력할 것이다.

문제는 이를 실현하기 위해 필요한 인력, 창의적 아이디어, 자본, 인프라, 지하자원, 정보 등을 포함한 자원들이 무한하지 않다는 데 있다. 따라서 지역발전을 위해 한정된 자원들을 둘러싸고 자연스럽게 지방자치단체들 간 경쟁관계가 형성된다. 이러한 경쟁관계는 지방자치단체들에게 긍정적인 영향과 부정적인 영향을 끼칠 수 있지만, 지방자치단체들로 하여금 경쟁력 강화를 위해 노력하도록 유도하는 것은 대표적인 긍정적인 영향이다.

고양시 꽃박람회

1997년 고양시에서는 꽃박람회를 개최하였다. 많은 사람들이 고양시 꽃박람회에 다녀갔으며, 꽃박람회에 대한 찬반 의견도 많았다. 중앙일보 1997년 5월 8일자 신문에는 다음과 같은 내용의 시론이 있다. "지방정부들에 의해 치러진 세계적 행사에는 광주비엔날레, 무주겨울유니버시아드대회 등 일부 성공적 행사도 적지 않다. 그러나 지금 열리고 있는 '97고양세계꽃박람회'는 고양시의 호언장담과는 달리 세론의 비판에 시달리고 있다. 이러한 낭패는 어디서 오는가. 이러한 행사를 지방정부에서 유치하기 위해서는 기존의 정책결정과 시행노력에 다음과 같은 노력이 추가되어야 할 것이다. 첫째, 경제성을 따져야 한다. 둘째, 대회의 내실을 기할 수 있어야 한다. 셋째, 참여와 그 효과 지속의 문제이다."

그러나 고양시는 꽃박람회를 개최해야 하는 특수한 상황에 직면해 있었다. 지방재정자립도수준이 열악한 고양시는 지방자치가 실시된 이후 지역발전을 위한 정책을 스스로 마련해야 하였다. 당시 고양시에는 많은 가구들이 원예업에 종사하고 있었다. 고양시 입장에서는 많은 지역주민들이 종사하고 있는 원예업을 전국적으로 나아가서 국제적으로 알려 원예가구들을 돕고 고양시의 이미지도 높이며 수익을 창출하고 싶었을 것이다. 이를 위한 방안이 꽃박람회이었다. 더구나, 일산에 있는 호수공원은 꽃박람회를 개최하는데 많은 도움이 되리라 판단하였을 것이다. 위의 중앙일보 시론과는 달리 고양시 꽃박람회는 지속적으로 성장하여 국제적인 꽃박람회가 되었고, 이에 따라 고양시의 이미지도 매우 긍정적으로 변하였다.

"만약 우리나라가 중앙집권체제를 유지하였다면 중앙공무원이 고양시의 특수한 상황을 알고 꽃박람회를 개최할 수 있었을까?"라는 의문이 든다. 아마 고양시 꽃박람회는 존재하지 못했을 것이다. 지방자치를 실시했기 때문에 가능한 사업이었다.

경쟁에서 생존·발전하기 위하여 경쟁력을 강화하는 대표적인 노력은 지방자치단체들이 지역의 특수성과 장점을 최대한 살릴 수 있는 지방정책을 결정·집행하는 것이다. 예를 들어, 고양시에서 개최되는 고양시 꽃박람회, 충청남도 보령시의 머드축제 등은 지방자치의 실시로 인해 지방의 특수성과 장점을 살려서 개최된 대표적인 축제이다. 이러한 사례들은 중앙집권체제 하에서는 상상도 할 수 없는 지역정책이라고 할 수 있다.

충남 보령 머드축제

보령은 충청남도 서남부에 위치한 해안지역으로 기다란 해안선이 있어 예전부터 피서지로 유명하였다. 특히, 대천해수욕장은 수도권 주민들의 피서지로 유명하였다. 그러나 영동고속도로가 개통된 이후 수도권 피서객들이 강원도로 피서를 떠나면서 대천해수욕장을 찾는 피서객들이 크게 감소하여 지역경제가 매우 좋지 않았다. 지방자치가 실시되면서 보령시는 지역발전을 위한 노력을 해야 했다. 다른 지방에 비해 비교우위에 있는 분야가 크게 없는 상황에서 예전부터 구전되어 오던 "보령의 바다 진흙이 피부병에 좋다"는 소문을 확인하기 위해 성분 분석을 의뢰하였다. 성분 분석 결과 인체에 유익한 원적외선이 다량 방출되고 미네랄 · 게르마늄 · 벤토나이트 등의 성분 함량이 높아 피부미용에 탁월한 효과가 있음이 국내외 유수 연구기관으로부터 입증되었다. 세계적으로 품질 명성이 높은 이스라엘의 사해 진흙보다 품질이 더 뛰어난 것으로 밝혀졌다. 2001년에는 ISO 9002 인증을 획득하고, 2004년에는 미국식품의약국(FDA) 안정성 검사를 통과했다.

1996년 보령시에서는 보령의 천연 바다 진흙을 이용한 머드사업을 추진하여 머드팩 등 16종의 머드화장품을 개발하였으나 낮은 인지도로 인해 큰 성과를 거두지 못했다. 이리하여 머드를 이용한 축제를 개최할 계획을 추진하여 1998년 7월에 제1회 보령 머드축제를 개최하게 되었다. 그 후 보령 머드축제는 국내 축제 중 외국인이 제일 많이 참여하는 축제가 되었고, 2006년에 이어 2년 연속 대한민국 최우수축제로 선정되었으며, 2008~2010년 3년 연속으로 대한민국 대표축제로 선정되어 세계적인 축제로 도약하는 계기를 마련하였다. 2011년부터는 보령 머드축제가 '대한민국 명예대표축제'로 지정되어 한층 더 세계적인 축제로의 발전과 위상을 높일 수 있게 되었다. 2015~2018년 4년 연속 '글로벌육성축제'로 선정되었다. 2017년 보령 머드축제의 슬로건은 다음과 같다.

가자! 보령으로, 놀자! 머드로

출처: 보령 머드축제 홈페이지에서 부분 발췌 · 재서술

2. 지방의 창의력 제고

지방자치는 지방의 창의력을 창출하는 데 이바지할 수 있다. 중앙집권체제 하에서는 중앙정부와 지방정부의 역할이 분명하여, 중앙정부는 지방정책을 결정하고 지방

정부는 그 결정을 집행한다. 따라서 중앙정부는 지방정부를 지휘·통제하고, 지방정부는 중앙정부에 의존하는 관계가 형성된다. 이러한 예속적인 상황은 지방에서 창의력이 발현되는 것을 어렵게 만들 수 있다.

그러나 세계화시대에서는 지방의 창의력이 절실하다. 세계화가 진행되면서 토플러(A. Toffler)가 말했듯이 국가는 주권과 국가경계의 중요성이 크게 약화되는 "경계가 무른 후기국민국가(soft-edged post-nation state)"로 바뀐다. 이 말은 국가가 국가의 구성원들을 예전처럼 보호하기 어렵다는 것을 의미한다. 따라서 지방은 중앙정부에 전적으로 의존하는 행태에서 벗어나야 한다. 지방은 스스로 생존을 위해 중앙정부, 타 지방, 타 국가, 타 국가의 지방 등과 경쟁하여야 한다.

사회학적 상상력(Sociological Imagination)

사회학적 상상력이란 개인이 자신의 인생 경험의 한계를 넘어 사회 전체를 통찰할 수 있는 능력을 말한다. 사회에서 발생하는 여러 가지 현상들이나 문제점들을 개인적 측면, 즉 미시적 측면에서 격리시켜 바라보지 않고, 사회적, 문화적, 역사적, 국가적 차원 등과 같이 사회의 큰 구조적 관계에서 상상하는 것을 의미한다. 사회가 어떻게 돌아가고 있으며 사회 안에 있는 자신에게 어떤 일이 일어나는지 이해하고자 할 때 동원되는 것이 사회학적 상상력이다. 사회학적 상상력을 통해 개인은 사회의 다양한 현상들과 문제들을 올바르고 심도있게 관찰할 수 있다. 따라서 사회학적 상상력은 건강한 사회, 더 바람직한 사회에서 살아가기 위해서라면 사회의 모든 구성원들이 숙지하고 발휘할 필요가 있는 능력이다.

출처: 밀즈(1978)의 『사회학적 상상력』에서 부분 발췌·재서술

이러한 경쟁에서 이기기 위해서는 창의적인 아이디어가 그 어느 때보다 절실하다. 밀즈(C. Mills)가 지적했듯이, 창의력은 사회 현상에 대한 지속적인 관심과 탐구가 있을 때 나타날 가능성이 높다. 그러나 중앙집권 하에서 지방은 자신의 문제를 결정할 권한을 갖지 못하기 때문에, 지역문제에 대해 깊이 있게 고민하고 탐구할 필요가 없다. 이는 지방에서의 창의력을 약화시킬 수 있다. 반면에, 지방자치가 실시되면 지방은 스스로 지방문제의 해결과 지방의 발전을 위한 결정을 해야 하기 때문에, 관련된 사안에 대해 심도 있고 구체적인 고민과 논의를 할 수밖에 없다. 이러한 과정에서 창

의력이 향상된다.

함평 나비대축제

전라남도 함평군은 빼어난 관광지나 유적지도 없고, 주민소득을 올릴 만한 산업시설도 없었다. 지방자치가 실시되면서 모든 지방자치단체는 중앙의존적인 자세에서 탈피하고, 스스로 생존과 발전을 위한 자구책을 강구해야 하는 상황에 직면하였다. 이때 함평군은 1999년 5월 당시의 함평군 군수가 함평천 주변 들판을 배경으로 도시에서 보기 어려운 나비 감상, 나비날리기 체험 등의 다양한 경험을 할 수 있는 생태적 지역축제를 개최하였다. 이 같은 축제를 매년 개최하면서 관광객들이 줄을 잇고 있다. 축제 개최 전인 1998년 한 해에 20만 명이 안 되던 외지 관광객이 1999년 첫 축제 기간에만 63만 명이 된 이후 지속적으로 증가하였다. 낙후된 농촌이 자연생태의 관광지로 다시 태어난 것이다.

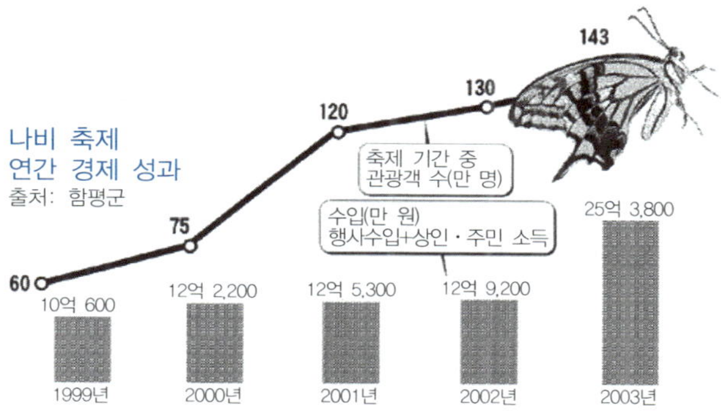

2003년 9일 간의 나비축제 기간에 함평을 찾은 관광객은 143만 명이며, 이 기간 함평군과 행사장 안팎 점포 300여 곳의 현금 수입만도 25억 3,000여만 원이 되었고, 축제비용으로 지출한 돈은 6억여 원에 불과하였다. 농특산물 판매와 홍보 효과 등 간접 수입까지 포함하면 100억 원 이상의 경제적 효과를 거둔 것으로 함평군은 분석했다. 또한 문화체육관광부에서 발간한 「문화관광축제 보고서」에 따르면, 2006년 함평 나비대축제에 171만 명이 방문하여 입장 수입이 6억 8,000만 원에 이르렀고, 임대료, 기념품 판매 수입 등을 합하면 축제개최비용인 약 7억 원의 5배인 약 34억 원의 직접수입을 올렸다. 지역 홍보 및 농축산물 홍보 효과 등 간접비용을 합하면 122억 원의 부가가치를 창출함으로써 지역경제 활성화에 크게 기여한 것으로 보고 있다.

그리고 함평군은 2000년부터 나비를 상징하는 '나르다'라는 브랜드와 상품 디자인을 개발하여 299개 품목에 대해 상표등록을 마쳤고, 넥타이, 스카프, 티셔츠, 모자, 가방,

우산, 찻잔, 손목시계 등 58개 품목 223종의 상품을 개발·판매하고 있다. 또한 나비는 무공해 청정환경을 상징하기 때문에 나비축제가 거듭되면서 함평의 이미지가 친환경의 고장으로 인식되어, 이 지역에서 친환경농법으로 재배된 쌀은 '나비쌀'이란 브랜드로 전국 유명 백화점에서 절찬리에 팔리고 있다.

우리나라의 대표적인 지역축제인 함평 나비대축제는 2004~2006년에는 문화관광 우수축제로 선정되었고, 2007~2009년에는 문화관광 최우수축제로 선정되었으며, 2016년에는 대한민국 축제콘텐츠 대상을 수상하였다. 또한 2019년 10월 8일 전라남도의 발표에 따르면, 여행 전문 리서치 기관인 컨슈머 인사이트가 실시한 '2018~2019 지역축제 종합 만족도 조사'에서 함평나비대축제는 1위를 차지하였다.

출처: 함평 나비대축제 홈페이지, 중앙일보(2004.4.30), 연합뉴스(2019.10.8)에서 부분 발췌·재서술

3. 지방정책과정에서 주민참여 활성화

지방정책과정에서 주민참여가 활성화될 수 있다. 정책과정을 단계로 분류하는 것에 대해서는 여러 논란들이 있지만, 일반적으로 정책과정은 정책의제설정(policy formulation), 정책결정(policy making), 정책집행(policy implementation), 정책평가(policy evaluation), 환류(feedback) 등으로 분류될 수 있다.

지방자치가 실시되면 이러한 정책과정에 주민들의 직·간접적인 참여가 증진될 수 있다. 즉, 지방자치가 실시되면 지방자치단체는 주민들의 수요와 요구를 분석하고 종합한 후에 이를 반영하여 정책의제(agenda)를 설정하고, 정책결정 단계에서는 주민들의 참신하고 창의적인 아이디어가 도출되도록 유도하면서 주민들의 의견을 가능한 한 반영하려고 노력하는 과정을 통해 정책대안을 결정하며, 집행과정에서는 정책의 성공적인 집행을 위해 주민들의 지지와 참여, 즉 순응(compliance)을 확보하려 하고, 정책평가 단계에서는 주민만족도조사 등을 포함한 다양한 방법을 통해 집행된 정책에 대한 주민들의 의견을 들으려 한다. 그리고 수집된 주민들의 의견을 후속 정책과정에 반영하려고 한다. 따라서 지방자치가 실시되면 지방정책과정에 주민들의 참여가 활성화될 수 있다.

4. 종합행정 실시

지방자치는 지역사회에서 종합행정을 가능하게 한다. 중앙집권체제 하에서 지방정부는 개별 중앙 부처가 결정하여 지시하는 것을 집행만 하는 하급기관에 불과하였다. 예를 들어, A라는 중앙정부 부처가 X라는 업무를 결정하고 하부 지침을 마련하여 지방정부에게 시달하면 지방정부는 그 지침을 그대로 실행하고, B라는 중앙정부 부처가 Y라는 업무를 결정하고 하부 지침을 마련하여 지방정부에게 시행을 명령하면 지방정부는 그 지침을 그대로 따르며, C라는 중앙정부 부처가 Z라는 업무를 결정하고 하부 지침을 마련하여 지방정부에게 내려보내면 지방정부는 그 명령을 그대로 집행한다. 즉, 지방정부는 여러 중앙 부처들의 출장소와 같은 역할을 한다고 해도 과언이 아니다. 따라서 중앙의 많은 부처들로부터 지시 사항들이 하달될 때마다 지침을 따르기 때문에, 중복행정이 발생되어 행정의 효율성이 감소될 수 있다.

지방자치가 실시되면, 지방자치단체는 자율적으로 수행할 수 있는 자치사무와 중앙정부로부터 위임받은 위임사무 중 일부 사무를 스스로 결정하고 수행할 수 있다. 따라서 해결해야 하는 모든 문제들을 종합하여 분석·계획하고 결정하며 집행하기 때문에 종합행정이 가능해진다. 예를 들어, 동일한 연도에 동일한 지역에서 보도블럭 교체, 지하매설물 교체 등이 필요할 경우, 중앙집권체제 하에서는 주무부처가 다르기 때문에 그러한 교체 명령이 시달될 때마다 작업을 수행하기 위해 여러 차례 땅을 파야 하지만, 지방자치가 실시되면 땅을 한 번 파서 모든 필요한 업무를 한꺼번에 종합적으로 수행할 가능성이 높다. 땅을 파는 것에도 예산이 투자되기 때문에, 지방자치가 실시되면 이처럼 중복행정을 방지함으로써 예산을 절약하기가 쉬워진다.

5. 신속한 문제해결

정책 성공의 주요 요인 중의 하나에는 시의성(時宜性, timeliness)[2]이 포함된다. 즉, 문제가 발행한 시점에 그 문제를 해결하는 것이 정책의 성공 가능성을 높일 수 있다. 그런데 중앙집권체제 하에서는 지방에서 문제가 발생하더라도 그 즉시 이를 해

2) 시의성(時宜性, timeliness)은 당시의 상황에 맞거나 시기에 적합한 성질을 의미한다. 언론에서는 뉴스 가치의 결정요소의 하나로, 어떤 사건에 대한 뉴스가 새롭고 시기적으로 뒤지지 않는 것을 말한다.

결하기 위한 정책적 노력을 수행하기 어렵다. 왜냐하면, 중앙정부의 승인을 얻어야 하기 때문이다. 예외가 있을 수 있지만, 중앙정부는 지방 차원의 문제보다 국가 전체와 관련된 문제를 더욱 중시하는 경향이 있기 때문에, 지방 차원의 문제를 결정하는 것은 우선순위에서 밀릴 가능성이 높다. 이로 인해, 지방문제를 해결할 수 있는 적절한 시기를 놓치는 경우가 자주 발생한다.

그러나 지방자치가 실시되면 지방문제가 신속하게 처리될 수 있다. 왜냐하면, 지방자치단체는 자신에게 이양된 사무에 대해 관련 중앙부처의 허가 혹은 승인을 받을 필요가 없기 때문이다. 즉, 지방자치단체는 자신에게 이양된 사무를 자신의 책임 하에 스스로 결정하고 바로 집행할 수 있기 때문에, 지역적 차원의 문제가 발생하면 이를 신속하게 처리할 수 있다.

6. 지방공무원 능력 향상

지방자치는 지방공무원의 능력을 향상시키는 데 긍정적인 영향을 미칠 수 있다. 권한이 있는 곳에 당연히 책임이 있어야 하는 것처럼, 지방자치는 지방자치단체에게 많은 지방정책결정권한을 이양함과 동시에 이에 대한 책임을 부여한다. 지방의 일은 지방이 알아서 해야 하고, 지방정책의 성패 여부는 지방의 발전과 직결된다. 지방공무원들은 자신이 추진하는 정책이 실패할 경우 이에 대한 책임을 질 수밖에 없다. 따라서 지방공무원들은 중앙정부에 의존하는 관행에서 벗어나 지방문제를 스스로 해결

틸버그(Tilberg) 시의 성과평가제도 도입

네덜란드의 틸버그 시는 중앙정부의 반대에도 불구하고 시가 처해 있는 재정적 어려움을 탈피하기 위해 성과평가제도를 과감히 도입하였다. 그리하여 매년 시공무원들은 자신의 업무목표량을 정하고, 시는 전체적으로 업무달성 상황을 종합하여 시의회에 주기적으로 보고하며, 회계연도 말에 최종적인 업무달성도를 평가하여 이를 연봉이나 승진과 연계시켰다. 성과평가제도를 성공적으로 정착시킴으로써 틸버그 시의 재정건전성은 눈에 띄게 좋아졌으며, 이 제도를 반대하던 중앙정부조차 중앙공무원을 파견하여 성공사례를 배우고자 하였다.

하기 위해 노력할 수밖에 없다. 이러한 과정에서 지방공무원들의 지방문제에 대한 인지 능력, 정책 능력, 관리 능력 등이 향상될 수 있다.

7. 효율적 행정

지방자치는 지방의 행정효율성을 향상시키고 중앙정부의 업무 부담을 경감시킨다. 지방자치란 지방이 권한과 책임을 가지고 지방의 발전과 지역문제 해결을 위해 스스로 노력하는 시스템이다. 따라서 지방자치는 유한한 자원을 대상으로 여러 지방자치단체들 간의 경쟁을 자연스럽게 유도하는 경쟁시스템이다. 따라서 지방자치가 실시되면, 지방자치단체들은 경쟁에서 뒤떨어지지 않기 위해 최소의 비용으로 최대의 만족을 주는 행정을 실시하기 위해 행정효율성을 높이고자 노력한다. 또한 경쟁에서 생존하고 발전하기 위해 지방의 장점을 최대한 살릴 수 있는 다양한 아이디어를 창출하기 위해 지속적으로 노력함으로써, 지역경쟁력을 높일 수 있는 효율적인 대안을 모색하게 된다.

이처럼 지방자치는 지방문제를 가능한 한 지방자치단체에 이양하는 시스템이기 때문에, 지방자치단체는 경쟁에서 이기기 위해 행정효율성을 향상시키기 위해 노력할 수밖에 없다. 지방자치단체가 이러한 방향으로 움직일수록 중앙정부는 업무 부담이 경감되어 국가적 차원의 일에 전념할 수 있게 한다. 이는 중앙정부의 효율성을 높이는 데에도 기여할 수 있다.

8. 주민의 정치적 참여 활성화

지방자치는 주민들의 정치적 참여를 활성화시킨다. 이는 여러 가지 형태로 나타날 수 있지만, 대표적인 두 가지 형태는 다음과 같다.

먼저, 지방자치가 실시되면 주민대표자는 주민에 의해 선출된다. 주민에 의해 주민대표자가 선출될 때 지방자치가 실시되는 것이므로, 지방선거는 지방자치의 필요요건이다. 지방선거는 주민들의 정치적 참여의 한 형태이다. 따라서 지방자치가 실시되면 지방선거가 있기 때문에 주민의 정치적 참여가 증대된다.

또한 정치는 사회 내의 다양한 이익을 조정함으로써 이견을 해결해 가는 과정, 즉 가치를 권위적으로 배분하는 과정이다(Crick, 1964: 141). 이러한 관점에서 볼 때, 지방정치는 지역사회 내에서 자원을 배분하고, 공동체를 형성하며, 지방문제를 해결하는 과정이다. 지방정치과정에서 선거에 의해 선출된 주민대표자들은 주민의 의사를 경청하려 하고, 이는 주민들의 정치적 참여를 촉진시킬 수 있다.

주민들의 정치적 참여가 활성화되면 주민들의 정치적 욕구가 충족되고 주민들의 사기가 높아질 뿐만 아니라, 독재정치와 전제정치의 가능성이 줄어드는 한편, 풀뿌리 민주주의가 실현되어 상향식(bottom-up) 정치과정이 활성화될 수 있다.

9. 지방행정의 민주화

지방자치는 주민통제(citizen control)를 강화시킴으로써 지방행정의 민주화를 실현시키는 데 이바지한다. 주민들은 중앙정부의 일에 대해서는 잘 모르기 때문에 자신들과 거리가 있다고 느끼지만, 지방자치단체가 하는 일에 대해서는 주민들의 일상생활과 직접적으로 관련이 있다고 느끼기 때문에 관심이 높다. 또한 주민들은 지방정책이 잘못되면 자신들에게 직접적인 피해가 돌아온다는 것을 인지한다. 따라서 주민들은 지방정책에 대해 관심을 가질 수밖에 없다. 이로 인해, 지방자치단체와 지방공무원들은 주민들의 통제를 받게 되며, 이는 지방행정의 민주화를 이루는 데 긍정적인 영향을 미친다.

10. 민주주의의 학교

지방자치는 민주주의 학교로서의 역할을 한다. 즉, 지방자치가 실시되면 주민들과 지방공무원들이 민주주의가 무엇인지 그리고 민주주의를 위해 어떻게 해야 하는지를 배울 수 있는 기회가 늘어난다.

먼저, 주민들 측면에서의 민주주의와 관련된 주요 변화를 보면 다음과 같다. 지방자치가 실시되면 정치적 측면이든 혹은 정책적 측면이든 간에 주민참여의 기회가 많이 증가한다는 점은 위에서 언급하였다. 이처럼 확대된 주민참여를 통해 주민들은 민주주의가 무엇인지에 대해 고민을 하게 되고, 또한 민주시민으로서의 소양, 즉 주인의식, 참여의식, 비판의식, 타협 등을 배울 수 있는 기회를 많이 가질 수 있게 된다.

또한 지방자치는 지방공무원들의 인식과 행태에도 큰 변화를 발생시킨다. 중앙집권체제 하에서는 지방행정을 책임지는 장(長)은 임명되기 때문에, 주민들의 의사에

민감하게 반응할 필요성을 느끼지 못한다. 지방자치가 실시되면 지방자치단체장은 주민들의 직선에 의해 선출되기 때문에 주민들의 의사에 민감하게 대응해야 한다. 적어도 다음 선거를 위해서라도 주민들의 의사를 무시할 수 없다. 지방자치시대에서 지방자치단체장의 이러한 변화는 지방공무원들의 인식과 행태에 큰 영향을 미친다. 즉, 지방공무원들은 지금까지 익숙해 있던 주민들에게 서비스를 베푼다는 의미인 시혜자(施惠者, benefactor)적 인식과 자세를 버릴 수밖에 없다. 지방공무원들은 지금까지 주민들 위에 군림하려던 자세를 버리고, 민주행정과 봉사정신을 배워야 한다는 것을 느끼게 되고 또한 실제로 배우게 된다. 이리하여 지방공무원들은 주민들의 자유와 인격과 의사를 존중하고, 지방행정과정에 주민들의 참여를 당연시하거나 나아가서 유도하며, 주민들과 동반자적 관계를 맺으려고 하고, 주민들에게 봉사해야 한다는 점 등을 배우게 된다.

11. 민주적 사회개혁

지방자치는 민주적 사회개혁을 이루는 데 크게 이바지할 수 있다. 개혁은 기득권층의 이익을 변화시키는 것이기 때문에 기득권층의 반대에 직면할 수밖에 없다. 따라서 개혁은 그 목적을 달성하기가 쉽지만은 않다. 그럼에도 불구하고 대부분의 정권에서는 개혁을 시도하며, 개혁을 빨리 달성하기 위해 하드웨어(hardware)적, 일시적, 충격적, 전국적인 방법을 선호한다. 그러나 이러한 개혁 방법은 기득권층의 강한 반발을 야기함으로써 성공적인 개혁으로 이어지기 어렵다. 즉, 소프트웨어(software)적, 지속적, 점증적, 국지적인 방법을 이용할 때 개혁의 성공 가능성은 높아진다.

지방자치가 실시되면 지역적 차원에서 개혁을 시도하는 경우가 많이 발생하는데, 이는 개혁 방법 중의 하나인 국지적 방법에 해당되는 것이다. 전국적이 아니라 지역 단위의 사회개혁을 시도하는 것은 다음과 같은 긍정적인 효과를 얻을 수 있다. 먼저, 전국적으로 개혁을 시도하는 것과 비교할 때 지역적으로 개혁을 시도하면 기득권층의 수가 적기 때문에, 기득권층의 반대가 약화될 수 있어서 성공 가능성이 높다. 또한 지역적 차원의 개혁을 성공시킨 후 전국적으로 개혁을 확대하면 개혁에 대한 여론의 지지를 확보할 수 있기 때문에 전국적인 기득권층의 반발을 줄임으로써 전국적 개혁의 성공 가능성을 높일 수 있다. 그리고 상대적으로 개혁과 관련된 비용부담이 작은 지역적 차원의 개혁을 하면 처음부터 전국적인 개혁을 시도하여 실패했을 때 발생되는 지나치게 높은 비용부담을 최소화시킬 수 있다.

제 5 절 지방자치의 단점

지방자치는 위와 같은 많은 장점들을 포함하고 있기 때문에, 잘 활용하면 우리에게 많은 혜택을 주는 것이 분명하다. 그러나 아무리 좋은 제도이더라도 이를 제대로 활용하지 못하면 아래와 같은 비용들을 부담할 수도 있다(임재현, 2016: 29-30).

1. 지방 간 불균형 확대

지방자치는 기본적으로 경쟁시스템을 지향하는 것인데, 이로 인해 지방자치단체들 간에 불균형이 심화될 가능성이 높아진다. 지방자치가 실시되면 한정된 자원을 대상으로 지방자치단체들 간의 경쟁이 확대되기 때문에, 지방자치단체들은 경쟁에서 생존·발전하기 위하여 지방이 가지고 있는 모든 능력을 투자할 수밖에 없다. 지방정책이 성공하면 지방은 발전하게 되지만 지방정책이 실패하면 그에 대한 책임은 일차적으로 지방자치단체와 주민들에게 귀속되기 때문이다.

지방정책이 성공한 지방자치단체에는 더 많은 산업과 사람들이 유입될 뿐만 아니라 재정적 상황도 좋아지는 데 반해서, 지방정책이 실패한 지방자치단체에서는 기업과 사람들이 유출되고 재정 상황이 악화될 수밖에 없다. 이리하여 지방자치단체들 간의 행정적 격차와 재정적 격차는 더욱 확대된다.

2. 지역이기주의 심화

중앙집권시대에서도 지역이기주의는 발생되지만, 중앙집권시대와 지방자치시대에서의 지역이기주의의 강도는 확연하게 다르다. 이의 원인은 다음과 같은 점에서 찾을 수 있다.

첫째, 지방자치를 통한 참여의 기회는 무한한 것이 아니기 때문에 민주주의와 민주행정에 대해 기대하는 만큼 많이 배우지 못하고, 또한 참여를 통해 무엇을 배운다고 하더라도 지역문제에 국한되는 경우가 많다. 따라서 주민들은 전국적 이익보다는 지역적 이익을 지나치게 중시하는 배타주의와 분리주의를 배울 가능성이 높다. 따라서 지방자치시대에서는 지역이기주의가 더욱 확대될 가능성이 높다.

둘째, 중앙집권 하에서는 중앙정부가 모든 지방들을 관장하기 때문에 지방들 간의 경쟁이 발생하더라도 상대적으로 약하다. 지방자치 하에서는 지방들 간의 경쟁이 생존경쟁의 특징을 보이기 때문에, 그 정도가 상대적으로 강할 수밖에 없다. 이러한 경쟁시스템에서 생존·발전하기 위해서 지방은 전국적인 이익보다 지방의 이익에 집착하는 경향을 보인다.

셋째, 지방의 이익을 추진하기 위한 조직력에서 차이가 존재한다. 중앙집권시대이든 혹은 지방자치시대이든 간에 주민들을 통합하는 데 가장 중요한 역할을 하는 사람은 지방정부의 집행기관장이다. 그러나 중앙집권시대에서의 지방정부의 집행기관장은 중앙정부로부터 임명을 받기 때문에 주민들의 요구보다는 중앙정부의 의견에 민감할 수밖에 없다. 따라서 지방적 이익을 추진하기 위해 주민들을 조직적으로 결속시킬 의지가 약하다. 반면, 지방자치 하에서는 지방정부의 집행기관장인 지방자치단체장이 앞장서서 주민들을 결속시킴으로써 지역이기주의가 확대될 가능성이 높다.

3. 전국적 사업 어려움

전국적 규모의 사업이 어려움을 겪을 가능성이 커진다. 이는 위에서 언급된 지역이기주의가 확대·심화되는 연장선상에 있다고 볼 수 있는 것으로서, 두 가지 관점에서 생각해볼 수 있다. 하나는 전국적 사업과 지방적 사업이 충돌할 때 지방자치단체와 주민은 지방적 사업을 우선시함으로써 전국적 사업의 추진이 어려울 수 있다. 또 다른 하나는 실제로 지방자치단체들과 주민들은 전국적 사업의 중요성을 인지함에도 불구하고, 전국적 사업을 집행하는 과정에서 지방적 이익을 과다하게 요구함으로써 전국적 사업을 추진하는 데 장애요소로 작용하기도 한다.

인천국제공항 고속도로

경제발전에 따라 우리나라의 국제적 위상이 높아지면서 외국과의 교류가 활발해짐에 따라 김포공항이 협소하게 되었다. 정부 차원에서는 우리나라의 관문으로 인천국제공항을 건설하기로 결정하고 이를 실시하였다.

인천국제공항은 서울시와 인천시를 비롯한 수도권지역의 공항이 아니라 우리나라 전 국민이 이용하는 공항이다. 그런데 인천국제공항 건설을 계획하는 과정에서 인천시는 서인천인터체인지를 만들라고 요구하였다. 이에 건설교통부는 수요가 많지 않기 때문에 거절하면서 추후 수요가 증가하면 서인천인터체인지를 건설하겠다는 입장을 표명하였다.

건설교통부의 발표 후, 인천시는 자신들의 요구가 받아들여지지 않으면 형질변경을 허락하지 않겠다는 입장을 내놓았다. 인천공항까지 가는 고속도로를 건설하려면 고속도로 건설 예정지에 포함된 논이나 밭 등을 포함한 부지의 형질을 도로로 변경하여야 하는데, 인천시가 형질변경을 하지 않으면 고속도로를 건설할 수 없게 된다. 인천국제공항은 순조롭게 완공되어 가는데 공항까지 가는 고속도로를 건설하는 데 차질이 발생할 수밖에 없는 상황이 되었다.

이러한 상황이 되자, 당시 최고의 비행기인 콩코드로 외국에 나가면서 인천공항까지는 통통배를 이용하여 가야 하느냐, 튜브를 활용하여 가야 하느냐 혹은 수영하여 가야 하느냐는 비난이 국가적 차원에서 거세게 제기되었다. 이러한 거센 비난에 직면한 인천시가 다행히 형질변경 불가라는 원래의 주장을 철회하면서 고속도로 건설이 순조롭게 진행되었다.

4. 행정의 통일성 어려움

지방자치는 전국적 행정의 통일성을 꾀하기 어려운 상황을 조장할 수 있다. 예를 들면, 오랜 기간 동안 부동산에 대한 과세는 건물의 평수가 주요 평가요인인 과세표준가를 기준으로 정해졌는데, 이로 인해 실제로 비싸게 거래되는 서울 강남지역의 작은 평수의 아파트보다 상대적으로 매매가격이 싼 강북지역의 넓은 평수의 아파트에 더 많은 세금이 부과되었다. 이에 대한 비판의 목소리가 높아지자, 2000년대 초에 정부는 부동산 관련 세액을 실매매가격을 기준으로 단계적으로 적용하겠다고 발표하였다.

이러한 정부의 조치는 주민들의 세 부담을 일시에 크게 높일 수밖에 없었다. 당시에는 과세표준가와 실매매가격이 매우 큰 차이를 보였기 때문이다. 따라서 주민들의 세 부담이 일시에 크게 증가한 지역에서는 주민들의 불만의 목소리가 확대되었고, 이에 따라 조세저항운동의 조짐마저 나타났다. 이러한 움직임이 나타나자 서울시 서초구를 필두로 일부 지방자치단체들이 주민들의 세 부담을 경감시키기 위해 탄력세율[3]을 적용하였다. 그러나 그 외의 지방자치단체들은 탄력세율을 적용하지 않았다. 탄력세율을 적용한 지방자치단체의 주민들은 세 부담이 경감되는 이득을 받았지만, 탄력세율을 적용하지 않은 지방자치단체의 주민들은 세금 경감의 혜택을 받지 못하였다. 이처럼 지방자치가 실시되면서 지방자치단체들이 자신의 목소리를 냄으로써 조세행정의 통일성을 이루기 어려운 일이 발생하였다.

제 6 절 우리나라의 지방자치

1. 정부수립 이후의 지방자치 역사

1) 제1공화국과 제2공화국

대한민국정부가 수립된 이후 1949년 7월 4일에 「지방자치법」을 제정하였으며, 동법 부칙 제1조에 1949년 8월 15일부터 지방자치를 실시한다는 규정이 있었다. 그러나 지방선거가 실시되지 않았다. 이에 대한 비난이 일어나자 1949년 12월 15일에 「지방자치법」 제1차 개정을 통해 지방자치의 실시를 연기한다고 하였다.

3) 탄력세율이란 정부가 법률로 정한 기본 세율을 탄력적으로 운영하는 세율을 말한다. 이는 조세의 경기조절기능을 수행하기 위한 목적에서 마련된 제도이다. 조세법률주의 하에서 세율은 국회의 의결을 거쳐 결정 혹은 변경하는 것이 원칙이지만, 요즈음처럼 국내·외 경제적 상황이 빠르게 변하고 국민경제에 미치는 영향이 지대한 때에는 신속하고 신축성 있게 대처해 나가야 국내산업 보호, 국민경제 안정, 국제수지 악화 방지 등의 효과를 꾀할 수 있다. 이러한 필요성에 의해 탄력세율 제도를 만들었다.
지방세에서 탄력세율은 경기조절기능 수행보다는 지역 간 선호나 특성의 차이를 반영함으로써 자원배분의 효율성을 제고하는 데 목적이 있다. 지방세에서 탄력세율의 적용가능한 범위는 지방세법에 규정되어 있고, 그 범위 안에서 지방자치단체의 조례에 의해 자율적으로 세율을 규정하도록 하고 있다.

6 · 25 전쟁이 발발한 이후 1952년에 임시수도인 부산에서 갑자기 지방의회 선거를 실시한다고 공표하였다. 이는 이승만 대통령이 중앙 차원의 정치적 기반이 약해지자 지방자치를 실시하여 전국적 차원에서 자신의 지지기반을 구축할 목적에서 비롯되었다. 이리하여 1952년 4월 25일에 기초자치단체인 시 · 읍 · 면 의회의 의원을 선출하였고, 동년 5월 10일에 광역자치단체인 도의원을 선출하였으나, 서울시, 경기도, 강원도, 치안이 불안했던 지리산 주변 등에서는 선거를 실시하지 않았다. 당시, 기초자치단체장은 주민이 직접 선출하지 않고 간선제로 지방의회에서 선출하였다. 제1대 지방의회가 구성되면서 기초자치단체장은 지방의회에서 재적의원 1/3 이상의 출석과 출석의원 1/3 이상의 득표자가 당선되었다. 1/3 이상의 득표자가 없으면 제2차 투표를 실시하고, 제2차 투표에서도 1/3 이상의 득표자가 없을 때에는 제3차 투표에서 다득표자가 당선되었다. 간선제를 채택한 이유는 주민의 자치의식수준이 낮기 때문에, 주민보다 정치의식이 높은 지방의회의원이 자치단체장을 선출하는 것이 바람직하다는 데에 있었다. 이때에는 지방의회가 지방자치단체장보다 상대적으로 우위에 있었다. 자치단체장을 견제하기 위해 지방의회에 단체장불신임의결권을 부여하면서 동시에 지방의회의 전횡을 방지하기 위하여 지방자치단체장에게 지방의회해산권을 주었다. 그러나 지방의회해산권을 행사하려면 감독관청의 허가를 받도록 하였다. 이로 인해, 여당 출신이 단체장이고 지방의회를 야당이 지배할 경우에는 지방의회해산권을 행사하기 쉬웠던 반면에, 야당 출신이 자치단체장이면서 지방의회를 여당이 주도할 경우에는 지방의회의 단체장불신임권은 쉽게 행사하였지만 지방의회해산권은 상급기관에서 허락하지 않는 경우가 많았다. 이 시기에 광역자치단체장은 임명제에 의해 임명되었다.

그 후, 1956년 2월 13일에 「지방자치법」 제2차 개정을 통해 기초자치단체장을 주민이 직선하도록 하였다. 기초자치단체장을 주민이 직선한 이유는 간선제가 실패하였다는 판단에 있었다. 기초자치단체장 직선제로 인해 실질적인 지방자치가 실시되었다. 또한 지방의회와 자치단체장 간의 견제와 균형이 실패했다고 인식하여 지방의회해산권과 단체장불신임권을 폐지하였다. 대신, 지방자치단체장에게는 지방의회 소집 요구권과 의결안 발안권을 부여하고, 지방의회에게는 지방자치단체장에 대한 의회출석 요구권을 부여하였다.

1958년 12월 26일에 있었던 「지방자치법」 제4차 개정에서는 기초자치단체장과 광역자치단체장을 임명하기로 하였다. 제4차 개정을 통해 임명제가 실시된 이유는 직선자치단체장이 행정집행보다 재선을 위한 인기정책과 정치활동에 치중하여 중앙정부와 상급기관의 지휘감독을 경시했고, 또한 지방정부가 수행하는 사무의 대부분이 자치사무보다 위임사무였기 때문이다.

제2공화국이 탄생하고, 1960년 11월 1일에 「지방자치법」 제5차 개정을 통해 주민이 직접선거에 의해 기초자치단체장과 광역자치단체장을 선출하도록 하였다. 장면 정권의 초기 구상은 기초자치단체장을 직접선거를 통해 선출하여 민주화를 추구하고, 광역자치단체장을 임명하여 경제개발의 효율성을 꾀하고자 하였다. 그러나 지방선거에 대한 열망이 강했던 국민들의 강력한 요구로 인해 초기의 구상을 접고 주민의 직접선거를 통해 주민대표자를 선출하도록 하였다.

2) 제3공화국과 제4공화국

1961년 5월 군사정부는 '군정포고' 제4호를 통해 전국의 지방의회를 해산하였고, 동년 9월 16일 「지방자치에 관한 임시조치법」을 제정하여 자치기능을 정지시킴으로써 지방자치는 막을 내리게 되었다. 모든 지방정부의 집행기관장은 임명되었다.

1962년 12월에 개정된 제3공화국 헌법 제96조와 제97조에서는 지방자치를 인정하였다. 다만, 부칙 제7조 제3항에 의해 지방의회의 구성 시기는 법률로 정한다고 규정하였다. 즉, 지방자치는 헌법에만 있을 뿐 시행이 되지 않았다.

1972년부터 시작된 제4공화국의 유신헌법 제114조와 제115조에서도 지방자치제를 인정하였으나, 부칙 제10조에서 "이 헌법에 의한 지방의회는 조국통일이 이루어질 때까지 구성하지 아니한다"고 규정함으로써 지방자치를 실시하지 않았다.

3) 제5공화국과 제6공화국

제5공화국 헌법에도 지방자치조항은 있으나, 부칙 제10조에서 "지방의회는 지방자치단체의 재정자립도를 감안해 순차적으로 구성하되 그 구성 시기는 법률로 정한다"고 규정하여 지방자치가 시행되지 않았다.

그러나 1980년대 중・후반으로 가면서 "지방자치가 곧 민주화와 직결된다"는 인식이 국민들에게 널리 유포되어, 집권세력이 지방자치를 전면적으로 부정하기 어렵게 되었다. 특히, 1988년 4월 26일에 실시된 국회의원 선거에서 여당인 민정당 후보자보다 야당인 민주당, 평민당, 공화당 후보자가 더 많이 국회의원에 당선되어, 소위 '여소야대' 현상이 나타나자 야당에서 지방자치의 실시를 강력하게 요구하였다. 이리하여 1989년 3월 9일에 중앙의 통제를 약화시키면서 지방의회의 권한을 강화하는 방향으로 「지방자치법」을 개정하고, 1989년 4월 30일까지 기초자치단체의 의회를 구성하기로 하였다. 여당이 기초의회의 구성을 미루자 야당이 강하게 반발하였다. 1989년 12월 19일에 노태우 대통령은 야당과의 대타협을 통해 1990년 6월 30일까지 지방의회를 구성하고 지방자치단체장 선거도 실시하기로 약속하였다. 그러나 지방자치 실시에 대한 여당과 야당 간의 약속을 민자당이 위배하자 여당과 야당이 극단적으로 대립하는 상황이 되었다. 이에 여당과 야당은 협상을 통해 1991년 3월까지 지방의회를 구성하고, 1992년 6월까지 지방자치단체장 선거를 실시하기로 하였고, 마침내 1991년 3월에 지방의회가 구성되어 지방자치시대의 막이 다시 올랐다. 1995년 6월 27일에는 지방의원 선거와 지방자치단체장 선거가 실시되었다. 그 후, 1998년 6월 4일, 2002년 6월 13일, 2006년 5월 31일, 2010년 6월 2일, 2014년 6월 4일, 2018년 6월 13일, 2022년 6월 1일에 각각 지방선거가 실시되었다.

2. 지방자치의 역사를 통해 본 문제점과 개선방안

그동안 우리나라에서 실시된 지방자치는 정치의 민주화, 시민사회의 활성화, 주민참여의 확대, 지역공동체 구축, 지역문화의 발전 등의 측면에서 많은 긍정적인 영향을 미친 것이 사실이다. 그럼에도 불구하고 우리나라의 지방자치에는 여전히 개선되어야 할 점들이 무수히 남아 있다. 여기에서는 지방정치적 측면과 지방행정적 측면을 포함하여 기본적으로 중요하다고 판단되는 몇 가지 문제들을 간략하게 살펴보고, 이에 대해 원론적 차원의 대응방안을 검토하기로 한다. 이들 중에서 지방행정과 관련된 많은 부분들은 이 책의 '제2부 지방자치시대의 지방행정' 부분에서 구체적으로 검토하기로 한다.

1) 중앙정부의 과도한 개입

대한민국정부가 수립된 이후 중앙집권과 지방자치가 번갈아가면서 실시되었다. 지방자치를 실시하는 동안에도 여러 측면에서 중앙정부가 자치권을 지나치게 제약했음을 부인하기 어렵다. 이는 여러 가지 이유들에 기인하겠지만, 무엇보다도 조선시대에서 시작된 강력한 중앙집권체제가 오랜 기간 동안 우리 사회에 뿌리내림으로써 제도적인 측면과 인식적 · 행태적인 측면에서 중앙집권적 요소를 쉽게 제거하기 어려웠기 때문이다. 이로 인해, 특히 제1공화국에서는 법적 · 제도적으로 중앙정부로부터 독립된 법인격을 가지고 있는 지방자치단체들이 여전히 중앙정부의 명령에 따라 일사분란하게 움직이는 전위조직적 역할을 수행하였다. 이는 지방자치단체들이 지역의 상황과 장점을 고려하면서 독자적이고 자율적인 지방정책을 추진하지 못했다는 것을 짐작하게 한다.

현재는 중앙정부와 지방자치단체 간의 권한이양 작업이 예전에 비해 상대적으로 많이 이루어졌기 때문에, 지방자치단체가 중앙정부에 예속되는 관계는 아니다. 그렇지만 여전히 중앙정부와 지방자치단체의 관계가 수평적이고 대등한 관계라고 장담할 수 없는 상황이다.

이를 개선하기 위해서는 다양한 측면에서 대응방안들이 모색될 수 있다. 가장 기본적이면서 중요한 개선방안으로는 다음과 같은 네 가지가 지적될 수 있다. 첫째, 중앙정치인들과 중앙공무원들의 인식변화가 선행되어야 한다. 지방자치단체를 중앙정부의 하위기관으로 여기는 관행을 지양하고, 중앙과 지방이 공생하기 위해 서로가 서로에게 반드시 필요한 동반자로 인식하여야 한다. 둘째, 「지방자치법」에 대한 재검토를 통해 지방자치단체의 자치권을 확대해야 한다. 이에 대해서는 '제2부 제8장 자치권'에서 구체적으로 살펴보기로 한다. 셋째, 1998년 「중앙행정권한의 지방이양 촉진 등에 관한 법률」을 제정하여 자치사무가 늘어났지만, 여전히 자치사무의 비율이 낮은 편이므로 자치사무를 확대하여야 한다. 이는 '제2부 제9장 사무배분'에서 구체적으로 검토하기로 한다. 넷째, 대부분의 지방자치단체의 재정력이 매우 낮아 중앙정부에 대한 의존도가 높으므로 지방재정력을 향상시킬 수 있는 대책이 시급하다. 이에 대해서는 '제2부 제12장 지방재정'에서 상세하게 살펴보기로 한다.

2) 중앙당의 빈번한 관여

지방정치와 지방행정에 대한 중앙당의 빈번한 관여는 여러 측면에서 언론을 통해 보도되었으며, 또한 많은 사람들이 익히 알고 있다. 여기에서는 중앙당이 지방선거에 개입하는 것과 지방에서의 대립을 조장하는 것에 대해 살펴보기로 한다.

첫째, 중앙당이 지방선거에 깊이 개입하였다. 정치적 측면에서 볼 때, 정당조직의 목적은 집권적 구조를 통해 조직을 효율적으로 관리함으로써 선거에서 승리하는 것이다. 우리나라의 정당도 예외는 아니었다. 중앙당은 지방선거를 대통령 선거와 국회의원 선거와 연계시켜 총력전을 폈으며, 이를 언론이 부채질하는 경향이 강했다. 이리하여 우리나라의 역대 모든 정당들의 중앙당들은 지방선거에 깊이 개입하였다.

둘째, 중앙당은 지방자치단체장과 지방의회 간의 갈등을 조장하기도 하였다. 이는 특히 제1공화국 때 강하게 나타났다. 예를 들어, 지방자치단체장과 지방의회 다수파 간의 정당이 다를 때, 지방의회의 단체장불신임의결권과 지방자치단체장의 지방의회 해산권이 남발되도록 중앙당, 특히 여당이었던 자유당의 중앙당이 유도하였다. 즉, 지방자치단체장과 지방의회가 상호 견제와 균형의 관계를 유지하도록 하기 위해 단체장불신임의결권과 지방의회해산권을 부여하였는데, 자유당이 이 권한들을 악용하면서 깊이 개입하여 지방자치단체장과 지방의회가 갈등과 대립, 반목과 적대의 관계가 되도록 하였다.

현재는 지방의회해산권과 단체장 불신임의결권이 없으므로 극단적인 파산은 없겠지만, 중앙당의 원격조정으로 인한 지방자치단체장과 지방의회 간의 대립 가능성은 여전히 남아 있다. 이에 대한 기본적인 대응방안으로는 중앙당과 지구당 간의 공생을 중시하도록 중앙정치인들의 인식을 변화시키는 것과 상향식 공천제도를 도입하는 것 등을 들 수 있다.

3) 낮은 수준의 자질과 능력

역사적으로 볼 때 지방자치단체장과 지방의원의 자질과 능력, 특히 정책능력, 도덕성, 대표성, 자율성이 미흡하였다. 지방자치가 시행되면서 이들의 정책능력, 도덕성, 대표성, 자율성이 점차 향상되어 왔지만, 여전히 국민들의 기대수준에 미치지 못하고 있다. 이에 대해 간략하게 살펴보면 다음과 같다.

(1) 미흡한 정책능력

1950년대에는 우리나라의 교육수준이 전반적으로 낮았으며, 따라서 지방의원들의 학력수준도 낮은 편이었다. 기초의원들 중에서 대졸 학력자들은 약 10% 미만, 그리고 광역의원들 중에서 대졸 학력자들은 약 20% 미만이었다. 그리고 지방의원은 무보수

명예직이었고, 지방선거과정이 혼탁하여 많은 선거비용이 요구되었다. 이에 따라, 도시지역에서는 상공업에 종사하는 재력가, 그리고 농촌지역에서는 큰 규모의 농업을 영위하는 부농들이 지방의원이 되었다. 1990년대에 들어와서 지방의원들의 학력은 크게 신장하였다.

그러나 지방의원들의 직업을 보면 전문직 종사자, 예를 들면 법률직, 교육직, 공직, 의료직 등의 종사자가 거의 없거나 낮은 비중을 차지하고 있어서 정책능력이 의문시되고 있다. 지방자치단체장의 경우에도 정책능력의 부족으로 업무처리를 제대로 못하거나, 선거대비 주민의 환심을 사기 위해 법에 어긋나는 서비스를 제공하는 경우도 있었다.

(2) 도덕성

지방자치가 실시된 이후 지방의원의 도덕성 문제는 항상 거론되어 왔다. 1991년 지방의원 선거에서도 기초의회 입후보자들 중에서 약 5%에 해당되는 500여 명이 벌금형 등의 전과 기록을 가지고 있었으며, 그 중에서 6명의 등록은 무효가 되었다. 또한 지방의원의 뇌물사건도 지속적으로 발생하였다.

지방의원 도덕성 심각

1991년 이후 4년 만에 지방의원 10명에 1명 꼴로 형사입건되었다. 죄목은 뇌물수수, 폭력, 강제추행 등 45개였으며, 특히 이권개입과 관련된 뇌물수수, 뇌물공여 등으로 입건된 자가 전체 적발의원 중 23.5%에 해당되었다. 광역의원은 총 866명 중에서 151명이 형사입건되어 입건율이 17.4%였고, 기초의원은 총 4,304명 중에서 413명이 형사입건되어 입건율이 9.5%이었다(출처: 조선일보, 1995.5.4).

1995년 7월부터 2005년 7월까지 경상남도 광역의회의원와 기초의회의원에 대한 도덕성을 분석한 결과 전체 의원 기소 건수는 총 50건으로 선거법 위반 24건, 사기 · 협박 · 폭력 등 8건, 횡령 · 뇌물수수 7건, 도로교통법 5건, 변호사법 위반 2건, 명예훼손 1건, 기타 3건이 있었다. 의원직 상실도 지난 10년 간 모두 37명으로 선거법 위반이 17명, 사기 · 뇌물수수 · 공무집행방해 · 변호사법 위반 · 교통사고 7명, 자진사퇴 4명, 도의원 출마 1명, 사망 1명, 기타 7명 순이었다. 특히, 도의회의 경우 이 기간 동안 전체 기소 의원수가 19명에 이르렀고 의원직 상실은 6건이나 있었지만, 자체 징계는 7건에 그쳐 동료의원 감싸기가 매우 심각한 것으로 나타났다(출처: 경남도민일보, 2005.10.21).

서울시의회 김○○ 신임의장은 후반기 의장단 선거를 앞둔 4월 초 동료 의원 30명에게 100여만 원의 수표가 든 봉투를 건네는 등 모두 3,500여만 원을 뿌린 혐의(뇌물공여)로 최근 구속되었다. 부산시의회도 의장단 선거와 관련해 김○○ 의원이 선거에 출마한 의원 2명에게서 100달러짜리 지폐 뭉치를 받았다가 돌려준 사실이 드러나 경찰이 수사를 벌이고 있다. 광주시의회 김○○ 의원은 지난해 9월 아들 명의의 사회복지법인 설립 허가 과정에서 김○○씨에게 "허가를 받은 뒤 대표이사 명의를 넘겨주겠다"고 속여 토지 매입 비용과 로비자금 명목으로 각각 1억 6,000만 원을 받은 혐의로 지난달 25일 경찰에 구속되었다. 지난달 18일 절도 등 혐의로 불구속 기소된 전남 여수시의회 박○○ 부의장은 징역 6개월에 집행유예 2년, 120시간의 사회봉사 명령을 선고받았다. 광주시의회는 지난해 11월 대선운동원 모집과정에서 부녀자를 성폭행한 혐의로 피소된 김○○ 의원을 최근 청소년 교육 분야를 다루는 '교육사회위원장'으로 선출했다. 김○○ 전 여수시의회의장은 2003년과 2004년 검정고시 시험을 두 차례나 대리 응시케 한 혐의(위계에 의한 공무집행방해)로 기소되었다가, 올해 1월 의장직을 사퇴하고 5월 형이 확정되어 의원직을 상실했다. 대전 대덕구의회 이○○ 의장은 자신이 운영하는 식당에서 업무추진비(판공비) 수천만 원을 쓴 사실이 드러나 논란이 일고 있다. 광양시의회 김○○ 전 의장은 지난해 10월 주유소 업자와 짜고 농업용 면세유 4억 원어치를 불법 유통시킨 혐의로 징역 1년 6개월을 선고받고 법정 구속되었다. 충북 충주시의회 총무위원회 소속 의원 10명은 5월 12일부터 6박 7일 간 동남아 해외연수를 다녀왔다. 이들 가운데 4명이 태국의 가라오케에서 술을 마신 뒤 현지 여성들과 숙박업소에 들어가는 장면이 한 방송사 시사프로그램을 통해 방영되면서 '성매매 의혹'을 받았다. 대구시의회 의원 3명은 올해 1월 10박 11일 일정으로 동료의원 8명과 함께 서유럽 해외연수를 다녀오면서 초·중학생 자녀를 동반해 구설에 올랐다(출처: 동아일보, 2007.7.29).

지방정부와 공무원을 견제하고 감시해야 할 지방의원이 부패 혐의 공무원을 구명활동을 한 것에 대해 아래의 사유로 청와대에 청원을 제기하였다(2019.9.16). 구청 공무원의 부패 관련 민원을 제기하자, 해당 구의회 의원이 민원을 제기한 시민에게 연락을 해서, 해당 공무원에 대한 부패 감사 민원을 취하해 달라고 하였고, 감사 민원을 취소하면 구청장과 감사실장에게 얘기를 해서 처리하겠다고 암시하면서, 해당 공무원의 잘못이 한 번이고 처음이므로 선처해 달라고 하였으나, 비위사실이 처음이 아니였다.

(3) 대표성

지방자치의 근본적인 목적은 주민대표자들을 통해 주민의 의사를 기반으로 지역주민의 복리를 향상시키기 위해 자율적으로 노력하는 것이다. 그런데 이들의 대표성에 대한 다음과 같은 논란이 계속되고 있다.

첫째, 대부분의 지방의원은 30% 미만의 지지율을 받고 선출되고 있다. 대표성이란 주민들이 선출된 자들을 자신들의 대표자라고 인정함으로써, 이들이 주민을 대표하여 주민의 삶의 질 향상과 지방의 발전을 위한 정책을 결정하고 이에 대한 책임을 지는 것을 의미한다. 그런데 이처럼 낮은 지지율을 받고 선출된 지방의원들이 주민들을 대표하는 것이 민주주의의 원리에 부합되는 것인가, 그리고 이들이 과연 주민들의 의사를 적극적으로 반영하면서 지방정책을 결정할 것인가라는 비판이 제기되고 있다.

둘째, 특정 정당이 특정 지역을 독점하는 경향이 나타났다. 바람직한 지방자치가 되기 위해서는 지방의 발전을 위한 정책을 둘러싼 경쟁이 활성화되어야 하는데, 최근에는 정책을 중심으로 합리적인 투표를 하기보다는 거의 무비판적이라고 표현해도 될 정도로 특정 지역에서 특정 정당을 지지하는 경향이 나타나고 있다. 이들은 다음 선거에서 공천을 받기 위해 주민의 요구에 대한 대응성과 책임성보다는 지역 국회의원이나 중앙당의 요구에 더욱 민감할 가능성이 있다.

셋째, 여성 자치단체장이나 여성 지방의원의 비율이 매우 낮다. 남성 자치단체장이나 남성 지방의원들도 여성의 권리에 관심이 많고, 또한 여성의 권리 신장을 위해 노력하는 사람들이 있다. 그렇지만 그들은 여성 자치단체장이나 여성 지방의원만큼 여성에 대해 자세히 알지 못하기 때문에, 여성의 권리를 대변하기 어려울 때가 있다.

넷째, 노동조합 출신자들이 주민대표자로 선출되는 경우가 드물었다. 노동조합 출신자들은 노동자들의 이익을 대표하는 데 관심이 많기 때문에, 이들이 주민대표자로 선출되면 지방정책에서 노동자의 이익이 반영될 가능성이 높아진다. 그럼에도 불구하고 노동조합 출신자들의 지방의회 진출이 기대에 많이 못 미쳤다.

(4) 자율성

지방의원들의 직업 배경을 보면 다른 직업 종사자들에 비해 상대적으로 자영상공업자, 정치인, 건설업종사자 등의 비율이 지나치게 높았다. 이들의 비율이 지나치게 높으면 지방자치단체가 이들에 의해 장악될 가능성을 배제하기 어렵다. 물론, 이들이 지역의 발전과 주민들의 생활의 질 향상을 위해 많은 노력을 할 수도 있다. 하지만, 이들의 이익과 지역 전체의 이익이 충돌할 경우에는 이들이 어떤 선택을 할 것인지에 대해 누구도 장담하기 어려울 것이다.

지금까지 본 바와 같이, 주민대표자들의 정책능력, 도덕성, 대표성, 자율성 등에서 문제들이 나타났기 때문에, 이를 시정하기 위한 노력이 있어야 지방자치를 실시하는 이유에 부합할 수 있다.

무엇보다 중요한 것이 주민들의 투표권 행사이다. 입후보자들 중에서 누가 지방의 발전과 주민을 위해 일할 자질과 능력이 있는지를 주민들 스스로가 결정해야 한다. 남이 하니까 따라 한다든가 혹은 특정 정당 출신에게 무비판적으로 투표를 한다든가 하는 등의 행동은 삼가야 한다. 아울러, 정당도 책임감을 가지고 이를 시정하기 위해 노력해야 한다. 즉, 중앙당과 국회의원에게 충성만 하고 지역과 주민들을 돌보지 않는 사람보다 지역과 주민에 대한 봉사정신을 가지고 있으면서 깨끗하고 능력 있는 사람이 주민대표자가 되도록 정당도 노력하여야 한다.

4) 비효율적 사무배분

국가가 처리하는 것이 효율적인 사무는 국가가 수행하도록 하고, 그리고 지방자치단체가 수행하는 것이 효율적인 사무는 지방자치단체가 수행하도록 사무를 배분하는 것이 바람직하다. 그럼에도 불구하고 '제9장 사무배분'에서 논의되는 바와 같이 우리나라의 행정사무는 매우 비효율적으로 배분되어 있다. 구체적인 문제점과 개선방안은 '제9장 사무배분'에서 논의하기로 하고, 여기에서는 교양적 차원에서 알아야 할 내용들을 간략하게 검토하기로 한다.

사무배분과 관련되어 반드시 알아야 할 문제점들은 다음과 같다. 첫째, 지방자치단체에게 사무를 이양하려는 중앙공무원의 의지가 높지 않다. 둘째, 지방자치단체가 처리하는 것이 효율적인 사무가 여전히 국가사무에 포함되어 있어서, 전체 행정사무 중에서 자치사무가 차지하는 비율이 너무 낮다. 셋째, 위임사무의 비율이 높은 편이다. 넷째, 자치사무의 내용이 주로 단순 집행기능에 집중되어 있다.

이에 대한 개선방안은 다음과 같다. 첫째, 국가들 간의 경쟁이 점점 치열해지는 상황이기 때문에, 어느 때보다 지방과의 공생이 중요하다는 점을 중앙공무원들이 인식하여야 한다. 둘째, 국가사무와 위임사무 중에서 자치사무로 해도 무방한 사무를 자치사무로 하고, 「지방자치법」 제13조 제2항인 단서조항을 수정 · 보완해야 한다. 셋째, 무한경쟁사회에서 지방이 생존 · 발전하기 위해 필요한 지방과 관련된 기획기능 사무를 지방에 이양해야 한다.

5) 낮은 수준의 지방재정력

지방자치단체에 따라 차이가 있지만, 전체적으로 지역경제 기반이 취약하여 지방재정이 건실하지 못하다. 지방재정력의 현황, 문제점, 개선방안은 '제12장 지방재정'에서 구체적으로 다룰 것이다. 여기에서 다룰 지방재정의 기본적인 문제점은 다음과 같다. 첫째, 국세와 지방세의 비율이 국세 중심으로 편중되어 있다. 둘째, 지방재정자립도가 낮아 중앙정부에 의존적이다. 셋째, 지방자치단체 간의 재정자립도의 격차가 크다.

이에 대한 개선방안은 다음과 같다. 첫째, 국세 중에서 지방세로 전환해도 되는 것을 지방세로 전환하여야 한다. 이는 국세편향적인 조세 구조를 시정하는 동시에 지방재정자립도를 높이는 데 기여할 것이다. 그러나 이에서 그치면 지방자치단체들 간의 재정자립도의 격차가 더욱 확대될 것이다. 둘째, 지방자치단체들 간의 재정자립도의 격차를 줄이면서 지방자치단체들의 자율성을 높이기 위해서는 지방재정조정제도를 지방교부세를 중심으로 운영할 필요가 있다.

6) 비합리적인 계층

계층의 현황, 문제점, 개선방안 등에 대해서는 '제10장 계층'에서 구체적으로 검토하기로 한다. 기초적인 문제점으로는 자치계층과 행정계층이 이원화되어 있으면서 지방행정계층의 수가 많다는 점과 중앙정부와 광역자치단체, 기초자치단체 간의 관계가 엄격하게 수직적이라는 점 등이 지적될 수 있다. 이를 개선하기 위한 방안으로는 자치계층과 행정계층을 일원화하면서 행정계층의 수를 줄여야 하고, 계층 간의 관계가 수평적 · 보완적이 되도록 해야 한다.

7) 비합리적인 구역

구역의 현황, 문제점, 개선방안 등에 대해서는 '제11장 구역'에서 구체적으로 논의하기로 한다. 교양수준에서 알아야 할 구역상의 문제점으로는 생활권과 행정권의 괴리 현상이 나타나고 있다는 점과 과소구역과 과대구역이 존재한다는 점 등을 들 수 있다. 이를 시정하기 위한 방안으로는 생활권과 행정권을 가능한 한 일치시키는 노력이 필요하고, 기능적 광역행정체계를 활성화하는 노력이 있어야 하며, 과대지역은 분할하고, 과소지역은 주변과 통합하여야 한다.

8) 저조한 주민참여

'지방자치의 꽃'이라고 불릴 수도 있는 주민참여에 대해서는 '제13장 주민참여'에서 구체적으로 검토하기로 한다. 최근에 들어와서 주민참여에 대한 관심이 높아지고 실제로 참여하는 사례도 높아지고 있지만, 여전히 저조한 실정이다. 원론적 차원에서 저조한 주민참여의 원인을 살펴보면 권위주의적인 행정문화가 많이 약화되었으나 여전히 존재하고, 지방자치제도가 제대로 실시되지 않고 있으며, 행정정보가 제대로 공개되지 않고 있다. 이에 대한 개선방안으로 민주행정사상을 구축해야 하고, 지방자치제도의 완성도를 높여야 하며, 행정정보를 주민들에게 널리 공개해야 한다는 점 등을 제안할 수 있다.

9) 지역이기주의

지역이기주의에 대해서는 '제14장 지역이기주의'에서 구체적으로 논의하기로 한다. 지방자치가 실시되면서, 특히 혐오시설의 입지를 둘러싼 지역 간의 갈등이 크게 증가하고 있다. 혐오시설의 설치를 반대하는 지역주민들의 활동에 대해 타 지역주민들은 지역이기주의, 특히 '님비(NIMBY)'라고 부르고 있다. 교양수준에서 알아야 할 지역이기주의의 원인은 보상체계의 미비, 비효율적인 조정제도, 혐오시설 반대 활동 폄하, 지나친 지역이익 집착 등을 들 수 있다. 이를 개선하기 위해서는 합리적인 보상체계를 구축해야 하고, 자율적 합의를 강조하는 조정제도를 시행하며, 혐오시설 입지 지역의 주민들의 고충을 이해하고, 해당 지역주민들은 자신의 지역만을 위한 이익에 지나치게 집착하는 것을 버리는 인식의 전환이 필요하다.

알아두면 좋아요

1. 지방자치란 일정한 지역에서 법률의 범위 내에서 주민이 구성한 지역단체를 통해 지역적 사무를 그들의 의사와 책임 하에서 처리하는 활동과정이다. 지방자치가 필요한 이유는 풀뿌리 민주주의의 달성, 국가경쟁력과 지방경쟁력 향상에 긍정적, 주민참여의 활성화, 주민복지의 향상, 지방행정의 효율성 확보, 주민수요 충족 등이다. 지방자치를 보장하는 구체적인 내용은 지방자치단체의 존재, 자치권, 자치권 침해 방어 등을 보장하는 것이다.
2. 지방자치의 구성요소는 지리적 공간, 주민과 지방자치단체, 자치권, 자치사무, 재정력이다.
3. 지방자치는 주민자치와 단체자치로 구분된다. 주민자치는 정치적 의미가 강조되고, 주민의 권리를 중시하며, 주민이 권한을 부여하고, 의결기관 우월주의를 택하며, 중앙과 지방은 기능적 협력관계를 보이고, 영미계 국가에서 주로 택한다. 단체자치는 법률적 의미가 강조되고, 지방자치단체의 자치권을 중시하며, 법률이 권한을 부여하고, 집행기관 우월주의를 택하며, 중앙과 지방은 감독관계를 보이고, 대륙계 국가에서 주로 택한다.
4. 지방자치의 장점은 지방의 특수성과 장점을 반영한 지방행정의 실시, 지방의 창의력 제고, 지방정책과정에서 주민참여의 활성화, 종합행정의 실시, 신속한 문제해결, 지방공무원의 능력 향상, 효율적 행정, 주민의 정치적 참여 활성화, 지방행정의 민주화, 민주주의의 학교, 민주적 사회개혁 등이다. 반면, 지방자치의 단점으로는 지방 간 행·재정력 불균형의 확대, 지역이기주의의 심화, 전국적 사업 수행의 어려움, 행정 통일성 확보의 어려움 등을 들 수 있다.
5. 우리나라의 지방자치 역사를 통해 본 문제점은 중앙정부의 과도한 개입, 중앙당의 빈번한 관여, 주민대표자들의 낮은 수준의 자질과 능력, 비효율적 사무배분, 낮은 수준의 지방재정력, 비합리적인 계층과 구역, 저조한 주민참여, 지역이기주의의 확대 등이다.

논의

1. 지방자치가 필요한 이유에 대해 논하시오.
2. 주민자치와 단체자치의 특징을 비교하여 설명하시오.
3. 지방자치의 장점과 단점에 대해 논하시오.
4. 우리나라의 지방자치 역사를 통해 본 대표적인 문제점에 대해 논하시오.

제 4 장 지방자치단체

제 1 절 지방자치단체의 종류

우리나라의 「지방자치법」에 의하면, 지방자치단체는 일반지방자치단체와 특별지방자치단체로 분류할 수 있다. 일반지방자치단체는 종합적인 목적을 가진 지방자치단체로서 우리가 일반적으로 지방자치단체라고 하면 떠올리는 특별시, 광역시, 도, 시, 군, 자치구 등을 말한다. 세종특별자치시, 제주특별자치도도 일반지방자치단체에 속하고, 2022년 1월 13일에 지정된 4개의 특례시도 일반지방자치단체에 속한다. 특별지방자치단체는 특정 목적을 가진 지방자치단체로서, 지방자치단체조합, 교육구(school district) 등이 대표적인 사례이다. 일반지방자치단체와 특별지방자치단체에 대해 살펴보면 다음과 같다.

1. 일반지방자치단체

일반지방자치단체는 보통지방자치단체라고도 불리는 것으로서, 우리가 지방자치단체라고 말할 경우 일반지방자치단체를 말한다. 일반지방자치단체는 지역의 발전과 주민의 복리 증진이라는 일반적인 목적을 추구하는 종합적 · 포괄적 특징을 갖는 지방자치단체이다. 일반지방자치단체의 종류는 나라에 따라 다양하지만, 우리나라의 경우 일반지방자치단체는 광역자치단체와 기초자치단체로 분류된다.

1) 광역자치단체

'제10장 계층'에서 구체적으로 언급되겠지만, 국가와 지방자치단체 간에 형성되는 계층구조는 다양하지만, 2층제(two-tier system)를 선호하는 경우가 많다. 2층제 구조는 '중앙정부-광역자치단체-기초자치단체'로 이어지는 구조로서, 광역자치단체는 복수의 기초자치단체들로 구성되어 있다. 광역자치단체는 중앙정부와 기초자치단체의 중간에 위치하고 있기 때문에, 중간자치단체 혹은 제2차적 자치단체라고도 불린다.

현재 우리나라의 광역자치단체는 특별시, 광역시, 도, 특별자치도, 특별자치시로 유형화된다. 1962년 「서울특별시 행정에 관한 특별조치법」을 제정하여, 서울시를 경기도에서 독립시켜 특별시로 만들었다. 또한 인구 100만 명 이상의 도시를 별도의 특별법을 통해 직할시로 명명하였다가, 1995년 1월 1일부터 직할시를 일괄적으로 광역시로 부르게 되었다. 현재 광역시로는 부산광역시, 대구광역시, 인천광역시, 대전광역시, 광주광역시, 울산광역시가 있다. 특별시와 광역시 외의 광역자치단체로는 8개의 도, 제주특별자치도, 세종특별자치시가 있다.

우리나라는 광역자치단체에게 기초자치단체에 대한 지도적 기능과 조정적 기능을 부여함으로써 우월적 지위를 인정하고 있다. 광역자치단체가 처리할 수 있는 사무는 다음과 같다(지방자치법 제14조 제1항).

- 행정처리 결과가 2개 이상의 시·군·자치구에 미치는 광역적 사무
- 시·도 단위로 동일한 기준에 따라 처리되어야 할 성질의 사무
- 지역적 특성을 살리면서 시·도 단위로 통일성을 유지할 필요가 있는 사무
- 국가와 시·군·자치구 사이의 연락·조정 등의 사무
- 시·군·자치구가 독자적으로 처리하기 어려운 사무
- 2개 이상의 시·군·자치구가 공동으로 설치하는 것이 적당하다고 인정되는 규모의 시설을 설치하고 관리하는 사무

이 밖에도 광역자치단체는 기초자치단체 간에 발생하는 분쟁을 조정하고, 기초자치단체의 사무에 관하여 조언 또는 권고하거나 지도할 수 있으며, 기초자치단체나 단체장이 국가로부터 혹은 특별시·광역시·도로부터 위임받아 처리하는 사무에 대해 지도·감독할 수 있다.

2) 기초자치단체

기초자치단체는 광역자치단체의 구역 안에 있는 자치단체로서 주민의 일상생활과 가장 밀접한 공공서비스를 제공하는 최소한의 지방자치단체이다. 광역자치단체를 제2차적 자치단체로 부르는 반면에, 기초자치단체는 제1차적 자치단체라고도 불린다. 주민을 대표하여 지역문제를 해결하고 주민에게 책임을 지는 지방자치단체가 되기 위해서는 가능하면 작은 지방자치단체가 바람직하며, 이러한 관점에서 보면 지방자치에 있어서 가장 기본적인 단위인 기초자치단체가 가장 적합하다(임승빈, 2016: 44).

기초자치단체는 광역자치단체가 처리하는 사무를 제외한 사무를 처리할 수 있고, 다만 기초자치단체 중에서 인구 50만 명 이상의 시는 도가 처리하는 사무의 일부를 직접 처리할 수 있다(지방자치법 제14조 제1항 제2호). 광역자치단체와 기초자치단체가 수행하는 사무는 대통령령으로 정하며(지방자치법 제14조 제2항), 광역자치단체와 기초자치단체가 사무를 처리할 때 서로 겹치지 않도록 하고 만약 사무가 서로 겹치면 기초자치단체에 우선권이 있다(지방자치법 제14조 제3항).

우리나라의 시, 군, 그리고 특별시와 광역시 산하에 있는 자치구가 기초자치단체에 해당된다. 또한 2022년 1월 13일에 지정된 4개의 특례시도 일반지방자치단체에 속한다. 다만, 자치기능이 없는 일반구(행정구)와 제주특별자치도 산하의 행정시는 기초자치단체가 아니다.

(1) 시

일반적으로 기초자치단체인 군의 산하에 있는 읍에 인구가 밀집되면 기초자치단체인 시(특별시와 광역시가 아닌 일반시)로 승격된다. 읍이 시로 승격된다는 것은 정책적으로 다음과 같은 의미가 있다. 첫째, 인구의 집중 현상을 가져온다. 둘째, 자치권이 있기 때문에 주민의 참여폭이 넓어져서 민주주의가 지방행정에 반영되는 계기가 된다. 셋째, 공공서비스에 대한 주민의 기대수준이 높아진다. 넷째, 기구 신설, 인력 증대, 기반시설 확충, 세원 확보 등에 소요되는 재정수요가 증가한다.

우리나라의 시에는 위에서 설명한 것처럼 읍에 인구가 집중하여 승격된 시와 도농복합 형태의 시가 있다. 시가 되기 위한 조건은 「지방자치법」 제10조와 시행령 제9조에 규정되어 있다.

〈「지방자치법」 제10조〉

① 시는 그 대부분이 도시의 형태를 갖추고 인구 5만 이상이 되어야 한다.

② 다음 각 호의 어느 하나에 해당하는 지역은 도농(都農) 복합 형태의 시로 할 수 있다.

1. 제1항에 따라 설치된 시와 군을 통합한 지역
2. 인구 5만 이상의 도시 형태를 갖춘 지역이 있는 군
3. 인구 2만 이상의 도시 형태를 갖춘 2개 이상의 지역 인구가 5만 이상인 군. 이 경우 군의 인구는 15만 이상으로서 대통령령으로 정하는 요건을 갖추어야 한다.
4. 국가의 정책으로 인하여 도시가 형성되고, 제128조에 따라 도의 출장소가 설치된 지역으로서 그 지역의 인구가 3만 이상이며, 인구 15만 이상의 도농 복합 형태의 시의 일부인 지역

〈「지방자치법」 시행령 제9조〉

① 법 제10조 제1항에 따른 시는 다음 각 호의 요건을 갖추어야 한다.

1. 해당 지역의 시가지를 구성하는 지역 안에 거주하는 인구의 비율이 전체 인구의 60퍼센트 이상일 것
2. 해당 지역의 상업, 공업과 그 밖의 도시적 산업에 종사하는 가구의 비율이 전체 가구의 60퍼센트 이상일 것
3. 1명당 지방세 납세액, 인구밀도 및 인구증가 경향이 행정안전부령으로 정하는 기준 이상일 것

② 법 제10조 제2항 제2호 및 제3호에 따른 도농 복합 형태의 시는 다음 각 호의 요건을 갖추어야 한다.

1. 해당 지역의 상업, 공업과 그 밖의 도시적 산업에 종사하는 가구의 비율이 군 전체 가구의 45퍼센트 이상일 것
2. 다음의 식으로 계산한 해당 군의 재정자립도가 전국 군 재정자립도의 평균치 이상일 것

   {(지방세 + 세외수입 − 지방채) ÷ 일반회계예산} × 100

(2) 군

기초자치단체인 군은 역사적으로는 우리 지방행정구역 중 가장 오랜 지방행정 단위로서 고구려와 신라에서 기원을 찾을 수 있다. 대한민국정부 수립 이후에도 종래의 제도를 그대로 계승하여, 군을 도의 관할 아래에 두어 자치단체가 아니라 국가의 지방행정기관으로서의 역할을 하도록 하면서 도와 읍의 중간에 위치하도록 하였다. 그

후 읍・면 자치제가 폐지되고, 군은 최초로 기초자치단체로서의 지위를 갖게 되었다. 군은 광역시 또는 도의 관할 구역 안에 둔다.

(3) 자치구

기초자치단체인 구(자치구)는 특별시와 광역시의 관할 구역 안에 설치된 구로서 법인격이 주어지고 일정한 한도 내에서 자치권이 인정된다. 다만, 자치구의 자치권의 범위는 시・군보다 다소 좁게 인정되고 있다. 자치구와 대비되는 것이 행정구인데, 이는 일반시에 행정의 편의를 위하여 설치한 구로서 자치권을 가지는 법인으로서의 지방자치단체는 아니다. 자치구는 지방자치단체의 하나인 만큼 명칭과 구역을 바꾸거나, 폐지하거나 설치하거나 합칠 때는 특별법을 제정하거나 관련 법률을 개정해야 한다. 자치구의 구청장은 다른 지방자치단체장과 마찬가지로 전국동시지방선거로 선출된다.

(4) 특례시

특례시는 특별시와 광역시에 해당되지 않지만 기초자치단체 중 인구규모가 100만 명 이상이거나 행정수요, 국가균형발전 등을 고려해 기초자치단체와 구별되는 특례를 부여할 필요성이 있다고 인정되는 도시를 말한다. 2020년 12월 9일 「지방자치법」 전부개정안이 통과되면서 2022년 1월 13일에 수원시, 용인시, 고양시, 창원시 등 인구 100만 명 이상의 대도시가 특례시로 지정되었다.

특례시는 인구 50만 명 이상의 도시가 받는 특례에 더불어 추가적으로 더 광범위한 법적 특례를 적용받을 수 있다(지방자치분권 및 지방행정체제개편에 관한 특별법 제41조, 제42조, 제43조). 예를 들어, 특례시는 기초자치단체의 지위를 유지하면서 광역시급 위상에 걸맞은 행정・재정 자치 권한을 확보하고, 일반 시와 차별화되는 법적 지위를 부여받으며, 부시장을 2명 둘 수 있다. 따라서 특례시는 대도시 행정의 특수성을 인정하고, 이에 맞는 법적, 제도적 지원방안을 마련할 필요성에서 만들어진 새로운 유형의 지방자치단체라고 할 수 있다.

2. 특별지방자치단체

특별지방자치단체는 복수의 지방자치단체들이 공동으로 특정 행정사무를 처리하기 위해 설치된 자치단체로서, 담당 기능이 한정되어 있다는 점에서 종합행정을 목적으로 하는 일반지방자치단체와 구별된다. 즉, 특정 사무를 지역주민에게 가장 효율적으로 제공하기 위해 별도로 조직된 자치단체이다. 이들은 설립된 후에는 지방자치단체들과 별개의 법인격을 갖는다. 20세기 이후 교통·통신의 발달로 경제권·생활권이 확대되면서 광역사무가 증가함에 따라 특별지방자치단체에 대한 요구가 증대되었으며, 특히 기초자치단체의 규모가 작을 경우에는 광역사무를 처리하기 위해 특별지방자치단체의 필요성이 더욱 커진다.

우리나라의 경우에도 특별지방자치단체를 둘 수 있다(지방자치법 제2조 제3항과 제12장). 우리나라 「지방자치법」상의 지방자치단체조합이 특별지방자치단체에 속한다(동법 제176조~제181조). 지방자치단체조합은 주민을 구성원으로 하지 않는다는 점에서 지방자치단체가 아니라는 주장도 있으나, 지방자치단체조합을 특별지방자치단체로 인정하는 것이 일반적이다.

2개 이상의 지방자치단체가 하나 또는 둘 이상의 사무를 공동으로 처리할 필요가 있을 때에는 규약을 정하여, 그 지방의회의 의결을 거쳐 시·도는 행정안전부 장관의 승인, 그리고 시·군·자치구는 시·도지사의 승인을 받아 독립된 법인인 지방자치단체조합을 설립할 수 있으며, 다만 지방자치단체조합의 구성원인 시·군·자치구가 2개 이상의 시·도에 걸치는 지방자치단체조합은 행정안전부 장관의 승인을 받아야 한다(동법 제176조). 지방자치단체조합에는 지방자치단체조합회의와 지방자치단체조합장 및 사무직원을 두고(동법 제177조 제1항), 지방자치단체조합회의는 지방자치단체조합의 규약에 따라 지방자치단체조합의 중요 사무를 심의·의결하며(동법 제178조 제1항), 지방자치단체조합장은 지방자치단체조합을 대표하여 지방자치단체조합의 사무를 총괄한다(동법 제178조 제3항). 또한 지방자치단체조합은 조합의 명칭, 구성원인 지방자치단체, 위치, 사무, 조직과 위원의 선임방법, 필요한 경비의 부담과 지출방법 등에 관한 규약을 제정할 수 있다(동법 제179조).

또한 「지방공기업법」에 의하면, 지방자치단체는 지방직영기업의 경영에 관한 사무를 광역적으로 처리하기 위하여 필요한 경우 규약을 정하여, 다른 지방자치단체와 공동으로 지방자치단체조합을 설립할 수 있고(제44조), 조합이 경영하는 지방직영기업에 대한 관리 권한은 조합장에게 있으며, 조합장은 관계 지방자치단체의 장이 공동으로 임명한다(제45조).

제 2 절 지방자치단체의 역할과 유형

일반적으로 지방자치단체는 단체장과 지방의회로 구성되지만, 구성방법이나 형태는 국가별로, 그리고 지방자치단체별로 다르게 나타나고 있다. 여기에서는 지방자치단체의 역할을 먼저 검토한 후에 다양한 지방자치단체의 유형들 중에서 대표적인 유형들을 중심으로 살펴본다(임재현, 2016: 211-222).

1. 지방자치단체의 역할

지방자치단체의 대표적인 유형들을 살펴보기 전에 지방자치단체의 주요 역할에 대해 간략하게 검토하기로 한다. 지방은 정치・행정적, 경제적, 사회적, 문화적 활동 등을 포함한 주민들의 다양한 활동들이 일어나는 공간이다. 따라서 지방자치단체는 이러한 활동들과 관련된 다양한 공공서비스를 제공하는 것은 물론이고, 공공성 확보를 위한 정책적 판단을 해야 한다. 이러한 측면에서 볼 때, 지방자치단체가 수행해야 할 대표적인 역할은 다음과 같이 정리될 수 있다.

첫째, 지방자치단체는 지방이 처해 있는 상황과 지방의 장점 등을 종합적으로 고려하면서 지방의 장기적인 전략을 결정하여야 한다. 지방들 간의 경쟁이 확대되고 심화되는 상황에서 사회변화에 맞추어 지방의 지속가능한 발전을 추구하기 위해 그리고 주민들의 생활의 질을 향상시키기 위해 지방자치단체는 장기적이고 포괄적이며 유연한 전략을 세워야 한다.

둘째, 지방자치단체는 지역경쟁력을 향상시킬 수 있는 창의적 아이디어를 창출하여 경쟁사회에서 생존・발전할 수 있는 정책을 마련하여야 한다. 창의적인 아이디어는 밀실에서 일부 지방공무원들의 노력만으로 발현되는 것은 아니다. 지방문제의 해결과 지방의 발전에 기여하고자 하는 많은 사람들의 노력이 모아질 때 창의적인 아이디어가 나타나기 쉽다. 따라서 지방자치단체장, 지방의회의원, 지방공무원들이 지방 내의 다양한 조직들, 그리고 주민들과 네트워크를 구축하여 지속적으로 쌍방향적 의사소통을 이루기 위해 노력해야 한다.

셋째, 지방자치단체는 다양한 형태의 공공서비스들을 공급하고 관리해야 하는 핵심적인 주체로서의 역할을 수행해야 한다. 전통적으로 지방자치단체의 가장 중요한 역할은 공공서비스를 제공하는 것이라고 인식되어 왔다. 그러나 예전처럼 중앙정부의 지침에 따라 시민들에게 공공서비스를 베푼다는 의미의 시혜자적 행태는 수정되어야 한다. 주민들과 대화하면서 주민들이 무엇을 원하는지를 파악하고, 그것을 기초로 공공서비스를 생산하고 제공해야 한다. 아울러, 공공서비스를 제공함에 있어서 효율성, 형평성, 합법성, 민주성 등의 원칙을 고려해야 한다.

넷째, 지방자치단체는 지방만의 차별성 있는 브랜드를 형성하기 위해 노력해야 한다. 세계의 많은 지방자치단체들은 자본, 인적 자원, 관광객들을 놓고 치열한 생존경쟁을 벌이고 있다. 이러한 경쟁을 헤쳐 나가기 위해 지방자치단체들은 지방의 특성을 활용한 독특한 브랜드를 형성하여 주민들 간의 연대의식을 높이는 동시에, 자본, 기업, 관광객 등을 유치하는 수단으로 이용하고 있다. 지방자치단체의 브랜드 가치는 경제활동, 역사, 문화적 가치 등 다양한 요인들에 의해 평가된다. 브랜드 가치를 높이기 위해서는 지방의 이념적 지향 방향, 역사와 전통, 사회와 문화 등과 같은 본질적인 측면들을 포함한 정체성(identity)을 이미지화할 필요가 있다. 그러나 주변에서 자주 볼 수 있는 지방의 정체성을 표현한 이미지들은 그 지방만의 상징성과 정체성을 느끼게 하지 못하는 경우가 많다. 지방의 정체성을 보여주는 이미지를 통해 브랜드 가치를 높인 대표적인 곳이 뉴욕 시이다. 뉴욕 시의 정체성을 나타내는 이미지는 'I♡NY'이다. 이는 뉴욕 시민들에게 자긍심을 불러일으키고 정체성을 확보하는 데 크게 이바지하였다. 뿐만 아니라 'I♡NY' 로고가 있는 상품들의 판매량이 급증하였으며, 이를 이용한 광고 캠페인도 큰 성공을 거두어 광고 집행 후 관광수입이 크게 증가한 것으로 여러 언론매체들은 보도하였다. 또한 'I♡NY' 로고는 다양한 방면에서 응용된 디자인이 나타났고, 이로 인해 뉴욕의 브랜드 가치가 크게 상승하였다.

I love New York,1975

I ♥ NY

Milton Glaser

2. 지방자치단체의 유형

지방자치가 실시되는 나라의 경우, 지방자치단체는 지방의회와 단체장으로 구성되는 것이 일반적이지만, 구성의 방법이나 형태는 전통이나 상황 등에 의해 나라마다, 지방자치단체마다 다양하게 나타난다. 지방자치단체는 여러 유형으로 분류가 가능하지만, 여기에서는 영국 · 미국 유형(영미형)과 독일 · 프랑스 유형(독불형)으로 대별하여 그 특징들을 살펴본다.

1) 영미형

지방자치의 역사가 긴 영국과 미국의 계통에 속하는 나라들은 지방정부를 지방자치의 실험장으로 보는 경향이 있었다. 지방자치단체가 바람직하게 운영되어야 민주주의 기초가 튼튼해져서 풀뿌리민주주의를 달성할 수 있다고 믿고 있다. 영미형 지방자치단체의 대표적인 특징을 살펴보면 다음과 같다.

(1) 대등한 중앙정부와 지방자치단체

중앙정부와 지방자치단체가 대등한 위치에서 수평적 상호협조관계를 유지하고 있는 형태이다. 지방자치가 실시되면 법적으로 중앙정부와 지방자치단체는 대등한 법인격을 갖지만, 실제로는 인적 자원, 재정력 등을 포함한 많은 측면에서 불균형이 존재하기 때문에, 지방자치단체가 중앙정부와 대등한 관계를 설정하기 어려운 경우가 많다. 그러나 영미 유형은 자치권의 본질을 자연법상의 권리로 인식하고 있기 때문에, 중앙정부와 지방자치단체들 간에 수평적이고 대등한 가운데 상호보완적이고 협력적인 관계가 형성되는 것을 중시한다.

(2) 지방의회 우월

지방자치의 오랜 전통으로 인해 집행부보다 지방의회의 기능을 강화하는 지방의회 우월주의적인 지방자치단체 형태를 띠고 있다. 서구 민주주의 국가들에서는 민주주의의 달성을 위해 삼권(행정부, 입법부, 사법부) 간의 견제와 균형을 중시하여 왔다. 그러나 20세기의 국가를 '행정국가'라고 명명하는 데에서 보듯이, 정책능력을 갖춘 행정부가 삼권 간의 균제와 균형의 상태에서 상대적으로 우월적인 위치로 이동하는 경향을 보여 왔다. 이에 대한 다양한 대처가 있었고, 그 일환 중의 하나가 행정부에 대한 입법부의 견제능력을 강화시키는 것이다. 이러한 현상은 지역에도 적용된다. 브라이스(J. Bryce), 토크빌(A. Tocqueville), 파이너(H. Finer) 등이 "지방자치는 민주주의 학교"라고 했듯이, 지방자치는 지역에서 민주주의를 달성하기 위한 제도이다. 따라서 견제와 균형의 원리가 작용되어야 한다는 믿음에서 단체장을 견제하기 위해 지방의회의 기능을 강화하고자 하였다.

(3) 자치헌장에 기반한 자치

자치헌장(city charter)제도에 의해 지방정부의 자치가 허용된다. 자치헌장은 지방자치단체의 성격, 구성, 권리와 의무, 조직관리, 인사, 재정 등을 규정한 지방자치단체의 기본 헌법과 같은 것이다. 자치헌장은 정치적으로는 주민자치정신에 의해 제정되지만, 현실적으로는 국가 또는 상위기관에 의해 제정되는 경우가 많다. 미국의 경우에는 주민이 자치헌장을 제출하고 주의회에서 이를 의결한다. 어떤 방식으로 자치헌장이 제정되든 간에 지방자치는 이에 의거하여 시행된다.

(4) 주민자치 강조

후술되는 독불형 지방자치단체가 단체자치에 초점을 둔다면 영미형 지방자치단체는 주민자치를 강조한다. 즉, 지방자치단체는 중앙정부와의 관계보다 주민과의 관계를 더욱 중시한다. 주민자치는 중앙집권적이며 관료적인 지방자치를 배제하고, 주민의 자치능력을 중요시하는 민주적 지방자치를 지향한다. 즉, 영미형 지방자치단체는 자립과 자율의 정신을 지닌 주민이 그들의 비용으로 선출한 공무원에 의해서 그들의 행정사무를 처리한다. 지방자치단체의 주권자는 주민이고 지방문제를 해결하는 주체도 주민이다.

2) 독불형

유럽 대륙에 있는 나라들에서 주로 시행되는 지방자치제도이다. 영국과 미국에 비해 유럽의 대륙은 개인보다는 법과 단체를 중시하는 경향이 있었다. 지방자치단체는 법의 테두리 안에서 중앙정부가 위임한 일정 범위의 국가기능을 대행한다. 따라서 지방자치단체는 중앙정부의 하부행정조직의 성격이 강하다. 독불형의 대표적인 특징을 살펴보면 아래와 같다.

(1) 수직적 관계의 중앙정부와 지방자치단체

중앙정부와 지방자치단체는 수직적 통제관계에 있기 때문에, 지방자치단체를 중앙정부의 하위개념으로 보는 경향이 있다. 이로 인해, 지방자치단체는 주민과의 관계보다 중앙정부와의 관계에 더 집중한다. 따라서 주민과 지방의 이익을 보호하는 기능이 상대적으로 약하다.

(2) 집행기관 우월

지방자치단체의 집행부가 지방의회보다 강한 권한을 지니는 집행부우월주의 지방정부 형태를 취한다. 독불형에 속하는 국가는 전통적으로 국가 중심적 그리고 행정부 중심적인 경향이 영미형의 국가보다 강하다. 또한 독불형에서 지방자치단체는 국가로부터 권한과 지위를 부여받기 때문에, 중앙정부와 긴밀한 협조관계를 더욱 잘 유지할 수 있는 집행부의 권한을 중시하고, 중앙정부에서 위임한 업무에 대한 효율적 처리를 강조한다. 이러한 경향으로 인해 지방자치단체는 집행부우월적인 구조를 띤다.

(3) 국가로부터 위임받은 자치

독불형의 자치제도는 법률적 의미를 강조하기 때문에, 자치권은 영미형과 같은 자연법상의 권리가 아니라 국가로부터 위임받는 실정법상의 권리이다. 따라서 지방자치단체의 자치는 법률 제정을 통해 허용되고, 이에 따라 지방자치단체의 기능도 지방자치단체에 위임된다. 즉, 지방자치단체는 「지방자치법」에 의해 허용된 독자적 기능과 중앙정부가 위임해 준 위임기능을 동시에 수행한다.

(4) 단체자치 강조

위에서 언급한 것처럼 독불형의 자치는 법률적 의미의 자치인데, '법률적 의미의 자치'란 주민에 의한 자치보다 지방자치단체와 같은 공법인(公法人)에 의한 자치를 말한다. 지방자치단체는 주민보다 기관을 중시하고, 중앙정부의 행정편의를 우선시 한다.

3) 추세

영미 계통의 지방자치단체는 자치헌장(city charter)에 의해 영향을 받기 때문에, 자치헌장의 범위 내에서 지방자치단체가 자치적으로 할 수 있는 것이 허용된다. 따라서 지방자치단체는 정치적 의미에서 주민을 중시한다. 반면에, 독불 계통의 지방자치단체의 경우, 국가가 제정한 법률(「지방자치법」)에 의해 지방자치단체에게 법인격을 부여하고, 법의 범위 내에서 자치적으로 기능을 수행할 수 있다. 독불 계통에서는 법인격을 가진 단체의 역할을 중시한다.

여기에서 신중하게 고려해야 할 점이 발견된다. 영미형에서 주민의 역할을 중시하는데 조직화되지 않은 주민들이 할 수 있는 일이 어느 정도이냐는 것이다. 다시 말하면, 지방자치단체보다 주민들을 강조할 경우 주민들 스스로 할 수 있는 일이 무엇이며, 특히 주민들의 의견이 통일되지 않을 경우 주민들 스스로가 할 수 있는 일이 어느 정도일 것인가를 신중하게 생각해야 한다.

또한 독불형에서는 법인격을 가진 단체를 주민보다 중시하는데, 주민이 없는 지방자치단체가 존재할 수 있는지 그리고 지방자치단체는 무엇을 위한 단체인지를 숙고해야 한다. 즉, 지방자치단체는 주민이 없으면 존재할 수 없고, 또한 주민을 위한 단체임을 유념해야 한다.

결론적으로 말하면, 주민들 스스로 할 수 있는 일에는 한계가 있으므로 지방자치단체를 구성하는 것이고, 지방자치단체는 주민들을 위해 존재하는 것이다. 따라서 영미형과 독불형을 엄격하게 구분한 상황에서 하나의 유형을 선택하도록 하는 것은 슬기롭지 못한 행동이다. 바람직한 것은 두 유형의 장점을 합한 지방자치단체를 구성하여 주민들을 위하고 지방의 발전을 꾀하는 것이다. 다만, 나라마다 그리고 지방마다 전통, 문화, 정치, 사회, 경제의 배경이 다르기 때문에, 스스로에게 적절한 방법으로 두 유형의 장점을 취할 필요가 있다.

제 3 절 지방자치단체의 구성

지방자치단체는 크게 주민, 지방의회, 집행기관으로 구성된다. 지방의회는 지방의원들이 중심이 되어 자치입법권을 행사하고, 집행기관은 단체장을 중심으로 지방행정을 담당한다.

이 책에서 지방의회라고 표시할 경우에는 모든 지방자치단체의 의회를 말하고, 분리하여 표기할 필요가 있을 경우에는 특별시의회, 광역시의회, 도의회, 특별자치도의회, 특별자치시의회, 시의회, 군의회, 구의회로 별도로 표시한다. 이는 집행기관에도 동일하게 적용된다.

1. 주민

1) 주민의 의의

주민은 지방자치의 3대 요소 중의 하나이다. 「지방자치법」에 따르면, 지방자치단체의 구역 안에 주소를 가진 자를 주민으로 규정하고 있다(제16조). 성별, 국적, 자연인, 법인을 불문하고, 특정 지방자치단체의 구역 내에 주소를 두면 당해 지방자치단체의 주민이 된다. 즉, 특정 지방자치단체에 주소를 가지면 본인의 의사와 상관없이 법적 요건이 충족되기 때문에 주민의 자격이 취득된다. 「민법」에서는 '생활의 근거'가 되는 곳을 주소로 하고, 또한 주소는 동시에 두 곳 이상 있을 수 있다고 규정하고 있다(제18조 제1항, 제2항). 「주민등록법」은 다른 법률에 특별한 규정이 없으면 주민등록지를 공법(公法) 관계에서의 주소로 한다고 규정하고 있다(제23조 제1항). 기초자치단체의 구역 안에 주소를 가진 자는 기초자치단체의 주민인 동시에, 그 구역을 관할하는 광역자치단체의 주민이 된다.

2) 주민의 권리와 의무

주민은 지방자치단체의 주요 구성요소이다. 따라서 주민은 지방자치단체의 구성, 정책과정 등에 직·간접으로 참여하여 지방자치의 정당성을 부여하는 동시에, 지방자치단체에 대해 일정한 권리와 의무를 갖는 주체이다.

(1) 주민의 권리

주민의 대표적 권리에는 선거권, 피선거권, 주민투표권, 조례제정·개폐청구권, 주민감사청구권, 주민소송권, 주민소환권, 청원권, 수익권 등이 있다. 이에 대해 여기에서 간략하게 알아보고 '제13장 주민참여'에서 자세히 살펴보기로 한다.

① 선거권

주민은 법령이 정하는 바에 따라 해당 지방자치단체에서 실시하는 지방자치단체장 선거와 지방의회의원 선거에 참여할 권리를 가지고 있다(지방자치법 제17조 제3항). 주민 대표자인 단체장과 지방의회의원을 주민이 선출한다는 것이 의미하는 바는 이들이 행하는 일체의 행위, 즉 단체의 구성, 정책결정, 정책집행 등에 대한 민주적 정당성을 부여하는 데 있다(이기우 · 하승수, 2007: 80).

다만, 모든 주민에게 선거권이 부여되는 것은 아니고, 일정한 요건을 충족시켜야 선거권을 갖게 된다. 주민이 선거권을 갖기 위해서는 18세 이상으로서 선거인명부작성기준일 현재 아래의 어느 하나를 충족시켜야 한다(공직선거법 제15조 제2항).

- 「주민등록법」상 거주지가 분명한 사람 혹은 거주불명으로 등록된 사람으로서, 해당 지방자치단체의 관할 구역에 주민등록이 되어 있는 사람
- 「주민등록법」상 재외국민으로서 주민등록표에 3개월 이상 계속하여 올라 있고, 해당 지방자치단체의 관할 구역에 주민등록이 되어 있는 사람
- 「출입국관리법」에 따른 영주의 체류자격 취득일 후 3년이 경과한 외국인으로서, 해당 지방자치단체의 외국인등록대장에 올라 있는 사람

② 피선거권

선거일 현재 계속하여 60일 이상(공무로 외국에 파견되어 선거일 전 60일 후에 귀국한 자는 선거인명부 작성 기준일부터 계속하여 선거일까지) 해당 지방자치단체에 주민등록이 되어 있는 25세 이상의 국민은 그 지방의회의원 혹은 지방자치단체장의 피선거권이 있으며, 여기에서 60일의 기간은 해당 지방자치단체의 설치 · 폐지 · 분할 · 합병 또는 구역변경에 의하여 중단되지 않는다(공직선거법 제16조 제3항).

지방자치단체의 사무소 소재지가 다른 지방자치단체의 관할 구역에 있어, 해당 지방자치단체의 장의 주민등록이 다른 지방자치단체의 관할 구역에 있는 경우에는 해당 지방자치단체의 관할 구역에 주민등록이 되어 있는 것으로 본다(동법 동조 제4항).

③ 주민투표권

지방자치단체장은 주민에게 과도한 부담을 주거나 중대한 영향을 미치는 주요 결정 사항 등에 대하여 주민투표에 부칠 수 있고, 주민투표에 관한 사항은 따로 법률로 정한다(지방자치법 제18조 제1항, 제2항). 주민투표에 대한 자세한 내용은 '제13장 주민참여'에서 살펴본다.

④ 조례제정 · 개폐청구권

주민은 조례를 제정 · 개정 · 폐지할 것을 청구할 수 있고, 조례의 제정 · 개정 · 폐지 청구와 관련된 청구권자 · 청구대상 · 청구요건 · 청구절차 등은 따로 법률로 정한다(동법 제19조). 주민은 법령이나 조례를 위반하지 않거나 법령이나 조례에서 위임한 범위를 벗어나지 않는 사항에 한정하여 규칙(권리 · 의무와 직접 관련되는 사항으로 한정)의 제정 · 개정 · 폐지와 관련된 의견을 해당 지방자치단체장에게 제출할 수 있고, 지방자치단체장은 의견이 제출된 날부터 30일 이내에 검토 결과를 의견을 제출한 주민에게 통보하여야 하며, 의견제출 · 의견검토 · 결과통보방법 등은 해당 지방자치단체의 조례로 정한다(동법 제20조). 이에 대한 자세한 내용은 '제13장 주민참여'에서 살펴본다.

⑤ 주민감사청구권

주민은 지방자치단체의 사무 처리에 대해 아래와 같이 감사청구권을 갖는다. 지방자치단체의 18세 이상이면서 선거권이 있는 주민은 그 자치단체의 조례로 정하는 18세 이상의 주민 수 이상의 연대 서명하여, 시 · 도에서는 주무부 장관에게, 그리고 시 · 군 · 자치구에서는 시 · 도지사에게, 그 지방자치단체와 단체장의 권한에 속하는 사무의 처리가 법령에 위반되거나 공익을 현저히 해친다고 인정되면 감사를 청구할 수 있다(동법 제21조 제1항). 다만, 수사나 재판에 관여하게 되는 사항, 개인의 사생활을 침해할 우려가 있는 사항, 다른 기관에서 감사하였거나 감사 중인 사항, 감사결과 또는 조치요구에 불복하여 소송이 진행 중이거나 그 판결이 확정된 사항 등은 청구할 수 없다(동법 동조 제2항). 청구는 사무처리가 있었던 날이나 끝난 날부터 3년이 지나면 제기할 수 없다(동법 동조 제3항). 주무부 장관이나 시 · 도지사는 감사청구를 수리한 날부터 60일 이내에 감사청구된 사항에 대하여 감사를 끝내야 하며, 감사결과를 청구인의 대표자와 해당 지방자치단체장에게 서면으로 알리고 공표하여야 한다(동법 동조 제9항). 이에 대한 자세한 내용은 '제13장 주민참여'에서 살펴본다.

⑥ 주민소송권

감사대상 사항에 대해 감사를 청구한 주민은 그 감사청구한 사항과 관련된 위법 행위 혹은 업무를 게을리한 사실에 대하여 해당 지방자치단체장(해당 사항의 사무처리에 관한 권한을 소속 기관의 장에게 위임한 경우에는 그 소속 기관의 장)을 상대방으로 하여 소송을 제기할 수 있다(동법 제22조). 주민소송에 대한 자세한 내용은 '제13장 주민참여'에서 살펴본다.

⑦ 주민소환권

지방자치단체의 주민은 그 지방자치단체의 장이나 지방의회의원을 소환할 권리를 가지며, 주민소환과 관련된 구체적인 내용은 따로 법률로 정한다(동법 제25조). 주민소환에 대한 자세한 내용은 '제13장 주민참여'에서 살펴본다.

⑧ 청원권

지방자치단체 주민은 청원권을 갖는다. 즉, 지방의회에 청원을 하려는 자는 지방의회의원의 소개를 받아 청원서를 제출하여야 하며, 청원서에는 청원자의 성명(법인인 경우에는 그 명칭과 대표자의 성명) 및 주소를 적고 서명・날인하여야 한다(동법 제85조). 청원에 대한 자세한 내용은 '제13장 주민참여'에서 살펴본다.

⑨ 수익권

주민은 법령으로 정하는 바에 따라 소속 지방자치단체의 재산과 공공시설을 이용할 권리와 해당 지방자치단체로부터 균등하게 행정의 혜택을 받을 권리를 가진다(동법 제17조 제2항). 즉, 주민은 공공시설의 목적 위배, 위험・파손 행위, 수용 능력 초과 등이 발생되지 않는 한 공공시설을 동등하게 이용할 수 있는 공공시설이용권을 가지며, 또한 성, 인종, 종교, 신분 등에 의해 차별을 받지 않고, 각종 행정서비스를 제공받을 수 있는 행정서비스 향수권을 보유한다.

(2) 주민의 의무

① 의무부담자

지방자치는 주민과 지방자치단체에게 권리를 부여하는 것과 동시에 의무도 부과한다. 지방자치단체의 구성원으로서의 주민은 법령이 정하는 바에 따라 소속 지방자치단체의 비용을 분담하는 의무를 진다. 이는 지방자치단체가 제공하는 서비스의 대가로서 모든 주민이 당해 지방자치단체의 운영에 소요되는 경비를 분담해야 함을 의미한다. 주민이 분담하는 비용에는 지방세, 사용료, 수수료, 분담금 등이 있으며, 주민은 일정한 기준에 따라 이를 부담하여야 한다. 이외에도 주민은 필요할 경우에 노력을 제공하는 의무, 물품을 제공하는 의무 등 일정한 의무를 부담해야 한다.

② 피치자

지방자치가 실시되면 주민에 의해 선출된 주민대표자와 실무를 담당하는 지방공무원들을 통해서 자치권이 행사된다. 주민은 자치권의 대상으로서 지방자치단체의 권능에 복종해야 하는 지위에 있다. 즉, 주민은 법령, 조례, 규칙을 준수할 의무를 진다. 이는 주민이라면 누구나 당연히 지켜야 하는 의무이다.

2. 지방의회

1) 구성

지방자치단체는 주민의 대의기관인 지방의회를 둔다. 지방의회는 조례를 제정하는 등 자치입법권을 가지고, 지방자치단체 집행기관을 견제하는 역할을 한다. 지방의회는 지방의회의원, 의장단(의장과 부의장), 위원회 등으로 구성되며, 각각에 대한 주요 사항은 다음과 같다.

(1) 지방의회의원

지방의회의원은 보통 · 평등 · 직접 · 비밀선거로 주민에 의해 선출된다(지방자치법 제38조). 지방의회의원의 임기는 4년이다(지방자치법 제39조). 지방의회의원은 의정활동비, 여비, 월정수당을 받으며, 그 지급기준은 대통령령으로 정하는 범위에서 해당 지방자치단체의 의정비심의위원회에서 결정하는 금액 이내에서 조례로 정하고, 의

정비심의위원회의 구성과 운영을 위해 필요한 사항은 대통령령으로 정한다(동법 제40조).

지방의회의원의 겸직에 대해서는 많은 논란이 있었고 지금도 논란이 있다. 겸직을 허용하지 않거나 겸직의 범위를 좁게 하면 지방의회의원은 본연의 임무에 충실하게 되는 반면에, 본업을 가진 유능한 인재는 지방의회로 진출하는 것을 꺼릴 수 있다. 우리나라에서는 아래의 직을 겸하지 못하게 하고 있다(동법 제43조 제1항).

- 국회의원, 다른 지방의회의 의원
- 헌법재판소 재판관, 각급 선거관리위원회 위원
- 「국가공무원법」 제2조에 따른 국가공무원과 「지방공무원법」 제2조에 따른 지방공무원(정당의 당원이 될 수 있는 교원은 제외)
- 공공기관(한국방송공사, 한국교육방송공사, 한국은행 포함)의 임직원
- 지방공사와 지방공단의 임직원
- 농업협동조합, 수산업협동조합, 산림조합, 엽연초생산협동조합, 신용협동조합, 새마을금고(조합 · 금고의 중앙회와 연합회를 포함)의 임직원과 이들 조합 · 금고의 중앙회장이나 연합회장
- 정당의 당원이 될 수 없는 교원
- 다른 법령에 따라 공무원의 신분을 가지는 직
- 그 밖에 다른 법률에서 겸임할 수 없도록 정하는 직

지방의회의원은 공공의 이익을 우선하여 양심에 따라 그 직무를 성실히 수행해야 하고, 청렴의 의무를 지며, 의원으로서의 품위를 유지해야 하고, 지위를 남용하여 재산상의 권리 · 이익 · 직위를 취득하거나 혹은 타인을 위하여 그 취득을 알선하지 말아야 하고, 해당 지방자치단체가 출자 · 출연 · 위탁 · 지원하는 기관 · 단체와 영리 목적의 거래를 해서는 안 되며, 소관 상임위원회의 직무와 관련된 영리행위를 할 수 없다(동법 제44조).

(2) 의장과 부의장

지방의회는 의회를 대표하고 의사를 정리하며 회의장 내의 질서를 유지하고 의회의 사무를 감독하는 의장을 두고, 의장에게 사고가 발행할 경우 의장의 직무를 대신

할 부의장을 둔다.

지방의회는 의원 중에서 시·도의 경우 의장 1명과 부의장 2명을, 시·군·자치구의 경우 의장과 부의장 각 1명을 무기명투표로 선거하고, 지방의회 의장과 부의장의 임기는 2년이다(동법 제57조 제1항, 제3항). 지방의회 의장과 부의장이 모두 사고가 있을 때에는 임시의장을 선출하여 의장의 직무를 대행하게 한다(동법 제60조).

지방의회의 의장이나 부의장이 법령을 위반하거나 정당한 사유 없이 직무를 수행하지 아니하면 지방의회는 불신임을 의결할 수 있고, 불신임의결은 재적의원 1/4 이상의 발의와 재적의원 과반수의 찬성으로 결정되며, 불신임의결이 있으면 의장이나 부의장은 해임된다(동법 제62조).

(3) 위원회

지방의회는 조례로 정하는 바에 따라 위원회를 둘 수 있으며, 위원회의 위원은 본회의에서 선임하고, 위원회의 종류는 상임위원회와 특별위원회 두 가지이다. 상임위원회는 소관 의안과 청원 등을 심사·처리하고, 특별위원회는 특정한 안건을 일시적으로 심사·처리한다(동법 제64조).

위원회에는 위원장과 위원의 자치입법활동을 지원하기 위하여 지방의회의원이 아닌 전문지식을 가진 위원, 즉 전문위원을 둘 수 있다. 전문위원은 의안과 청원 등을 심사하고, 행정사무를 감사·조사하며, 그 밖의 소관 사항과 관련하여 검토·보고하거나 관련 자료를 수집·조사·연구할 수 있다(동법 제68조 제1항, 제2항).

2) 지방의회의 권한

(1) 의결권

지방의회는 다음 사항을 의결하는 권한을 가지고 있다(동법 제47조 제1항). 아래의 사항 외에도 조례로 정하는 바에 따라 지방의회에서 의결되어야 할 사항을 따로 정할 수 있다(동법 동조 제2항).

- 조례의 제정·개정·폐지
- 예산의 심의·확정
- 결산의 승인

- 법령에 규정된 것을 제외한 사용료 · 수수료 · 분담금 · 지방세 또는 가입금 의 부과와 징수
- 기금의 설치 · 운용
- 대통령령으로 정하는 중요 재산의 취득 · 처분
- 대통령령으로 정하는 공공시설의 설치 · 처분
- 법령과 조례에 규정된 것을 제외한 예산 외의 의무부담이나 권리의 포기
- 청원의 수리와 처리
- 외국 지방자치단체와의 교류 · 협력
- 그 밖에 법령에 따라 그 권한에 속하는 사항

(2) 서류제출 요구권

「지방자치법」 제48조는 지방의회의 서류제출 요구권을 규정하고 있다. 즉, 지방의회의 본회의 혹은 위원회는 안건의 심의와 직접 관련된 서류의 제출을 지방자치단체장에게 요구할 수 있다(동법 동조 제1항). 지방의회가 폐회 중이더라도 지방의회의 의장은 해당 지방자치단체장에게 서류제출을 요구할 수 있다(동법 동조 제3항). 서류제출을 요구할 때는 서면, 전자문서 또는 컴퓨터의 자기테이프 · 자기디스크, 그 밖에 이와 유사한 매체에 기록된 상태 등 제출 형식을 지정할 수 있다(동법 동조 제4항).

(3) 행정사무 감사권 · 조사권

「지방자치법」 제49조는 지방행정사무에 대한 지방의회의 감사권과 조사권을 다음과 같이 규정하고 있다. 지방의회는 매년 1회 지방자치단체의 사무에 대하여 시 · 도에서는 14일 범위에서, 시 · 군 · 자치구에서는 9일 범위에서 감사를 실시하고, 지방자치단체의 사무 중에서 특정 사안에 관하여 본회의 의결로 본회의나 위원회에서 조사할 수 있다(동법 동조 제1항). 조사는 이유를 밝힌 서면으로 발의해야 하고, 재적의원 1/3 이상의 찬성이 필요하다(동법 동조 제2항). 지방의회는 감사 또는 조사를 위하여 필요하면 현지를 확인하거나 서류제출을 요구할 수 있고, 지방자치단체장 혹은 관계 공무원이나 그 사무에 관계되는 자를 출석하게 하여 증인으로서 증언하게 하거나 혹은 참고인으로서 의견을 진술하도록 요구할 수 있다(동법 동조 제4항). 감사 또는 조사를 위하여 필요한 사항은 대통령령으로 정한다(동법 동조 제7항).

(4) 행정사무 감사 또는 조사 보고에 대한 처리권

「지방자치법」 제50조는 지방의회의 행정사무 감사 또는 조사 보고에 대한 처리권을 다음과 같이 규정하고 있다. 지방의회는 본회의의 의결을 통해 감사 또는 조사 결과를 처리한다(동법 동조 제1항). 지방의회는 감사 혹은 조사를 한 결과 지방자치단체 혹은 기관의 시정이 필요하다고 판단되면 그 시정을 요구하고, 지방자치단체나 기관에서 처리함이 타당하다고 인정되면 지방자치단체 혹은 기관으로 이송하여 처리하도록 한다(동법 동조 제2항).

(5) 행정사무 처리 상황의 보고와 질문응답권

지방의회는 행정사무의 처리 상황에 대해 보고하도록 하고 질문에 응답하도록 요구할 권한을 갖는다(동법 제51조). 지방의회 혹은 위원회는 지방자치단체장이나 관계 공무원에게 출석하여 행정사무의 처리 상황을 보고하거나 의견을 진술하고 질문에 응답하도록 요구할 수 있다(동법 동조 제1항). 이 경우, 지방자치단체장이나 관계 공무원은 지방의회 혹은 위원회에 출석하여 답변하여야 하며, 특별한 이유가 있는 지방자치단체장은 관계 공무원에게 출석・답변하게 할 수 있다(동법 동조 제2항). 지방의회 혹은 위원회에 출석하여 답변할 수 있는 관계 공무원은 조례로 정한다(동법 동조 제3항).

3. 집행기관

1) 구성

(1) 지방자치단체장

지방자치단체는 집행기관의 수장으로 특별시에 특별시장, 광역시에 광역시장, 특별자치시에 특별자치시장, 도와 특별자치도에 도지사, 시에 시장, 군에 군수, 자치구에 구청장을 둔다(지방자치법 제106조). 지방자치단체장은 주민의 보통・평등・직접・비밀선거에 의해 선출된다(동법 제107조). 지방자치단체장의 임기는 4년이며, 계속 재임은 3기에 한한다(동법 제108조).

지방자치단체장은 재임 중 해당 지방자치단체와 영리 목적의 거래 혹은 관련 있는 영리사업에 종사해서도 안 되고, 또한 본연의 업무에 충실하기 위해 아래의 직을 겸하지 못한다(동법 제109조).

- 대통령, 국회의원, 헌법재판소 재판관, 각급 선거관리위원회 위원, 지방의회의원
- 「국가공무원법」 제2조에 따른 국가공무원과 「지방공무원법」 제2조에 따른 지방공무원
- 다른 법령의 규정에 따라 공무원의 신분을 가지는 직
- 공공기관(한국방송공사, 한국교육방송공사, 한국은행 포함)의 임직원
- 농업협동조합, 수산업협동조합, 산림조합, 엽연초생산협동조합, 신용협동조합, 새마을금고(조합 · 금고의 중앙회와 연합회 포함)의 임직원
- 교원
- 지방공사와 지방공단의 임직원
- 그 밖에 다른 법률이 겸임할 수 없도록 정하는 직

지방자치단체장은 단체장 직을 사임하려면 미리 지방의회 의장에게 사임일을 적은 사임통지서로 알려야 하고, 사임통지서에 적힌 사임일에 사임된다(동법 제111조). 또한 지방자치단체장이 아래 사항의 어느 하나에 해당될 때에는 단체장 직에서 퇴직된다(동법 제112조).

- 지방자치단체장이 겸임할 수 없는 직에 취임할 때
- 피선거권이 없게 될 때
- 지방자치단체장의 직을 상실할 때

(2) 보조기관

특별시 · 광역시 및 특별자치시에 부시장, 도와 특별자치도에 부지사, 시에 부시장, 군에 부군수, 자치구에 부구청장을 두고, 특별시의 부시장은 3명을 넘지 아니하는 범위에서 그리고 광역시 · 특별자치시의 부시장과 도 · 특별자치도의 부지사는 2명(인구 800만 명 이상의 광역시나 도는 3명)을 초과하지 아니하는 범위에서 대통령령으로 정하며, 시의 부시장과 군의 부군수와 자치구의 부구청장의 수는 1명으로 한다(동법 제123조 제1항). 특별시 · 광역시 · 특별자치시의 부시장, 도 · 특별자치도의 부지사는

대통령령으로 정하는 바에 따라 정무직 또는 일반직 국가공무원으로 보한다. 다만, 특별시 · 광역시 · 특별자치시의 부시장, 도 · 특별자치도의 부지사를 2명이나 3명 두는 경우에 1명은 대통령령으로 정하는 바에 따라 정무직 · 일반직 또는 별정직 지방공무원으로 보하되, 정무직과 별정직 지방공무원으로 보할 때의 자격기준은 해당 지방자치단체의 조례로 정한다(동법 동조 제2항). 정무직 또는 일반직 국가공무원으로 보하는 부시장 · 부지사는 시 · 도지사의 제청으로 행정안전부 장관을 거쳐 대통령이 임명하고, 제청된 자에게 법적 결격사유가 없으면 제청한 날로부터 30일 이내에 임명 절차를 마쳐야 한다(동법 동조 제3항). 시장 · 군수 · 구청장은 부시장 · 부군수 · 부구청장을 일반직 지방공무원으로 임명하되, 그 직급은 대통령령으로 정한다(동법 동조 제4항).

시 · 도의 부시장 · 부지사 그리고 일반시의 부시장 · 부군수 · 부구청장은 해당 지방자치단체의 장을 보좌하여 사무를 총괄하고, 소속 직원을 지휘 · 감독한다(동법 동조 제5항). 시 · 도의 부시장과 부지사를 2명이나 3명 두는 경우에 그 사무 분장은 대통령령으로 정하고, 부시장 · 부지사를 3명 두는 시 · 도에서는 그 중 1명에게 특정 지역의 사무를 담당하게 할 수 있다(동법 동조 제6항).

「지방자치법」 제125조는 지방행정기구와 지방공무원에 대해 다음과 같이 규정하고 있다. 지방자치단체는 사무를 분장하기 위하여 필요한 행정기구와 지방공무원을 둔다(동법 동조 제1항). 행정기구의 설치와 지방공무원의 정원은 인건비 등 대통령령으로 정하는 기준에 따라 지방자치단체의 조례로 정한다(동법 동조 제2항). 지방자치단체에는 법률로 정하는 바에 따라 국가공무원을 둘 수 있으며(동법 동조 제5항), 5급 이상의 국가공무원이나 고위공무원단에 속하는 공무원은 해당 지방자치단체의 장의 제청으로 소속 장관을 거쳐 대통령이 임명하고, 6급 이하의 국가공무원은 그 지방자치단체의 장의 제청으로 소속 장관이 임명한다(동법 동조 제6항).

(3) 소속 행정기관

「지방자치법」은 지방자치단체가 필요할 경우 다음과 같이 소속 행정기관을 둘 수 있게 규정하고 있다(제126조~제130조). 지방자치단체는 소관 사무의 범위 안에서 필요하면 대통령령이나 대통령령으로 정하는 바에 따라 지방자치단체의 조례로 자치경찰기관(제주특별자치도에 한함), 소방기관, 교육훈련기관, 보건진료기관, 시험연구기관, 중소기업지도기관 등을 직속기관으로 설치할 수 있다. 그리고 지방자치단체는 필요할 경우 대통령령으로 정하는 바에 따라 지방자치단체의 조례를 제정하여, 특정 업무를 효율적으로 수행하기 위하여 사업소를 설치할 수 있고, 또한 외진 곳의 주민의 편의와 특정 지역의 개발 촉진을 위하여 출장소를 설치할 수 있다. 지방자치단체는 소관 사무의 일부를 독립하여 수행할 필요가 있으면, 법령이나 지방자치단체의 조례로 정하는 바에 따라 합의제행정기관을 설치할 수 있다. 지방자치단체는 소관 사무의 범위에서 법령이나 지방자치단체 조례로 정하는 바에 따라 심의회 · 위원회 등의 자문기관을 설치 · 운영할 수 있다.

(4) 하부행정기관

「지방자치법」은 다음과 같이 지방자치단체의 하부행정기관을 둘 수 있게 규정하고 있다(제131조~제134조). 지방자치단체의 하부행정기관으로 자치구가 아닌 구에 구청장, 읍에 읍장, 면에 면장, 동에 동장을 둔다. 자치구가 아닌 구의 구청장은 일반직 지방공무원으로 보하되, 시장이 임명한다. 읍장 · 면장 · 동장은 일반직 지방공무원으로 보하되, 시장이나 군수, 자치구의 구청장이 임명한다. 자치구가 아닌 구의 구청장은 시장, 읍장 · 면장은 시장이나 군수, 동장은 시장(구가 없는 시의 시장)이나 구청장의 지휘 · 감독을 받아 소관 국가사무와 지방자치단체의 사무를 맡아 처리하고, 소속 직원을 지휘 · 감독한다.

2) 지방자치단체장의 권한

「지방자치법」은 지방자치단체장의 권한에 대해 아래와 같이 규정하고 있다(제114조~제119조). 지방자치단체장은 지방자치단체를 대표하고, 지방자치단체의 사무를 총괄한다. 지방자치단체에서 시행하는 국가사무는 법령에 다른 규정이 없으면 지방자치단체장에게 위임하여 수행한다. 지방자치단체장은 해당 지방자치단체의 사무와 법령에 따라 지방자치단체장에게 위임된 사무를 관리하고 집행한다. 지방자치단체장은 조례나 규칙으로 정하는 바에 따라 그 권한에 속하는 사무의 일부를 보조기관, 소속 행정기관, 하부행정기관에 위임할 수 있고, 관할 지방자치단체나 공공단체 또는 그 기관(사업소 · 출장소 포함)에 위임하거나 위탁할 수 있으며, 그 권한에 속하는 사무 중 조사 · 검사 · 검정 · 관리업무 등 주민의 권리 · 의무와 직접 관련되지 아니하는 사무를 법인 · 단체 또는 그 기관이나 개인에게 위탁할 수 있다. 다만, 지방자치단체장이 위임받거나 위탁받은 사무의 일부를 위 규정에 따라 다시 위임하거나 위탁하려면 미리 그 사무를 위임하거나 위탁한 기관의 장의 승인을 받아야 한다. 지방자치단체장은 소속 직원을 지휘·감독하고, 법령과 조례·규칙으로 정하는 바에 따라 임면·교육훈련·복무·징계 등에 관한 사항을 처리한다. 지방자치단체장이 퇴직할 때에는 그 소관 사무의 일체를 후임자에게 인계하여야 한다.

알아두면 좋아요

1. 지방자치단체의 종류에는 일반(보통)지방자치단체와 특별지방자치단체가 있다. 일반지방자치단체는 지역발전과 주민복리 증진 등의 목적을 추구하는 종합적·포괄적 지방자치단체로서, 우리나라의 경우 광역자치단체(특별시·광역시·도·제주특별자치도·세종특별자치시)와 기초자치단체(시·군·자치구)가 이에 해당된다. 특별지방자치단체는 특정 행정사무 혹은 공동으로 행정사무를 처리하기 위한 자치단체이고, 지방자치단체조합이나 특별구가 이에 해당된다.
2. 지방자치단체는 지방의 상황과 장점 등을 고려하여 장기적 전략을 결정하고, 창의적 아이디어로 경쟁사회에서 생존·발전할 수 있는 정책을 마련하며, 다양한 형태의 공공서비스들을 공급·관리하고, 지방만의 차별성 있는 브랜드를 형성하는 등의 역할을 한다.
3. 지방자치단체의 유형은 영미형과 독불형으로 대별된다. 영미형에서는 중앙정부와 지방자치단체의 관계가 대등하고, 지방의회가 우월하며, 자치는 자치헌장에 기반하고, 주민자치가 강조된다. 독불형에서는 중앙정부와 지방자치단체의 관계가 수직적이고, 집행기관이 우월하며, 자치는 국가로부터 위임받고, 단체자치가 강조된다. 현재의 추세는 영미형은 독불형의 요소, 그리고 독불형은 영미형의 요소를 반영하고 있다.
4. 지방자치단체는 주민, 지방의회, 집행기관으로 구성된다. 주민은 지방자치단체의 구역 안에 주소를 가진 자이다. 주민의 권리에는 선거권, 피선거권, 주민투표권, 조례제정·개폐청구권, 주민감사청구권, 주민소송권, 주민소환권, 청원권, 수익권 등이 있다. 주민은 의무부담자와 피치자로서의 의무를 진다. 지방의회는 지방의회의원, 의장과 부의장, 위원회로 구성된다. 지방의회의 권한에는 의결권, 서류제출 요구권, 행정사무 조사권·감사권, 행정사무 감사·조사 보고에 대한 처리권, 행정사무 처리 상황의 보고와 질문응답권 등이 있다. 집행기관은 지방자치단체장, 보조기관, 소속 행정기관, 하부행정기관으로 구성되고, 지방자치단체장의 권한에는 지방자치단체 대표, 사무 총괄, 위임사무 관리·집행, 소속 직원의 지휘·감독, 임면·교육훈련·복무·징계 등에 관한 사항 처리권 등이 있다.

논 의

1. 지방자치단체의 주요 역할에 대해 설명하시오.
2. 지방자치단체의 유형과 유형별 특징을 비교 설명하시오.
3. 주민의 권리와 의무에 대해 논하시오.
4. 지방의회와 지방자치단체장의 권한을 설명하시오.

제 5 장 지방선거와 정당공천

제 1 절 정당공천제의 의의와 외국 사례

1. 역사적 배경

1991년 지방자치가 부활되어 지방의원 선거를 실시하기 전부터 지방선거에 정당 참여를 허용할 것인지에 대한 논란이 있었다. 이러한 논란은 정당배제론이 우세한 상황으로 전개되었으나 기초의회의원 선거에서만 정당을 배제하는 「지방의회의원선거법」이 제정되었고, 이에 따라 1991년 지방선거에서는 기초의회의원 선거에서만 정당 공천이 금지되고 정당표방만 허용되었다. 그런데 선거 뒤 각 정당별 소속 의원의 당선현황이 집계·발표되었다. 1994년 기존의 「대통령선거법」, 「국회의원선거법」, 「지방의회의원선거법」, 「지방자치단체의장선거법」 등 4개의 선거관련법을 합쳐 「공직선거 및 선거부정방지법」을 제정하는 과정에서 여당이 제출한 안을 보면, 정당이 선거에 있어 선거구별로 선출할 정수 범위 안에서 그 소속 당원을 후보자로 추천할 수 있지만 기초자치단체장과 기초의원 후보는 추천할 수 없다는 단서가 있었다. 이 안의 핵심 내용은 기초선거에서 정당공천을 배제하는 것이었다. 이에 따라, 정당 참여에 대한 찬반논쟁이 확대되었으며, 찬반논쟁 끝에 모든 지방선거에 정당의 참여를 허용하였다. 그러나 1995년 지방선거를 앞두고 기초의회의원 선거에서 정당공천배제를 주장하는 여당과 이를 반대하는 야당 간의 합의에 의해 기초의회의원 선거를 제외한 지방선거에서 정당은 선거구별로 소속 당원을 후보자로 추천할 수 있게 하였다(공직선거 및 선거부정방지법 제47조 제1항).

이와 관련된 논란이 계속되는 상황에서 기초의회의원 정당공천 문제에 대하여 헌법재판소는 “공직선거법상 기초의원의 정당표방 금지조항은 그 입법의 목적이 기초의회 구성 및 활동에 정당의 영향을 배제함으로써 지역실정에 맞는 순수한 지방자치를 실현하기 위해 필요불가결한 것이므로 위헌이 아니다”(헌재 2003.1.30)라고 판시하였다. 그 후 헌법재판소는 정당을 표방하지 않고 선거에 출마할 수 있는 자유가 보장되어 있듯이, 정당을 표방하고 선거에 출마할 자유도 마땅히 보장해야 한다는 취지에서 기초의원 선거에서 정당공천을 제한한 「공직선거 및 선거부정방지법」에 대해 위헌 판결을 내렸다(우성호 · 이환범, 2010: 58).

헌법재판소의 이러한 변경결정은 중앙정치권에 영향을 미쳐서 2004년 선거법이 개정되었고, 해당 조항에서 기초의원 선거 후보자의 정당표방을 금지하던 부분이 삭제되었다. 2005년에는 「공직선거 및 선거부정방지법」의 일부를 개정하면서 명칭이 「공직선거법」으로 바뀌었는데, 동법 제47조 제1항에 따라 정당은 모든 지방선거에서 선거구별로 선거할 정수의 범위 내에서 소속 당원을 후보자로 추천할 수 있게 되었다. 이에서 보듯이, 지방선거에의 정당 참여는 일관된 논리에 의한 것이라기보다 중앙의 정치적 이해관계와 관련된 상황에 따라 파행적으로 이루어져 왔다(이승종, 2005: 311). 정당 참여는 긍정적인 측면과 부정적인 측면이 상존하기 때문에 1991년 지방의회의원 선거와 1995년 지방자치단체장 선거가 실시된 이후 지방선거에서의 정당 참여에 대한 찬반논쟁이 계속되어 왔으며, 이에 따라 선거제도도 여러 차례 변화하였다.

2. 정당공천제의 의의

이러한 역사적 배경을 지니고 있는 정당공천문제는 지금까지도 지방선거에 있어서 핵심적 이슈로 자리잡고 있다. 이는 정당공천제가 선거과정에서만 영향을 미치는 것이 아니라, 지방자치 전체에 큰 영향을 주는 문제로 인식하고 있기 때문이다(조성대, 2006: 189; 김용복, 2009: 34; 김종욱, 2012: 114).

지방선거에서의 정당 참여는 지방정치를 활성화시키는 데 의의가 있다. 지방정치가 제대로 작동하지 않으면 지방에서의 민주주의는 기대하기 어렵고, 지방에서의 정치적 논란과 갈등이 심하면 심할수록 지방경제를 포함한 많은 영역이 부정적 영향을 받을 가능성이 높아진다. 따라서 건전한 정치적 비판은 지방정치 활성화에 이바지할 수 있지만 맹목적인 반대, 편가르기 등으로 인해 지방정치가 제대로 작동하지 않는 것은 매우 위험한 일이다. 지방정치를 활성화시키기 위한 방안으로 정당이 지방선거에 참여하는 것이 바람직하느냐는 문제에 대해서는 견해가 엇갈리는 것이 현실이다.

먼저, 찬성론자들은 중앙 차원이든 지방 차원이든 간에 정치의 핵심요소는 정당이라고 주장한다. 따라서 지방정치의 기본이 되는 지방선거에 정당이 관여하여 지방정치를 활성화시켜야 한다는 인식에 기반을 두고 있는 것이 정당공천 찬성론의 입장이다. 다시 말하면, 지방선거에서의 정당공천은 대통령 선거와 국회의원 선거와 마찬가지로 지방선거에서도 정당들이 경쟁을 하고, 선거에서 이긴 정당이 지방의 발전에 책임을 지는 정치, 즉 대의민주주의에 의한 책임정치를 실현하는 데 의의가 있다. 이것은 지방선거과정에서 각 정당들이 유권자인 주민에게 명확하고 일관성 있는 지방정책을 제시함으로써, 유권자는 그 정책을 판단의 근거로 하여 지방대표자를 선출하고 정당과 선출된 자는 공약으로 제시한 정책을 추진하여 다음 선거에서 유권자의 평가를 받아야 한다는 것이다. 이러한 대의민주주의 책임정치가 구현되기 위해서는 당연히 정당 간의 정책경쟁이 활성화되어야 한다는 전제조건이 충족되어야 한다(황아란, 2002: 109; 이동윤, 2010: 77). 정당경쟁의 궁극적인 목적은 각 정당이 표방하는 이념과 정책을 통해 선거과정에서 유권자들의 지지를 획득하고, 이를 통해 지방의 발전에 책임을 지기 위한 것이어야 한다. 이는 정당참여 찬성론의 주요한 이론적 근거 중의 하나이다(김종욱, 2012: 114).

반면에, 정당공천 배제론자들은 정당이 지방선거에 참여하면 많은 부작용을 양산한다고 주장한다. 아래에서 구체적으로 검토하겠지만, 배제론자들은 지방자치단체가 주로 하는 일은 비정치적인 일이기 때문에 정당이 관여할 필요가 없으며, 정당이 지방선거에 참여하면 지방정치가 중앙정치의 지배를 받을 수 있고, 중앙당의 과도한 개입으로 인해 지방선거가 과열되거나 혼탁해질 수 있으며, 지방정치의 질이 저하될 수 있고, 지역분할이 심화될 수 있다고 주장한다.

3. 외국의 사례

지방선거에 정당이 공천을 하느냐의 여부는 개별 국가의 지방자치의 수준, 역사적 경험 등에 따라 달라진다. 지방자치가 성숙되어 있더라도 특이한 역사적 경험에 따라 정당공천의 여부는 달라진다. 대표적인 국가들의 정당공천 여부는 다음과 같다.

1) 미국

미국의 지방선거제도는 지역의 토호세력으로 자리잡은 정당지도자들의 영향력을 감소시키려는 목적과 더불어 지방선거가 중앙 정치무대의 연장으로 이용되는 것을 막고자 하는 목적을 가지고 있다. 특히, 미국은 역사적으로 엽관제(spoils system)의 폐해가 강하여 지방선거제도에서도 엽관제로 인해 유능한 인재가 공직에 등용되기 어려운 문제와 관료가 정당의 사병화되는 문제가 발생되지 않게 하려는 노력이 있었다.

이러한 노력의 일환으로 엽관제의 폐해를 걱정하는 지방자치단체는 정당공천을 배제하는 경향을 보였다. 그러나 엽관제의 폐해에 대해 크게 우려하지 않는 지방자치단체는 정당공천을 허용하였다.

전체적으로 보면 정당공천을 배제하려는 경향이 강하였다. 즉, 하와이(Hawaii) 주를 제외한 모든 주들에서 비정당선거제도가 발견되고 있다. 비정당선거제도란 투표용지에 후보의 소속 정당을 표시하지 않는 제도이다. 인구 2만 5천 명 이상 도시의 약 70%가 비정당선거제도를 도입하고 있으며, 1910년 이후 생성된 도시의 대부분이 이 제도를 채택하고 있다(임승빈, 2016: 244).

엽관제(Spoils System)

엽관제는 공무원이 자신이 소속된 정당을 위해 정치활동을 하는 것을 허용하고 동시에, 소속 정당이 선거에서 패했을 때 공직에서 물러나는 것을 포함하는 개념이다. 집권정당이 교체되면 고위공직에는 새로운 관리들이 임명되는 것이 일반적인 관행이지만, 엽관제는 하위공직까지 교체하는 제도이다. 엽관제는 19세기 초엽부터 미국 정계에서 사용되었으나, 1832년 뉴욕주 상원의원이었던 윌리엄 마시(William L. Marcy)가 행한 연설로 유명해졌다. 그는 앤드루 잭슨(Andrew Jackson) 대통령이 행한 관료임용을 옹호하면서 “적에게서 얻은 전리품(spoils)은 승리자의 것이다”라고 말했다.

엽관제를 지지하는 사람들은 엽관제가 충성스러운 당원에게 직업적인 보상을 해주므로 능동적인 당 조직을 유지하는 수단이 되고, 또한 엽관제로 임명된 공무원들은 선출직 공무원이 정책을 실천하는 것을 도와주기 때문에 효율적인 정부가 되는 데 이바지한다고 주장한다. 반면에, 엽관제를 비판하는 사람들은 엽관제는 자질이나 직책수행능력과는 상관없이 당의 필요에 의해 공무원을 임명하기 때문에 비효율적이라고 주장한다.

엽관제는 1883년에 공무원인사위원회의 관리하에 정부 직원을 공개 채용할 것과 정치 · 종교 · 인종 · 국적을 떠나 연방관직에 임용될 수 있는 시민의 권리를 보장할 것을 규정한 「펜들턴법」, 즉 공식 명칭이 「펜들턴 공무원제도 개혁 법안(Pendleton Civil Service Reform Act)인 법이 제정되면서 실적제(merit system)로 대체되기 시작하여 20세기 말에는 연방정부, 주정부, 시정부에서 거의 완전히 사라졌다.

2) 영국과 서유럽 국가들

정당정치의 오랜 역사를 가지고 있는 영국은 지방선거에서 정당이 공천하는 것을 당연한 것으로 인식하고 있다. 정당이란 민의를 수렴하여 정책에 반영하는 것을 목적으로 하는 조직이므로, 국민과 접촉하기 쉬운 지방정부의 결정과 운영에 정당이 관여하는 것은 당연하다는 인식에서 정당공천을 허용하고 있다. 영국에서는 특정 정당에 소속했다는 점이 지방선거에서의 승리를 위한 충분조건이 아니더라도 필요조건이 될 정도로 정당이 지방선거에 미치는 영향이 크다(임승빈, 2016: 248).

프랑스, 덴마크, 스웨덴, 네덜란드 등의 국가들도 정당이 중심이 되어 지방선거를 실시한다.

3) 일본

일본의 경우, 정당공천을 허용하고 있지만 정당공천을 선호하지 않는 분위기가 강하다고 할 수 있다. 지방선거에 있어서 일본이 우리나라와 가장 크게 다른 특징은 두 가지로 요약될 수 있다.

하나는 지방자치단체장과 지방의회의원들의 개인후원회를 인정하고 있다는 점이다. 개인후원회는 개인들이 모인 단순한 집회적 성격을 가지는 것이 아니라 정당의 성격을 가지는 정치단체이다. 지방선거에서는 정당보다 개인후원회의 영향력이 더욱 크다.

또 다른 특징은 연대가 활성화되어 있다는 점이다. 무소속 후보들의 비율이 높고 무소속 후보들의 상당수가 당선이 되어 소위 '유권자들의 반란'이 빈번하게 발생하여서 후보자들은 무소속을 표방하는 것을 선호하고, 또한 중앙당들도 공천을 하는 대신 연대를 통하여 유력후보자를 무소속으로 출마하도록 하는 것을 선호하고 있다(임승빈, 2016: 264-265).

제 2 절 정당공천에 대한 찬반논쟁

지방선거에의 정당참여문제는 오랜 기간 동안 논란의 대상이 되어 왔으며, 지금도 찬반논쟁이 뜨거운 이슈이다. 정당참여를 반대하는 측과 찬성하는 측은 나름대로의 이론적 근거를 가지고 있다. 각각의 대표적인 논거를 살펴보면 다음과 같다.

1. 정당공천 반대 논거

지방선거에 정당이 참여해서는 안 된다고 주장하는 측에서는 주로 다음과 같은 점들을 이론적 근거로 내세우고 있다.

1) 지방사무의 비정치성

지방자치단체의 주기능은 본질적으로 정치적 기능보다는 행정적 기능이 강하여 주민의 일상생활과 밀접하게 관련된 쓰레기 수거, 도로 정비, 교량 설치 등 비정치적인 업무를 수행하는 것이다. 이러한 업무를 수행하는 데 정당이 개입하여 정치적 대립을 일으키는 것은 바람직하지 않다(이승종, 2005: 312-313; 강경태, 2009: 230; 허철행, 2011: 240-241). 특히, 광역자치단체의 업무와 비교할 때 기초자치단체의 업무는 주민들의 일상생활과 더욱 밀접한 관련이 있어서 중앙정치적 고려와는 무관하기 때문에 기초자치단체의 선거에 정당이 개입해서는 안 되며, 외국의 사례를 보더라도 기초단위의 의회나 자치단체장 선거에서는 정당의 영향력이 약화되는 추세이다(육동일, 2009: 44). 따라서 정당이 개입하지 말고 지역에 맡기는 것이 바람직하다.

2) 지방정치의 중앙정치화

정당조직은 기본적으로 중앙집권적 경향이 강하게 나타난다. 중앙당과 지구당의 수직적 지배구조로 인하여 지방자치가 중앙정치의 영향을 받을 수밖에 없고, 중앙의 정쟁이 지방의 정쟁으로 연장될 수 있으며, 지방의 의사결정을 획일적으로 고착시키거나 갈등구조로 몰고 감으로써 지방자치의 발전을 저해할 수 있다(이승종, 2005: 313-314).

특히, 중앙당의 영향력이 강한 우리나라의 정당의 현실에서 지방선거에 정당이 공천을 하게 되면, 다음과 같은 측면에서 지방정치의 중앙예속화를 심화시킬 수 있다. 먼저, 공천과정의 투명성이나 민주성이 확보되지 않은 상황에서 실시되는 공천은 공천심사위원회를 거치면서 해당 지역구의 국회의원의 절대적인 영향을 받을 수밖에 없다. 이는 주민대표자들을 중앙당이나 해당 지역구 국회의원에게 예속되게 만들 수 있다. 또한 지역후보자의 공약보다 오히려 후보자의 소속 정당이나 중앙의 이슈가 유권자의 판단에 가장 커다란 영향요인으로 작용하여 지방정치가 중앙정치에 예속되는 상황을 초래하였다(송광태 · 임승빈, 2010: 17; 이동윤, 2010: 85). 이리하여 '지방정치의 중앙정치화' 혹은 '지방이 없는 지방선거' 등의 비판이 끊임없이 제기되어 왔다.

3) 지방선거의 과열 · 혼탁

정당이 지방선거에 개입하면 중앙당 간의 경쟁이 격화되고 공천비리가 자행될 가능성이 높아진다. 특히, 정당시스템이 성숙되지 않은 우리나라의 정치적 현실을 고려하면 지방선거에 정당이 참여하는 것은 다음과 같은 이유에서 올바른 지방자치의 실현에 오히려 독으로 작용할 수 있다(주용학, 2007: 35-36; 이상묵, 2008: 131; 차경은, 2009: 62; 이동윤, 2010: 84-86; 정일섭, 2010: 268).

먼저, 정당이 지방선거에 개입하면 지방선거가 아닌 중앙선거의 양상을 띠게 된다. 지역사회의 비전과 발전을 중심으로 유능한 지역일꾼을 선출해야 하는 지방선거는 원래의 취지와 달리 중앙당의 대리전으로 왜곡되어 정당을 보고 후보자를 선출하는 모습을 보이거나, 정당의 당세를 확장시키는 수단으로 활용되어 더욱 과열되거나, 정당 간의 대립을 지방으로까지 확대 · 심화시킬 수 있다.

지방선거가 혼탁해지는 또 다른 유형은 다양한 유형의 공천비리이다. 예를 들면,

해당 지역의 국회의원들이 공천과정에 개입하여 불공정 경선을 야기하고, 국회의원 자신들의 심복을 후보로 추천되도록 하는 '심복공천', 즉 공천의 사천(私薦)화가 발생하기도 하며, 종이(유령)당원 혹은 당비 대납 등을 통해 가짜 당원을 만듦으로써 민의를 왜곡시키기도 하고, 공천과정의 문제들로 인해 공천탈락자들이 결과에 불복하여 법원에 소송을 내거나 탈당하여 무소속으로 출마하는 등의 대량 불복 사태가 발생하며, 소위 '공천헌금' 등과 같은 공천장사가 발생하기도 하고, 여론조사 경선방식을 악용한 여론조작이 자행되기도 하였다. 이러한 몇 가지 사례에서 보듯이, 공천과정에서 드러난 비리의 유형은 매우 다양하였다. 이는 유권자들의 정치혐오증까지 불러일으킴으로써 투표참여율을 감소시키는 원인이 될 수도 있다.

4) 지방정치 · 행정의 질 저하

정당이 지방선거에 개입하게 되면 지방정치와 지방행정에 다양한 부정적 영향을 미칠 수 있다. 대표적인 부정적 영향을 살펴보면 다음과 같다.

첫째, 선거에서 이긴 정당의 지방당원들은 지방정치와 지방행정에 대해 강한 영향력을 행사할 수 있다. 선거에 출마한 지방당원이 주민대표자, 즉 단체장이나 지방의원으로 선출될 수도 있고 혹은 선출된 주민대표자를 위해 열심히 선거운동을 한 지방당원이 주민대표자에게 영향력을 행사할 수도 있다. 정당의 지방당원들 중에는 자신이 해온 일에 충실하여 해당 분야에서 일가견을 이루고 있는 사람들도 있지만, 일반적으로 지방당원들이 지방정치와 지방행정을 주도할 만한 전문성과 식견을 갖고 있다고 단언할 사람은 많지 않을 것이다. 이들이 지방정치와 지방행정을 주도하게 되면 지방정치와 지방행정의 질이 저하될 수 있다.

둘째, 지방자치단체장과 지방의회 지배정당이 다를 경우에 비효율성과 마비 현상이 발생할 수 있고, 지방자치단체장과 지방의회 지배정당이 동일할 경우에 지방의회의 가장 중요한 기능인 집행부 견제기능이 원천적으로 봉쇄되어 지방정치와 지방행정이 독단화될 수 있다.

이러한 문제들이 발생되면, 지역주민들의 의사를 수렴 · 조직하면서 지방의 특수성이나 장점을 반영한 지역정책을 결정 · 집행하려는 노력이 약화될 수 있다. 이러한 과정이 거듭되면 지방정치와 지방행정의 질적 수준이 낮아질 수밖에 없다.

5) 지역분할 심화

우리나라의 각종 선거에서 보이는 매우 중요한 문제는 주민들이 후보자들의 역량을 판단하기보다 특정 지역에 연고를 두고 있는 정당을 선택하는 성향이 강하다는 점이다. 소위, '일렬 투표' 현상 혹은 '묻지마 투표' 현상이 자주 발생한다는 점을 부인할 전문가는 없을 것이다.

지방선거에서도 이러한 현상은 빈번하게 목격되어 왔다. 이러한 상황임에도 불구하고 지방선거에서 정당이 공천을 하게 되면 선출된 자들은 지역을 발전시키거나 주민들의 요구를 충족시키거나 혹은 개인의 역량을 개발하기보다 오히려 특정 정당을 매개로 하여 지역 내에서 권력토착화를 공고히 함으로써 지역분할구도를 심화시킬 수 있다.

2. 정당공천 찬성 논거

지방선거에 정당이 참여해야 한다고 주장하는 측에서는 주로 다음과 같은 점들을 이론적 근거로 내세우고 있다.

1) 풀뿌리민주주의 구현

지방선거에서 정당이 공천을 하면 다음과 같은 측면에서 풀뿌리민주주의를 정착시키는 데 이바지할 수 있다.

첫째, 정당이 지방선거에 관여하면 각 정당으로부터 공천을 받은 지역엘리트들은 정당을 대표하여 지역 차원에서 정치활동을 한다. 따라서 정당공천은 지역엘리트들에게 정치인으로서의 식견과 능력을 향상시키는 교육 및 훈련의 장의 역할을 한다(정일섭, 2010: 266-267).

둘째, 지방선거에 정당이 참여하면 정당의 역할과 중요성에 대한 인식이 강화되고, 실제로 정당원들의 정치참여 기회가 확대된다. 이는 정당의 지방조직을 활성화시킴으로써 정당정치의 발전에 기여할 수 있다(정일섭, 2010: 266).

셋째, 지방선거에 정당이 공천을 하게 되면 중앙정부와 지방자치단체가 정당을 매개로 유기적인 협력관계를 구축할 수 있다. 유럽의 국가들에서 보는 것처럼 정당이 지방정치와 중앙정치를 연계해주는 중요한 기제로 작동하여 지방의 주요 이슈와 이익을 중앙으로 전달해 주는 역할을 수행할 뿐만 아니라, 지방토호세력에 의해 지방정치가 좌우되는 것을 방지할 수 있다. 즉, 재선을 염두에 두는 주민대표자들은 지방문제를 지방의 시각에서 충실히 풀어가지 않는 경우 재선이 어려워질 것이기 때문에, 반드시 중앙당에 복종적인 태도를 보이지는 않을 뿐만 아니라, 지역의 여론을 수렴하여 중앙에 전달하고 필요한 지원을 요구하는 상향적인 의사전달체계로서 기능할 수 있으며, 동시에 선거를 의식해야 하는 중앙당 역시 지방에서의 지지기반이 상실되는 것을 우려하기 때문에, 이들의 요구를 전적으로 무시하기 어려울 것이다. 지방선거에의 정당참여는 상향적인 의사전달체계를 강화함으로써, 결과적으로 고질적인 정치개혁대상의 하나인 집권적 정당을 분권화하는 데 이바지할 수 있다(이승종, 2005: 314).

이처럼 정당이 공천을 통해 지방선거에 관여하게 되면 지방정치인을 교육시켜 정치적 역량을 향상시킬 수 있고, 정당정치를 발전시킬 수 있으며, 상향적인 의사전달체계를 강화시킬 수 있다. 이러한 효과는 아래로부터의 민주주의, 즉 풀뿌리민주주의를 구현하는 데 긍정적인 영향을 미칠 수 있다.

2) 지방정책에 주민의사 반영

정치학의 관점에서 볼 때, 정당이란 정치적 의견을 같이하는 사람들이 정권을 획득할 목적으로 조직한 자주적인 조직이다. 그런데 정권을 획득하는 이유를 물어보면 대부분의 정치인들은 “민주주의의 발전과 국민의 질 향상에 기여하고자 한다”고 답을 할 것이다. 「정당법」에서도 정당을 국민의 이익을 위하여 책임 있는 정책을 추진하고 공직선거 후보자를 추천 · 지지함으로써, 국민의 정치적 의사를 형성하는 데 참여하는 자발적 조직으로 규정하고 있다. 국민의 이익을 위하려면 국민의 요구와 의사를 수렴하고 조직화하여 정책에 반영시켜야 하는데, 이러한 중개적 역할을 하는 기구가 정당이다(정일섭, 2010: 266). 이는 지역에서도 동일하게 적용되며, 지역주민의 의사를 지방정책에 반영하기 위해서는 정당이 중심이 되어 주민들의 요구와 의사를 수렴하여 조직화하여야 한다. 특히, 정보지식사회로 되면서 사람들의 가치관이 개성화와 다양화를 추구하여 주민들의 의사를 수렴하고 조직하는 것이 힘들어지기 때문에, 정당의 역할이 그 어느 때보다 중요하게 되었다.

그런데 현실적으로 지방당원의 정책적 역량이 낮다고 해서 이를 빌미로 지방정책과정에서 지방당원의 관여를 봉쇄하면, 지방당원의 정책적 역량은 높아질 수 없다. 이는 지방자치단체를 중앙정부에 예속시킬 가능성을 높일 수 있다. 그러므로 시행착오가 있더라도 이들의 자질과 능력을 향상시킨다는 적극적인 사고가 필요하다. 또한 현재의 '강시장-약의회' 상황에서 정당이 지방정치에 참여하지 않으면 지방의회의원은 개별 민원에 주력할 가능성이 커지고, 따라서 지방의회가 단체장을 견제하기 어려워지기 때문에 책임행정을 구현하기 어려워진다.

3) 지방에서의 정치적 기능 활성화

지방자치단체의 주요 기능의 하나가 주민의 일상생활에 필요한 공공서비스를 공급하는 것이라는 정당배제론의 주장이 맞다. 그러나 주민의 일상생활과 관련된 공공서비스를 공급하는 과정에서 이해가 상충되는 집단 간의 갈등이 발생될 수 있다. 이러한 갈등을 효율적으로 해소하기 위해서는 정치집단인 정당이 중심이 되어 지방의 다양한 참여자들 간의 교호작용 및 타협과정을 활성화시켜야 한다(김병준, 1994: 194; 우성호 · 이환범, 2010: 59; Judd, 1988: 408).

또한 지방적 사무는 가치배분적인 사무라 할 수 없기 때문에 정치적 집단인 정당이 개입해서 안 된다는 정당배제론은 교통과 통신의 발달로 사람들의 이동성이 확대되면서 행정사무를 전국적 사무와 지방적 사무로 확연히 구별하기 어렵게 되었다는 사실을 간과하고 있다. 이처럼 전국적 사무와 지방적 사무를 구분하기 힘든 상황에서 전국적 사무를 가치배분적인 것으로 보고 이를 처리하는 역할을 하는 국회의원을 선출하는 선거에는 정당이 개입해야 하고, 지방적 사무를 비가치배분적 사무로 인식하여 이를 처리하기 위한 지방의회의원을 선출하는 선거에는 정당이 개입해서는 안 된다는 배제론은 이치에 맞지 않는 주장을 하고 있다. 동시에 배제론의 이러한 주장은 지방적 사무의 특징을 제대로 파악하지 못하는 것이다. 설령 특정 지방사무가 비가치배분적 특징이 강하다고 하더라도 제한된 예산을 배분하는 것은 가치배분적인 정치적 과정이기 때문에 당연히 정당이 개입해야 한다(강경태, 2009: 231). 따라서 정당은 국회의원 선거와 지방의회의원 선거에 동시에 참여해야 한다.

4) 후보자 선택 용이

정당의 추천은 공천과정을 거치는 것이 일반적이다. 이 과정을 통해서 유권자들에게 후보자와 관련된 더 많은 정보를 제공하기 때문에 후보자 선택에 있어서 중요한 판단 근거가 될 수 있다. 그런데 정당이 지방선거에 참여하지 않으면 사실상 후보에 대한 정보를 얻기가 어려워지고, 또한 후보자가 난립할 가능성이 높아진다. 이는 유권자들이 후보자를 선택하는 데 어려움을 겪게 할 수 있고, 나아가서 낮은 투표율과 특정 기호 편중 현상 등으로 이어질 수 있다.

또한 정당공천을 하지 않는 경우에도 현실적으로 내부공천이 이루어지고 있다. 즉, 정당공천제를 폐지하더라도 정당이 특정 후보를 비공식적으로 지지하는 등 사실상 후보자가 정당의 영향으로부터 자유로울 수 없을 뿐만 아니라, 후보자 스스로도 특정 정당과의 관계를 공식적이든 비공식적이든 간에 표방할 수 있다. 과거 기초의회의원 선거에서 정당공천을 금지하였을 때에도 공공연하게 내천이 이루졌으며, 또한 선거가 끝난 후 자신의 당 소속 당선자를 발표한 적이 있었다. 이러한 행동들은 정당공천 폐지 제도를 무색하게 만드는 것이다. 또한 이러한 내천이 진행되는 과정에서 정치적 부패가 오히려 더욱 심할 수 있다.

5) 여성 · 소외계층의 지방의회 진출 확대

최근에 여성 공천율이 크게 증가한 것은 기초의회의원 정당공천제 등과 같은 강제적인 법률 조항 때문이라는 것이 일반적인 견해이다. 정당이 지방선거에 개입하지 않으면 자금력과 조직에서 불리한 여성 · 소외계층 후보들이 지방선거에서 더 불리한 입장에 처할 수 있다.

제 3 절 정당공천제 개선방안

1. 정당공천배제 논거에 대한 재검토

우리나라의 지방선거에 있어서 정당공천 여부에 대한 찬반 주장은 나름대로의 이론적 근거를 제시하고 있어서 현실적으로 쉽게 결론을 내리기 어려운 문제이기 때문에, 이에 대한 논의가 지속될 수밖에 없음을 많은 학자들은 강조하였다. 전체적으로 볼 때, 지방선거에 정당이 개입하는 것을 반대하는 입장은 현실적인 부작용에 초점을 맞추고 있는 반면에, 정당의 개입에 찬성하는 입장은 당위성에 초점을 두고 있다. 즉, 지방자치를 어떻게 해석하느냐에 따라 정당공천문제에 대한 시각이 달라진다. 지방정치의 부작용에 초점을 두면 지방자치는 탈정치화해야 하기 때문에 지방선거에서 정당공천을 배제하여야 한다. 지방정치의 순기능을 강조하면 지방선거에서 정당공천을 해야 한다. 정당공천문제는 자치행정의 효율성, 지방정치의 활성화 등에 영향을 미치는 것은 물론이고 다양한 정치적 · 사회적 분야에 대한 영향이 매우 크기 때문에, 찬반의 논리를 충분히 검토한 후 결정하는 것이 바람직하다.

그러나 최근의 핵심 사회변화의 하나는 세계화이고, 이에 대한 전략으로 지방화를 추진할 수밖에 없는 상황임을 직시할 필요가 있다. 지방화가 제대로 수행되려면 지방정치와 지방행정이 활성화되어야 한다. 즉, 지방자치에 있어서 지방정치적 측면을 무시할 수 없다는 의미이다. 지방선거에서 정당공천을 배제하여야 한다는 주장조차도 대의민주주의의 정당성을 인정한다는 것은 지방정치의 중요성을 인식하고 있다는 의미이다. 다만, 그들은 정당이 공천할 경우 나타나는 현실적인 부작용이 너무 크다고 보고 있다(김종욱, 2012: 116). 그들이 주장하는 대표적인 배제 논거인 지방사무의 비정치성, 지방정치의 중앙정치화, 지방선거의 과열 · 혼탁, 지방정치 · 행정의 질 저하, 지역분할 심화 등에 대해 재검토해보면 다음과 같다.

1) '지방사무의 비정치성'에 대한 논의

정당공천 배제론자들은 지방자치단체가 수행하는 업무, 예를 들면 쓰레기 수거, 도로정비, 교량설치 등은 비정치적인 사안이라고 주장한다. 이 주장은 업무의 성격적 측면에서 보면 타당한 주장이다. 그러나 수행해야 하는 많은 일들 중에서 그 업무를 우선적으로 수행하기로 결정했다는 점을 고려하지 않았다. 지방자치단체가 해결해야 하는 업무는 수없이 많지만 인적 자원, 예산 등의 문제로 인해 그 모든 업무들을 수행하는 것이 어렵다. 따라서 지방자치단체는 수많은 일들 중에서 쓰레기 수거, 도로정비, 교량설치 등을 수행하겠다는 결정을 하는데, 이러한 결정은 가치배분적인 것이므로 정치적 고려가 수반되어야 한다. 즉, 지방자치단체가 수행하는 업무가 성격상 비정치적이라고 하더라도 다른 업무가 아니라 그 업무를 수행하겠다고 결정하는 것은 정치적 판단이라고 할 수 있다.

또한 지방자치가 활성화되려면 지방정치와 지방행정이 제대로 되어야 한다. 그런 의미에서 볼 때 지방자치의 영역에는 정치의 영역이 포함되어 있다고 볼 수 있다. 정치의 영역에서 가장 중요한 행위자인 정당을 배제시킬 수 없다는 점은 자명한 일이다. 대의민주주의의 요체라고 할 수 있는 정당은 국민형성(nation-building)과 책임정치를 구현하는 데 있어서 주체적 역할을 해야 하기 때문에, 지방정치에도 관여해야 한다.

2) '지방정치의 중앙정치화'에 대한 논의

정당이 지방선거에 관여하면 공천과정에서 국회의원의 영향력이 커지고 또한 중앙의 이슈나 후보자의 소속 정당이 유권자의 판단에 가장 커다란 영향을 미치기 때문에 지방정치는 중앙정치화된다고 배제론자들은 주장한다. 그러나 지방자치단체장과 지방의회의원이 중앙에 예속된다는 문제에 대한 일차적인 책임은 중앙정치권과 중앙당에 있다. 즉, 중앙정치권과 중앙당이 선호하는 하향식 공천제도로 인해 이러한 문제들이 발생된다는 점을 부인하기 어렵다.

또한 지방선거에서 지역 후보자의 정책과 공약보다 중앙당의 지지, 중앙의 이슈 등의 영향력이 크다는 문제도 정당공천으로 인해 발생되는 문제가 아니라, 유권자가 지방의 이슈보다 중앙의 이슈에 더 많은 의미를 부여하기 때문이라고 보는 것이 올바른 판단이다(육동일, 2009: 31). 특히, 우리나라의 지방선거에서 현 정권에 대한 평가, 각 정당에 대한 평가, 특정한 전국적 쟁점 등에 따라 선거결과가 달라졌음은 주지의 사실이다(김종욱, 2012: 117-118).

3) '지방선거의 과열 · 혼탁'에 대한 논의

지방선거를 과열시키는 주원인은 정당공천에 있는 것이 아니라, 중앙당이 지방선거를 대선과 총선에 영향을 미치리라고 인식하기 때문이다. 즉, 중앙당이 지방선거를 지방의 일꾼을 선출하는 것으로 보지 않고, 지방선거의 결과에 따라 대선과 총선의 결과가 달라진다고 보기 때문에 지방선거에 사활을 걸 수밖에 없어서 선거가 과열된다고 보아야 한다.

지역문제를 해결할 후보자를 일차적으로 검증한다는 점에서 정당공천의 의의가 있음에도 불구하고, 현실적으로는 부작용에 대한 회의의 목소리가 크다. 즉, 기초자치단체장과 기초의회의원에 대한 공천과정의 경우, 민주적 절차에 따르지 않고 지역구 국회의원이 공천권에 대해 실질적인 영향력을 행사하기 때문에 공천비리가 발생한다고 배제론자들은 주장한다. 그러나 공천비리는 정당공천제도가 주원인은 아니다. 1991년 3월에 실시된 기초선거에서 정당공천을 배제했음에도 불구하고 매우 혼탁하였다는 사실은 선거의 과열 · 혼탁의 주원인이 정당공천제도가 아님을 증명하는 것이다. 또한 공천비리는 지방선거에만 국한된 문제가 아니라, 모든 선거와 관련된 문제이며 정당의 문제이다. 정당이 공천을 하지 않더라도 정당의 지방조직들은 비공식적으로 지방선거에 개입할 것이다. 또한 특정 정당의 지원을 받기 위한 후보자들 간의 경쟁은 정당공천제 하에서의 공식적 경쟁보다 내천과 같은 비공식적 경쟁이 이루어지기 때문에, 밀실정치 혹은 비리가 자행될 가능성이 더욱 높다(김종욱, 2012: 117). 소위 말하는 '공천장사'는 입후보자에게도 책임이 있지만, 이를 요구하거나 이를 수령하는 중앙정치인의 정치인으로서의 자질과 도덕성문제가 더욱 중요한 원인이다.

4) '지방정치 · 행정의 질 저하'에 대한 논의

정당배제론자들은 정당공천으로 인해 지방정치 · 행정의 비효율성, 지체, 혼란, 독선 등이 발생한다고 주장한다. 그러나 이는 정당공천과도 연관이 있을 수 있지만, 제3장 제6절에서 보았듯이 지역문제 해결에 대한 권한과 책임이 중앙과 지방에 혼재해 있으며, 그리고 중앙정부와 중앙당이 지방문제에 관여하려고 하기 때문이다.

더구나, 우리나라의 경우, 현행 「지방자치법」은 '강단체장-약의회'를 지향하고 있다. 지방자치단체장에게는 선결처분권, 재의요구권 등과 같은 강력한 권한이 부여된 반면에, 지방의회에게는 서류제출권, 출석요구권, 행정감사·조사권 등과 같이 상대적으로 약한 권한을 부여하고 있다. 이러한 상황에서 정당공천을 배제하면 지방의원들은 정당을 중심으로 조직화하기 어렵기 때문에 지방자치단체장을 효과적으로 견제하기 어렵고, 따라서 개별 민원에 집중하는 문제를 일으킬 수 있다. 오히려 이것이 지방정치와 지방행정의 질적 수준을 더욱 저하시킬 수 있다.

5) '지역분할 심화'에 대한 논의

정당이 공천을 하지 않는다고 해서 '일렬 투표' 현상 혹은 '묻지마 투표' 현상이 사라진다고 볼 수는 없다. 정당이 공천을 하지 않더라도 내천을 할 수 있고, 선거과정에서 비공식적으로 자신이 소속 혹은 지지하는 정당을 밝힐 수 있으며, 지역주민들이 후보자의 성향을 알 수 있는 기회는 많다. 따라서 정당공천으로 인해 지역분할이 심화된다는 주장은 무리가 있다. 지역분할 심화는 정당공천보다는 지역을 기반으로 정권을 창출하려고 하는 중앙정치인들과 이들을 맹목적으로 따르는 지지자들의 인식과 행태에 기인하는 바가 더욱 크다고 보아야 한다.

2. 정당공천 개선방안

지방자치에서 지방정치가 중요하다면 지방선거에 정당이 당연히 참여해야 한다. 그럼에도 불구하고 정당의 지방선거 참여 여부가 논란이 되고 있는 것은 정당참여로 인한 폐해 때문이다. 그러나 정당공천으로 인한 긍정적 효과도 간과할 수 없기 때문에, 정당공천으로 인한 부작용을 줄이기 위한 다음과 같은 노력이 필요하다.

1) 주민의 자치의식 강화

정당공천으로 인한 부정적 효과를 줄이기 위해서는 무엇보다 주민의 자치의식과 자치에 대한 관심을 높여야 한다(정일섭, 2006: 243). 주민들은 자신들의 거주 지역에 대한 주인의식을 가져야 한다. 주인의식을 갖는 주민들은 지방정책과 지방선거에 대해 방관자적 자세를 취하기보다 적극적으로 관심을 가지고 참여하려고 할 것이다.

이러한 주민들은 지방선거의 중요성을 인식하고 후보자들의 도덕성, 능력, 성향 등에 대해 탐구하고 논의하면서 나름의 기준에 따라 지역발전에 성실히 이바지하려는 자를 선출하려 할 것이다. 이 과정에서 주민보다 중앙당이나 국회의원에게 줄을 서려는 사람, 도덕적으로 문제가 있는 사람, 능력이 없는 사람 등을 거부하려는 분위기가 확대될 수 있기 때문에, 지방선거에서 나타난 많은 문제들이 줄어들 수 있다.

2) 정책대결의 장

지방선거가 후보자들의 '정책대결의 장'이 되도록 해야 한다. 과거와 비교할 때, 현재의 상황은 주민들의 자치의식이 많이 향상되었고, 지방언론기관들도 활성화되고 있으며, 지역시민단체들의 활동도 확대·강화되고 있다. 따라서 지역발전을 위해 후보자들이 가지고 있는 소신이나 정책 등에 대해 심도 있는 토론이 가능하다. 또한 정당도 지역에서의 기반을 다지면서 다음 선거를 기약하려면 주민들로부터 긍정적인 평가를 받기 위해 노력해야 한다.

이러한 점들을 종합하면 지방선거가 정책대결의 장으로 변하는 기반이 어느 정도 조성되어 있다고 할 수 있다. 지방선거가 정책대결의 장이 되면 정당공천 배제론에서 제기하고 있는 많은 부작용들이 개선될 수 있을 것이다.

3) 법·제도 개선

지방선거는 지방권력을 획득하려는 지방정치의 일환이고 대의민주정치는 정당정치일 수밖에 없다는 특성을 고려하면 지방선거에서 정당을 배제하는 것은 현실적으로 매우 어렵다. 따라서 지방자치의 발전과 정당정치의 발전을 대립되는 것으로 인식하지 말고, 상호 조화를 통해 실현하여야 할 과제로 인식하면서 정당공천방식을 법·제도로 규율할 필요가 있다.

무엇보다도 공명선거를 확립하기 위해 중앙당, 주민, 후보자들이 함께 노력해야 한다. 금품살포·흑색선전 등 불법 선거운동과 인터넷·SNS 등 온라인 매체를 활용한 사이버 선거범죄 등과 같은 불법 활동을 자율적으로 규제하여 '공정하고 깨끗한 선거문화'가 뿌리내릴 수 있게 하여야 한다.

정당도 정상적이고 상식적인 공천을 할 경우 발생되는 긍정적 효과를 인식하여야 한다. 공천과정에서 중앙당에 충성하는 자들이 아니라 도덕성, 능력 등을 구비한 자들을 공천하면 후보자들을 일차적으로 검증하는 긍정적 효과가 있음을 인식하여야 하고, 이러한 공천과정을 거칠 때 장기적으로 주민들로부터 지지를 이끌어낼 수 있으며, 주민들의 정치 불신을 크게 감소시킬 수 있다는 점을 유념해야 한다.

아울러, 공천기준과 절차를 사전에 공시하고 공천결과를 사후에 공개하는 규정, 공천시기를 법정화하는 규정, 선거관리위원회에 경선을 위탁하는 규정 등을 고려해볼 필요가 있다(우성호 · 이환범, 2010: 76-80).

알아두면 좋아요

1. 정당공천제는 각 정당이 표방하는 이념과 정책을 통해 유권자들의 지지를 획득하고 이를 통해 지방의 발전에 책임을 지는 데 의의가 있다.
2. 미국의 경우에는 엽관제의 폐해를 우려하지 않는 지방자치단체는 정당공천을 허용하지만, 전체적으로 보면 정당공천을 배제하는 경향이 강하다. 하지만, 영국을 포함한 서유럽 국가들은 정당공천을 당연한 것으로 인식하여 정당 중심의 지방선거를 실시한다. 일본의 경우에는 정당공천이 허용되고 있지만, 후보자와 중앙당은 무소속 출마를 선호한다.
3. 정당공천의 대표적 반대 논거는 지방사무의 비정치성, 지방정치의 중앙정치화, 지방선거의 과열·혼탁, 지방당원들의 전문성·식견 부족, 특정 정당의 특정 지역 점유 등이다. 정당공천의 대표적 찬성 논거는 풀뿌리민주주의 구현, 지방정책에 주민의사 반영, 지방에서의 정치적 기능 활성화, 후보자 선택 용이, 여성·소외계층의 지방의회 진출 확대 등이다.
4. 지방정치의 역기능을 강조하면 정당공천을 배제해야 하고, 지방정치의 순기능을 강조하면 정당공천을 해야 한다. 그러나 경쟁이 확대되고 있는 상황에서 지방정치의 중요성을 간과할 수는 없다. 그런 의미에서 볼 때, 특정 사무를 수행하기로 결정하는 것은 정치적 사안이고, 지방선거의 중앙정치화와 과열·혼탁의 일차적 책임은 중앙정치권과 중앙당에 있으며, 정당공천의 배제는 지방정치·행정의 질적 수준을 더욱 저하시킬 수 있고, 지역분할 심화는 지역을 기반으로 정권창출을 염원하는 중앙정치인들과 이들에 대한 맹목적인 지지자들 때문임을 명심할 필요가 있다.
5. 그러나 현재의 상황은 역기능을 일으킬 가능성이 크므로, 주민의 자치의식을 강화하고, 지방선거를 정책대결의 장으로 만들며, 공정하고 깨끗한 선거문화와 공천과정을 구축하는 법·제도를 확립하는 노력이 전제되어야 한다.

논 의

1. 지방선거에서의 정당공천의 찬성 논거와 반대 논거를 비교 설명하시오.
2. 지방선거에서의 정당공천에 대해 논하시오.

제 2 부

지방자치시대의 지방행정

제 6 장 지방행정

제 1 절 지방행정의 의의

1. 지방행정의 중요성

제1장에서도 지적했듯이, 세계화와 정보지식화가 진행되고 새로운 복지시스템이 요구됨에 따라 지방의 중요성이 부각되고 있다. 세계화와 정보지식화가 진행되면서 국가들 간, 국가와 지방 간, 지방들 간의 경쟁이 확대·심화되고 있다. 지방의 경쟁력이 지방의 발전은 물론이고, 국가의 발전에도 지대한 영향을 미치고 있다. 또한 상호의존과 경쟁이 확대되는 상황에서 정체성(identity) 확보를 위해 지방 중심적인 대응이 요구되고 있다. 그리고 복지국가의 위기에 대응하기 위해 지방을 중심으로 복지서비스를 제공해야 한다는 목소리가 높아져 왔다. 이러한 상황으로 인해 다음과 같이 지방행정의 역할이 점차 중요시되고 있다.

첫째, 사회변화에 효과적으로 대처하기 위해 지방은 종래의 중앙의존적인 행태를 지양하고, 스스로 지방문제를 해결하려는 자세를 지녀야 한다. 세계화와 정보지식화가 진행되면서 시·공간의 제약이 감소되어 사람과 물자의 교류가 활발해지고, 폐쇄적 관계보다 개방적 관계가 중시되고 있다. 산업사회와는 성격이 완전히 다른 이러한 급속한 변화에 효율적이고 유연하고 신속하게 대응하기 위해서는 상대적으로 규모가 큰 국가 차원이 아니라, 상대적으로 규모가 작은 지방 차원의 대응이 필요하다는 점은 앞에서 설명하였다. 문제는 누가 이를 주도하느냐는 것이다. 지방의회 혹은 주민과 비교할 때 상대적으로 변화에 효율적이고 유연하며 신속한 대응이 가능한 지방행정이 이를 주도해야 한다(임재현, 2016: 13).

둘째, 지방의 장점을 살릴 수 있는 지방정책을 결정・집행하는 역할을 지방행정이 해야 한다. 종래에는 중앙정부가 생산자적 역할, 즉 재화와 서비스의 생산을 결정하는 역할을 하고, 지방정부는 소비자적 역할, 즉 중앙정부의 지침에 따라 주민들에게 재화와 서비스를 배분하는 시혜자적 역할을 하였다. 그러나 사회의 변화로 인해 지방정부는 소비자적 역할에 안주해서는 생존조차 확신할 수 없게 되어 소비자적 역할과 생산자적 역할을 동시에 수행해야 한다. 따라서 정책과 관련된 능력과 경험이 상대적으로 더 많은 지방행정이 사회의 변화 방향을 숙지하면서 자신의 지역이 처해 있는 상황과 지역의 장점을 최대한 부각시킬 수 있는 지방정책을 결정・집행하는 데 앞장을 서야 한다.

셋째, 주민의 수요에 부응하는 지방정책을 실시해야 한다. 주민들의 가치관이 개성화・다양화로 변하고 주민참여의 시대가 도래함에 따라, 획일적인 지방정책은 더 이상 주민들의 공감을 이끌어내기 어렵기 때문에 성공을 보장받기 어려워졌다. 주민들의 요구와 수요를 수렴하는 과정을 거치면서 지방정책을 결정・집행해야 한다. 그러나 정책능력이 부족한 지방의회에게 이 역할을 기대하기 어렵기 때문에, 상대적으로 전문성이 더 많이 축적되어 있는 지방행정이 이를 담당해야 한다.

넷째, 정체성 확보를 위해 지방행정의 역할이 중요하다(임재현, 2016: 16). 세계화와 정보지식화로 인해 국가들 간, 그리고 지방들 간의 상호의존성이 증대되고 경쟁이 확대되면서, 많은 지방들에게 선진문물이 빠르게 보급되었다. 이는 새로운 문물을 경험하는 기회를 지방에게 제공하기도 하지만, 지방의 차별성을 감소시켜 지방경쟁력을 약화시키기도 한다. "가장 지방적인 것이 가장 세계적인 것이다"라는 말에서 알 수 있듯이 경쟁이 확대되는 상황에서는 지방의 독특성과 차별성을 유지・발전시킬 때 경쟁력을 향상시킬 수 있다. 따라서 많은 지방은 지방문화를 중심으로 정체성을 확보하기 위해 노력하고 있다. 정체성 확보는 모든 지방 구성원들의 노력을 요구하지만, 단체장이라는 구심점을 중심으로 장기적이고 전략적인 접근을 수행할 능력이 상대적으로 높은 지방행정기관의 역할이 중요해지고 있다.

다섯째, 1980년대부터 시작된 복지국가의 위기에 효과적이고 효율적으로 대응하기 위해 지방이 중심이 되어, 특히 지방의 구성요소들 중에서 지방행정이 중심이 되어 복지서비스를 제공해야 한다. 그 이유는 지방행정의 목적 그리고 사회자본의 구축이라는 측면에서 검토될 수 있다. 먼저, 지방행정의 가장 중요한 목표는 주민들이 필요로 하는 복지서비스를 제공하는 것이다. 따라서 지방행정기관은 주민들의 다양한 요구들을 수집 · 분석 · 종합하여 이를 충족시키는 일에 있어서 지방의회보다 상대적으로 더 많은 전문성을 축적하고 있다. 이것이 지방행정이 중심이 되어 복지서비스를 제공해야 하는 첫 번째 이유이다. 또한 지방 중심의 복지서비스 제공에 대해 복지재정 부족, 지방들 간의 복지서비스 불균형 등을 포함한 여러 비판들이 제기되고 있지만, 이러한 문제들은 사회자본의 구축보다 경제적 효율성을 강조하는 서구적 사고로 인해 발생한 것이다. 따라서 사회자본이 효율적으로 구축되면 이러한 비판들은 많이 줄어들 것이다. 사회자본은 전국적 차원보다 지방적 차원에서 구축하기가 상대적으로 용이하다. 지방에서 사회적 자본을 구축하기 위해서는 지방의회의 역할도 중요하지만, 신뢰, 협력, 상호작용 등의 사회자본을 구축하기 위해 인적 자원과 물적 자원을 동원하는 데 유리한 지방행정의 역할이 더욱 중요하다(임재현, 2021: 48-50).

이상에서 살펴본 바와 같이 사회의 변화에 따라 지방행정의 중요성이 점차 강조되고 있다. 이와 아울러, 19세기 입법국가와는 달리 20세기 행정국가에서는 의회보다 행정부의 역할이 강조되고 있다는 것도 지방행정의 중요성을 인식하게 한다. 19세기 입법국가시대에서 행정의 역할이 정책을 집행하는 것에 국한되었다면, 20세기 행정국가시대에서 행정은 정책의 전 과정, 즉 정책형성, 정책결정, 정책집행, 정책평가를 주도하고 있다. 이러한 경향은 지방에서도 나타나고 있다. 20세기 이후 지방정치는 더 이상 지방의회의 전유물이 아니라 지방정치의 적지 않은 부분에서 지방자치단체장의 역할이 요구되고 있다. 즉, 지방의회의 중요성을 폄하하는 것은 아니지만, 지방에서 지방자치단체장의 역할이 더욱 확대되고 있음을 부인하기 어렵다. 그렇다고 해서 지방자치단체장이 지방의회를 무시하면서 지방자치단체를 독단적으로 운영하려고 해서는 안 된다. 지방의회와 지방자치단체장은 지방의 발전을 위해 서로 협조하면서 지방자치단체를 효율적으로 운영하고자 할 때 지방이 발전하고 주민의 생활의 질이 향상될 수 있음을 유념하여야 한다.

2. 지방행정의 정의

지방행정에 대한 정의는 광의의 관점, 협의의 관점, 최협의의 관점에서 내릴 수 있다. 대체로 지방자치의 역사가 길면서 발달된 나라일수록 최협의의 관점에서 지방행정을 정의하는 경향이 강하다.

1) 광의의 개념

광의의 관점에서는 일정한 지역 내에서 수행되는 일체의 행정을 지방행정으로 정의한다. 일정한 지역 내에서 수행되는 행정을 유형화하면 자치행정, 위임행정, 관치행정, 협력행정으로 대별할 수 있다. 광의의 관점에서는 지방행정을 자치행정, 위임행정, 관치행정, 협력행정을 모두 포함하는 개념으로 보고 있다. 이해를 돕기 위해 자치행정, 위임행정, 관치행정, 협력행정에 대해 간략하게 설명하면 다음과 같다.

자치행정은 지방자치단체가 국가로부터 독립된 법인격을 부여받아 독자적·자율적으로 수행하는 행정이다. 즉, 자치행정은 국가의 지휘·통제를 받지 않고, 주민 스스로 혹은 주민의 대표자를 통해 지방과 관련된 이해관계가 있는 공공사무를 처리하는 것이다.

위임행정은 지방자치단체가 국가로부터 위임받아 수행하는 행정으로서, 사무의 처리 주체는 중앙정부이지만 처리기관은 지방자치단체이다. 우리나라의 경우, 위임사무는 기관위임사무와 단체위임사무로 구분된다. 이에 대한 내용은 [표 6-1]과 같다.

관치행정은 국가기관, 즉 국가의 특별행정기관에 의하여 하향적으로 처리되는 행정을 말한다. 주민에 의하여 또는 그들이 선출한 기관에 의하여 상향적으로 처리되는 행정에 반대되는 개념이다. 우리나라의 경우, 조세행정과 경찰행정 등이 이에 속한다. 다만, 자치경찰제도가 시행될 경우의 경찰행정은 관치행정이 아니다.

협력행정은 공공사무에 관한 권한을 지방자치단체로부터 위임받은 공공단체 혹은 민간단체와 주민들이 협동하여 수행하는 행정을 말한다. 쓰레기 분리수거 업무와 소각·매립 업무 등이 협력행정의 대표적인 사례이다. 환경의 중요성이 강조되면서, 모든 쓰레기를 소각 혹은 매립하는 것이 아니고, 재활용을 할 쓰레기와 소각할 쓰레기

[표 6-1] 위임사무의 종류

종류	기관위임사무	단체위임사무
위임대상	국가사무를 단체장에게 위임	국가사무를 지방자치단체에 위임
지방의회 관여	법률에 특별한 규정이 없는 한 지방의회는 관여할 수 없음	지방의회 관여할 수 있음
자율성	지방자치단체장은 중앙정부의 하급기관장의 위치에서 업무 수행	기관위임보다 자율성이 높고, 실제로 자치사무와 동일시 취급
경비	중앙정부 부담	공동 부담

그리고 매립할 쓰레기를 분리하여야 한다. 쓰레기를 분리하는 업무를 지방자치단체 혹은 특정 단체가 하는 것은 불가능에 가깝기 때문에 주민들이 담당한다. 분리된 쓰레기를 수거하여 운반하는 단체가 있고, 재활용하는 단체도 있으며, 소각 혹은 매립하는 단체도 있다. 주민들과 이 단체들의 협력에 의해 쓰레기가 처리된다.

2) 협의의 개념

협의의 관점에서 지방행정을 정의하는 경우, 지방행정은 지방자치단체가 처리하는 행정을 말한다. 위에서 살펴본 바와 같이 일정한 지역 내에서 수행되는 행정을 네 가지 유형으로 분류한 것 중에서 자치행정과 위임행정을 지방행정으로 인식하는 경우이다.

3) 최협의의 개념

최협의의 관점에서 보면 지방행정은 주민들이 일상생활과 관련된 사무를 자기들 스스로 처리하는 행정이다. 즉, 자치행정만을 지방행정으로 본다. 영국, 미국, 스위스, 호주 등 지방자치가 일찍 발달한 국가는 최협의의 관점에서 지방행정을 정의하고 있다.

제 2 절 지방행정의 특징

지방행정은 지방의 다양한 문제들을 해결하고 주민들의 행정수요를 충족시키며 지방의 발전을 도모하는 목적을 지니고 있다. 따라서 지방자치제 하의 지방행정은 지방자치단체가 지방을 발전시키면서 주민들의 생활의 질을 높이기 위한 다양한 정책들을 계획하고 실행하는 지역행정적, 자치행정적, 종합행정적, 실천행정적, 일선행정적인 특징을 지니고 있다. 이에 대해 살펴보면 다음과 같다(임재현, 2016: 189-193).

1. 지역행정

지방행정은 국가의 전체 영역을 대상으로 하는 행정이 아니라, 국가 내의 일정 지역을 기초로 해당 지역주민의 이익을 도모하면서 지역을 발전시키는 것을 목표로 개별적 혹은 다원적으로 실시되는 행정을 말한다. 즉, 전국적인 행정이 아니고, 지방의 특수성이 반영되는 행정이다. 그러면 지방의 범위를 어떻게 규정해야 할까? 우리나라의 경우를 보면, 지방자치단체는 광역자치단체와 기초자치단체로 분류된다. 지역행정적 특징이란 지방자치단체의 법정 구역 내에서 발생되는 문제는 물론이고, 주변 지방자치단체의 구역까지 포함해서 발생되는 문제를 해결하는 행정을 의미한다. 즉, 지역행정적 특징이란 기초자치단체의 구역 내와 광역자치단체의 구역 내에서 실시되는 행정은 물론이고, 광역과 기초자치단체의 법정 구역을 넘어서 발생하여 그들 간의 협력을 필요로 하는 행정인 광역행정을 포함한다는 의미이다. 예를 들면, 기초자치단체인 시, 군, 자치구에서 시행되는 행정, 광역자치단체인 특별시, 광역시, 세종특별자치시, 도, 제주특별자치도에서 실시되는 행정, 나아가서 복수의 지방자치단체 간에 발생되는 행정수요를 충족시키기 위한 행정이 모두 지역행정에 속한다. 복수의 지방자치단체 간에 발생되는 광역행정이란 광역자치단체들 간의 행정, 광역자치단체와 기초자치단체 간의 행정, 기초자치단체들 간의 행정을 말한다.

2. 자치행정

지방행정은 자치행정적 특징을 지닌다. 지방자치단체는 주민수요 충족과정과 지방문제 처리과정에서 중앙정부의 관리와 감독을 받지 않고, 어느 정도 자율적이고 독자적으로 지방정책을 결정 · 집행하기 때문에 지방행정은 자치행정적 특징을 지닌다.

이는 지방행정이 중앙정부의 하위기관으로서의 행정, 즉 집행만 실시하는 행정이 아니라는 의미이다. 지방행정은 중앙정부의 각 부처에서 결정한 사항을 따르기만 하는 행정, 즉 중앙정부의 출장소 역할을 하는 행정이 되어서는 안 된다. 중앙정부의 출장소적 지방행정이 되면 해당 지방에 맞는 행정을 시행하기 어려워진다. 그 이유는 개별 지방자치단체들은 처해 있는 상황이 동일하지 않고 장 · 단점이 다르므로 개별 지방자치단체가 중점을 두고 해결해야 하는 지방문제가 다를 수 있기 때문이고, 또한 동일한 유형의 지방문제라 하더라도 지방자치단체에 따라 범위와 정도에서 차이가 날 수 있기 때문이다.

3. 종합행정

지방행정은 주민들의 행정수요를 충족시키고 지방문제를 해결하는 것을 목표로 하는 행정이다. 먼저, 지방행정은 주민들의 일상생활과 관련된 사무와 주민복지 증진과 관련된 사무를 처리하는 생활행정이다. 이처럼 지방행정은 지방 내에서 발생되는 다양한 행정수요에 대응하여야 하는 포괄적이고 종합적인 행정이다. 또한 지방문제는 다른 지방의 문제와 얽혀 있는 경우가 많고, 설령 다른 지방의 문제와 얽혀 있지 않다고 하더라도 해당 지방자치단체 내의 다른 문제들과 복잡하게 연관되어 있는 경우가 많다. 따라서 지방문제는 단선적이고 일방향적이 아니라 복잡하고 종합적인 특성을 지니고 있다고 해도 과언이 아니다. 예를 들어, 대부분의 지방자치단체들이 가장 큰 관심을 가지고 있는 지역경제문제만 하더라도, 지역 고유의 산업 육성, 유동자본 유치, 지역마케팅 실시, 초국적기업의 유치, 지역환경과의 적절한 조합, 주민들의 불평등 감소, 사회간접자본 구축 등을 포함하는 복잡한 문제이다.

이처럼 지방행정이 다루어야 하는 행정수요와 지방문제는 복잡하고 다원적이며 종합적인 특징을 지니기 때문에, 한 가지 지식 혹은 견해만으로는 소기의 목적을 달성하기 어렵다. 그렇기 때문에 지방행정론이나 행정학뿐만 아니라 인접 학문 분야의 이론과 지식을 수용하고 활용할 때 행정수요와 지방문제가 제대로 분석될 수 있고, 이를 해결하는 효과적인 방안이 도출될 수 있다. 따라서 지방행정은 학제적 접근(inter-disciplinary approach)[1] 또는 융·복합적 접근을 필요로 한다.

4. 실천행정

지방행정은 지방자치단체가 처해 있는 현실적 문제를 해결하는 실천적인 공적 활동이다. 지방행정은 순수한 기초과학을 추구하는 분야가 아니라 다양한 분야의 학문과 지식을 바탕으로, 지방에서 발생하는 여러 현상들과 문제들을 객관적·논리적·체계적으로 이해·설명·예측하고, 이를 바탕으로 지역문제들을 해결하고자 하는 목적

1) 학제적 접근이란 학문 간의 경계를 아우르는 접근, 즉 특정 학문을 대표하는 기존 접근방법의 경계를 없애고, 관련된 여러 학문의 협력에 의해 접근하는 방법을 말한다.

을 가진다. 즉, 지방행정은 지방에서 발생되는 현상들과 문제들을 객관적이고 논리적으로 분석한다는 측면에서는 과학(science)적 특성을 지니고 있지만, 현실적인 지역문제를 개선하고 해결한다는 측면에서는 기술적 · 실천적 · 처방적인 공적 활동이라 할 수 있다. 지방행정은 지방행정전문가들과 지방행정실무자들이 현실의 지방문제들을 분석하고 해결하기 위해 다양한 대안들 중에서 의식적이고 합리적으로 대안을 선택하는 전문적인 실천행정이다.

5. 일선행정

지방행정은 일선행정적 특징을 보인다. 일선행정이란 정부정책을 최종적으로 처리하는 현장에서 수행되는 행정이고, 주민들과 지속적으로 접촉하면서 주민생활에 직접적인 영향을 미치는 행정을 의미한다(김천권, 2014: 152-156; Lipsky, 1980). 립스키(Lipsky, 1980)에 의하면, 일선행정은 정책과정의 최종적인 과정에서 정책대상집단과 직접적으로 상호작용하면서 업무와 관련하여 상당한 재량을 보유하는 공무원이나 진행 요원이 수행하는 행정을 말한다. 지방행정의 일선행정적 특징에 대해 살펴보면 다음과 같다.

첫째, 지방행정은 일선관료에 속하는 지방공무원들이 주민과 직접 대화하고, 정책을 직접 주민에게 집행하며, 그들의 요구를 현장에서 직접 처리하고, 일상생활에 직접 영향력을 행사하는 행정이다(오세홍, 1988: 151). 중앙정부에서 결정한 정책이든 혹은 지방자치단체에서 결정한 정책이든 간에, 정책의 목적은 정책대상자가 원하는 것을 가능한 한 민주적이고 효율적이며 형평성 있게 제공하는 것이다. 그런데 정책결정자들이 인식하는 것과 정책대상자인 주민들이 인식하는 것에는 차이가 있을 수 있다. 이러한 차이를 좁히기 위해서 주민들과 직접적인 상호작용을 통해 주민들의 요구와 불편을 파악하는 역할이 중요하다. 지방행정은 주민들과 일상적으로 접촉하면서 대화를 통해 의견을 청취하고, 이를 바탕으로 지방정책을 결정 · 집행하는 특징을 가진다.

둘째, 지방행정은 대상집단(자)에게 제재를 가하거나 혹은 혜택을 제공하는 과정에서 지방공무원들에게 상당한 재량권을 부여하는 행정이다. 정책을 심의하고 결정하는 역할을 수행하는 사람들은 선출직 공무원이나 고위관료들이지만, 다양하고 복잡한 일선 업무환경 속에서 공공서비스를 전달하면서 상당한 재량권을 행사하고 주민들의 일상생활에 많은 영향을 미치는 사람은 일선관료이다(김천권, 2014: 153-154). 재량권을 줄이지 못하는 이유는 법규가 일일이 예견하지 못하는 너무나 복잡한 상황에서 일하기 때문이고, 또한 집행 단계에서 인간적인 상황을 고려해야 하기 때문이다(Lipsky, 1980).

셋째, 지방행정은 현장에 대한 전문성과 경험을 중시한다. 지방행정은 정형화된 단순 업무를 담당하는 것이 아니라, 고도로 분업화된 조직구조 속에서 주민들의 다양한 요구, 현실적 상황, 현장의 복잡한 요인들을 분석해야 하기 때문에 고도의 전문성과 경험을 요구한다(오세홍, 1988: 151).

알아두면 좋아요

1. 지방행정은 사회변화에 효과적이고 유연하며 신속하게 대응하고, 지방의 장점을 살리는 지방정책을 결정·집행하며, 주민의 수요에 부응하는 지방정책을 실시하고, 정체성을 확보하며, 복지사회를 구현하는 데 주도적 역할을 하기 때문에 중요하다.
2. 지방행정의 특징으로는 지역행정적 특징, 자치행정적 특징, 종합행정적 특징, 실천행정적 특징, 일선행정적 특징을 들 수 있다.

논 의

1. 지방행정의 중요성을 설명하시오.
2. 지방행정의 특징을 설명하시오.

제 7 장 지방공무원제도

제 1 절 지방공무원제도와 지방공무원

1. 지방공무원제도의 의의

'제1장 사회변화와 지방'에서 살펴보았듯이 세계화, 정보지식화, 지방화가 진행되면서 지방의 중요성은 점차 증대되고 있다. 즉, 종래에는 국가경쟁력이 지방경쟁력을 결정하는 중요한 요인이었으나, 위와 같은 거대한 사회변화를 거치면서 최근에는 지방경쟁력이 국가경쟁력을 결정하는 중요한 요인이 되었다. 이처럼 지방의 발전은 국가의 발전을 위해서도 매우 중요한 역할을 수행하기 때문에 지방의 발전을 위한 다양한 노력이 필요하다. 그러한 노력들 중에 지방공무원의 역량을 함양시키는 것은 매우 중요하다.

과거 절대군주시대의 관료는 군주에 대하여는 신분적으로 예속되었으나, 국민에 대하여는 절대군주의 권력을 배경으로 국민 위에 군림하는 특권 계급이었다. 따라서 이 시기에는 봉사자라는 관념이 싹틀 수 없었다. 시민혁명을 계기로 성립된 근대 시민국가에서는 의회를 통해 표명된 시민의 의사를 충실히 실천하는 봉사자가 될 것을 관료들에게 요구하였다. 그러나 이때의 시민은 오늘날처럼 전체 시민이 아닌 소위 부와 교양을 지닌 일부 계층을 의미한다. 20세기 현대 민주국가에 와서 보통 · 평등선거에 따른 대중민주정치의 실시로 공무원의 봉사대상도 전체 국민으로 확대되었다. 이에 따라, 「대한민국헌법」 제7조 제1항과 「지방공무원법」 제51조에서 "공무원은 국민 전체에 대한 봉사자"라고 규정하고 있다.

지방공무원제도의 근간이 되는 「지방공무원법」은 지방자치단체에서 근무하는 공무원에게 적용할 인사행정의 기준을 확립하여 지방행정을 민주적이고 효율적으로 운영하는 것을 목적으로 하여 제정된 법률이다(동법 제1조). 지방행정을 둘러싼 환경이 지속적으로 변함에 따라 여러 차례의 개정을 거쳤으며, 특히 지방자치를 실시함에 따라 「지방공무원법」에도 큰 변화가 있었다. 이 법률은 지방공무원의 구분, 인사위원회, 지방공무원소청심사위원회, 직위분류제, 임용과 시험, 보수, 복무, 신분보장, 권익보장, 징계, 지방공무원의 훈련, 제안제도, 국가공무원과의 교류 등에 관하여 규정하고 있다.

2. 지방공무원의 종류

국가공무원과 지방공무원은 임용 주체, 행정 주체, 경비부담 주체 등에 의해 구분해볼 수 있다(임승빈, 2016: 202-203). 지방공무원은 임용 주체의 관점에서 보면 지방자치단체에 의해 임용되는 공무원이고, 행정 주체의 관점에서 보면 지방자치단체의 자치사무를 담당하는 공무원이며, 보수를 포함한 경비의 부담 주체의 관점에서 보면 지방자치단체가 그 경비를 부담하는 공무원이다. 그러나 중앙정부가 임용하는 국가공무원 중에서 지방자치단체에 근무하는 국가공무원이 항상 국가사무만을 수행하는 것도 아니고, 지방자치단체가 임용하는 지방공무원이 항상 자치사무만을 수행하는 것도 아니다. 이러한 관점에서 우리나라의 「지방공무원법」에서는 지방자치단체가 경비를 부담하는 공무원을 지방공무원으로 규정하고 있다(제2조 제1항).

지방공무원은 지방자치단체로부터 보수를 포함한 경비를 받고, 주민생활과 직접 관련이 있는 자치사무를 수행하는 의무를 지며, 「지방공무원법」의 적용을 받는다. 지방공무원의 종류를 살펴보면 다음과 같다(지방공무원법 제2조).

1) 경력직공무원

경력직공무원은 실적과 자격에 따라 임용되고, 신분이 보장되며, 평생 동안 공무원으로 근무할 것이 예정되는 공무원이다. 다만, 근무기간을 정하여 임용하는 공무원의 경우에는 그 기간 동안 근무할 것이 예정된다. 경력직공무원은 다음과 같이 일반직공무원과 특정직공무원으로 나누어진다.

(1) 일반직공무원

일반직공무원은 일반 행정, 기술 또는 연구 업무를 담당하는 공무원으로서 직군과 직렬로 분류된다. 지방자치단체에 근무하는 경력직공무원 중에서 특정직공무원을 제외한 모든 공무원을 말한다. 지방자치단체에서 일선행정을 담당하는 지방공무원들은 일반직공무원으로 볼 수 있다. 일반직공무원은 1급부터 9급까지의 계급으로 구분하며, 직군(職群)과 직렬(職列)별로 분류한다(동법 제4조 제1항).

(2) 특정직공무원

특정직공무원은 공립 대학 및 전문대학에 근무하는 교육공무원, 교육감 소속의 교육전문직원, 자치경찰공무원과 그 밖의 특수 분야에서 업무를 담당하는 공무원으로서, 다른 법률에서 특정직공무원으로 지정하는 공무원을 말한다.

2) 특수경력직공무원

특수경력직공무원이란 경력직공무원 외의 공무원을 말하며, 정무직공무원과 별정직공무원으로 분류된다. 특수경력직공무원은 임용에 있어서 실적과 자격을 반드시 요구하지 않고, 신분이 보장되지 않으며, 계속 공무원으로 근무할 것으로 예정되지 않는 공무원이다.

(1) 정무직공무원

정무직공무원은 선거에 의해서 취임한 공무원, 임명에 지방의회의 동의가 필요한 공무원 또는 고도의 정책결정업무를 담당하거나 이러한 업무를 보조하는 공무원으로서, 법령 또는 조례에서 정무직으로 지정하는 공무원이다. 선거에 의해 취임하는 공무원은 지방의회의원, 지방자치단체장, 시・도교육감이다. 그리고 현재 법령 또는 조례에서 지정하는 지방직 정무직공무원으로는 서울특별시 정무부시장 1인이 있다.

(2) 별정직공무원

별정직공무원은 비서관・비서 등 보좌업무 등을 수행하거나 특정한 업무를 담당하기 위하여 별도의 자격기준에 의하여 임용되는 공무원으로서, 법령에서 별정직으로 지정하는 공무원이다. 서울시를 제외한 15개의 시·도 정무부지사는 별정직 공무원(1급 상당)에 해당된다. 별정직공무원은 일반직공무원의 계급 구분과 유사하게 분류되고 있으나 실적주의에 의한 인사관리의 적용을 받지 않으며, 또한 신분보장과 관련된 제도도 적용되지 않는다. 별정직공무원의 임용조건, 임용절차, 근무 상한연령, 그 밖에 필요한 사항은 대통령령 또는 조례로 정한다.

용어 해설(지방공무원법 제5조)

- 직위(職位): 1명의 공무원에게 부여할 수 있는 직무와 책임을 말한다.
- 직급(職級): 직무의 종류·곤란성과 책임도가 상당히 유사한 직위의 군(群)을 말하며, 같은 직급에 속하는 직위에 대하여는 임용자격·시험, 그 밖의 인사행정에서 동일한 취급을 한다.
- 정급(定級): 직위를 직급에 배정하는 것을 말한다.
- 강임(降任): 같은 직렬 내에서 하위 직급에 임명하거나 하위 직급이 없어 다른 직렬의 하위 직급에 임명하는 것을 말한다.
- 전직(轉職): 직렬을 달리하여 임명하는 것을 말한다.
- 전보(轉補): 같은 직급 내에서의 보직변경을 말한다.
- 직군(職群): 직무의 성질이 유사한 직렬의 군을 말한다.
- 직렬(職列): 직무의 종류가 유사하고, 그 책임과 곤란성의 정도가 다른 직급의 군을 말한다.
- 직류(職類): 같은 직렬 내에서 담당 분야가 같은 직무의 군을 말한다.
- 직무등급: 직무의 곤란성과 책임도가 상당히 유사한 직위의 군을 말한다.

제 2 절 지방공무원의 인사관리

1. 지방인사기관

1) 임용권자

지방공무원에 대한 임용권, 즉 임명・휴직・면직・징계에 관한 권한은 지방자치단체장(특별시・광역시・도・특별자치도의 교육감 포함)과 지방의회 의장(시・도의회의 의장 및 시・군・자치구 의회의 의장)에게 있다(지방공무원법 제6조 제1항). 지방공무원에 대한 임용권자는 그 권한의 일부를 그 지방자치단체의 조례에 따라 보조기관, 그 소속 기관의 장, 지방의회의 사무처장・사무국장・사무과장에게 위임할 수 있다(동법 동조 제2항).

2) 지방인사위원회

(1) 구성

지방자치단체는 임용권자별로 인사위원회를 둘 수 있고, 임용권을 위임받은 자는 인사위원회를 설치할 수 없지만 임용권을 위임받은 자 중에서 시의 구청장과 지방자치단체의 장이 필요하다고 인정하는 소속 기관의 장은 인사위원회를 둘 수 있으며, 특별시장・광역시장・특별자치시장・도지사・특별자치도지사 또는 교육감 소속으로 인사위원회를 두는 경우에는 필요하면 제1인사위원회와 제2인사위원회를 둘 수 있다(동법 제7조 제1항). 인사위원회는 16명 이상 20명 이하의 위원으로 구성되지만, 지방의회 의장 소속 인사위원회와 임용권을 위임받은 기관에 두는 인사위원회와 해당 지방자치단체의 인구 수, 위원 선정의 어려움 등을 고려하여 대통령령으로 정하는 지방자치단체에 두는 인사위원회는 7명 이상 9명 이하의 위원으로 구성할 수 있다(동법 동조 제2항). 시・도에 복수의 인사위원회를 두는 경우 제1인사위원회의 위원과 제2인사위원회의 위원은 겸직할 수 없으나, 인사를 담당하는 국 또는 이에 상당하는 보조기관의 장의 경우에는 겸직이 가능하다(동법 동조 제4항).

지방인사위원회 위원이 될 수 있는 사람은 해당 지방자치단체의 공무원(국가공무원 포함)과 아래에 해당되는 사람으로서 인사행정에 관한 학식과 경험이 풍부한 사람 중에서 지방자치단체장이 임명하거나 위촉하되, 위원의 자격요건에 관하여 필요한 사항은 대통령령으로 정하며, 시험위원은 시험실시기관의 장이 따로 위촉할 수 있다(동법 동조 제5항).

- 법관·검사 또는 변호사 자격이 있는 사람
- 조교수 이상의 대학교수 혹은 초등학교·중학교·고등학교에 재직하는 교장 또는 교감
- 공무원(국가공무원 포함)으로서 20년 이상 근속한 퇴직자
- 비영리민간단체에서 10년 이상 활동하고 있는 지역 단위 조직의 장
- 상장법인의 임원 또는 공기업의 지역 단위 조직의 장으로 근무하고 있는 사람

인사위원회를 구성할 경우에는 위에서 열거된 위촉위원이 전체 위원의 1/2 이상이어야 한다(동법 동조 제3항). 위원의 임기는 3년이고 한 번만 연임이 가능하다(동법 동조 제7항).

지방인사위원회의 위원장과 부위원장은 다음과 같이 구성된다(동법 제9조 제1항~제4항). 인사위원회에 위원장·부위원장 각 1명을 두며, 위원장은 시·도의 국가공무원으로 임명하는 부시장·부지사·부교육감, 시·도의회의 사무처장, 시·군·자치구의 부시장·부군수·부구청장, 시·군·구의회의 사무국장 또는 사무과장이 되고, 부위원장은 해당 인사위원회에서 호선(互選)한다. 다만, 임용권을 위임받은 기관에 두는 인사위원회의 위원장과 부위원장은 해당 인사위원회에서 호선한다. 시·도에 복수의 인사위원회를 두는 경우 제1인사위원회의 위원장은 위와 같고, 제2인사위원회의 위원장은 「지방자치법」 제123조 제6항에 따라 특정 지역의 사무를 담당하는 부시장·부지사 또는 인사를 담당하는 국장이 된다. 인사위원회의 위원장은 인사위원회를 대표하며, 인사위원회의 사무를 총괄한다. 부위원장은 위원장을 보좌하며, 위원장이 부득이한 사유로 직무를 수행할 수 없을 때에 그 직무를 대행한다.

(2) 기능

지방인사위원회의 기능은 아래와 같고, 이 기능을 수행하는 과정에서 필요하다고 인정하면 임용권자에게 관계 서류의 제출을 요구할 수 있다(지방공무원법 제8조 제1

항, 제2항, 제4항).

- 공무원 충원계획의 사전심의와 각종 임용시험의 실시
- 보직관리 기준과 승진 · 전보임용 기준의 사전의결
- 승진임용의 사전심의
- 공무원의 징계 의결 또는 징계부가금 부과 의결
  이와 관련된 사무를 처리하기 위해 사실 조사와 증인의 증언을 요구할 수 있고, 징계 의결에 관한 절차는 대통령령으로 정함
- 공무원의 임용 · 교육훈련 · 보수 등 인사와 관련된 조례안과 규칙안의 사전심의
- 임용권자의 인사운영에 대한 개선 권고
- 그 밖에 법령 또는 조례에 따라 인사위원회 관장에 속하는 사항

3) 소청심사위원회

(1) 소청심사제도의 기능

소청심사제도는 공무원이 자신의 의사에 반하는 불리한 처분이나 부작위에 대하여 이의를 제기하는 경우 이를 심사 · 결정하는 특별행정심판제도이다. 공무원의 의사에 반하는 불리한 처분이란 징계처분, 강임, 직위해제, 직권면직 등 신분상 불리한 처분을 의미한다. 부작위는 마땅히 해야 할 것으로 기대되는 일정한 행위를 하지 않는 것을 말한다. 이 제도는 인사상 위법 혹은 부당한 처분에 대한 구제라는 기능을 통하여 공무원의 신분을 보장함으로써 다음과 같은 목적을 추구한다.

- 직업공무원제도의 확립에 긍정적으로 기여(직접적 목적)
- 행정의 자기통제 효과를 도모(간접적 목적)

(2) 소청심사위원회의 구성

소청을 심사 · 결정하기 위하여 시 · 도에 임용권자별로(임용권을 위임받은 자 제외) 지방소청심사위원회와 교육소청심사위원회를 설치할 수 있다(동법 제13조). 소청심사위원회는 다음과 같이 구성된다(동법 제14조 제1항, 제2항, 제3항). 소청심사위원

회는 16명 이상 20명 이하의 위원으로 구성하면서, 아래의 위촉위원 중에서 재직 중인 법관 · 검사 · 변호사와 법률학을 담당하는 부교수 이상의 대학교수가 전체 위원의 1/2 이상이 되어야 하고, 위원은 아래의 사람 중에서 시 · 도지사 또는 교육감이 임명하거나 위촉하며, 위원의 임기는 2년이지만 연임할 수 있다.

- 재직 중인 법관 · 검사 · 변호사
- 법률학을 담당하는 부교수 이상의 대학교수
- 시 · 도지사 또는 교육감 소속 국장급 이상 공무원
- 시 · 도의회의 의장 소속 과장급 이상 공무원

소청심사위원회 위원장의 자격 기준과 업무는 다음과 같다(동법 제15조 제1항, 제2항, 제3항). 소청심사위원회는 위원장 1명을 두며, 위원장은 위에서 열거한 심사위원회 위촉위원 중 공무원이 아닌 위원 중에서 호선한다. 위원장은 심사위원회를 대표하고, 심사위원회의 사무를 총괄한다. 위원장이 부득이한 사유로 직무를 수행할 수 없을 경우에는 위원장이 미리 지정한 위원이 위원장 직무를 대행한다.

소청심사위원회의 회의는 위원장과 시 · 도지사 또는 교육감이 회의마다 지정하는 6명의 위원으로 구성하되, 위의 위촉위원 중에서 재직 중인 법관 · 검사 · 변호사와 법률학을 담당하는 부교수 이상의 대학교수가 5명 이상이 되어야 한다(동법 제14조 제4항). 위원 중 공무원이 아닌 위원은 그 직무상 행위와 관련하여 「형법」이나 그 밖의 법률에 따른 벌칙을 적용할 때 공무원으로 본다(동법 동조 제6항).

(3) 소청심사위원회의 심사

소청심사위원회의 심사와 관련된 내용은 다음과 같다(동법 제17조, 제18조). 소청심사위원회는 정당한 절차에 따른 소청에 대해서는 지체 없이 심사하여야 하고, 필요하다면 사실 조사, 증인에 대한 소환 · 질문 · 서류제출 등을 명할 수 있다. 소청심사위원회가 소청사건을 심사하기 위하여 심사 관련 공무원을 증인으로 소환하면 해당 기관의 장은 이에 따라야 한다. 소청심사위원회는 소청인 또는 그 대리인에게 진술할 기회를 주어야 하며, 진술할 기회를 주지 아니한 결정은 무효로 한다.

소청심사위원회의 결정과 관련된 규정은 다음과 같다(동법 제19조 제1항, 제3항). 공무원이 아닌 위원 5명 이상을 포함하여 회의마다 지정하는 6명의 위원 중의 2/3 이

상의 출석과 출석위원 과반수의 합의에 따른다. 소청심사위원들 간에 의견이 나누어진 경우에는 출석위원 과반수에 이를 때까지 소청인에게 가장 불리한 의견에 차례로 유리한 의견을 더하여 그 중에서 가장 유리한 의견을 합의된 의견으로 본다. 소청심사위원회의 위원은 위원회에 계류된 소청사건의 증인이 될 수 없으며, 아래와 같은 소청사건의 심사・결정에서 제척된다.

- 위원 본인과 관계있는 사항
- 위원 본인과 친족이거나 친족이었던 사람과 관계있는 사항

2. 지방공무원 임용

지방공무원의 임용은 기본적으로 실적주의 원칙에 따르고 있다. 다만, 지방자치단체장은 대통령령으로 정하는 바에 따라 장애인, 이공계 전공자, 저소득층 등에 대해서는 인사관리상의 혜택을 제공하는 정책과 양성평등을 실질적으로 실시하는 정책을 적극적으로 추진할 수 있다. 우리나라는 임용을 신규임용, 승진임용, 전직(轉職), 전보, 겸임, 파견, 강임(降任), 휴직, 직위해제, 정직, 강등, 복직, 면직, 해임 및 파면으로 규정함으로써(지방공무원임용령 제2조 제1항), 임용에 대한 정의를 매우 광범위하게 내리고 있다. 여기에서는 신규임용, 특별임용, 시보임용, 승진임용에 대해 살펴보기로 한다.

1) 신규임용

지방공무원은 공개경쟁임용시험을 통해 신규임용되는 것이 원칙이다. 임용시험은 동일한 자격을 가진 모든 국민에게 평등하게 공개하여야 하며, 시험의 시기와 장소를 결정할 때는 응시자의 편의를 고려하여야 한다. 각종 시험의 수험자격은 대통령령으로 정한다. 지방공무원 신규임용과 관련된 주요 사항은 다음과 같다(지방공무원법 제32조~제37조).

(1) 신규임용시험과 임용후보자 명부

신규임용시험의 실시는 다음의 원칙에 따른다.

- 5급 이상 공무원의 각종 임용시험은 대통령령으로 정하는 기관에서 실시한다.
- 6급 · 7급과 계급 · 직군 · 직렬의 분류가 적용되지 않는 공무원의 신규임용시험은 해당 시 · 도인사위원회에서 실시한다.
- 8급 · 9급 공무원의 신규임용시험은 해당 지방자치단체의 인사위원회에서 실시한다.
- 임용 관련 자격증 소지자의 경력경쟁임용시험은 시 · 도인사위원회에서 실시한다.
- 임용권자는 신규임용후보자가 없거나 인사행정 운영상 특히 필요하다고 인정되면, 그 직위의 신규임용시험에 상응하는 국가, 다른 지방자치단체 또는 해당 지방자치단체의 다른 기관의 시험에 합격한 사람을 임용할 수 있다.
- 시 · 도의회의 의장 또는 시장 · 군수 · 자치구청장은 우수 인력의 확보 또는 시험관리상 필요하다고 인정하면, 시 · 도지사 소속 인사위원회에 시험 실시를 위탁할 수 있다.
- 시 · 군 · 자치구의회의 의장은 우수 인력의 확보 또는 시험관리상 필요하다고 인정하면, 시 · 도지사 소속 인사위원회, 시 · 도의회의 의장 소속 인사위원회 또는 시장 · 군수 · 자치구청장 소속 인사위원회에 시험의 실시를 위탁할 수 있다.
- 공개경쟁신규임용시험은 임용할 예정인 직급 · 직위, 시험응시자격, 선발예정인원, 시험의 방법 · 시기 · 장소 등에 관하여 필요한 사항을 대통령령으로 정하는 바에 따라 공고하여야 한다.
- 결원을 보충할 경우 필요하면 근무예정지역 또는 근무예정기관을 미리 정하여 공개경쟁신규임용시험을 실시할 수 있고, 이 경우 그 시험에 의해 임용된 공무원은 대통령령으로 정하는 기간 동안 해당 근무지역 또는 근무기관에 근무하여야 한다.
- 지방자치단체장과 지방의회 의장은 각각 해당 인사위원회에서 실시한 신규임용시험에 합격한 사람을 대통령령으로 정하는 바에 따라 신규임용후보자 명부에 등재하여야 하고, 그 명부는 누구든지 열람할 수 있게 하여야 한다.
- 공무원 공개경쟁임용시험에 합격한 신규임용후보자 명부의 유효기간은 2년의 범위에서 대통령령으로 정하고, 시험실시기관의 장은 필요하면 1년의 범위에서 그 기간을 연장할 수 있다.

(2) 신규임용 방법

신규임용의 방법은 다음과 같다(동법 제37조).

- 신규임용후보자 명부를 작성한 지방자치단체장 또는 지방의회 의장이 그 명부에 등재된 자 중에서 공무원을 신규임용할 때에는 신규임용후보자 명부의 최고 순위자부터 3배수의 범위에서 임명하여야 한다
- 임용권의 위임을 받은 자, 시험의 실시를 위탁한 지방의회 의장 또는 시장・군수・자치구청장이 공무원을 신규임용할 때에는 신규임용후보자 명부를 작성한 지방자치단체장 또는 지방의회 의장에게 임용후보자의 추천을 요청하여야 한다.
- 시장・군수・구청장, 시・군・자치구의회 의장 및 임용권의 위임을 받은 자가 5급 공무원을 신규임용할 때에는 신규임용후보자 명부를 작성한 시・도지사, 시・도의회의 의장 또는 교육감에게 임용후보자의 추천을 요청하여야 한다.
- 추천을 요청 받은 자는 지체 없이 신규임용후보자 명부에 등재된 사람 중에서 그 순위에 따라 직위별로 3배수의 범위에 해당하는 임용후보자를 추천하여야 한다.
- 임용권자는 추천받은 임용후보자 중에서 선택하여 임용하고, 그 결과를 추천받은 날부터 7일 이내에 추천자에게 알려야 한다.
- 임용후보자가 아래의 사항에 해당하면 임용후보자로서의 자격을 잃는다.
  - 임용권자의 임용에 따르지 아니한 경우
  - 시보공무원이 될 사람에 대한 교육훈련에 따르지 아니한 경우
  - 훈련성적이 나쁘거나 본인의 귀책사유로 교육훈련을 계속 받을 수 없게 되는 등 공무원으로서 직무를 수행하기 곤란하다고 판단하는 경우. 이 경우, 구체적인 사유 및 절차 등에 필요한 사항은 대통령령으로 정한다.

2) 특별임용

아래와 같은 경우에는 응시요건을 정하여 같은 사유에 해당하는 다수인을 대상으로 경력경쟁임용시험을 통하여 특별임용할 수 있다(동법 제27조 제2항).

- 지방자치단체의 폐지 · 설치 · 분할 · 통합, 직제와 정원의 개정 · 폐지, 예산의 감소 등으로 퇴직하거나 혹은 신체 · 정신상의 장애로 장기요양이 필요하여 휴직을 명받은 후 휴직기간 만료로 퇴직한 경력직공무원을 퇴직한 날부터 3년(「공무원 재해보상법」에 따른 공무상 부상 또는 질병으로 인한 휴직의 경우는 5년) 이내에 퇴직 시에 재직한 직급의 경력직공무원으로 재임용하는 경우 또는 경력직공무원으로 재직하던 중 특수경력직공무원이나 다른 종류의 경력직공무원이 되기 위하여 퇴직한 사람을 퇴직 시에 재직한 직급의 경력직공무원으로 재임용하는 경우
- 공개경쟁임용시험을 통한 임용이 부적당한 경우 해당 직무 자격증 소지자
- 임용예정 직급 · 직위와 동일한 직급 · 직위에서 근무한 경력 또는 임용예정 직급 · 직위에 상응하는 근무 기간이나 연구 경력이 대통령령으로 정하는 기간 이상인 사람
- 임용예정직과 관련된 특수목적을 위해 설립된 학교(대학원 포함) 중 대통령령으로 정하는 학교의 졸업자로서, 국가기관 또는 지방자치단체에서 실무수습을 마친 사람
- 1급 공무원 임용
- 공개경쟁임용시험으로 결원을 보충하기 곤란한 특수한 직무 분야나 직무환경에서 근무할 사람 또는 섬, 외딴 곳 등 특수한 지역에 근무할 사람
- 동일한 직급 · 직위에 근무하고 있는 국가공무원
- 임용예정직과 관련된 실업계 · 예능계 · 사학계(史學系)의 고등학교 · 전문대학 · 대학 · 대학원의 학과 중에서 대통령령으로 정하는 학과 졸업자로서 교육부 장관 또는 행정안전부 장관이 정하는 바에 따라 연구 또는 기술직렬 공무원으로 해당 학교장의 추천을 받은 사람
- 대통령령으로 정하는 임용예정직과 관련된 과학기술 분야 및 이에 준하는 특수전문 분야의 연구경력이나 근무경력이 있는 사람
- 학업 성적 등이 뛰어난 고등학교 이상 졸업자나 졸업 예정자를 추천 · 선발하여 3년의 범위에서 수습으로 근무하게 하고, 그 근무기간 동안 근무성적과 자질이 우수하다고 인정되는 사람 또한 각급 학교(기능대학과 학위과정이 설치된 교육기관 포함)에서 장학금을 받고 졸업한 사람(일정한 의무복무 기간 부과)
- 외국어에 능통하고 국제적 소양과 전문지식을 지닌 사람

• 연고지 혹은 지역적 특수성을 고려하여 해당 지역에 소재하는 기관에 임용이 필요한 경우 그 지역에 거주하는 사람
• 귀화 허가를 받아 대한민국 국적을 취득한 사람 또는 북한에 주소, 직계가족, 배우자, 직장 등을 두고 있는 사람으로서, 북한을 벗어난 후 외국 국적을 취득하지 아니한 북한이탈주민

3) 시보임용

5급 공무원을 신규임용하는 경우에는 1년 간, 그리고 6급 이하 공무원을 신규임용하는 경우에는 6개월 간 시보로 임용하고, 그 기간의 근무성적 · 교육훈련성적 · 자질을 고려하여 정규 공무원으로 임용한다. 다만, 대통령령으로 정하는 경우에는 시보임용을 면제하거나 그 기간을 단축할 수 있다. 휴직 기간, 직위해제 기간 및 징계에 따른 정직 또는 감봉처분을 받은 기간은 시보임용 기간에 산입하지 않는다. 시보임용 기간 중의 공무원이 근무성적 · 교육훈련성적이 나쁘거나 혹은 이 법이나 이 법에 의한 명령을 위반하여 공무원으로서 자질이 부족하다고 판단되는 경우에는 면직할 수 있다. 이 경우, 구체적인 사유 및 절차 등에 필요한 사항은 대통령령으로 정한다(동법 제28조).

4) 승진임용

승진은 현재 담당하고 있는 직무보다 책임과 권한이 한층 무거운 상위의 직위로 이동하는 것을 의미한다. 일반적으로 승진은 권한과 책임의 증대뿐만 아니라 지위의 증대, 급여나 임금의 증가 등을 포함하기 때문에 공무원에게 동기를 부여하여 근로의욕을 증진시키고 공무원의 잠재능력을 발휘하는 기회를 제공하는 중요한 수단이 된다. 따라서 객관적이고 공정한 승진임용이 되도록 할 필요가 있다.

계급 간의 승진임용은 기본적으로 근무성적평정, 경력평정, 그리고 기타 능력의 실증에 따라 행한다. 다만, 1급부터 3급까지의 공무원으로의 승진임용은 능력과 경력 등을 고려한다. 5급 공무원 승진의 경우 승진시험을 거치도록 하되, 필요하다고 인정하면 대통령령으로 정하는 바에 따라 인사위원회의 의결을 거쳐 임용할 수 있다. 6급 이하 공무원의 승진임용의 경우, 필요하다고 인정하면 대통령령으로 정하는 바에 따

라 승진시험을 병용할 수 있다. 승진에 필요한 계급별 최저근무연수, 승진의 제한, 기타 승진에 필요한 사항은 대통령령으로 정한다(동법 제38조).

승진시험은 일반승진시험과 공개경쟁승진시험으로 구분되며, 승진시험에 필요한 사항은 대통령령으로 정한다(동법 제39조의2). 일반승진시험은 승진후보자 명부의 높은 순위에 있는 사람부터 차례로, 임용하려는 결원 또는 결원과 예상결원을 합한 총결원의 2배수 이상 5배수 이하 범위의 사람을 대상으로 실시한다. 합격자는 시험성적 점수와 승진후보자 명부에 의한 평정점수를 합산한 종합성적으로 결정된다. 공개경쟁승진시험은 5급 공무원으로의 승진에 한하여 실시하고, 지방자치단체 간 승진 기회의 균형을 유지하고 유능한 공무원을 발탁하기 위하여 필요한 경우에 실시하며, 시험성적으로 합격자를 결정한다.

다음에 해당되는 우수 공무원 등의 경우에는 특별승진임용을 적용할 수 있고, 특별승진임용의 요건과 기타 필요한 사항은 대통령령으로 정하며, 다만 6급 공무원에 대하여는 승진시험에 우선 응시하게 하거나 인사위원회의 승진 의결대상자로 할 수 있다(동법 제39조의3).

- 청렴하고 투철한 봉사정신으로 직무에 최선을 다하여 공정하게 공무를 수행하고, 깨끗한 공직사회를 구현하는 데에 귀감이 되는 사람
- 직무수행 능력이 탁월하여 행정발전에 큰 공헌을 한 사람
- 예산을 절감하는 등 행정 운영 발전에 뚜렷한 실적이 있는 사람
- 20년 이상 근속하면서 정년 전에 스스로 퇴직한 사람 혹은 지방자치단체의 폐지 · 설치 · 분할 · 통합, 직제와 정원의 개정 · 폐지, 예산의 감소 등으로 명예퇴직한 사람 중에서 재직 중 공적이 특히 뚜렷한 사람
- 재직 중 공적이 특히 뚜렷한 사람이 공무로 사망하였을 때

3. 인사교류

인사교류란 복수의 지방자치단체들 상호 간에 공무원을 수평적으로 이동하게 하는 것을 의미하는 것으로서, 지방자치단체들 간 행정인력의 균형된 배치와 협조체제 증진, 공무원들의 종합적 능력 향상과 사기 진작 등을 목적으로 하는 제도이다(임승빈, 2016: 228). 인사교류가 자유로운 형태를 교류형(program career)이라 하고, 제한된

형태를 비교류형(organization career)이라 한다. 우리나라는 교류형을 채택하고 있으며, 인사교류의 대표적인 내용은 다음과 같다(지방공무원법 제30조의2).

교육부 장관 또는 행정안전부 장관은 균형 있는 인력배치와 지방자치단체의 행정발전을 위하여 교육부 또는 행정안전부와 지방자치단체 간, 시·도를 달리하는 지방자치단체 간에 인사교류가 필요하다고 인정하면, 교육부 또는 행정안전부에 있는 인사교류협의회가 정한 인사교류 기준에 따라 인사교류안을 작성하여 해당 지방자치단체장 또는 지방의회 의장에게 인사교류를 권고할 수 있다. 이 경우, 해당 지방자치단체장 또는 지방의회 의장은 정당한 사유가 없으면 인사교류를 실시하여야 한다(동법 동조 제1항).

시·도지사 또는 시·도의회의 의장은 해당 시·도 또는 관할 구역의 시·군·구의 다른 기관 간, 해당 시·도와 관할 구역의 시·군·구 간, 관할 구역의 시·군·구 간, 해당 시·도 또는 관할 구역의 시·군·구와 교육·연구기관 또는 공공기관 간에 인사교류가 필요하다고 인정하면, 자신에게 소속된 인사교류협의회에서 정한 인사교류 기준에 따라 인사교류안을 작성하여 관할 구역의 지방자치단체장 등에게 인사교류를 권고할 수 있으며, 권고를 받은 지방자치단체장 등은 정당한 사유가 없으면 인사교류를 하여야 한다(동법 동조 제2항).

4. 직권면직

직권면직이란 지방공무원에게 일정한 사유가 발생했을 때 그의 의사와 관계없이 임용권자가 일방적 의사와 직권에 의하여 행하는 면직을 말한다. 지방공무원의 직권면직과 관련된 주요 사항은 다음과 같다(지방공무원법 제62조).

임용권자는 아래와 같은 직권면직의 사유가 발생하여 면직시킬 경우에는 미리 인사위원회의 의견을 들어야 한다. 다만, 직무수행 능력이 부족하거나 근무성적이 극히 나쁜 이유로 인해 직위해제된 이후 3개월 범위의 대기명령을 받은 사람이 그 기간 중 능력 또는 근무성적의 향상을 기대하기 어렵다고 인정되어 면직시킬 경우에는 해당 인사위원회의 동의를 받아야 하며, 시장·군수·자치구청장 소속 5급 이상 공무원은 시·도지사 소속 인사위원회의 동의를 받아야 하고, 시·군·자치구의회 의장 소속 5급 이상 공무원은 시·도의회 의장 소속 인사위원회의 동의를 받아야 한다. 임용권자는 직권면직의 사유가 발생함에 따라 소속 공무원을 면직시킬 때에는 임용 형태,

업무실적, 직무수행 능력, 징계처분 사실 등을 고려하여 면직기준을 정하여야 한다. 면직기준을 정하거나 면직대상자를 결정할 때에는 미리 해당 인사위원회의 의결을 거쳐야 한다. 임용권자가 지방공무원을 직권으로 면직시킬 수 있는 사유는 다음과 같다.

• 다음의 어느 하나에 해당하는 경우로서 직위가 없어지거나 과원[1])이 된 때
  – 지방자치단체의 폐지 · 설치 · 분할 · 통합
  – 직제와 정원의 개정 · 폐지
  – 예산의 감소
• 휴직기간 완료 혹은 휴직사유 소멸 후에도 직무에 복귀하지 않거나 직무를 감당할 수 없을 때
• 전직시험에서 3회 이상 불합격한 사람으로서 직무수행 능력이 부족하다고 인정될 때
• 정당한 이유 없이 병역판정검사 · 입영 · 소집 명령을 기피하거나 군복무를 위하여 휴직 중인 자가 군복무 중 군무를 이탈하였을 때
• 직무수행 능력이 부족하거나 근무성적이 극히 나쁜 이유로 인해 직위해제된 이후 3개월 범위의 대기명령을 받은 사람이 그 기간 중 능력 또는 근무성적의 향상을 기대하기 어렵다고 인정될 때
• 해당 직급 · 직위의 직무수행에 필요한 자격증의 효력이 상실되거나 면허가 취소되어 담당 직무를 수행할 수 없을 때

5. 직위해제

직위해제란 지방공무원으로서의 신분을 보유하면서 직무담임을 해제하는 것을 의미한다. 임용권자는 다음의 사항에 해당하는 사람에 대하여는 직위를 부여하지 아니할 수 있다(지방공무원법 제65조의3 제1항).

• 직무수행 능력이 부족하거나 근무성적이 극히 나쁜 자
• 파면 · 해임 · 강등 · 정직에 해당하는 징계의결이 요구되는 자

1) 과원은 정원 초과를 말한다.

- 형사사건으로 기소된 자(약식명령이 청구된 자는 제외)
- 감사원 및 수사기관에서 조사나 수사 중인 자로서 비위의 정도가 중대하고, 이로 인하여 정상적인 업무수행을 기대하기가 극히 어려운 자

임용권자는 위의 사유로 인해 직위를 주지 않을 때에는 미리 해당 인사위원회의 의견을 들어야 하며, 직위해제된 사람에게는 3개월의 범위에서 대기를 명하고, 대기명령을 받은 사람에게 능력 회복이나 근무성적의 향상을 위한 교육훈련 또는 특별한 연구과제의 부여 등 필요한 조치를 하여야 하며, 직위해제의 사유가 소멸되면 지체 없이 직위를 부여하여야 한다(동법 동조 제2항~제4항).

직위해제처분은 근로자로서의 지위를 그대로 존속시키면서, 다만 그 직위만을 부여하지 아니하는 처분이므로 만일 어떤 사유로 인하여 근로자를 직위해제한 후 그 직위해제 사유와 동일한 사유로 인해 징계처분을 하였다면, 뒤에 이루어진 징계처분에 의하여 그 전에 있었던 직위해제처분은 그 효력을 상실한다. 여기서 직위해제처분이 효력을 상실한다는 것은 소급하여 처음부터 직위해제처분이 없었던 것으로 되는 것이 아니다. 따라서 직위해제처분으로 인해 승진 · 승급 등에서 법률상 불이익을 받은 사람은 실효된 직위해제처분에 대한 구제를 신청하여야 한다.

6. 교육훈련

1) 의의

세계화, 정보지식화, 지방화라는 거대한 변화를 맞이하여 지방자치단체는 이에 능동적이고 적극적으로 대응하면서 지속적인 발전을 꾀하기 위해 지방경쟁력을 강화하고 있다. 지방경쟁력을 향상시키기 위해서는 무엇보다도 우수한 인재를 확보하고, 이들의 자질과 역량을 향상시키기 위한 노력이 지속적으로 전개되어야 한다. 즉, 지방자치단체의 모든 업무효과는 그것을 운영하는 공무원들에 의해 결정된다고 할 수 있기 때문에, 급속히 변화하는 행정환경에 대응하여 주민들에게 보다 좋은 행정서비스를 제공하기 위해서는 공무원의 능력발전을 위한 노력이 요구된다. 따라서 지방공무원을 대상으로 하는 교육훈련을 형식적이 아니라 실질적으로 실시하여 지방공무원의 역량과 전문성을 강화시켜야 한다. 교육훈련은 공무원이 행정서비스 제공자로서의

역할을 하는 것은 물론이고, 정책관리자, 혁신관리자, 갈등조정자로서의 역할을 수행할 수 있는 기반을 구축하는 데 초점을 맞추어야 한다. 모든 지방공무원이 교육훈련을 통하여 기대한 효과를 성취하는 것은 현실적으로 불가능하지만, 지방공무원의 능력이 지방경쟁력에 미치는 영향이 매우 크기 때문에, 교육훈련의 방법과 내용의 측면에서 전문화되고 발전적인 교육훈련의 필요성이 어느 때보다 크다고 할 수 있다. 이러한 필요성에 의해 실시되는 지방공무원의 교육훈련은 주민에 대한 봉사자로서의 공직윤리와 직무를 효율적으로 수행할 수 있는 역량을 지방공무원에게 함양하는 데 목적이 있다. 이를 위해서는 다음과 같은 조치가 요구된다.

첫째, 우수한 인재를 충원했더라도 현대 사회의 급속한 변화는 지방공무원이 스스로에게 요구되는 관리능력을 지속적으로 유지하기 어렵게 한다. 지방행정의 환경변화에 맞추어 지방공무원의 능력을 지속적으로 개발할 수 있는 교육훈련이 요구된다.

둘째, 변화하는 상황에 본질적으로 완벽하게 대응할 수 있는 지방공무원은 존재하기 어렵지만, 지방공무원의 능력은 의식적인 노력을 통하여 개발될 수 있다. 지방공무원의 능력개발은 자신은 물론 자신이 속해 있는 조직을 위하여 바람직하다. 따라서 지방공무원 개인과 조직은 실효성 있는 교육훈련의 필요성을 인식하고, 이에 적극적으로 임해야 한다(강성철 외, 2001).

셋째, 현행 지방공무원에 대한 교육훈련은 지방공무원의 능력과 사회 수요 간의 괴리를 좁히는 데 성공적이라고 단언하기 힘들다. 지방공무원의 교육훈련 수요를 충족시킬 시설, 이론 위주에서 탈피한 교육훈련, 양적이 아닌 질적인 교육훈련 등이 요구되고 있다(충북개발연구원, 2007: 1-2).

2) 교육훈련의 의무

지방자치단체장은 교육훈련을 실시할 책무가 있고, 지방공무원은 교육훈련을 받을 의무가 있다(지방공무원 교육훈련법 제3조~제7조).

지방자치단체장과 지방의회 의장은 소속 지방공무원의 교육훈련을 위하여 필요한 시책을 수립·시행하여야 한다. 교육부 장관 및 행정안전부 장관은 지방공무원에 대한 교육훈련의 발전을 위하여 지방자치단체와 지방공무원의 교육훈련기관에 필요한 지도와 지원을 하여야 한다.

모든 지방공무원은 근무능률과 대민봉사의 질을 향상하기 위하여 교육훈련을 성실하게 받아야 한다. 지방자치단체장과 지방의회 의장은 소속 지방공무원으로 하여금 대통령령으로 정하는 바에 따라 교육훈련을 받도록 하여야 한다.

지방자치단체장과 지방의회 의장은 소속 지방공무원의 체계적인 능력개발을 위하여 5년 단위의 교육훈련기본계획을 수립하여야 하고, 교육훈련기본계획에 따라 연도별 시행계획을 수립하고 추진하여야 한다. 교육훈련기본계획에는 다음 사항들이 포함되어야 한다.

- 교육훈련의 목표
- 중 · 장기 인력수요와 소속 지방공무원의 역량 분석
- 중 · 장기 교육훈련 수요 예측
- 교육훈련의 실시
- 교육훈련기관의 개선 · 발전
- 교육훈련에 관한 중 · 장기 투자계획
- 그 밖에 교육훈련을 위하여 필요한 사항

지방공무원은 대통령령으로 정하는 바에 따라 매년 자기개발계획을 수립하고, 일정 시간 이상의 교육훈련을 받아야 한다. 지방자치단체장과 지방의회 의장은 소속 지방공무원이 자기개발계획에 따라 교육훈련기관과 교육과정을 선택하여 교육훈련을 받을 수 있도록 지원하고, 소속 지방공무원에 대한 교육훈련시책의 수립과 추진을 총괄하는 교육훈련책임관을 임명하여야 한다.

3) 교육훈련의 종류

지방공무원을 포함한 우리나라의 모든 공무원은 담당 직무와 관련된 지식 · 기술 · 응용능력을 배양하기 위하여 법령이 정하는 바에 따라 교육훈련을 받고 있다. 교육훈련의 종류는 훈련받는 장소와 훈련분야에 따라 교육훈련기관 교육훈련, 위탁교육훈련, 직장교육훈련으로 구별된다.

(1) 교육훈련기관 교육훈련

교육훈련기관에서의 교육훈련은 다음과 같이 실시한다(동법 제8조).

광역자치단체장 소속 지방공무원, 시·도의회 의장 소속 지방공무원, 시장·군수·자치구청장 소속 지방공무원, 시·군·구의회 의장 소속 지방공무원에 대한 교육훈련은 광역자치단체장 소속으로 설치한 교육훈련기관, 즉 지방공무원교육원에서 실시한다.

지방공무원교육원을 설치하지 아니한 광역자치단체의 경우 해당 광역자치단체장 소속 지방공무원, 해당 시·도의회 의장 소속 지방공무원, 해당 광역자치단체 관할 구역의 기초자치단체장 소속 지방공무원, 해당 기초의회 의장 소속 지방공무원에 대한 교육훈련은 다른 광역자치단체장 소속의 지방공무원교육원에서 통합하여 실시한다. 통합교육훈련의 방법, 절차 등에 관하여 필요한 사항은 대통령령으로 정하는 바에 따라 관계 광역자치단체의 조례로 정한다.

5급 이상 지방공무원(5급 승진후보자 포함)에 대한 교육훈련 중 대통령령으로 정하는 교육훈련은 행정안전부 장관 소속으로 설치한 전문교육훈련기관에서 실시한다.

교육감 소속의 지방공무원에 대한 교육훈련은 대통령령으로 정하는 교육훈련기관에서 실시한다.

지방공무원교육원에서 실시하고 있는 교육훈련의 방법과 절차에 대한 주요 내용은 위와 같다. 교육훈련기관에서 주관하는 교육훈련은 목적과 대상을 기준으로 직급별 기본교육과 직무 분야별 전문교육으로 구분된다.

① 기본교육

기본교육은 신규채용후보자 혹은 신규채용자, 승진후보자 또는 승진된 자를 대상으로, 공무원으로서 필요한 능력과 자질을 배양할 수 있도록 실시하는 교육훈련이다.

② 전문교육

세계화, 정보지식화, 지방화가 빠르게 진행됨에 따라 지방행정을 둘러싼 환경이 변하고 행정수요도 다양하게 확대되고 있다. 이에 따라, 지방공무원의 담당 업무에도 많은 변화가 있을 수밖에 없다. 전문교육은 공무원이 현재 담당하고 있거나 담당할 직무분야에 필요한 전문적인 지식과 기술을 배양하는 교육훈련이다.

(2) 위탁교육훈련

필요한 경우 지방공무원은 위탁교육훈련을 받으며, 「지방공무원 교육훈련법」상의 위탁교육훈련과 관련된 사항은 다음과 같다(동법 제19조).

지방자치단체장과 지방의회의 의장은 국내·외 위탁교육훈련계획을 수립하여 소속 지방공무원을 국내·외 기관에 위탁하여 일정한 기간 교육훈련을 받게 할 수 있다.

교육부 장관과 행정안전부 장관은 지방공무원의 전문성과 자질 향상을 위하여 필요하다고 인정할 경우에는 대통령령으로 정하는 바에 따라 지방공무원에 대한 국내 위탁교육훈련계획을 수립하여 시행할 수 있다. 다만, 6급 이하 지방공무원에 대한 국내 위탁교육훈련계획은 해당 광역자치단체장, 해당 광역의회 의장, 해당 교육감이 수립하여 시행할 수 있다. 지방자치단체장은 교육훈련 중인 소속 지방공무원이 해당 교육훈련 목적을 달성할 수 있도록 대통령령으로 정하는 바에 따라 교육훈련 상황을 지도·감독하여야 한다.

교육훈련을 받은 지방공무원에게는 6년의 범위에서 대통령령으로 정하는 바에 따라 일정한 기간 복무의무를 부과할 수 있다. 교육훈련을 받은 지방공무원이나 교육훈련 중인 지방공무원이 지도·감독을 위한 지시 사항을 이행하지 아니하거나 부과된 복무의무를 이행하지 않을 경우에는 대통령령으로 정하는 바에 따라 본인에게 교육훈련에 든 경비의 전부 또는 일부의 반납을 명하거나, 본인이 반납하지 아니할 경우 그의 보증인(보증보험증권을 발행한 보험회사 포함)에게 보증채무의 이행을 청구할 수 있다.

(3) 직장교육훈련

직장교육훈련은 기관의 지휘·책임 하에 당해 기관별로 소속 공무원을 대상으로 실시하는 교육훈련으로서, 정부시책의 이해, 공직자로서의 소양과 자질 배양, 직무수행 능력 제고 등을 목적으로 한다. 「지방공무원 교육훈련법」상의 직장교육훈련과 관련된 사항은 다음과 같다(동법 제20조).

지방자치단체장과 지방의회 의장은 소속 지방공무원의 정신자세의 확립과 직무수행 능력의 향상을 위하여 직장훈련계획을 수립하고, 이에 따라 훈련을 실시하여야 한다. 또한 지방자치단체장과 지방의회 의장은 대통령령으로 정하는 바에 따라 소속 지방공무원에 대한 직장훈련 실시결과를 인사관리에 반영할 수 있다.

제 3 절 지방공무원제도의 문제점과 개선방안

1. 지방공무원제도의 문제점

1) 인사전담기구와 인사전문가 부족

일반적으로 인사전담기구는 일반행정가형과 인사전문가형으로 유형화할 수 있다. 2003년 현재 우리나라 지방자치단체는 서울특별시의 행정국에 일반행정가형의 인사전담기구에 해당되는 '인사과'를 설치한 것을 제외하고는 한 곳도 '과 단위'의 인사전담기구를 설치해서 운영하고 있지 않으며, 대부분의 광역자치단체는 '자치행정국' 산하의 '총무과', '자치행정과'(경기도) 혹은 '행정지원과'(대전) 내에서 '팀 단위'로 인사업무를 담당하고 있다(강성철 외, 2004: 44). 그런데 이들 '총무과', '자치행정과', '행정지원과'는 인사업무 외의 다른 업무를 수행하기 때문에 인사업무에 전념할 수 없다. 인사관리 전담기구의 설치와 운영은 기초자치단체가 광역자치단체보다 더욱 미흡하다. 또한 지방자치단체는 인사전문가를 양성하지 않고 순환보직을 통하여 인사업무를 담당하게 하고 있다(강성철 외, 2004: 43-45).

2022년 3월 현재 인사전담기구로 '인사과'를 설치한 광역자치단체는 서울특별시, 부산광역시, 인천광역시, 경기도, 충청남도, 경상북도, 경상남도 등이고, '인사혁신과'를 설치한 광역자치단체는 대구광역시이다. 나머지 광역자치단체는 인사팀을 운영하는 정도이다. 2003년과 비교할 때 2022년에는 인사전담기구를 설치한 광역자치단체가 대폭 늘어났지만, 아직도 전담기구를 갖추지 못한 광역자치단체가 많은 실정이다.

그리고 지방자치단체에 임용권자별로 인사위원회를 두되, 광역자치단체장 또는 교육감 소속으로 인사위원회를 두는 경우에는 필요하면 제1인사위원회와 제2인사위원회를 둘 수 있다(지방공무원법 제7조 제1항). 인사위원회는 16명 이상 20명 이하의 위원으로 구성하되, 지방의회 의장 소속 인사위원회, 임용권을 위임받은 기관에 두는 인사위원회와 해당 지방자치단체의 인구 수, 위원 선정의 어려움 등을 고려하여, 대통령령으로 정하는 지방자치단체에 두는 인사위원회는 7명 이상 9명 이하의 위원으로 구성할 수 있다(동법 동조 제2항).

그러나 인사위원회는 임용권자의 영향력에서 자유로울 수 없다. 예를 들어, 지방자치단체장 소속의 인사위원회를 보면, 지방자치단체장이 임명 또는 위촉하는 인사위원회 위원의 경우 지방의회의 동의나 승인절차 없이 진행되고, 부단체장이나 인사 관련 국장이 당연직 위원장을 맡는 경우가 많아서 독립성이 결여되어 있다. 인사위원회는 1/2 이상이 외부인으로 위촉되지만, 나머지 위원들은 20년 이상 근무한 퇴직자와 부단체장을 포함한 당해 지방자치단체 공무원 중에서 임명함으로써, 인사위원 임명에 있어서 지방자치단체장의 영향력은 크다. 또한 내부위원들은 지방자치단체장과 상·하관계에 있기 때문에, 인사위원회 운영에 있어 공정성을 확보하기 어렵다. 그리고 인사위원의 임기는 3년이며 1차에 한하여 연임이 가능하기 때문에, 지방자치단체장의 영향력으로부터 자유스러울 수 없다. 이러한 문제들은 지방자치단체장 소속의 인사위원회에만 국한되어 일어나는 것이 아니라, 지방의회 의장에게 소속된 인사위원회에서도 발생될 수 있다.

또한 지방자치단체에 근무하는 국가공무원이 인사위원장이나 인사위원으로 임명될 경우, 지방행정이 중앙행정에 예속되어 지방자치단체의 인사자율성을 상실할 가능성이 있다(강성철 외, 2004: 33).

2) 지방공무원 정원에 대한 자율성 규제

지방자치단체는 사무를 수행하기 위하여 필요한 지방공무원을 두며, 정원은 대통령령으로 정하는 기준에 따라 그 지방자치단체의 조례로 정한다(지방자치법 제125조 제1항, 제2항). 그러나 지방공무원의 정원은 물론이고, 지방자치단체의 행정기구와 직속기관, 보조·보좌기관의 직급기준까지 중앙정부가 규정하고 있다(지방자치단체의 행정기구와 정원기준 등에 관한 규정 별표2~별표7). 또한 표준정원 외에 보정정원 범위 밖의 인원이 필요한 경우, 지방자치단체장은 행정안전부 장관의 승인을 받도록 하고 있다.

3) 비합리적인 임용

지방공무원의 임용에 있어서 합리성이 부족하다. 즉, 지방공무원의 신규임용, 승진 등에 있어서 지방자치단체장의 인사자율성은 제한을 받고 있으며, 개방형 직위 제도는 효과적으로 운영되고 있지 않다(강성철 외, 2004: 37-38).

먼저, 앞에서 언급된 바와 같이 5급 이상 공무원 임용시험은 대통령령으로 정하는 기관에서 실시하며, 그리고 6~7급은 시・도인사위원회에서 시험을 실시한다. 이처럼 임용권자와 시험실시권자를 달리하는 것은 임용권자의 인사자율성을 제한하는 한 형태라고 볼 수 있다. 지방공무원 선발시험의 경우에도 전국적 통일성과 시험의 일관성・공정성을 유지하기 위하여 시험과목, 시험방법, 시험단계 등을 획일적으로 규정하고 있어 지방자치단체의 특성을 반영할 수 없다.

지방공무원 승진의 경우, 신규임용처럼 승진임용방법, 승진시험 등이 획일적으로 규정되고 있다. 또한 선임자 우선의 승진문화에서 탈피하지 못하여 근무성적평정에 대한 신뢰성과 객관성을 확보하지 못하고 있는 실정이다.

그리고 우리나라는 개방형 직위 제도를 도입하고 있다. 개방형 직위란 공직의 전문성과 정책결정의 효율성을 높이기 위하여 정부의 주요 핵심 직위를 공직 내・외에 개방하여 최적격자를 선발・임용하는 제도이다. 그러나 우리나라의 많은 지방자치단체들은 개방형 직위를 효과적으로 활용하지 않음으로써, 이 제도의 도입 취지인 공직 개방, 행정의 전문성 향상, 정책 능력의 제고 등에 적극적으로 부응하지 않고 있다.

4) 인사교류 비활성화

중앙정부와 지방자치단체 간, 지방자치단체들 간의 공무원 교류가 활발하게 이루어지지 않고 있다(박응격, 2012: 356). 이는 다양한 원인의 결과이지만, 많이 지적되고 있는 주요 원인으로는 지방자치단체장이 인사교류의 중요성을 인식하지 못한 점과, 중앙정부로 파견될 경우 생활비가 증가하고 또한 한직에 배치되기 때문에 지방공무원들이 꺼리는 점 등을 들 수 있다.

5) 비효과적 교육훈련

지방공무원에 대한 교육훈련의 문제점은 교육훈련 자체의 문제점과 중앙정부의 규제로 인한 문제점으로 나누어 살펴볼 수 있다.

먼저, 지방공무원에 대한 교육훈련수요의 분석이 과학적・합리적이지 못하며 교육훈련 교과목이 지역이나 직급의 특성을 반영하지 못하기 때문에 교육훈련대상자의 자발적인 참여의식이 낮다(임승빈, 2016: 232). 또한 '선교육 후승진'의 원칙으로 인해 교육훈련이 형식화되어서 교육훈련을 받는 지방공무원이 이를 자신의 능력을 발전시키는 기회로 삼기보다 승진을 위한 수단으로 인식하는 경향이 있다(이원희, 1995). 그리고 교수요원의 자질과 사기가 낮고, 교육과 보직이 연계되지 않고 있다(강성철 외, 2004: 46).

또한 지방공무원에 대한 교육훈련임에도 불구하고, 교육부 장관 또는 행정안전부 장관이 종합적인 기획·조정·감독권을 가지고 있으면서(지방공무원법 제74조 제2항), 지방공무원 훈련의 책임은 지방자치단체장, 지방의회 의장, 감독 직위에 있는 공무원에게 부과하고 있다(동법 동조 제3항). 즉, 지방공무원에 대한 훈련의 권한과 책임을 분리하여 규정하고 있다. 그리고 6급 이하의 지방공무원에 대한 교육훈련은 광역자치단체에 설치된 교육훈련기관인 지방공무원교육원에서 실시하게 하고, 5급 이상의 지방공무원에 대한 교육훈련은 전문교육훈련기관에서 실시하고 있다. 이와 같이 지방공무원에 대한 교육훈련의 권한과 책임을 분리하는 것과 5급 이상 지방공무원 교육훈련을 전문교육훈련기관에서 실시하는 것은 지방자치단체장의 지방공무원 교육훈련에 대한 권한을 제약하는 것이다(강성철 외, 2004: 31).

2. 지방공무원제도의 개선방안

1) 인사전문가 중심의 인사전담기구 설치

세계화시대와 정보지식화시대가 진행되면서 경쟁이 확대됨에 따라 지방자치단체는 더 이상 중앙정부에 의존해서는 안 되기 때문에, 스스로 생존과 발전을 위한 전략을 입안·시행해야 한다. 이를 위해 가장 필요한 것이 전략적 인력관리일 것이다. 전략적 인력관리는 변화에 수동적으로 반응하는 것이 아니라, 조직의 변화를 능동적으로 주도하는 인력관리이다. 따라서 조직의 변화를 능동적으로 주도할 수 있는 역량과 열정을 지닌 인사전문가들이 모여 인사관리의 전 과정을 효율적으로 관리하는 인사전담기구가 구축되어야 한다. 그럼에도 불구하고, 현재는 '과' 수준의 인사전담기구를 갖추지 못한 지방자치단체도 많다. 인사전담기구는 그 명칭을 '인사과'라고 하든, '인사혁신과'라고 하든 간에 그것은 중요하지 않고, 최소한 '과' 수준에서 다른 업무와 병행하지 않고 인사관리업무에만 집중할 수 있어야 한다. 앞으로 인력의 중요성이 더욱 강조될 것이라는 점을 고려하면 중·장기적으로는 '과' 수준 이상으로 격상될 필요도 있다.

아울러, 인사위원회의 독립성을 확보하는 것도 중요하다. 이를 위해 인사위원을 임명할 시에 객관적이고 공정한 기준을 마련하고, 이 기준이 엄격하게 적용되도록 하는 방안을 실시하여야 한다. 또한 인사위원회의 심의·의결기능을 강화하여야 한다. 이는 인사위원회가 임용권자의 간섭과 통제에서 벗어날 수 있는 최소한의 장치이다.

2) 자율적 정원관리

사회는 점차 경쟁이 확대·심화되는 방향으로 나아가고 있음에도 불구하고, 우리나라의 지방자치단체의 공무원 정원은 중앙정부의 통제를 받으면서 단기적·기계적으로 관리되고 있다. 이는 지역경쟁력을 저하시킬 수 있다. 따라서 지역의 여건을 고려하여 총체적·계획적으로 인사관리를 하기 위한 기본인력운용계획을 수립·시행할 수 있는 권한을 지방자치단체장에게 부여하는 법적 근거를 마련할 필요가 있다(박응격, 2012: 356-357). 「지방자치법」, 「지방공무원법」, 「지방자치단체의 행정기구와 정원기준 등에 관한 규정」 등을 개정하여 지역의 여건을 고려한 자율적 인사관리를 실시할 수 있게 하여야 한다.

또한 중앙정부는 직접적인 통제보다는 간접적인 통제방법을 활용하는 것이 바람직하다. 따라서 중앙정부는 지방공무원의 최소수준을 유지하기 위한 기준을 제시한 후 지방자치단체의 인력관리능력을 평가하여, 그에 따라 차등 지원을 하는 방향으로 나아가야 한다.

3) 공정하고 객관적인 임용

현대의 공무원은 지적 능력도 중요하지만, 긴급하거나 새로운 상황에서 문제를 해결할 수 있는 능력도 지녀야 한다. 그리하여 채용에 있어서 학력이나 필기시험에 지나치게 의존하는 방법을 지양하고, 인성 평가, 종합적 사고능력, 창의적 문제해결능력, 조직 적응력, 발전가능성 등을 중시하는 평가를 지향해야 한다.

또한 문제해결능력을 가진 외부 자원을 적극적으로 활용하는 개방형 직위 제도에 대한 인식전환이 요구되고 있다. 현재 지방자치단체의 인사권은 지방자치단체장에 집중되어 있기 때문에, 개방형 직위에 대해 지방자치단체장이 어떻게 인식하고 있느냐에 따라서 이 제도의 성패가 달려 있다. 따라서 지방자치단체장이 이 제도에 대해 보다 적극적인 인식을 갖도록 할 필요가 있다. 또한 전문성과 역량을 가진 사람이 개방형 직위에 공정하게 임용되도록 하는 방안을 모색해야 한다.

그리고 승진제도는 공정성과 객관성을 중시하는 평가시스템의 확립을 통하여 효율적으로 운영되어야 한다. 무엇보다도, 심사승진에 있어서 연공서열 중심보다는 근무실적과 조직기여도를 중시하여야 한다.

4) 인사교류 활성화

인사교류는 다른 정부의 지식이나 정보를 공유하고 활용하는 것이다. 따라서 인사교류가 활성화되면 지방공무원 개인에게는 물론이고, 지방자치단체에게도 다음과 같은 점에서 긍정적인 영향을 미칠 수 있다.

첫째, 인사교류는 지방공무원 개인의 지식기반을 확대할 수 있다. 인사교류는 지방공무원에게 상호연관성이 높은 중앙부처 혹은 다른 지방자치단체에서 근무하게 함으로써, 자신의 적성과 능력을 살릴 수 있는 기회와 새로운 학습을 경험할 수 있는 기회를 제공한다. 이러한 기회는 지방공무원 개개인의 능력을 개발하는 데 이바지할 수 있다.

둘째, 인사교류는 조직적 측면에서도 다음과 같은 긍정적인 효과를 창출할 수 있다. 먼저, 조직의 생산성을 높이는데 기여한다. 지방자치단체는 자신이 필요로 하는 인력을 언제든지 마음대로 충원할 수는 없다. 설령 현 상황에서는 필요로 하는 모든 인력을 충원하고 있다고 하더라도, 사회변화에 따라 다른 인력이 필요할 수 있다. 그러나 지방자치단체는 재정 상황 등의 이유로 인해 필요로 하는 모든 인력을 원하는 대로 충원할 수는 없다. 이러한 상황에서 인사교류는 개별 지방자치단체가 필요로 하는 전문인력을 상호 교환할 수 있게 한다. 이는 조직의 생산성을 향상시키는 데 이바지할 수 있다. 또한 인사관리의 효율성을 높일 수 있다. 대부분의 지방자치단체를 보면 모든 분야에서 적정규모의 인력을 항상 유지하는 것은 매우 어렵다. 어떤 경우에는 인력이 부족할 수도 있고, 어떤 경우에는 인력이 남을 수도 있다. 인사교류는 특정 지방자치단체의 부족한 인력을 보충할 수 있게 하고, 동시에 특정 지방자치단체의 잉여인력을 인사교류를 통하여 해결하게 한다. 이는 유연하고 탄력적인 인사관리를 하는 데 이바지할 수 있다.

인사교류는 이러한 장점을 가지고 있지만, 앞에서 언급한 바와 같이 지방공무원들이 꺼리고 있다. 이를 개선하기 위해서는 적어도 다음과 같은 방안들이 고려되어야 한다. 먼저, 인사교류대상자가 교류 지역으로 이주할 경우 그전까지의 생활비보다 더 많은 생활비가 필요할 것이다. 이는 인사교류대상자에게 큰 부담이 될 수 있으므로 생활비의 일부를 보전해 줄 필요가 있다. 그리고 인사교류대상자가 한직에 배치되는 경우가 있다. 이들을 한직에 배치하는 것은 인사교류의 목적에 위배될 뿐만 아니라 지방공무원들로 하여금 인사교류를 싫어하게 할 수 있다. 따라서 이들을 한직에 배치하는 것을 지양해야 한다. 또한 지방공무원들이 적극적으로 인사교류에 응하도록 하기 위해서 보직 배치와 승진 시에 도움을 받을 수 있도록 하는 방안을 적극 검토할 필요가 있다.

5) 실질적인 교육훈련

효과적인 교육훈련이 되기 위해서는 교육훈련 내용, 교육방법 등에서 혁신적인 조치가 있어야 한다. 현재와 같은 승진을 위한 형식적인 교육훈련은 교육훈련대상자는 물론이고, 지방자치단체에게도 전혀 도움이 되지 않는다.

먼저, 교육훈련의 내용이 지방공무원 개인의 능력발전은 물론이고, 담당 업무에 도움이 되어야 한다. 지방공무원들이 어떤 교육을 받기를 원하는지에 대한 교육훈련 수요분석이 정확하게 이루어져야 하고, 이를 기초로 문제해결능력, 신기술, 전문성 등을 배양시킬 수 있는 실제적인 교육훈련이 되어야 한다. 즉, 사회변화를 고려하면서 지역문제의 원인을 분석하고, 지역혁신의 방향을 설정하며, 문제를 해결할 수 있는 능력을 향상시키는 교육훈련이 되어야 한다.

아울러, 지방공무원의 교육훈련시스템을 지역 내의 대학이나 기업과 연계할 필요가 있다. 즉, 대학과 기업으로 위탁교육을 확대시키는 동시에 전문 영역별로 교육내용을 다양화시키는 것이 바람직하다.

알아두면 좋아요

1. 지방공무원제도는 지방공무원의 인사 기준과 지방행정의 민주적 · 효율적 운영을 위한 제도이다. 지방공무원은 경력직공무원과 특수경력직공무원으로 분류되며, 경력직공무원은 실적 · 자격에 따라 임용되고, 신분보장을 받으며, 평생 공무원으로 근무할 공무원이고, 특수경력직공무원은 경력직공무원 외의 공무원으로서 실적 · 자격, 신분보장, 계속 근무 등이 반드시 요구되지는 않는다.

2. 지방공무원의 인사기관에는 임용권자, 지방인사위원회, 소청심사위원회가 있다. 임용권자는 광역자치단체의 교육감을 포함한 지방자치단체장이고, 지방인사위원회는 16명 이상 20명 이하의 위원으로 구성되며 법령 또는 조례에 따라 인사위원회의 관장 사항을 다루고, 소청심사위원회는 16명 이상 20명 이하의 위원으로 구성되며 공무원이 자신의 의사에 반하는 불리한 처분이나 부작위에 대하여 이의를 제기하는 경우 이를 심사 · 결정한다.

3. 지방공무원의 주요 인사관리에는 임용, 인사교류, 직권면직, 직위해제, 교육훈련이 있다. 지방공무원의 임용은 기본적으로 실적주의 원칙을 따르며, 이에는 신규임용, 특별임용, 시보임용, 승진임용이 있다. 인사교류는 지방공무원을 복수의 지방자치단체들 간에 수평적으로 이동시키는 것이다. 직권면직은 지방공무원에게 일정한 사유가 발생했을 때 그의 의사와 관계없이 임용권자가 일방적 의사와 직권에 의하여 행하는 면직이다. 직위해제는 지방공무원으로서의 신분을 보유하면서 직무담임을 해제하는 것이다. 교육훈련은 지방공무원들의 역량을 향상시키기 위한 것이다.

4. 지방공무원제도의 문제점으로는 인사전담기구와 인사전문가의 부족, 지방공무원 정원에 대한 자율성 규제, 비합리적인 임용, 인사교류 비활성화, 비효과적 교육훈련 등을 지적할 수 있다. 이에 대한 개선방안으로는 인사전문가 중심의 인사전담기구 설치, 자율적 정원관리, 공정하고 객관적인 임용, 인사교류 활성화, 역량개발과 담당 업무에 도움이 되는 실질적인 교육훈련 등을 제시할 수 있다.

논 의

1. 지방공무원의 종류와 지방공무원 인사관리제도에 대해 설명하시오.
2. 지방공무원제도의 문제점과 개선방안을 포함하여 지방공무원제도에 대해 논하시오.

제 8 장 자치권

제 1 절 자치권의 개념과 특징

1. 자치권의 개념

자치권이란 스스로를 다스리는 권리를 말하는 것으로서, 주로 지방자치단체가 자신의 구역 내에서 자율적으로 사무를 처리할 수 있는 자주적 통치 권한을 말한다. '제3장 제3절의 지방자치의 본질과 유형'에서 살펴보았듯이, 자치권의 본질은 시대별 상황에 따라 고유권설, 전래설, 제도적 보장설이 생성·유행하였으며, 현재는 제도적 보장설이 통설이 되었다. 제도적 보장설의 입장에서 보면 지방자치단체의 자치권이란 본래 중앙정부의 것이었으나, 필요에 의하여 헌법을 통해 지방정부의 고유권한으로 보장된 것이다. 실질적인 자치권이 부여되지 않으면 지방자치의 의미는 상실될 정도로 지방자치에서 자치권이 차지하는 비중이 지대하다. 이에 따라, 우리나라의 헌법 제117조 제1항에서도 제도적 보장설의 취지를 따라 "지방자치단체는 …… 법령의 범위 안에서 자치에 관한 규정을 제정할 수 있다"고 규정하여 지방자치단체의 자치권을 보장하고 있다.

1) 지방자치에 대한 제도적 보장

국회는 재량으로 지방자치단체의 자치권, 조직, 활동 등에 관여할 수 있다(이기우·하승수, 2007: 46). 그러나 자치권은 헌법으로 보장된 것이기 때문에, 국회의 재량이 자치권의 본질을 침해할 수는 없다. 지방자치에 대한 제도적 보장의 내용은 지방자치단체의 존재 보장, 자치사무 수행을 위한 자치권 보장, 자치권 침해에 대한 방어 등으로 정리될 수 있다.

(1) 지방자치단체의 존재 보장

자치사무를 자율적으로 처리할 수 있는 지방자치단체가 존재해야 한다. 국가는 지방자치단체 자체를 폐지할 수 없고, 헌법상 보장된 것과 다른 형태의 지방자치단체를 설립할 수 없다(이기우·하승수, 2007: 47). 즉, 지방의회가 설립되지 않거나 지방자치단체의 자치권이 극히 제한된 지방자치단체를 설립하는 것은 헌법이 지방자치를 보장하는 취지에 맞지 않는다. 그러나 지방자치단체의 통·폐합, 분할, 구역 개편, 종류 변경 등은 헌법을 위반하는 것이 아니므로 허용된다.

(2) 자치권 보장

주민의 복리와 관련된 사무를 자신의 책임 하에 자율적으로 처리할 수 있는 권한을 보장한다. 대표적인 자치권은 자치입법권, 자치사법권, 자치행정권, 자치조직권, 자치재정권 등인데, 우리나라에서는 자치사법권을 인정하지 않는다. 자치권에 대한 구체적인 내용은 후술된다. 다만, 이러한 자치권은 자치구역 내의 모든 사람이나 물건에 대해 법적 구속력을 갖기 때문에, 지방자치단체는 이에 대한 책임을 져야 한다.

(3) 자치권 침해에 대한 방어

헌법에서 보장되고 있는 내용이 국회 혹은 중앙정부에 의해 침해당하면 지방자치단체는 이를 방어할 수 있는 권리를 가진다. 방어수단은 행정소송과 헌법소송이다(이기우·하승수, 2007: 50).

2) 자치권의 유형

지방자치단체의 자치권은 3유형, 4유형, 혹은 5유형으로 분류되기도 한다. 자치권을 3유형으로 분류하면, 자치권은 자치입법권, 자치행정권, 자치사법권으로 구성된다. 4유형으로 분류하는 연구는 자치행정권을 자치행정권과 자치재정권으로 세분하여, 자치권을 자치입법권, 자치행정권, 자치재정권, 자치사법권으로 구성되는 것으로 인식

한다. 5유형을 선호하는 연구는 자치행정권을 자치행정권, 자치재정권, 자치조직권으로 세분하여, 자치권을 자치입법권, 자치행정권, 자치재정권, 자치조직권, 자치사법권으로 구성되는 것으로 본다.

자치권을 어떻게 유형화하느냐는 것은 개인의 선호에 달려 있지만, 이 책에서는 설명의 편의상 자치입법권, 자치행정권, 자치재정권, 자치조직권, 자치사법권으로 분류되는 것으로 본다. 다만, 자치사법권과 자치재정권은 아래의 이유로 인해 여기에서는 다루지 않기로 한다. 먼저, 자치법에 입각하여 잘못된 행위를 심판할 수 있는 권한인 자치사법권은 아직 우리나라에서 보장되지 않고 있기 때문에, 이에 대한 논의는 이 책에서 제외하기로 한다. 또한 사무의 처리에 필요한 경비를 충당하기 위하여 자율적으로 재원을 조달·관리하는 권한을 의미하는 자치재정권은 이 책의 '제12장 지방재정'에서 다룰 것이므로 여기에서는 다루지 않기로 한다.

2. 자치권의 특징

자치권은 일정한 구역 내에서 지방사무를 처리하기 위한 일정한 범위의 자율적인 통치권한이기 때문에 이에 따른 특징을 보유한다. 일반적으로 자치권은 다음과 같은 특징을 갖는 것으로 인식되고 있다(임승빈, 2016: 100).

첫째, 예속성(隷屬性)을 가진다. 이는 자치권이 국가주권 하의 권한이기 때문에, 헌법, 법률, 행정명령에 예속된다는 의미이다.

둘째, 자주성(自主性)의 특징을 지닌다. 자치권이 국가에 예속되는 특징을 지니지만, 지방자치단체와 관련된 입법, 인사, 재정, 조직, 운영 등의 측면에서는 국가통치권으로부터 어느 정도 벗어나 스스로 처리하는 특성을 가진다.

행정명령

국민의 권리와 의무에 관한 사항은 법률로서 규정되어야 하지만, 법률에서는 기본적인 사항만을 규정하고, 그에 관한 구체적인 내용은 중앙부처에서 정할 수 있도록 위임하여 주는 경우가 많다. 이처럼 법률에서 위임한 사항을 정하는 법률의 하위규범이 행정명령이며, 이에는 대통령령, 총리령, 부령이 있다. 우리나라의 경우에도 대한민국 대통령은 법률에서 구체적으로 범위를 정하여 위임받은 사항과 법률을 집행하기 위하여 필요한 사항에 관하여 대통령령을 발할 수 있다(대한민국헌법 제75조). 즉, 대통령은 법률이 명시적으로 위임한 사항만이 아니라, 법률이 명시적으로 위임하지 않은 사항에 대해서도 자신이 필요하다고 생각하는 명령을 내릴 수 있다. 전자의 경우는 구체적인 법률 및 조 몇 항을 법적 근거로 하여 행정명령을 내리지만, 후자의 경우는 포괄적으로 헌법 제75조를 법적 근거로 하여 행정명령을 내린다.

셋째, 포괄성(包括性)의 특징을 보인다. 원칙적으로 자치권은 해당 지방자치단체의 관할 구역 내에 있는 모든 사람, 재산, 물건, 사항 등에 포괄적인 영향을 미치는 특성을 지닌다.

제 2 절 자치입법권

1. 자치입법권의 정의와 내용

자치입법권이란 자치권에 기초하여 지방자치단체의 관할에 속한 사무에 대해 조례와 규칙을 제정할 수 있는 권한이다. 즉, 지방자치단체가 법령의 범위 안에서 그 사무에 관하여 조례를 제정하는 권한인 조례제정권과, 지방자치단체장이 법령 또는 조례가 위임한 범위 안에서 그 권한에 속하는 사무에 관하여 규칙을 제정하는 권한인 규칙제정권이 있다. 위에서 언급한 바와 같이, 「대한민국헌법」 제117조 제1항은 "지방자치단체는 …… 법령의 범위 안에서 자치에 관한 규정을 제정할 수 있다"고 규정함으로써 자치입법권을 보장하고 있다. 또한 「지방자치법」 제28조는 "지방자치단체는 법령의 범위 안에서 그 사무에 관하여 조례를 제정할 수 있다"고 규정하고 있으며, 동법 제29조는 "지방자치단체의 장은 법령 또는 조례의 범위 안에서 그 권한에 속하는 사무에 관하여 규칙을 제정할 수 있다"고 규정하고 있다.

먼저, 조례에 대해 살펴보면, 조례는 지방의회가 당해 지방자치단체의 지역적 사무를 처리하기 위하여 헌법과 법령(법률, 대통령령, 총리령, 부령 등)의 범위 내에서 지방의회의 의결을 거쳐 제정되는 법형식으로서의 자치법규이다. 즉, 조례는 지방자치단체가 자치권에 의하여 자주적으로 제정하는 것으로서 지방자치단체의 '자주법'이라

할 수 있다.

조례 제정절차를 보면 다음과 같다(지방자치법 제32조). 지방의회에서 조례안을 의결하면 의장은 의결된 날로부터 5일 이내에 해당 지방자치단체장에게 이를 이송하여야 하고, 이송받은 지방자치단체의 장은 20일 이내에 공포하여야 한다. 만일 지방자치단체장이 이송받은 조례안에 대하여 이의가 있을 경우에는 20일 이내에 이유를 붙여 지방의회로 환부하고 재의를 요구할 수 있다. 그러나 조례안의 일부에 대한 재의 또는 조례안을 수정한 재의는 허용되지 않는다. 재의요구를 받은 지방의회가 재의에 부쳐 재적의원 과반수의 출석과 출석의원 3분의 2 이상의 찬성으로 전과 같이 의결하면 그 조례안은 조례로서 확정된다. 지방자치단체장이 20일 이내에 공포하지 않거나 재의요구를 하지 않을 때에도 그 조례안은 조례로서 확정된다. 지방자치단체장은 지방의회의 재의결로 확정된 조례 또는 지방자치단체장이 20일 이내에 공포하지 않았거나 재의를 요구하지 않아서 확정된 조례를 지체 없이 공포하여야 한다. 지방자치단체장이 20일 이내에 공포하지 않았거나 재의를 요구하지 않아서 조례가 확정된 후 또는 지방의회의 재의결에 따라 확정된 조례가 지방자치단체장에게 이송된 후 5일 이내에 지방자치단체장이 공포하지 아니하면 지방의회의 의장이 공포한다. 지방자치단체장이 조례를 공포하였을 때에는 즉시 해당 지방의회 의장에게 통지하여야 하고, 지방의회 의장이 조례를 공포하였을 때에는 그 사실을 즉시 해당 지방자치단체장에게 통지하여야 한다. 조례는 특별한 규정이 없는 한 공포된 날로부터 20일이 지나면 효력을 발생한다.

조례로 정할 수 있는 사항은 주민복지를 위한 각종 사업과 지방자치단체의 내부사항 등을 포함하여 매우 광범위하다(임승빈, 2016: 101-102). 「지방자치법」 제13조 제1항은 "지방자치단체는 관할 구역의 자치사무와 법령에 따라 지방자치단체에 속하는 사무를 처리한다"고 규정하고 있다. 따라서 조례의 입법대상이 되는 지방자치단체의 사무는 원칙적으로 자치사무와 단체위임사무이다. 지방자치단체가 아니라 지방자치단체장에게 위임되는 기관위임사무는 원칙적으로 조례의 대상 사무로 볼 수 없다. 그러나 개별 법령이 기관위임사무에 관한 사항을 조례로 규정하도록 위임하면, 개별 법령의 취지에 부합하는 범위 내에서 위임조례를 제정할 수 있다(한국지방자치학회 편, 1998: 607-608; 박봉국, 2006: 515-533). 또한 「지방자치법」 제28조 제1항에 의하면, 조례는 법률의 위임이 있는 경우에 주민의 권리 제한이나 의무 부과에 관한 사항이나 벌칙을 제정할 수 있다.

조례는 다음과 같이 세 가지 유형으로 분류된다(한국지방자치학회 편, 1998: 607-608; 박봉국, 2006: 515-533). 첫째, 주민의 권리·의무에 관한 조례와 지방자치단체의 내부 조직이나 관리에 관한 조례이다. 둘째, 법령의 위임에 의하여 제정된 위임조례와 위임 없이 제정할 수 있는 직권조례가 있다. 셋째, 법령이 조례로서 정할 것을 규정하고 있는 필수조례와 지방자치단체가 재량에 의하여 제정하는 임의조례가 있다.

지방자치단체는 조례제정권과 더불어 규칙제정권을 가진다. 규칙이란 지방자치단체장이 법령 또는 조례가 위임한 범위 내에서 그 권한에 속하는 사무에 관하여 제정하는 자치법규이다. 규칙은 법령과 조례를 위반하면 안 되고, 기초자치단체장이 제정한 규칙은 광역자치단체의 조례나 광역자치단체장이 제정한 규칙에 위반하여서 안 되며, 또한 규칙은 법령 혹은 조례의 개별적인 위임이 없는 한 주민의 권리 제한이나 의무 부과를 규정할 수 없고 벌칙도 규정할 수 없다.

규칙을 제정·개정·폐지할 경우 공포 예정일 15일 전에 시·도지사는 행정안전부 장관에게, 기초자치단체장은 관할 광역자치단체장에게 그 전문(全文)을 첨부하여 각각 보고하여야 하며, 보고를 받은 행정안전부 장관은 이를 관계 중앙행정기관의 장에게 통보하여야 한다(동법 제35조). 규칙은 특별한 규정이 없는 한 공포된 날로부터 20일이 지나면 효력을 발생한다(동법 제32조 제8항).

규칙으로서 규정할 수 있는 사항의 범위는 지방자치단체장의 권한에 속하는 모든 사무, 즉 고유사무와 단체위임사무는 물론이고 기관위임사무까지 포함된다. 특히, 기관위임사무는 국가나 상급 자치단체의 사무인 만큼 이는 조례로 제정할 수 없고, 반드시 규칙으로 규정하여야 한다. 또 조례가 규칙에 위임한 사항 또는 조례의 실시를 위하여 필요한 사항도 규칙으로 제정할 수 있다.

조례와 규칙의 관계를 살펴보면, 조례나 규칙은 다 같이 지방자치단체의 자주법이지만 조례는 지방의회가 제정하고 규칙은 지방자치단체장이 제정한다. 조례와 규칙 사이의 형식적 효력에는 그 우열의 차이가 없다. 즉, 조례로써 규율할 사항과 규칙으로써 규율할 사항이 명백히 구분되어 있는 경우에 조례로써 정할 사항을 규칙으로 정하거나 혹은 규칙으로써 정할 사항을 조례로 정하면 그 규칙이나 조례는 무효가 되며, 이 둘은 대등한 관계에 있다. 다만, 조례와 규칙의 규정 내용이 서로 저촉될 때에는 조례가 우선한다. 조례로 대강을 정하고 규칙으로 세부 시행에 관한 사항을 정하는 것이 원칙이지만, 주민의 권리와 의무에 관한 사항은 조례로만 규정할 수 있고, 기관위임사무에 대해서는 규칙으로만 정할 수 있다.

2. 자치입법권의 문제점

지방자치가 일찍부터 발전한 서구 국가와 비교할 때 우리나라의 자치입법권의 범위는 좁은 편이다. 우리나라 자치입법권의 대표적인 문제점으로는 좁은 범위의 자치사무, '법령의 범위에서'라는 규정, 잘못 해석된 죄형법정주의, 중앙정부의 지나친 지도·감독 등을 들 수 있다. 이에 대해 살펴보면 다음과 같다.

1) 좁은 범위의 자치사무

자치사무의 범위가 좁기 때문에 자치입법권도 좁을 수밖에 없다. 우리나라는 조선시대부터 강력한 중앙집권체제가 구축되었기 때문에, 사람들의 의식과 행태, 제도 등을 포함하여 많은 측면에서 집권적 요소가 강하게 자리매김하여 왔다. 지방자치가 실시된 이후 변화가 발생하고 있지만, 여전히 우리 주변에서는 집권적 요소를 자주 발견할 수 있다. 자치사무가 적은 것도 이러한 맥락에서 비롯되었다. 즉, 지방정부의 역량 미흡 등을 이유로 중앙정부가 사무를 지방으로 이양하는 데 인색하였다. 이 책의 '제9장 사무배분'에서 자세하게 논의되겠지만, 우리나라의 행정사무 중에는 자치사무로 해도 무방한 사무가 여전히 국가사무로 되어 있다. 1998년에 제정된 「중앙행정권한의 지방이양촉진 등에 관한 법률」로 인해 자치사무가 어느 정도 확대되었지만 여전히 자치사무의 범위는 좁은 편이다. 앞에서도 언급한 바와 같이, 자치입법권이란 지방자치단체의 관할 사무, 즉 자치사무, 기관위임사무, 단체위임사무에 대한 자주적인 권한이다. 이 관할 사무 중에서 가장 큰 비중을 차지하고 있는 것이 자치사무인데, 자치사무가 적다는 것은 자치입법의 범위가 좁을 수밖에 없다는 것을 의미한다.

2) '법령의 범위에서'라는 규정

'법령의 범위에서'라는 규정이 자치입법권을 제약한다. 현행 법체계상 지방의회가 만드는 조례는 법령의 하위법규로 규정되어 있다. 즉, '법령의 범위에서'는 '법령의 위임이 있어야'라는 해석과, '법령을 위반되지 않는 범위 안에서'라는 해석이 가능해진다. 어떠한 해석을 하든지 간에 조례는 행정입법인 행정명령의 범위를 넘어설 수 없다. 이는 중앙부처의 의사에 따라 자치입법권이 축소될 수 있음을 의미한다. 이로 인해, 지방자치단체에서는 지역적 특색과 지역적 수요를 반영하는 조례 혹은 규칙을 만들 수 없다는 불만을 제기하고 있다.

청주시의회의 행정정보공개조례 사례

1992년 청주시의회는 시민들의 알권리를 보장하기 위해 행정정보공개조례를 제정하였다. 이에 현 행정안전부(1998년 내무부와 총무처가 통합되어 만들어짐)의 전신인 내무부는 '법령의 범위 안에서'를 '법률의 위임이 있는 경우에 한하여'라고 좁게 해석하면서, 현 「지방자치법」 제192조(구 「지방자치법」 제172조)에 의거하여 청주시장에게 재의를 요구하게 하였다. 청주시장이 청주시의회에 재의를 요구하고 청주시의회는 재의결하였다. 이에 청주시장이 대법원에 제소하였다. 대법원에서는 "행정정보공개조례가 주민의 의무와 권리를 제한하지 않으므로 법률의 개별적 위임이 필요없다"고 하면서 '합헌'으로 판결하였다(대법원 1992.6.23. 선고 92추17판결). 이 조례는 중앙정부가 1996년 「공공기관의 정보공개에 관한 법률」을 제정하는 데 일정 부분 영향을 미쳤다.

특히, 1992년 청주시의회가 행정정보공개조례를 제정하는 과정에서 나타났듯이, 중앙부처는 구 「지방자치법」의 '법령의 범위 안에서'라는 규정을 '조례는 반드시 법령의 위임이 있어야 한다'라고 좁게 해석하여 지방자치의 본질을 훼손시키는 사례들이 있었다. 만약 조례 제정이 법령의 개별 위임이 필요하다고 본다면 선거를 통하여 지방의회를 구성하고 지방의회가 조례를 제정하도록 할 이유가 없다.

「지방자치법」 제192조(지방의회 의결의 재의와 제소)

① 지방의회의 의결이 법령에 위반되거나 공익을 현저히 해친다고 판단되면 시·도에 대해서는 주무부장관이, 시·군 및 자치구에 대해서는 시·도지사가 해당 지방자치단체의 장에게 재의를 요구하게 할 수 있고, 재의 요구 지시를 받은 지방자치단체의 장은 의결 사항을 이송받은 날부터 20일 이내에 지방의회에 이유를 붙여 재의를 요구하여야 한다.

② 시·군 및 자치구의회의 의결이 법령에 위반된다고 판단됨에도 불구하고 시·도지사가 제1항에 따라 재의를 요구하게 하지 아니한 경우 주무부장관이 직접 시장·군

수 및 자치구의 구청장에게 재의를 요구하게 할 수 있고, 재의 요구 지시를 받은 시장·군수 및 자치구의 구청장은 의결 사항을 이송받은 날부터 20일 이내에 지방의회에 이유를 붙여 재의를 요구하여야 한다.

③ 제1항 또는 제2항의 요구에 대하여 재의한 결과 재적의원 과반수의 출석과 출석의원 3분의 2 이상의 찬성으로 전과 같은 의결을 하면 그 의결 사항은 확정된다.

④ 지방자치단체의 장은 제3항에 따라 재의결된 사항이 법령에 위반된다고 판단되면 재의결된 날부터 20일 이내에 대법원에 소를 제기할 수 있다. 이 경우 필요하다고 인정되면 그 의결의 집행을 정지하게 하는 집행정지결정을 신청할 수 있다.

⑤ 주무부장관이나 시·도지사는 재의결된 사항이 법령에 위반된다고 판단됨에도 불구하고 해당 지방자치단체의 장이 소를 제기하지 아니하면 시·도에 대해서는 주무부장관이, 시·군 및 자치구에 대해서는 시·도지사(제2항에 따라 주무부장관이 직접 재의 요구 지시를 한 경우에는 주무부장관을 말한다. 이하 이 조에서 같다)가 그 지방자치단체의 장에게 제소를 지시하거나 직접 제소 및 집행정지결정을 신청할 수 있다.

⑥ 제5항에 따른 제소의 지시는 제4항의 기간이 지난 날부터 7일 이내에 하고, 해당 지방자치단체의 장은 제소 지시를 받은 날부터 7일 이내에 제소하여야 한다.

⑦ 주무부장관이나 시·도지사는 제6항의 기간이 지난 날부터 7일 이내에 제5항에 따른 직접 제소 및 집행정지결정을 신청할 수 있다.

⑧ 제1항 또는 제2항에 따라 지방의회의 의결이 법령에 위반된다고 판단되어 주무부장관이나 시·도지사로부터 재의 요구 지시를 받은 해당 지방자치단체의 장이 재의를 요구하지 아니하는 경우(법령에 위반되는 지방의회의 의결 사항이 조례안인 경우로서 재의 요구 지시를 받기 전에 그 조례안을 공포한 경우를 포함한다)에는 주무부장관이나 시·도지사는 제1항 또는 제2항에 따른 기간이 지난 날부터 7일 이내에 대법원에 직접 제소 및 집행정지 결정을 신청할 수 있다.

⑨ 제1항 또는 제2항에 따른 지방의회의 의결이나 제3항에 따라 재의결된 사항이 둘 이상의 부처와 관련되거나 주무부장관이 불분명하면 행정안전부장관이 재의 요구 또는 제소를 지시하거나 직접 제소 및 집행정지 결정을 신청할 수 있다.

3) 잘못 해석된 죄형법정주의

잘못 해석된 죄형법정주의 정신이 자치입법권을 제약하고 있다. "죄와 형에 관한 사항은 성문의 법률로서 정해야 한다"는 죄형법정주의 정신은 형벌 남용을 방지하기 위한 것이다. 그런데 우리나라 정치권에서는 이 정신을 '법률만이 죄와 형을 정할 수 있는 것'으로 잘못 해석하여 조례의 강제처벌권을 삭제하였다. 즉, 1994년 개정 전 「지방자치법」 제20조에 따르면, 시・도는 당해 자치단체의 조례로써 3월 이하의 징역 또는 금고, 10만 원 이하의 벌금, 구류, 과료 또는 50만 원 이하의 과태료의 벌금을 정할 수 있다. 그런데 1993년 12월 「지방자치법」 개정을 위한 특별위원회에서 정치인들이 "죄와 형에 관한 사항은 반드시 법률로 정해야 한다"고 주장하면서 구 제20조의 처벌권을 삭제하려 하였다. 이에 학자, 시민단체, 지방의회의원들이 조례를 위반하는 행위에 대한 처벌권이 없으면 조례의 존재 이유가 없다고 주장하면서 비판을 하였다. 이러한 비판에 직면한 특별위원회는 과태료를 인상하고, 구 제20조 조항을 삭제하였다. 이리하여 조례위반행위에 대하여 과태료를 부과할 뿐이지 형사처벌을 할 수 없게 되었다.

이러한 조치는 과태료를 낼 수 없을 정도로 가난한 사람들, 돈이 많은 사람들 혹은 상습 체납자[1]들에게는 실효성이 없을 수 있다. 실제로 조례를 위반하는 사람들 중에는 과태료를 무시하거나 혹은 과태료를 몇 번씩이나 지불하면서도 계속 조례를 어기는 사람들이 발생한다는 사실이 언론을 통해 여러 번 보도되었다. 이는 조례의 존재 의의를 크게 위협한다.

4) 중앙정부의 지나친 지도・감독

「지방자치법」을 보면, 중앙정부의 지도와 감독이 강하다는 것을 보여주는 여러 조항들이 있다. 예를 들어, 위에서 소개한 「지방자치법」 제192조 제1항은 "지방의회의 의결이 법령에 위반되거나 공익을 현저히 해친다고 판단되면 시・도에 대하여는 주무부장관이, 시・군 및 자치구에 대하여는 시・도지사가 재의를 요구하게 할 수 있고, ……"라고 규정하고 있다. 즉, 지방의회 의결의 위법성을 판단하는 주체가 법원이 아니라 주무부장관 혹은 광역자치단체장으로 규정하고 있다. 이는 중앙정부와 상급자치단체의 지도와 감독이 매우 강하다는 것을 보여주는 단적인 사례이다.

1) 체납자란 부과된 세금을 기일 내에 납입하지 않은 사람을 일컫는다.

3. 자치입법권의 개선방안

우리나라의 자치입법권은 이러한 측면에서 비판을 받고 있으며, 자치입법권을 제약하는 요인들을 개정함으로써 자치입법권을 확대해야 한다는 목소리가 높다. 위에서 언급된 문제점들을 개선하기 위한 방안들을 살펴보면 다음과 같다.

1) 자치사무의 확대

사무는 사무 자체에서 그치는 것이 아니라 사람과 예산과 직접적으로 결부되어 있기 때문에, 중앙과 지방 간의 '파워 게임(power game)'으로 인식되기도 한다. 또한 중앙정부는 지방자치단체의 사무 처리 역량을 평가절하하기도 한다. 이리하여 자치사무로 해도 무방한 사무들이 국가사무로 남아 있는 경우가 있다.

이러한 현상은 지방자치를 강화하는 데 제약요인으로 작용할 수 있고, 또한 사회변화의 방향과도 맞지 않는다. 즉, 지방자치를 활성화하기 위해 신지방분권이 확대되고 있는 현 상황에서 중앙정부와 지방자치단체는 공생한다는 인식이 매우 중요하다. 이러한 인식을 토대로 중앙정부가 수행하는 것이 효율적인 사무는 국가사무로 하고, 지방자치단체가 수행하는 것이 효율적인 사무는 자치사무로 하면서 자치사무의 범위를 확대해야 한다. 또한 위임사무 중에서 자치사무로 전환하여도 아무런 문제가 발생하지 않는 사무는 자치사무로 해야 한다. 이러한 노력을 통해 자치사무가 증가할 때 자치입법권이 확대될 수 있다.

2) '법령의 범위에서' 규정의 개정

영국과 미국은 법률로서 지방자치단체별로 상이한 기관구성 형태 및 자치권을 보장함으로써 폭넓은 자치입법권을 인정하고 있다(임승빈, 2016: 103; 행정자치부, 2004). 독일기본법은 "지방자치단체는 법률이 정하는 범위 내에서 스스로의 책임 하에서 지방자치단체의 모든 사무에 관한 입법권을 갖는다"고 규정하고 있다(임승빈, 2016: 102). 프랑스도 기초자치단체인 코뮌(commune) 의회의 광범위한 자치입법권을 인정하고 있다. 일본의 지방자치법도 법령에 위반되지 않으면 개별 법령의 위임이 필요하지 않다고 하면서 폭넓은 자치입법권을 허용하고 있다.

우리나라의 경우, '법령의 범위에서'라는 규정은 정치권이나 중앙정부의 잘못된 해석을 유도하여 자치입법권의 범위를 좁힐 우려가 있으므로, 이를 개정하여야 한다는 목소리가 높다. 그러나 앞의 청주시의회의 행정정보공개조례의 사례에서 언급한 바와 같이 '법령의 범위 안에서'라는 규정에 대한 대법원의 판결이 나왔음에도 불구하고, 현 「지방자치법」에는 '법령의 범위 안에서'를 '법령의 범위에서'로 단순히 문구를 수정한 규정이 여러 군데에서 발견되고 있다. '법령의 범위 안에서'이든 '법령의 범위에서'이든 간에 이 규정들을 그대로 두면 청주시의회의 행정정보공개조례 사례와는 다른 다양한 방법으로 중앙정부가 지방자치단체를 제약할 가능성이 있다.

따라서 이를 방지하기 위한 다양한 방안들을 모색할 필요가 있다. '법령의 범위에서'라는 규정을 '법령에 위반되지 않는 한'으로 개정하는 것도 하나의 방안에 속한다.

3) 강제처벌권 부활

죄형법정주의는 지방의회를 견제하기 위한 장치가 아니라, 행정부에 대한 의회의 견제장치로서 등장한 것이다(임승빈, 2016: 103). 즉, 죄형법정주의 정신은 행정부, 특히 권력기관에 의한 형벌 남용을 방지하기 위한 것이다. 이러한 정신을 계승하여 미국, 영국, 일본을 포함하여 지방자치가 성숙된 나라들은 조례위반자에 대한 형사처벌규정을 조례에 포함시키고 있다. 그럼에도 불구하고, 우리나라에서는 이를 잘못 해석하여 조례의 강제처벌권을 삭제하고 과태료만 부과하고 있기 때문에, 앞에서 언급되었듯이 조례위반사례가 증가할 수 있다.

이는 "왜 조례가 존재해야 하는가?"라는 회의가 들게 하는 것에서 나아가서, 지방의회의 권능을 크게 축소시킴으로써 지방자치를 위태롭게 한다. 따라서 과태료 인상만으로 조례위반문제를 해결하려 해서는 안 되고, 조례의 강제처벌권 조항을 부활시키는 한편 조례위반자들의 지역사회봉사활동을 강화해야 한다.

일본의 「지방자치법」

第14조(조례, 벌칙의 위임) ① 보통지방공공단체는 법령에 위반되지 아니하는 한 ······ 조례를 제정할 수 있다.

> ② 보통지방공공단체는 의무를 부과하거나 권리를 제한함에 있어 법령에 특별한 규정이 있는 경우를 제외하고는 조례에 의하지 않으면 아니된다.
> ③ 보통지방공공단체는 법령에 특별한 규정이 있는 경우를 제외하고는 그 조례로 조례위반자에 대하여 2년 이하의 징역 또는 금고, 100만 엔 이하의 벌금, 구류, 과료 또는 몰수의 형 또는 5만 엔 이하의 과태료를 부과하는 취지의 규정을 둘 수 있다.

4) 중앙정부의 자의적 판단 감소

중앙정부의 지도와 감독이 지나치다는 대표적인 사례로 앞에서 「지방자치법」 제192조를 소개하였다. 그 외에도 「지방자치법」에는 중앙정부가 자치입법권을 제약할 수 있도록 하는 조항들이 많이 있다. 19세기 입법국가에서 지방자치단체에게 배타적 자율권을 부여하면서 나타난 후유증을 통해 교훈을 얻었듯이, 지방자치단체에 대한 중앙정부의 관여를 전면적으로 부정하는 것은 이득보다 손실이 클 수 있다. 마찬가지로, 지방자치단체에 대한 중앙정부의 지나친 지도와 감독도 중앙정부와 지방자치단체의 관계를 경직되게 할 수 있으며, 또한 상생의 길을 방해하는 요인이 될 수 있다.

법령을 위반하지 않음에도 자치입법권을 제약하는 중앙정부의 지도와 감독은 지방자치단체에 대한 중앙정부의 수직적·권력적·위계적 관여보다 수평적·동반자적·지원자적 역할을 강조하고 있는 현재의 세계적인 추세에 역행하는 것이다. 따라서 중앙정부의 지도와 감독을 규정한 조항들은 행정부의 자의적인 판단을 감소시키는 방향으로 개정되어야 한다.

제 3 절 자치행정권

1. 자치행정권의 정의와 내용

1) 자치행정권의 정의와 보장

자치행정권이란 작은 행정부로서의 지방자치단체가 행사할 수 있는 구속력 있는 행위로서, 자기 관할에 속한 업무를 집행하는 권한을 말한다. 즉, 자치행정권은 「대한민국헌법」과 「지방자치법」에서 보장받고 있는 지방자치단체의 권한으로서 중앙정부의 간섭을 받지 않고, 독자적으로 주민의 복리에 관한 사무를 처리하고, 재산을 관리하며, 행정을 집행하는 권한을 말한다.

「대한민국헌법」은 제117조 제1항에서 "지방자치단체는 주민의 복리에 관한 사무를 처리하고 재산을 관리하며, 법령의 범위 안에서 자치에 관한 규정을 제정할 수 있다"고 함으로써 자치행정권을 보장하고 있다. 「지방자치법」은 제115조에서 "시·도와 시·군 및 자치구에서 시행하는 국가사무는 시·도지사와 시장·군수 및 자치구의 구청장에게 위임하여 수행하는 것을 원칙으로 한다. 다만, 법령에 다른 규정이 있는 경우에는 그러하지 아니하다"라고 규정하고 제116조에서 "지방자치단체의 장은 그 지방자치단체의 사무와 법령에 따라 그 지방자치단체의 장에게 위임된 사무를 관리하고 집행한다"고 규정함으로써, 지방자치단체장은 당해 지방자치단체의 사무와 더불어 법령에 의하여 위임된 사무를 관리하고 집행할 수 있는 권리를 보장받고 있다.

이처럼 「대한민국헌법」과 「지방자치법」에 의해 보장받고 있는 자치행정권은 주민에 대한 행정서비스를 중심으로 하는 관리행정, 그리고 통제와 규제를 중심으로 하는 권력행정으로 나누어볼 수 있다(임승빈, 2016: 107-109). 이에 대해 살펴보면 다음과 같다.

2) 관리행정

관리행정이란 지방자치단체가 수행하는 행정 중에서 주민에게 적극적으로 행정서비스를 제공하기 위한 비권력적 행정을 말한다. 즉, 주민의 복리를 증진시키기 위해 주민이 이용할 수 있는 다양한 시설들을 설치·관리하고, 각종 공공사업을 경영하는 행정을 의미한다. 주민의 복리를 증진시키는 것은 지방자치단체의 가장 중요한 존재이유이기 때문에, 관리행정의 범위는 지속적으로 확대되고 있다. 관리행정은 다음과 같은 행정들을 포함한다.

첫째, 주민의 복리를 직접 증진시키는 행정이 이에 속한다. 주택, 도로, 보건, 위생, 사회복지 등과 같이 주민의 생활의 질을 높이기 위해 제공되는 모든 행정을 망라한다.

둘째, 공공시설의 설치·관리와 관련된 행정은 관리행정이다(임승빈, 2016: 108).

지방자치단체는 주민의 복지를 증진하기 위하여 다른 법령에 규정이 없으면 조례로서 공공시설을 설치할 수 있으며, 그 지방자치단체의 구역 밖에 공공시설을 설치할 경우에는 관계 지방자치단체의 동의를 받아야 한다(지방자치법 제161조). 지방자치단체가 설치·관리하는 초·중·고등학교, 회관, 도서관, 교량, 보건진료기관, 공해방지시설, 상·하수시설, 청소·오물처리시설, 가로의 조명, 운동장, 공원, 녹지 등이 여기에 해당된다.

셋째, 공공사업의 경영은 관리행정에 속한다(임승빈, 2016: 108). 지방자치단체는 스스로, 독립 법인을 통해 혹은 민간기업과 공동출자를 통해 다양한 분야에서 공공사업을 경영한다. 지방자치단체가 경영하는 공공사업은 대체로 비영리사업으로서, 산업용지 조성, 주택부지 조성, 하천·도로·항만 정비, 시장, 도축장, 공원묘지, 도시가스, 상·하수도 등이다.

넷째, 민간사업을 보호·장려하는 것은 관리행정이다. 이는 지방자치단체장이 조례나 규칙으로 정하는 바에 따라 그 권한에 속하는 사무 중에서 주민의 권리·의무와 직접 관련되지 않는 사무를 법인·단체 또는 그 기관이나 개인에게 위탁하여 수행하는 것을 말한다(동법 제117조 제3항). 이에 속하는 대표적인 업무는 각종 사회복지시설 운영, 주차위반차량 견인, 도로 유지·보수, 시설물 유지·보수, 전산시스템 유지·보수, 식당 운영, 하수처리장·폐수종말처리시설·쓰레기소각장·분뇨처리장·폐기물처리시설 운영·관리, 관광지·유적지 관리, 공원묘지 관리 등이다(한국지방행정연구원, 2008: 10-11).

3) 권력행정

권력행정이란 행정의 본래적 활동이지만, 종래의 지방자치단체는 관리행정에만 집중하였고, 조세 부과 등 일정 부분을 제외하고는 권력행정을 원칙적으로 실시하지 않았다. 즉, 권력행정은 국가에 전속된 것으로 생각하였다. 그러나 점차 지방자치단체도 권력행정을 실시하는 경향으로 바뀌었다(임승빈, 2016: 108-109). 권력행정이란 지방자치단체가 주민생활 보호, 질서 확립 등을 위하여 규제적 장치를 통하여 명령하고 강제하는 것을 말한다. 권력행정은 통제에 관한 행정, 공익사업과 공익 목적에 관한 행정, 재정에 관한 행정으로 나누어볼 수 있다.

첫째, 사회적 안전을 위해 다양한 통제를 실시한다. 이의 대표적인 분야가 경찰,

소방, 교통, 위생, 영업, 위험물 처리 등이다. 우리나라의 경우, 지역민방위와 지방소방에 관한 사무가 지방사무로 되어 있다. 지역 및 직장 민방위조직(의용소방대 포함)을 편성·운영하고 지도·감독하며, 지역의 화재에 대한 예방·경계·진압·조사·구조·구급 등에서 공권력을 행사하는 것은 권력행정에 속한다.

둘째, 공익사업과 공익 목적을 위한 행정, 즉 공용부담(公用負擔)에 관한 행정은 권력행정에 속한다. 공용부담이란 특정한 공익사업이나 기타의 공익목적을 위하여 또는 일정한 물건의 효용을 확보하기 위하여 개인에게 강제적으로 부과되는 일체의 인적·물적 부담을 말한다. 특정 공익사업을 수행하는 경우 혹은 긴급한 재난 상황이 발생하거나 발생하려는 경우, 지방자치단체는 물적 공용부담으로서 개인의 토지, 건물, 기타 공작물 등을 사용하거나 수용할 수 있으며, 또한 인적 공용부담으로서 주민을 응급조치 업무에 종사하게 할 수 있다. 공용부담의 일반적인 대상 분야는 국토이용, 도시계획, 환경오염방지 등이다. 우리나라의 경우, 지방자치단체는 재산이나 공공시설로 인한 수익자로부터 분담금을 징수할 수 있고, 비상재해의 복구 혹은 기타 필요할 경우 부역, 현품 혹은 기타 응급 부담을 징수할 수 있으며, 또한 공용 수용, 공용 환지, 공용 제한 등의 권한을 가진다(임승빈, 2016: 109).

셋째, 재정에 관한 행정은 권력행정에 포함된다(임승빈, 2016: 109). 지방자치단체는 경비를 충당하기 위해 지방세를 징수하는 것은 물론이고, 사용료, 수수료, 분담금, 과태료 등을 부과할 수 있다. 우리나라의 경우, 지방자치단체는 법률로 정하는 바에 따라 지방세를 부과·징수할 수 있고, 공공시설의 이용 또는 재산의 사용에 대하여 사용료를 징수할 수 있으며, 자치사무 혹은 위임사무가 특정인을 위한 것이면 그 사무에 대하여 수수료를 징수할 수 있고, 재산 또는 공공시설의 설치로 주민의 일부가 특히 이익을 받으면 이익을 받는 자로부터 그 이익의 범위 내에서 분담금을 징수할 수 있으며, 부정한 행위에 대해 과태료를 부과할 수 있다.

공용 수용 · 공용 환지 · 공용 제한

- 공용 수용: 특정한 공익사업을 위하여 개인의 특정한 재산권을 강제적으로 취득하는 것
- 공용 환지: 토지의 이용가치를 전반적으로 증진하기 위하여 일정한 지역 내에 있는 토지의 소유권 또는 기타 권리(지상권, 임차권 등)를 권리자의 의사 여하

에 불구하고 강제적으로 교환·분합하는 것
• 공용 제한: 특정한 공익사업이나 기타의 복리행정상의 목적을 위하여 또는 물건의 효용을 보존하기 위하여 부과되는 공법상의 제한

2. 자치행정권의 문제점

지방자치가 일찍부터 발전한 서구 국가와 비교할 때 우리나라의 자치행정권의 범위는 좁은 편이다. 우리나라 자치행정권의 대표적인 문제점은 좁은 범위의 자치사무, 개별법과 시행령의 제약, 중앙정부의 지나친 지도·감독, 인사권의 제약, 지방공무원의 낮은 정책능력과 관편의주의적 행태 등을 들 수 있다. 이에 대해 살펴보면 다음과 같다.

1) 좁은 범위의 자치사무

앞의 자치입법권의 문제점에서 지적된 것과 마찬가지로 자치적으로 처리할 수 있는 사무가 적기 때문에 자치행정권이 적다. 현재 국가사무, 위임사무로 인식되고 있는 사무들 중에는 자치사무로 해도 무방한 사무들이 포함되어 있다. 이처럼 자치사무로 하는 것이 바람직한 사무들조차 자치사무가 아닌 경우가 적지 않기 때문에, 자치행정권이 좁을 수밖에 없다.

2) 개별법과 시행령의 제약

자치행정권을 축소하는 개별법들과 시행령들이 있다. 일반적으로는 신법을 제정할 때 구법을 자세하게 검토하여 충돌이 되지 않게 하기 때문에 신법이 구법에 우선한다. 그러나 지방자치의 모법(母法)인 「지방자치법」 제13조 제2항은 "…… 지방자치단체의 사무를 예시하면 다음 각 호와 같다. 다만, 법률에 이와 다른 규정이 있으면 그러하지 아니하다"라고 규정하고 있다. 이 규정은 '단서조항'으로서, 다른 법률의 규정이 있는 경우에는 지방사무의 주체가 다를 수 있음을 의미한다. 예를 들어, 「지방자치법」에는 자치사무로 규정되어 있으나, 「지방공무원법」, 「주민등록법」, 「생활보호

법」 등을 포함한 개별 법률과 그 시행령에서 사무 주체를 달리하면, 지방자치단체의 사무가 아닌 것이 되기 때문에 자치행정권이 축소될 수 있다.

3) 중앙정부의 지나친 지도 · 감독

지방자치단체의 사무에 대해 중앙행정기관에 보고 · 제출할 것을 요구하거나 또는 중앙행정기관의 조언 · 권고 · 승인 · 감사 등을 받도록 함으로써, 자치사무에 대해 국가가 지나치게 지도 · 감독하고 있다. 예를 들면, 「지방자치법」 제184조 제1항은 "중앙행정기관의 장이나 시 · 도지사는 지방자치단체의 사무에 관하여 조언 또는 권고하거나 지도할 수 있으며, 이를 위하여 필요하면 지방자치단체에 자료 제출을 요구할 수 있다"고 규정하고 있다. 「지방자치법」 제190조 제1항은 "행정안전부 장관이나 시 · 도지사는 지방자치단체의 자치사무에 관하여 보고를 받거나 서류 · 장부 또는 회계를 감사할 수 있다. 이 경우, 감사는 법령 위반 사항에 대해서만 한다"고 규정하고 있다.

자치사무에 대한 자치단체장의 명령이나 처분의 위법성 여부를 법원이 아닌 주무부 장관이나 시 · 도지사가 행하고, 이에 대한 시정 또는 처분의 취소도 법원이 아닌 주무부 장관이나 시 · 도지사가 명하고 있다. 이로 인해, 지방자치단체는 사법부의 판결이 없는 상황에서도 수시로 주무부 장관이나 시 · 도지사의 지도 · 감독을 받음으로써, 지방자치단체의 자치행정권이 제약을 받고 있다. 이에 대한 대표적인 조항이 「지방자치법」 제188조이다.

「지방자치법」 제188조(위법 · 부당한 명령 · 처분의 시정)

① 지방자치단체의 사무에 관한 지방자치단체의 장(제103조제2항에 따른 사무의 경우에는 지방의회의 의장을 말한다. 이하 이 조에서 같다)의 명령이나 처분이 법령에 위반되거나 현저히 부당하여 공익을 해친다고 인정되면 시 · 도에 대해서는 주무부 장관이, 시 · 군 및 자치구에 대해서는 시 · 도지사가 기간을 정하여 서면으로 시정할 것을 명하고, 그 기간에 이행하지 아니하면 이를 취소하거나 정지할 수 있다.

② 주무부장관은 지방자치단체의 사무에 관한 시장 · 군수 및 자치구의 구청장의 명령이나 처분이 법령에 위반되거나 현저히 부당하여 공익을 해침에도 불구하고 시 · 도

지사가 제1항에 따른 시정명령을 하지 아니하면 시·도지사에게 기간을 정하여 시정명령을 하도록 명할 수 있다.

③ 주무부장관은 시·도지사가 제2항에 따른 기간에 시정명령을 하지 아니하면 제2항에 따른 기간이 지난 날부터 7일 이내에 직접 시장·군수 및 자치구의 구청장에게 기간을 정하여 서면으로 시정할 것을 명하고, 그 기간에 이행하지 아니하면 주무부장관이 시장·군수 및 자치구의 구청장의 명령이나 처분을 취소하거나 정지할 수 있다.

④ 주무부장관은 시·도지사가 시장·군수 및 자치구의 구청장에게 제1항에 따라 시정명령을 하였으나 이를 이행하지 아니한 데 따른 취소·정지를 하지 아니하는 경우에는 시·도지사에게 기간을 정하여 시장·군수 및 자치구의 구청장의 명령이나 처분을 취소하거나 정지할 것을 명하고, 그 기간에 이행하지 아니하면 주무부장관이 이를 직접 취소하거나 정지할 수 있다.

⑤ 제1항부터 제4항까지의 규정에 따른 자치사무에 관한 명령이나 처분에 대한 주무부장관 또는 시·도지사의 시정명령, 취소 또는 정지는 법령을 위반한 것에 한정한다.

⑥ 지방자치단체의 장은 제1항, 제3항 또는 제4항에 따른 자치사무에 관한 명령이나 처분의 취소 또는 정지에 대하여 이의가 있으면 그 취소처분 또는 정지처분을 통보받은 날부터 15일 이내에 대법원에 소를 제기할 수 있다.

4) 인사권의 제약

지방자치단체에는 지방공무원 외에 법률이 정하는 바에 의하여 국가공무원을 둘 수 있도록 함으로써 지방자치단체장의 자치인사권이 침해를 받고 있다(동법 제125조 제5항). 지방자치단체에 국가공무원을 두는 것은 평상시에는 별다른 문제가 발생되지 않겠지만, 중앙정부와 지방자치단체 간의 이견이 발생할 때 지방자치단체에 근무하는 국가공무원은 어느 쪽을 지지할 것인가? 스스로 판단해서 합리적인 결정을 할 것인가? 아니다. 대부분의 경우, 중앙정부의 편을 들 것이다. 이 경우, 지방자치단체는 반목에 빠질 것이고, 이는 지방자치단체에 부정적인 영향을 미칠 수 있다.

5) 지방공무원의 낮은 정책능력과 관편의주의적 행태

중앙정부는 지방공무원의 정책능력이 떨어지고 관편의주의적 행태가 강하다고 인식하여 자치행정권의 이양을 주저해 왔다. 오랫동안 지속된 중앙집권체제로 인해 지방공무원은 지방정책을 스스로 결정하지 못하고, 중앙의 지침에 따라 집행만을 수행하였다. 이의 결과로 중앙공무원과 비교할 때 상대적으로 지방공무원들은 정책형성(policy formulation), 정책분석(policy analysis), 정책결정(policy making)에 대한 전문지식과 역량이 많이 부족한 것이 사실이다. 이는 지역의 특성과 장점을 반영한 지역발전정책을 스스로 결정할 수 없게 한다.

또한 중앙집권체제로 인해 지방공무원은 중앙정부의 지시에 따르는 획일적 배급행정에 익숙하여서 관편의주의적 행태가 강하다. 이로 인해, 새로운 행정환경, 즉 정보, 교통, 상·하수도, 복지, 보건의료, 환경 등에서 발생되는 새로운 문제들에 대해 능동적으로 대처하지 못하는 것이 사실이다.

이러한 지방공무원의 낮은 정책능력과 관편의주의적 행태로 인해 지역정책결정권을 지방에 이양해서는 안 된다는 주장이 끊임없이 제기되었다. 이로 인해, 지방자치단체의 자치행정권이 축소되어 왔다.

3. 자치행정권의 개선방안

1) 자치사무의 확대

제2절에서 논의된 '3. 자치입법권의 개선방안'에서 지적한 것과 마찬가지로 자치행정권을 확대하기 위해서는 자치사무가 증가하여야 한다. 이를 위해서는 무엇보다도 중앙정부의 인식변화가 있어야 한다. 사회변화를 고려하면, 중앙정부는 예전처럼 지방자치단체를 하급기관으로 인식하지 말고 동반자로서 인식하여 후원과 지원을 함으로써, 지방자치단체가 수행할 수 있는 사무는 가능한 한 자치사무로 하고, 중앙정부는 국가 전체와 관련된 사무에 집중하는 것이 바람직하다. 이러할 때 국가경쟁력과 지방경쟁력이 같이 향상될 수 있음을 중앙정부는 인식하여야 한다. 또한 위임사무 중에서 자치사무로 전환하여도 아무런 문제가 발생되지 않는 사무는 자치사무로 해야 한다. 이러한 노력을 통해 자치사무의 범위가 확대될 때 자연스럽게 자치행정권이 확대될 수 있다.

2) 단서조항을 축소 · 개정

문제점에서 지적되었듯이, 개별법들과 시행령들로 인해서 자치행정권이 축소되는 원인이 「지방자치법」 제13조 제2항 후단에 규정된 '단서조항'이다. 「지방자치법」은 지방자치를 구축하고 활성화시키기 위한 지방자치의 모법(母法)이다. 이러한 법이 오히려 자치행정권을 축소시킴으로써 지방자치를 위축시키는 것은 법의 존재의 정당성을 의심스럽게 한다. 따라서 이 '단서조항'을 지방자치의 취지에 맞도록 축소 · 개정해야 한다.

또한 지방자치단체의 사무처리를 제약할 정도로 사무처리의 기준이나 절차를 구체적으로 규정하고 있는 개별법이나 시행령들을 전면적으로 조사 · 분석하여 꼭 필요한 규정들은 두어야겠지만 그러하지 않는 규정들은 개정되어야 한다.

3) 중앙정부의 지도 · 감독 축소

지방자치는 지방의 일을 지방 스스로가 자율적으로 알아서 처리하도록 하는 것을 근본적인 목적으로 삼고 있다. 이는 중앙정부가 수많은 지방의 특수한 상황과 장 · 단점을 구체적으로 파악하는 것이 불가능한 반면에, 지방의 일은 지방이 더 잘 파악할 수 있기 때문이다. 그럼에도 불구하고 중앙정부가 지방자치단체에 대해 지나치게 관여를 하면 지방자치의 목적을 훼손하게 된다. 따라서 지방자치단체에 대한 중앙정부의 불필요한 감독과 통제 규정을 줄여야 한다. 또한 지방자치단체장의 명령이나 처분에 대한 위법성 여부는 사법부에서 판단하도록 하여야 한다.

4) 자치인사권의 보장

지방자치는 지역의 일을 스스로 결정하고, 이에 대한 일차적인 책임을 지방이 감수하는 것이다. 이를 위해서는 지방자치단체장의 인사권을 보장해야 한다. 흔히 "인사(人事)가 만사(萬事)다"라고 말하는 것처럼, 자신과 뜻이 다른 사람보다는 자신과 뜻을 같이하는 사람과 함께 일하는 것이 지방의 일을 처리하는 데 효율적이다. 따라서 특별히 필요한 경우를 제외하고는 지방공무원으로 일원화해야 한다. 다만, 미국에서 자행된 엽관제(spoils system)를 방지하기 위한 조치를 취해야 한다. 이러한 차원에서 2007년부터 총액인건비제를 시행하였으며, 2014년에 다시 기준인건비제로 변경하여 시행되고 있다. 기준인건비제를 시행함에 따라 행정안전부가 인건비 총액한도와 지방자치단체의 총정원을 이중으로 관리하지 않고 인건비만 관리하게 되었다. 이에 따라, 지방자치단체는 인력을 증가시킬 때마다 행정안전부의 승인을 받지 않아도 된다. 어떠한 제도를 도입하든 간에 지방자치를 실시하는 취지에 맞으려면 지방자치단체장의 인사자율권을 보장하는 방향이어야 한다.

총액인건비제와 기준인건비제

- 총액인건비제: 2007년부터 시행되었으나, 총정원과 인건비 총액한도를 이중으로 관리하는 불편, 하위직의 수당으로 성과 재원을 마련하여 하위직의 불만 고조, 비정규직의 증대, 총액 자체가 많아 자율성 제한 등의 문제가 지적되었음
- 기준인건비제: 행정안전부가 제시하는 기준인건비에 의거하여 지방자치단체가 자율적으로 정원을 운영하고, 여기에 더하여 지방자치단체가 복지 · 안전 · 지역별 특수 행정수요에 탄력적으로 대응하도록 인건비의 추가적인 자율 범위를 1~3%까지 허용하는 제도임

5) 지방공무원의 능력 · 행태 개선

지방공무원의 정책능력을 향상시키고 행태를 개선하기 위한 종합적 대책이 필요하다. 이를 위해서는 적어도 다음과 같은 조치가 필요하다.

(1) 정책능력 향상

지방공무원 스스로가 지역주민의 의견과 요구에 기초하여 지방정책을 입안 · 결정할 수 있는 능력을 키워야 한다. 지방공무원의 정책능력은 이론적 지식과 현장적 지식을 동시에 습득하여야 향상될 수 있다. 그러나 지방공무원은 현장 지식은 있지만, 이를 정책화할 수 있는 이론적 능력이 부족하므로, 이에 대한 대책을 마련하여야 한다.

(2) 봉사정신 함양

지방공무원은 시혜자로서의 자세를 버리고 공복(公僕)[2]으로서 주민에 봉사한다는 정신을 가져야 한다. 즉, 지방공무원은 중앙정부의 지시나 지침을 기다리는 타성에서 벗어나 주민들의 다양한 욕구를 충족시키기 위해 능동적으로 노력하여야 한다.

(3) 전문인력 양성

각 분야의 전문인력을 체계적으로 양성・관리해야 한다. 지방자치가 실시됨에 따라 지방자치단체의 업무가 크게 증가한 것은 물론이고 사회변화와 주민들의 욕구변화에 따라 새로운 업무도 많아졌기 때문에, 그동안의 관례화된 방식이 아닌 창의적・체계적・분석적인 방식이 요구되고 있다. 따라서 다양한 분야에서 전문적인 지식을 가진 전문가들이 필요하게 되었으므로, 이들을 체계적으로 채용・양성・관리할 수 있는 시스템이 구축되어야 한다.

(4) 인사교류 확대

중앙정부와 지방자치단체 간의 인사교류를 확대할 필요가 있다. 중앙정부와 지방자치단체 간에 인적 자원의 불균형이 존재한다는 것은 엄연한 사실이다. 이러한 불균형을 해소하면서 인적 자원을 효율적으로 관리하는 방안 중의 하나가 중앙정부와 지방자치단체 간의 인사교류이다. 중앙정부와 지방자치단체 간의 인사교류가 활성화될 때, 지방자치단체의 부족한 행정력을 보완하고 아울러 지방공무원의 역량을 향상시킬 수 있다.

제 4 절 자치조직권

1. 자치조직권의 정의와 내용

자치조직권은 자치권의 하나로서 자치권을 수행하기 위해 필요한 조직을 자주적으

2) 공무원을 공공 사회의 심부름꾼이란 뜻으로 이르는 말이다.

로 만들어 관리하는 권한을 말한다. 즉, 지방자치단체가 중앙정부에 의해 규제받지 않으면서 조례와 규칙 등에 의하여 자신의 행정조직을 자주적으로 조직하는 권한을 말한다.

지방자치단체의 자치조직권은 「대한민국헌법」과 「지방자치법」에 의해 보장되어 있다. 「대한민국헌법」 제118조 제2항은 "…… 지방자치단체의 조직과 운영에 관한 사항은 법률로 정한다"고 규정하고 있고, 이에 따라 「지방자치법」은 지방의회로 하여금 조례에 의거하여 위원회를 둘 수 있게 하고(제64조 제1항), 지방자치단체로 하여금 소관 사무의 범위 안에서 필요하면 대통령령 혹은 대통령령으로 정하는 범위에서 지방자치단체의 조례로 직속기관을 설치할 수 있고(제126조), 사업소를 설치할 수 있으며(제127조), 출장소, 합의제행정기관, 자문기관을 설치할 수 있도록 하고 있다(제128조, 제129조, 제130조). 또한 조례에 의거하여 하부행정기관을 조직할 수 있도록 보장하고 있다(제131조~제134조).

2. 자치조직권의 문제점

최근의 세계변화는 국가 간, 국가와 지방자치단체 간, 지방자치단체 간의 경쟁을 확대·심화시키고 있음은 주지의 사실이다. 모든 지방자치단체는 처해 있는 상황이 다르고 다른 지방자치단체와 비교할 때 비교우위에 있는 분야도 다르기 때문에, 경쟁에서 생존·발전하기 위해서는 지역의 특성과 장점을 살릴 수 있는 조직을 구축하여야 한다. 이리하여 지방자치단체의 자치조직권에 대한 요구가 점차 강해지고 있지만, 다음과 같은 문제점이 자치조직권의 보장을 제약하고 있다.

1) 중앙정부가 주요 사안 관장

지방자치단체의 조직과 관련된 주요 사안들은 중앙정부에서 관장하고 있다. 예를 들어, 내부 행정구역개편, 행정기구와 정원기준, 지방의원의 수 등은 지방자치단체의 조직과 관련된 매우 중요한 사안임에도 불구하고, 지방자치단체가 자율적으로 결정할 수 없고 중앙정부가 결정한다. 예를 들면, 지방자치단체의 명칭과 구역을 바꾸거나 지방자치단체를 폐지하거나 설치하거나 나누거나 합칠 때에는 법률로 정하도록 하고 있다(지방자치법 제5조 제1항). 지방자치단체의 행정기구와 정원기준 등은 「지방자치단체의 행정기구와 정원기준 등에 관한 규정」에 의하도록 하고 있다.

2) 대통령령 등에 의한 제약

지방자치단체의 조직과 관련된 많은 조항에서 '대통령령이나 대통령령으로 정하는 범위에서' 혹은 '행정안전부 장관의 승인,' '관계 중앙행정기관의 장과 협의' 등의 조건이 규정되어 자치조직권이 제약을 받고 있다. 몇 가지 예를 들면 다음과 같다. 지방의원의 의정활동비는 대통령령으로 정하는 기준을 고려하여 해당 지방자치단체의 의정비심의위원회에서 결정하는 금액 이내에서 지방자치단체의 조례로 정하고, 의정비심의위원회의 구성·운영 등에 관하여 필요한 사항은 대통령령으로 정하도록 규정되어 있다(지방자치법 제40조). 또한 직속기관, 사업소, 출장소, 합의제행정기관, 자문기관 등을 포함하여 조직을 구성함에 있어서도 대통령령에 따르도록 하고 있다(동법 제126~제130조).

3. 자치조직권의 개선방안

모든 부분에서 경쟁이 확대되는 상황에서 지방자치단체가 생존·발전하기 위해서는 개별 지방자치단체의 특성과 장점을 최대한 발휘할 수 있는 조직구조가 구축되어야 한다. 이러한 관점에서 볼 때 자치조직권의 보장은 매우 중요하며, 이를 위해서는 적어도 다음과 같은 점들이 개선되어야 한다.

1) 지방자치단체 조직 구성의 자율성 확대

중앙정부가 모든 것을 관장하려는 인식을 버려야 한다. 중앙정부가 모든 지방자치단체의 상황을 구체적으로 파악한다는 것은 불가능하기 때문에, 지방자치단체의 조직을 중앙정부가 관장한다면 획일적인 조직구조가 될 수밖에 없다. 이는 지방자치단체의 경쟁력을 약화시키고, 나아가서 국가경쟁력에도 부정적인 영향을 미친다. 따라서 모든 부분에서 경쟁이 확대되는 상황을 인지하고, 국가와 지방이 상생하기 위해 국가는 국가적 업무에 충실하고, 지방자치단체는 스스로의 영역에서 최선을 다해야 한다. 지방자치단체가 자신의 역할을 충실히 하려면 지방의 특성과 장점을 살릴 수 있는 지역정책을 결정·실시할 수 있도록 조직구조를 지방자치단체가 자율적으로 결정할 수 있도록 해야 한다. 그렇지 않으면 지방자치의 의의가 약화되는 것은 물론이고, 지역경쟁력을 기대하기도 어렵다.

2) 중앙정부의 관여 최소화

지나치게 구체적인 부분까지 중앙정부가 관여하는 것을 지양해야 한다. 지방자치단체의 업무의 상당 부분은 일선행정적 특징을 지니고 있음은 앞에서 지적하였다. 현장에서의 상황은 다양하고 복잡하기 때문에, 세세한 분야까지 대통령령에 따르게 하거나 행정안전부 장관의 승인을 받도록 하는 것은 재량권의 범위를 크게 약화시킬 수 있다. 이는 중앙정부와 지방자치단체의 관계를 경직되게 하거나 지방공무원들의 불만을 고조시킬 수 있다. 따라서 현재 「지방자치법」의 자치조직권과 관련된 조항들 중에서 반드시 필요한 부분을 제외한 나머지 조항들에 대해서는 중앙정부의 관여를 최소화하도록 개정하는 것이 바람직하다.

알아두면 좋아요

1. 자치권이란 지방자치단체가 자신의 구역 내에서 자율적으로 사무를 처리할 수 있는 자주적 통치권을 말하며, 그 특징으로는 예속성, 자주성, 포괄성 등을 들 수 있고, 그 유형은 자치입법권, 자치행정권(자치재정권, 자치조직권 포함), 자치사법권으로 분류된다.
2. 자치입법권은 지방자치단체의 관할 사무에 대해 조례와 규칙을 제정할 수 있는 권한이다. 조례는 지방의회가 지역 사무를 처리하기 위해 헌법과 법령의 범위 내에서 지방의회의 의결을 거쳐 제정되는 법형식으로서의 자치법규이고, 규칙은 지방자치단체장이 법령 또는 조례가 위임한 범위 내에서 그 권한에 속하는 사무에 관하여 제정하는 자치법규이다. 자치입법권의 문제점은 좁은 범위의 자치사무, '법령의 범위에서'라는 규정, 잘못 해석된 죄형법정주의, 중앙정부의 강한 지도·감독 등이다. 이의 개선방안은 자치사무의 확대, '법령의 범위에서'를 '법령에 위반되지 않는 한'으로 개정, 강제처벌권 부활, 중앙정부의 지도·감독과 자의적 판단을 줄이는 것 등을 제안할 수 있다.
3. 자치행정권은 지방자치단체가 행사할 수 있는 구속력 있는 행위로서 자율적으로 주민복리사무, 재산관리, 행정집행 등을 행하는 권한이다. 자치행정권의 문제점은 좁은 범위의 자치사무, 「지방자치법」 제13조 제2항의 단서조항으로 인한 제약, 중앙정부의 지나친 지도·감독, 지방자치단체장의 인사권 제약, 지방공무원의 낮은 정책능력과 관편의주의적 행태 등이다. 이를 개선하기 위한 방안은 자치사무의 확대, 단서조항을 축소·개정, 중앙정부의 지도·감독 축소, 자치인사권의 보장, 지방공무원의 능력·행태 개선 등이다.
4. 자치조직권은 자치권 수행을 위해 필요한 조직을 자주적으로 만들어 관리하는 권한이다. 자치조직권의 문제점은 지방자치단체의 조직과 관련된 주요 사안들을 중앙정부에서 관장한다는 점과 대통령령 등에 의해 제약을 받는다는 점이다. 이를 개선하기 위해서는 지방자치단체의 특성·장점을 살릴 수 있도록 조직 구성의 자율성을 확대하고, 반드시 필요한 부분을 제외한 나머지 조항들에서는 중앙정부의 관여를 최소화해야 한다.

논 의

1. 자치입법권에 대해 논하시오.
2. 자치행정권에 대해 논하시오.
3. 자치조직권에 대해 논하시오.

제 9 장 사무배분

제 1 절 사무배분의 의의와 방식

1. 사무배분의 의의

중앙집권체제에서는 중앙정부가 국가와 지방의 모든 사무에 대해 결정을 하고 지방정부는 집행에 집중하였다. 지방자치가 실시되면서 중앙정부가 결정해야 할 사무와 지방자치단체가 결정해야 할 사무를 분리하게 되었다. 이것이 사무배분이다. 즉, 사무배분이란 중앙정부가 수행하는 것이 효율적인 사무를 국가사무, 그리고 지방자치단체가 수행하는 것이 효율적인 사무를 자치사무(고유사무)로 나누고, 그 처리에 관한 궁극적인 권한을 중앙정부와 지방자치단체에 부여하는 것을 말한다. 그런데 혹자는 사무배분과 사무재배분을 구분하기도 하고, 혹자는 사무배분과 사무재배분을 구별하지 않기도 한다. 사무배분과 사무재배분을 구분하는 학자들은 국가사무와 자치사무로 분류하는 것을 사무배분, 그리고 자치사무를 다시 광역자치사무와 기초자치사무로 분류하는 것을 사무재배분이라고 한다. 사무배분과 사무재배분을 구별하지 않는 학자들은 이 모든 것을 합하여 사무배분이라고 한다.

사무배분이란 법률적인 측면에서 볼 때는 자치권이 행사되는 범위를 결정짓는 것이고, 실질적인 측면에서 볼 때는 자치의 내용을 규정하는 것이라 할 수 있다. 그런데 사무는 권한과 의무의 배분과 관련된 사안이기 때문에, 사무배분이 어떻게 되느냐에 따라 얻는 자와 잃는 자가 달라지는 '정치적 장(場)'의 특징을 지니는 첨예한 사안이다. 사무배분은 형식적인 측면에서 보면 국가가 그 영토의 일정 지역을 관할하고 있는 지방자치단체에게 일정 사무에 대한 처리권을 부여하는 것이지만, 실제적인 측면에서 보면 지방자치단체의 요구에 대해 중앙정부가 굴복하거나 혹은 중앙정부가 지방자치단체와 정치적으로 타협한 결과라고 인식되기 쉽다. 즉, '파워게임(power game)'으로 인식하는 경향을 무시할 수 없는 것이 현실이다.

2. 사무배분의 방식

사무배분의 방식은 나라마다 다르지만, 대체로 개별적 배분방식, 포괄적(개괄적) 배분방식, 혼합(절충)방식이 있다. 이에 대해 살펴보면 다음과 같다.

1) 개별적 배분방식

국회(미국의 경우, 주의회)가 제정한 법에 기초하여 개별 지방자치단체별로 사무종목을 지정하여 배분하는 방식이다. 일반적으로 사무의 내용이 구체적으로 명시되고, 주어진 사무에 대해서는 비교적 철저하게 자치권을 부여한다. 주로 자치헌장제를 채택하고 있는 미국의 일부 주, 영국, 호주, 캐나다, 덴마크, 스웨덴 등에서 사용되고 있는 배분방식이다.

개별적 배분방식의 장점은 다음과 같다. 첫째, 사무의 배분이 지방자치단체별로 이루어지기 때문에 개별 지방자치단체의 특수성이 고려될 수 있다. 둘째, 사무내용이 구체적으로 명시되어 있기 때문에 자치사무에 대한 중앙정부의 간섭을 최대한 배제할 수 있다. 따라서 지방자치단체는 사무에 대해 강력한 자치권을 가진다.

한편, 이 방식의 단점은 다음과 같다. 첫째, 구체적으로 사무의 내용을 지정하기 때문에 운영상의 유연성이 떨어진다. 정해진 사무의 내용에서 조금만 벗어나도 지방자치단체가 수행할 수 있느냐는 문제가 발생된다. 둘째, 특별법 형태로 이루어지기 때문에 법제상의 업무 부담이 크다. 특정 사무를 모든 지방자치단체가 수행할 수 있도록 하는 것이 아니라, 특정 지방자치단체가 특정 사무 수행과 관련된 조건을 충족시키면 특별법을 제정하여, 그 지방자치단체에게만 해당 사무를 배분한다. 즉, 사무수행 조건을 충족시키는 지방자치단체가 발생할 때마다 특별법을 제정하여 해당 사무를 이양하기 때문에 법을 제정하는 부담이 매우 크다. 셋째, 법의 제정과 개정에 시간이 걸리는 경우 행정문제를 처리하는 시기를 놓칠 수 있다. 행정문제를 해결함에 있어서 '시점(timing)'은 그 목적을 달성하는 데 매우 중요한 역할을 한다. 그런데 개별적 배분방식은 특별법 형태로 사무를 배분하기 때문에 매우 많은 특별법을 제정해야 한다. 이로 인해, 적기에 문제를 해결하기 어려워질 가능성이 높다.

2) 포괄적 배분방식

포괄적 배분방식은 사무를 구체적으로 명시하여 개별적으로 지방자치단체에게 배분하는 것이 아니고, 법률이 특별히 금지한 사항이나 법률에 의해 중앙정부가 처리하도록 한 사항을 제외한 모든 지역적 사무에 관한 처리권을 일괄적으로 지방자치단체에게 부여하는 방식이다. 단체자치를 취하고 있는 독일과 프랑스를 포함한 대륙계 국가에서 많이 찾아볼 수 있다.

포괄적 배분방식의 장점은 다음과 같다. 첫째, 배분방식이 간단하다. 법률을 통해 지방자치단체가 수행하지 못하도록 하는 사무를 제외한 모든 사무를 자치사무로 하는 방식이기 때문에 매우 수월하게 자치사무를 정할 수 있다. 둘째, 상황에 따라 유연하게 운영할 수 있다. 지방자치단체에게 이양할 사무와 관련된 구체적인 내용을 명시하지 않고 그 사무 자체를 이양하기 때문에 지방자치단체가 자율적이고 탄력적으로 그 사무를 수행할 수 있다.

이 방식의 단점은 다음과 같다. 첫째, 국가사무와 자치사무의 구별이 모호할 수 있어서 행정 주체들 간에 혼란이 야기될 수 있다. 자치사무에 대한 구체적인 내용을 적시하지 않기 때문에, 동일한 사무가 인식에 따라 자치사무가 될 수도 있고 국가사무가 될 수도 있다. 이는 해당 사무를 수행할 수 있는 궁극적 권한이 중앙정부에게 있는지 아니면 지방자치단체에게 있는지를 두고 혼란을 발생시킬 수 있다. 둘째, 자치사무에 대해 중앙정부가 개입하여 자치권이 침해될 가능성이 있다. 자치사무임에도 불구하고 국가사무로 인식하면 중앙정부가 해당 사무의 수행에 개입하게 되기 때문에 자치권이 침해받을 수밖에 없다.

3) 혼합방식

개별적 배분방식과 포괄적 배분방식이 혼합된 방식이다. 이에는 일본의 예시적 포괄배정방식과 나이지리아의 사무목록선정방식이 있다.

일본의 예시적 포괄배정방식은 개별 지방자치단체별로 사무를 배분하지 않고, 광역자치단체와 기초자치단체로 나누어 일괄적으로 배분하되, 광역자치단체가 처리할 법정수탁사무와 기초자치단체가 처리할 법정수탁사무는 각 개별법의 근거를 제시하면서 일일이 열거한다(최창호, 2001: 290; 정일섭, 2010: 185; 박응격, 2012: 213).

나이지리아의 사무목록선정방식은 지방자치단체가 처리할 수 있는 사무를 목록으로 만든 후, 개별 지방자치단체들의 행정적 · 재정적 능력을 감안하여 그 사무들 전부 혹은 일부를 자치사무로 부여하는 방식이다.

이 배분방식의 장점은 위의 두 방식의 장점들이다. 이 방식의 단점은 다음과 같다. 첫째, 지방자치단체가 처리할 수 있는 사무를 예시하기 때문에 행정 주체들의 권한이 분명하지 않다. 둘째, 목록작성방법이 간단하지 않다.

제 2 절 사무배분의 현황

1. 우리나라의 사무배분방식

1988년 4월 전까지는 포괄적 배분방식을 취했으나, 그 후 포괄적 예시주의(예시적 포괄주의)를 기본적인 틀로 삼고 있다. 우리나라의 사무배분방식을 구체적으로 표현하면 포괄주의에 가까운 혼합형으로서, 포괄주의를 기본적인 틀로 삼으면서 광역자치단체와 기초자치단체 간의 사무배분에 있어서 특정 지방자치단체의 특수성을 감안하는 특례주의를 보조적 방식으로 채택하고 있다.

1) 포괄적 예시주의

우리나라는 「지방자치법」 제13조 제1항에서 "지방자치단체는 관할 구역의 자치사무와 법령에 따라 지방자치단체에 속하는 사무를 처리한다"고 규정하고 있고, 동조 제2항에서 "…… 지방자치단체의 사무를 예시하면 다음 각 호와 같다……"라고 하면서 7개의 사무 영역에 걸쳐 61개의 사무를 예시하고 있다. 이 규정들은 우리나라의 사무배분의 기본 틀이 포괄적 예시주의임을 나타내고 있다.

2) 특례주의

우리나라의 사무배분은 포괄적 예시주의를 기본으로 다양한 특례를 인정하고 있다. 특례를 인정하고 있는 사례를 살펴보면 아래와 같다.

(1) 서울특별시에 대한 특례

서울특별시는 정부의 직할 하에 있지만 「서울특별시 행정특례에 관한 법률」로 정하는 범위 내에서 수도로서의 특수한 지위를 가지고, 지위 · 조직 · 운영에 관한 특례를 부여받고 있다(동법 제1조, 제2조). 「지방자치법」 제197조 제1항도 수도로서의 특수성을 고려하여, 서울특별시는 지위 · 조직 · 운영 등에 있어서 법률로 정하는 바에 따라 특례를 둘 수 있다고 규정하고 있다.

(2) 자치구에 대한 특례

「지방자치법」 제2조 제2항에서 "지방자치단체인 구(자치구)는 특별시와 광역시의 관할 구역 안의 구만을 말하며, 자치구의 자치권의 범위는 법령으로 정하는 바에 따라 시 · 군과 다르게 할 수 있다"고 규정함으로써 자치구에 대한 특례를 인정하고 있다. 이처럼 자치구의 자치권의 범위를 시 · 군과 달리하는 이유는 자치구의 형성원인과 시 · 군의 형성원인이 다르기 때문이다. 시 · 군은 생활권을 기초로 형성되는 데 비해, 자치구는 행정적 편의를 위해 인위적으로 구분되기 때문이다. 다시 말하면, 특별시 혹은 광역시와 산하의 자치구는 독립된 별개의 자치단체이지만 동일한 생활권을 형성하고 있기 때문에, 이들이 완전히 따로 업무를 처리하면 중복행정이 발생할 가능성이 크기 때문에, 종합적이고 유기적으로 사무를 처리할 필요가 있다. 그럼에도 불구하고, 자치구를 별개의 자치단체로 인정하는 이유는 인구과밀지역인 특별시와 광역시가 주민들을 대상으로 직접 모든 행정사무를 효율적으로 처리하기 어렵기 때문이고, 아울러 주민들의 자치단체에 대한 접근성을 증대시키기 위해서이다.

(3) 대도시에 대한 특례

「지방자치법」과 「지방자치분권 및 지방행정체제개편에 관한 특별법」에서 대도시에 대한 특례를 인정하고 있다. 아래에서 구체적인 내용을 검토하기 전에 대도시에 대한 내용을 살펴보기로 한다. 「지방자치법」 제198조에서는 특례를 인정하는 대도시를 인구 50만 명 이상과 100만 명 이상으로 구분하고 있다. 「지방자치분권 및 지방행정체제개편에 관한 특별법」 제40조 제1항에 따르면, 특별시와 광역시가 아닌 인구 50만 명 이상 대도시와 100만 명 이상 대도시의 행정·재정 운영, 그리고 지도·감독에 대하여는 특성을 고려하여 관계 법률에 의해 특례를 둘 수 있고, 또한 인구 30만 명 이상이면서 면적이 1,000km^2 이상인 지방자치단체는 인구 50만 명 이상 대도시로 본다. 따라서 대도시에 대한 특례는 인구 50만 명 이상의 대도시에 대한 특례와 특별시·광역시가 아닌 인구 100만 명 이상의 대도시에 대한 특례로 나누어 살펴볼 수 있다.

① 인구 50만 명 이상의 대도시에 대한 특례

서울특별시, 광역시, 특별자치시를 제외한 인구 50만 명 이상의 대도시는 행정, 재정, 국가의 지도·감독에 대하여 특성을 고려하여 관계 법률에 의해 특례를 인정받고 있다(지방자치법 제198조 제1항, 지방자치분권 및 지방행정체제개편에 관한 특별법 제40조 제1항). 즉, 자치구가 설치되어 있지 않은 인구 50만 명 이상의 시에 대하여는 도가 처리하는 사무의 일부를 직접 처리하게 할 수 있게 함으로써(지방자치법 제14조 제1항 제2호), 인구 50만 명 이상의 도시에 대한 특례를 인정하고 있다. 인구 50만 명 이상의 도시는 대도시적 특징을 지니므로, 이를 고려할 필요가 있기 때문이다.

② 인구 100만 명 이상의 대도시에 대한 특례

특별시·광역시가 아닌 인구 100만 명 이상의 대도시에 대해서는 인구 50만 명 이상의 대도시보다 더 많은 특례를 인정하고 있다(지방자치법 제198조 제2항). 특별시·광역시가 아닌 인구 100만 명 이상의 대도시에 대한 특례는 다음과 같다(지방자치분권 및 지방행정체제개편에 관한 특별법 제41조~제43조).

첫째, 다음과 같은 사무특례가 부여된다. 특별시·광역시가 아닌 인구 100만 명 이상 대도시의 단체장은 관계 법률의 규정에도 불구하고, 지역개발채권 발행(지방의회의 사전 승인 필요), 건축물에 대한 부분적 허가(도지사의 사전 승인 필요), 택지개발지구의 지정(도지사가 지정한 곳), 재정비촉진지구의 지정, 재정비촉진계획의 결정, 화재·재난·재해 등을 포함한 위급 상황에 대한 구조·구급, 5급 이하 직급별·기관별 정원의 책정 등을 처리할 수 있다.

둘째, 보조기관에 대한 특례는 다음과 같다. 부시장 2명을 둘 수 있고, 제1부시장과 제2부시장의 사무 분장은 해당 지방자치단체의 조례로 정하며, 행정기구 및 정원은 인구, 도시 특성, 면적 등을 고려하여 대통령령으로 정할 수 있다.

셋째, 재정특례는 다음과 같다. 도지사는 인구 100만 명 이상의 일반시에서 징수하는 도세(원자력발전에 대한 지역자원시설세, 소방분 지역자원시설세, 지방교육세는 제외) 중 10/100 이하의 범위에서 일정 비율을 추가로 확보하여 해당 시에 직접 교부하여야 하고, 추가로 교부하는 도세의 비율은 사무이양 규모 및 내용 등을 고려하여 대통령령으로 정하며, 소방시설에 충당하는 지역자원시설세는 「지방세기본법」의 규정에도 불구하고 시세로 한다.

(4) 제주특별자치도에 대한 특례

세계화와 지방화가 빠르게 진행됨에 따라 제주도에 대해 행정체제의 특수성을 고려하여 법률로 정하는 바에 따라 특별자치도로서의 지위·조직·행정·재정 등의 운영에 대해 특례를 인정하고 있다(지방자치법 제197조 제2항). 또한 제주도를 '국제자유도시'로 건설하여 동북 및 동남아시아의 새로운 투자거점도시로 만들기 위하여 「제주도 행정체제 등에 관한 특별법」과 「제주특별자치도 설치 및 국제자유도시 조성을 위한 특별법」을 제정하여 제주특별자치도의 특례를 인정하고 있다. 국제자유도시의 효율적인 추진과 경쟁력 향상을 위하여 제주시와 북제주군을 제주시, 그리고 서귀포시와 남제주군을 서귀포시로 통합하였다. 즉, 기존의 4개 시·군을 2개의 시로 통합하면서 제주시와 서귀포시를 행정시로 전환시켜 제주도를 자치계층적 관점에서 단층제로 개편하였다.

(5) 세종특별자치시에 대한 특례

2012년에 제정된 「세종특별자치시 설치 등에 관한 특별법」에 따라 세종특별자치시가 우리나라에서 17번째 광역자치단체이면서 첫 번째 특별자치시로 출범하였다. 정부의 직할 광역자치단체이며, 수도권의 과도한 집중에 따른 부작용을 시정하고, 지역개발 및 국가균형발전과 국가경쟁력 강화에 이바지함을 목적으로 행정중심복합도시로 개발되었다. 이에 따라, 36개의 중앙행정기관(18개 본부, 18개 소속기관)과 16개 국책연구원 등이 2012년부터 정부세종청사로 이전을 시작하여 세종특별자치시는 국가행정의 중심지로 자리매김을 하고 있다. 세종특별자치시의 지위·조직 및 행정·재정 등의 운영에 대하여는 행정체제의 특수성을 고려하여 법률로 정하는 바에 따라 특례를 둘 수 있다(지방자치법 제197조 제2항). 세종특별자치시는 광역자치단체지만 기초자치단체를 두지 않으며, 중앙정부로부터 재정을 비롯한 여러 가지 특례를 받는다.

(6) 통합 지방자치단체에 대한 특례

통합 지방자치단체에 대해 인정되는 대표적인 특례는 다음과 같다(지방자치분권 및 지방행정체제개편에 관한 특별법 제30조~제39조).

첫째, 통합으로 인한 행정상・재정상 불이익을 배제하고, 지역주민들에게 새로운 부담을 추가해서는 안 된다.

둘째, 통합으로 초과되는 공무원 수는 정원 외로 인정하되, 지방자치단체는 이의 조속한 해소를 위하여 적극 노력하여야 하며, 또한 통합으로 인해 폐지되는 지방자치단체 소속 공무원에 대하여 인사상 동등하게 처우해야 한다.

셋째, 통합에 직접 사용된 비용을 예산의 범위에서 국가로부터 지원받을 수 있고, 통합으로 인해 절감되는 운영경비(국가 부담 예산에 한함)의 일부를 지원받을 수 있다.

넷째, 대통령령으로 정하는 바에 따라 보조금 지급, 재정투・융자 등 재정상 특별한 지원을 받을 수 있고, 특정 지역의 개발을 위한 지구・지역 등의 지정에 있어서 우선적으로 지정받을 수 있으며, 각종 시책사업 등을 시행하는 경우 우선적으로 지원받을 수 있다.

다섯째, 행정안전부령으로 정하는 바에 따라 지방교부세 산정에 있어 기준재정수요액을 매년 보정받을 수 있다.

여섯째, 통합되기 직전 연도의 폐지되는 각 지방자치단체의 보통교부세 총액의 6/100을 대통령령으로 정하는 바에 따라 10년 간(경상남도 창원시의 경우 2025년 12월 31일까지) 매년 통합 지방자치단체에 추가로 지원한다.

2. 우리나라의 사무배분원칙

사무배분원칙이란 사무배분과 관련되어 일반적으로 적용되는 규칙으로서 사무배분의 기본 정신을 담고 있는 것이다. 사무배분원칙이 세워져 있지 않으면 사무배분과정에 혼란이 야기되어 행정의 효율성과 민주성이 떨어질 수밖에 없다.

어느 사무를 국가가 담당하는 것이 바람직한가 그리고 어느 사무를 지방자치단체가 담당하는 것이 바람직한가에 대해 누구나 공감하는 원칙을 결정하는 것은 현실적으로 불가능하다. 유사한 사무라고 하더라도 시대별 그리고 국가별로 국가가 수행하는 것이 효율적일 수 있고 혹은 지방자치단체가 수행하는 것이 효율적일 수 있다. 따라서 시대별 그리고 국가별로 처한 상황을 고려하여 사무배분원칙을 정할 수밖에 없다.

그러한 측면에서 사무배분을 연구하는 많은 연구자들이 검토하는 일본의 사무배분원칙과 프랑스의 사무배분원칙을 살펴보는 것은 의미가 있다. 일본의 사무배분원칙에는 아래에 서술된 바와 같이 현지성의 원칙, 종합성의 원칙, 경제성의 원칙, 보충성의 원칙이 있다. 프랑스는 사무배분원칙으로 지방자치단체 간의 감독금지의 원칙,[1] 총체적 이양의 원칙,[2] 단일 자치단체에의 배분 및 지방행정계층별 전문화의 원칙,[3] 경비의 전액보상의 원칙,[4] 점진적 이양의 원칙[5]을 활용하고 있다(정세욱, 2000: 207-209).

일본의 사무배분원칙

사무배분원칙을 규정하고 있는 나라는 많지만, 가장 명료하게 사무배분원칙을 규정하고 있는 나라는 일본이다. 일본의 사무배분원칙은 현지성의 원칙, 종합성의 원칙, 경제성의 원칙, 보충성의 원칙으로 정리된다.

'현지성(現地性)의 원칙'은 사무를 민주적으로 처리하기 위하여 가능한 한 사무를 주민과 가까운 기초자치단체에 우선적으로 배분하는 원칙이다. 우리나라의 '기초자치단체 우선의 원칙'과 같은 의미이다.

'종합성의 원칙'은 특별자치단체보다 일반자치단체에 우선적으로 배분하는 원칙이다. 사무를 종합적으로 처리하기 위하여 사무를 특정 목적을 수행하는 특별자치단체보다 일반 목적을 수행하는 일반지방자치단체에 집중적으로 배정하는 원칙이다. 이를 '지역종합성의 원칙'이라고도 한다.

'경제성의 원칙'은 지방자치단체들의 이해관계, 행·재정 능력 등을 감안하여 행정효율을 향상시키는 방향으로 사무를 배분하는 원칙이다. 즉, 사무의 효율적 처리를 위하여

---

1) 지방자치단체들 간의 감독을 허용하지 않고, 국가만이 지방자치단체에게 의무를 부과할 수 있다.
2) 사무의 계획부터 집행에 이르는 모든 권한을 배분해야 한다.
3) 특정 사무는 어느 한 지방자치단체에게만 배분되어야 하고, 지방자치단체 계층별로 전문화를 꾀해야 한다.
4) 사무를 이양할 때는 재원도 같이 이양해야 한다.
5) 사무의 종류, 지방자치단체의 능력 등을 고려하면서 단계적으로 사무를 배분해야 한다.

사무를 각 지방자치단체의 능력을 고려하여 최소의 비용으로 최대의 효과를 도모할 수 있는 지방자치단체에 배분하는 원칙이다. 이를 '효율성의 원칙'이라고도 한다.

'보충성의 원칙'은 소극적 의미의 보충성의 원칙과 적극적 의미의 보충성의 원칙으로 나누고 있다. 소극적 의미의 보충성의 원칙은 하위정부가 할 수 있는 일에 대해 상위정부가 관여해서는 안 된다는 의미를 가진다. 적극적 의미의 보충성의 원칙이란 상위정부는 하위정부의 능력이 미진하여 특정 사무를 수행할 수 없을 때, 하위정부가 이를 수행할 수 있도록 지원해야 한다는 원칙이다.

우리나라의 경우, 지방자치의 모법에 해당하는 「지방자치법」에 사무배분과 관련된 중요한 원칙을 좀 더 구체적으로 명시할 필요가 있다는 지적이 지속적으로 제기되었다. 그리하여, 2020년 12월에 국회에서 의결되었고, 2022년 1월부터 시행되고 있는 「지방자치법」 전부 개정안에는 몇 개의 원칙이 추가되었다. 「지방자치법」과 「지방자치분권 및 지방행정체제개편에 관한 특별법」에 규정되어 있는 사무배분원칙은 '보충성의 원칙', '상호 중복 금지의 원칙', '포괄적 배분의 원칙', '국가사무의 처리 제한의 원칙', '민간참여 확대의 원칙' 등이다. 이에 대해 살펴보면 다음과 같다.

1) 보충성의 원칙

'보충성의 원칙'은 국가 권력구조에서 아래로부터의 민주주의 실천을 그 내용으로 하며(한부영 · 박재희, 2019: 32), 또한 헌법상 기본 원리인 민주주의와 수직적 권력분립을 실현하는 데 가치를 두고 있다는 점에서 헌법에서 비롯되는 당위적 원리라고 할 수 있다(이해영 외, 2018). 보충성의 원칙이란 국가의 기능은 지방자치단체의 기능을 뒷받침해 주는 데 있고 또한 지방자치단체의 기능을 흡수하는 것을 허용하지 않는 원칙으로써, 국가가 영토고권을 가지는 이상 지역 사무는 국가사무로서의 성격과 중첩될 수밖에 없음에도 불구하고 모든 관할 지역마다 지방자치단체의 권한을 인정하는 원칙을 의미한다(최봉석 외, 2015).

우리나라의 경우, 「지방자치법」 제11조 제2항과 「지방자치분권 및 지방행정체제개편에 관한 특별법」 제9조 제2항은 '보충성의 원칙'을 규정하고 있다(한부영 · 박재희, 2019: 39). 즉, 지역주민생활과 밀접한 관련이 있는 사무는 원칙적으로 기초자치단체의 사무로 하고, 기초자치단체가 처리하기 어려운 사무는 광역자치단체의 사무로 하며, 광역자치단체가 처리하기 어려운 사무는 국가의 사무로 배분하도록 하고 있다. 또한 「지방자치법」 제14조 제3항에 규정된 '비경합의 원칙'과 '기초자치단체 우선의 원칙'도 보충성의 원칙을 적시하고 있다. 즉, 광역자치단체와 기초자치단체가 사무를 처리할 때 서로 겹치지 않도록 하고('비경합의 원칙'), 사무가 서로 겹치면 기초자치단체에서 먼저 처리하도록 하고 있다('기초자치단체 우선의 원칙').

2) 상호 중복 금지의 원칙

'상호 중복 금지의 원칙'이란 국가가 사무를 배분하면서 지방자치단체가 행정을 종합적 · 자율적으로 수행할 수 있도록 서로 중복되지 않도록 해야 한다는 원칙이다(한부영 · 박재희, 2019: 39). 즉, 국가는 지방자치단체가 사무를 종합적 · 자율적으로 수행할 수 있도록 국가와 지방자치단체 간 또는 지방자치단체 상호 간의 사무를 주민의 편익증진, 집행의 효과 등을 고려하여 서로 중복되지 아니하도록 배분하여야 한다(지방자치법 제11조 제1항, 지방자치분권 및 지방행정체제개편에 관한 특별법 제9조 제1항).

3) 포괄적 배분의 원칙

'포괄적 배분의 원칙'이란 국가가 지방자치단체에게 사무를 배분하거나 혹은 광역자치단체가 사무를 기초자치단체에게 재배분할 경우, 사무를 배분받거나 재배분받는 지방자치단체가 자신의 책임 하에 그 사무를 종합적으로 처리할 수 있도록 관련 사무를 포괄적으로 배분하여야 한다는 원칙이다(지방자치법 제11조 제3항, 지방자치분권 및 지방행정체제개편에 관한 특별법 제9조 제3항).

4) 국가사무의 처리 제한의 원칙

현행 「지방자치법」 제15조는 '국가사무의 처리 제한의 원칙'을 다음과 같이 규정하고 있다. 지방자치단체는 아래의 국가사무를 처리할 수 없으나, 법률에 이와 다른 규정이 있는 경우에는 국가사무를 처리할 수 있다.

- 외교, 국방, 사법(司法), 국세 등 국가의 존립에 필요한 사무
- 물가정책, 금융정책, 수출입정책 등 전국적으로 통일적 처리를 할 필요가 있는 사무
- 농산물 · 임산물 · 축산물 · 수산물 및 양곡의 수급조절과 수출입 등 전국적 규모의 사무
- 국가종합경제개발계획, 국가하천, 국유림, 국토종합개발계획, 지정항만, 고속국도 · 일반국도, 국립공원 등 전국적 규모나 이와 비슷한 규모의 사무
- 근로기준, 측량 단위 등 전국적으로 기준을 통일하고 조정하여야 할 필요가 있는 사무
- 우편, 철도 등 전국적 규모나 이와 비슷한 규모의 사무
- 고도의 기술이 필요한 검사 · 시험 · 연구, 항공관리, 기상행정, 원자력개발 등 지방자치단체의 기술과 재정능력으로 감당하기 어려운 사무

5) 민간참여 확대의 원칙

'민간참여 확대의 원칙'이란 사무를 배분할 때 민간부문의 자율성을 존중하기 위하여 국가 또는 지방자치단체의 관여를 최소화하면서 민간의 행정참여 기회를 확대하여야 한다는 원칙이다(지방자치분권 및 지방행정체제개편에 관한 특별법 제9조 제4항).

3. 우리나라의 사무배분 현황

1) 지방자치단체의 사무

지방자치단체가 처리할 수 있는 사무는 관할 구역의 자치사무와 법령에 따라 지방자치단체에 속하는 사무이며, 이는 다음과 같은 7개 사무 영역에 속하는 61개의 사무이다. 그러나 법률에 이와 다른 규정이 있으면, 지방자치단체가 처리하는 사무에 해당되지 않는다(지방자치법 제13조 제1항, 제2항).

- 지방자치단체의 구역, 조직, 행정관리 등에 관한 사무
- 주민의 복지증진에 관한 사무

- 농림 · 수산 · 상공업 등 산업 진흥에 관한 사무
- 지역개발과 자연환경보전 및 생활환경 시설의 설치 · 관리에 관한 사무
- 교육 · 체육 · 문화 · 예술의 진흥에 관한 사무
- 지역민방위 및 지방소방에 관한 사무
- 국제교류 및 협력에 관한 사무

위에서 예시된 지방자치단체의 사무를 광역자치단체와 기초자치단체에 배분하는 기준은 다음과 같으며, 이 기준에 의거하여 대통령령으로 광역자치단체의 사무와 기초자치단체의 사무를 정한다(동법 제14조 제1항, 제2항).

(1) 광역자치단체의 사무

- 행정처리 결과가 2개 이상의 시 · 군 · 자치구에 영향을 미치는 광역 사무
- 시 · 도 단위로 동일한 기준에 따라 처리되어야 할 성질의 사무
- 지역 특성을 살리면서 시 · 도 단위로 통일성을 유지할 필요가 있는 사무
- 국가와 시 · 군 · 자치구 사이의 연락 · 조정 등의 사무
- 시 · 군 · 자치구가 독자적으로 처리하기 어려운 사무
- 2개 이상의 시 · 군 · 자치구가 공동으로 설치하는 것이 적당하다고 인정되는 규모의 시설을 설치하고 관리하는 사무

(2) 기초자치단체의 사무

위에서 열거된 시 · 도가 처리하는 것을 원칙으로 하는 사무를 제외한 사무는 시 · 군 · 자치구가 처리하는 것이 원칙이다. 다만, 인구 50만 명 이상의 시는 도가 처리하는 사무의 일부를 직접 처리할 수 있다.

2) 지방자치단체 사무의 유형

「대한민국헌법」 제117조 제1항은 "지방자치단체는 주민의 복리에 관한 사무를 처리하고……"라고 규정하고 있으며, 이에 근거하여 「지방자치법」에서 지방자치단체가 수행하는 사무의 법적 근거를 마련하고 있다. 동법 제13조 제1항은 "지방자치단체는 관할 구역의 자치사무와 법령에 따라 지방자치단체에 속하는 사무를 처리한다"고 규

정함으로써 지방자치단체가 처리하는 사무 중에는 자치사무와 단체위임사무가 있다는 법적 근거를 제공하고 있다. 그리고 동법 제115조는 시 · 도와 시 · 군 · 자치구에서 시행하는 국가사무는 법령에 다른 규정이 없으면, 시 · 도지사와 시장 · 군수 · 자치구청장에게 위임하여 수행하도록 규정함으로써, 기관위임사무의 법적 근거를 마련하고 있다. 종합하여 보면, 우리나라의 지방자치단체 혹은 단체장이 수행하는 사무는 자치사무, 단체위임사무, 기관위임사무이다. 이에 대해 구체적으로 살펴보면 다음과 같다.

(1) 자치사무

자치사무는 지방자치단체의 존립의 목적이 되는 사무로서 해당 지역에 거주하는 주민의 복리에 관한 사무를 포괄적으로 처리하는 기능을 가진 사무를 말한다. 고유사무라고도 한다. 자치사무는 지방자치단체가 스스로의 의사와 책임과 부담 하에서 자주적으로 처리하는 사무이다. 대표적인 예로는 자치입법 · 자치행정 · 자치조직 · 자치재정과 관련된 사무, 학교 · 병원 · 도서관의 설치 · 관리, 도로의 건설 · 관리, 상 · 하수도사업, 도시계획 등이 있다.

자치사무의 시행 여부는 원칙적으로 지방자치단체가 결정한다. 그러나 법령을 통해 의무적으로 처리해야 하는 자치사무를 규정하는 경우가 있기 때문에, 자치사무는 의무적(필요적) 자치사무와 임의적 자치사무로 구분된다. 의무적 자치사무는 법령에 의하여 지방자치단체가 의무적으로 시행하도록 규정된 사무이고, 결정 재량은 부인되지만 수행방법은 지방자치단체의 자유에 속한다. 의무적 자치사무의 대표적인 사례는 초등학교의 설치 · 운영, 상수도의 설치 · 관리, 하수도의 설치 · 관리 등이다. 임의적 자치사무는 지방자치단체가 시행 여부를 임의로 결정할 수 있는 사무이다. 임의적 자치사무의 대표적인 사례는 도서관의 설치, 초등학교를 제외한 학교의 설치, 농가부업장려 등의 지역경제지원사업 등이다.

자치사무를 수행하는 데 소요되는 경비 전액은 원칙적으로 지방자치단체의 자주재원으로 충당되어야 한다. 자치사무는 지방자치단체가 스스로의 의사와 책임 하에서 자주적으로 처리하는 사무이기 때문에, 이에 대한 감독은 합법성 · 비권력적 · 사후적 · 교정적 감독과 같은 소극적 감독에 그쳐야 하고, 합목적성 · 권력적 · 사전적 · 예방적 감독과 같은 적극적 감독이 이루어져서는 안 된다.

(2) 단체위임사무

단체위임사무는 지방자치단체의 본래의 사무가 아니라 법령의 규정에 의하여 국가 또는 상급 지방자치단체로부터 위임받은 사무를 말한다. 우리나라의 「지방자치법」 제13조의 "법령에 따라 지방자치단체에 속하는 사무"가 단체위임사무이다. 단체위임사무는 전국적 이해관계와 동시에 지방적 이해관계를 가지고 있는 사무이다. 대표적인 예로는 보건소의 운영, 재해구호사업, 생활보호사무, 공과금 징수사무 등이 있다.

사무처리에 소요되는 경비는 국가와 지방자치단체가 공동으로 부담하는 것이 원칙이다. 단체위임사무는 지방자치단체의 장이 아니라 지방자치단체에게 위임되는 사무이므로, 지방의회는 단체위임사무의 처리에 당연히 관여할 수 있다. 단체위임사무는 지방자치단체에게 위임되면 자치사무와 마찬가지로 취급되고, 단체위임사무에 대해 사전 감독과 예방적 감독이 실시되어서는 안 되고, 합법성과 합목적성에 대한 사후 감독과 교정적 감독에 그쳐야 한다.

(3) 기관위임사무

기관위임사무란 법령에 의해 국가 또는 상급 지방자치단체로부터 지방자치단체의 장에게 위임된 사무이다. 기관위임사무는 전국적 이해관계를 가진 사무이기 때문에 중앙부처 혹은 그 소속 기관에서 처리하는 것이 원칙이지만, 사무 처리의 효율성이나 주민의 편의성 등으로 인해 지방자치단체의 장에게 위임하여 처리하는 국가사무이다. 우리나라의 「지방자치법」 제115조는 광역자치단체와 기초자치단체에서 시행하는 국가사무는 법령에 다른 규정이 없으면 광역자치단체장과 기초자치단체장에게 위임하여 행하도록 규정하고 있는데, 이 사무가 기관위임사무이다. 기관위임사무는 지방적 이해관계보다 전국적 이해관계가 더 큰 사무이다. 기관위임사무의 대표적인 예는 천연기념물 관리사무, 선거사무, 국민투표 사무 등이다.

기관위임사무는 지방자치단체가 아니라 지방자치단체장에게 위임된 사무이므로, 법률에 특별한 규정이 없는 한 지방의회가 관여할 수 없다. 기관위임사무를 처리할 때 지방자치단체장은 중앙정부의 일선기관장의 지위를 갖는다. 따라서 위임기관은 수임기관인 지방자치단체에 대해 합법성 감독, 사후 감독, 교정적 감독은 물론이고, 합목적성 감독, 예방적 감독에 이르는 전면적인 감독을 할 수 있다. 기관위임사무를 처리하는 데 소요되는 경비 전액은 위임기관이 부담해야 한다.

[표 9-1] 지방자치단체의 사무의 구분

	자치사무	단체위임사무	기관위임사무
사무의 성격	지방자치단체 사무	국가 사무와 광역자치단체 사무	국가 사무와 광역자치단체 사무
사무의 이해관계	지방적 이해관계	전국적 이해관계와 지방적 이해관계	전국적 이해관계
지방의회 관여	가능	가능	관여대상 아님
조례 제정	가능	가능	대상 아님
경비 부담	지방자치단체 부담	지방자치단체와 위임기관 부담	위임기관 부담
사무 감독	소극적 감독 (합법성 · 사후 감독)	소극적 감독과 합목적성 감독	소극적 감독과 적극적(합목적성 · 예방적) 감독

3) 사무배분 현황

그동안 우리나라의 사무배분 상황을 한마디로 요약하면 중앙집권적 사무배분이라고 할 수 있다. 1999년 1월 「중앙행정권한의 지방이양 촉진 등에 관한 법률」을 제정하고, 지방이양추진위원회가 구성되어 일부 국가사무를 지방사무로 이양하는 노력을 보였다. 지방이양추진위원회가 한국행정연구원과 한국지방행정연구원에 의뢰하여 2001년 3월부터 2002년 1월까지 법령에 의한 사무를 조사한 결과 총 41,603개의 사무 중에서 국가사무가 30,240개(72.7%), 지방사무가 11,363개(27.3%)로 나타났다(정일섭, 2010: 195-196; 최송이 · 최병대, 2012: 18). 행정안전부의 '2009년 법령상 사무총조사 결과'에 의하면, 우리나라 전체 행정사무는 총 42,316개이며, 이 가운데 약 5,000여 개가 기관위임사무에 해당한다고 한다(연합뉴스, 2010.1.25). 2011년 우리나라의 '국가사무 : 기관위임사무 : 자치사무'의 비율은 약 '73% : 12% : 15%'이다(조성호, 2011). 여전히 지방사무의 비중은 낮을 뿐만 아니라 단순집행사무 위주로 이양되어 왔다(정일섭, 2010: 196; 최송이 · 최병대, 2012: 20-21). 2019년 행정안전부의 사무총조사에 따르면, 우리나라의 전체 사무 수는 60,964개로서 각종 위임사무 및 공동사무를 포함한 국가사무가 전체의 약 83%인 50,497개이고, 자치사무는 약 17%에 불과한 10,467개인 것으로 나타났다(지방자치의정연구소, 2021).

제 3 절 우리나라 사무배분의 문제점과 개선방안

1. 사무배분의 문제점

사무를 지방으로 이양해야 한다는 주된 논리는 지방자치단체가 중앙정부보다 주민들에게 보다 가까이 있으므로 주민의 수요를 파악하기 용이하고 수요에 부응하는 적합한 서비스를 제공할 수 있기 때문에, 가장 효율적인 자원배분이 이루어진다는 것이다(홍준현, 1999; Ter-Minassian, 1997). 그러나 우리나라에서 지방자치가 부활한 후 지방으로 사무 이양이 추진되어 왔으나, 양적 측면과 질적 측면 모두에서 사무 이양이 만족할 만한 성과를 달성하지 못했다고 많은 학자들과 지방공무원들은 판단하고 있다(홍준현, 1999; 정주택, 2003). 여기에서는 우리나라의 사무배분과 관련된 대표적인 문제점들을 살펴보기로 한다.

1) 사무 구분 어려움

우리나라의 지방자치단체가 처리하는 사무는 자치사무, 단체위임사무, 기관위임사무로 구분되지만 종류별 정의와 구분이 명확하지 않다. 예를 들어, 「도로법」상의 '시 관할 구역 내의 국도에 관한 관리사무'의 법적 성격은 기관위임사무설(판례), 단체위임사무설, 자치사무설이 모두 공존하고 있다(박균성, 2011: 160). 이는 두 가지 원인에서 비롯된다. 첫째, 다음의 [표 9-2]에서 보는 바와 같이 사무 주체에 대한 표현방식이 애매하여 전문가조차도 시・도 사무인지 혹은 시・군・자치구 사무인지를 구분하기 쉽지 않다. 둘째, 「지방자치법」상으로는 자치사무가 분명함에도 불구하고, 그동안 중앙집권체제에 익숙하여 관행적으로 중앙정부가 적극적으로 지도・감독하는 경우가 많아 실제로 구분이 어려운 경우도 있다.

[표 9-2] 지방자치단체의 종류별 사무(제8조 관련)

구분	시·도 사무	시·군·자치구 사무
1. 지방자치단체의 구역·조직·행정관리 등에 관한 사무	법 제14조 제1항 각 호 외의 부분 단서에 따라 시·도와 시·군 및 자치구에 각각 공통된다.	
2. 주민의 복지 증진에 관한 사무 나. 사회복지시설의 설치·운영 및 관리 다. 생활이 어려운 사람의 보호 및 지원 라. 노인·아동·장애인·청소년 및 여성의 보호와 복지 증진	2) 사회복지시설의 설치·운영 4) 생활보호기금의 적립 및 운용관리 3) 노인복지시설의 설치·운영 및 지원 5) 아동상담소의 설치·운영 6) 아동전용시설의 운영 7) 아동보호조치 8) 아동복지시설의 운영·지원 9) 아동복지단체의 지도·육성	1) 사회복지시설의 설치·운영 6) 생활보호기금의 적립 및 운용관리 4) 노인복지시설의 설치·운영 및 지원 6) 아동상담소의 설치·운영 7) 아동전용시설의 운영 8) 아동보호조치 9) 아동복지시설의 운영·지원 10) 아동복지단체의 지도·육성

출처: 「지방자치법 시행령」 [별표1].

2) 자치사무의 비율 낮음

자치사무의 비율이 너무 낮은 것이 현실이다. 2011년 전체 행정사무 중에서 자치사무가 차지하는 비율은 약 15%에 불과한 것으로 나타났다(조성호, 2011). 2019년 행정안전부의 사무총조사에 따르면, 우리나라의 전체 사무 중에서 자치사무는 약 17%에 불과한 실정이었다(지방자치의정연구소, 2021).

더구나, 「지방자치법」 제13조는 지방자치단체의 사무 범위를 자치사무와 단체위임사무로 규정하면서 사무를 예시하고 있지만, 동조 제2항의 후반부에서 법률에 다른 규정이 있으면 이를 적용하지 않는다는 단서조항을 둠으로써 자치사무의 비율을 더욱 축소시키고 있다. 즉, 단서조항으로 인해 자치사무의 범위가 불명확해지고 또한 다른 법률의 규정을 우선시함으로써 자치사무인지의 여부가 타 법률의 규정에 종속되고 있다.

3) 기관위임사무의 비중 높음

지방자치단체의 사무 중에서 지방자치단체장에게 위임하여 처리하는 기관위임사무가 차지하는 비중이 여전히 높은 편이다. 2011년 현재, 전체 행정사무에서 기관위임사무가 차지하는 비중은 약 12%에 이를 정도로 높은 편이다(조성호, 2011). 그리하여 무늬만 지방자치라는 비판이 제기되고 있다(최우용, 2012: 37). 기관위임사무는 다음과 같은 문제점들을 야기하기 때문에 지방자치에 도움이 되지 않을 수 있다. 첫째, 기관위임사무를 처리할 때의 지방자치단체는 중앙정부의 하급기관의 위치에 있기 때문에, 중앙정부의 감독과 통제를 많이 받는다. 이는 자치권을 제약한다. 둘째, 처리주체는 중앙정부이지만 처리기관은 지방자치단체이기 때문에, 양자 간에 사무에 대한 책임소재가 불명확할 수 있다. 셋째, 중앙정부가 사무처리에 소요되는 경비를 부담하지 않는 경우가 발생하여 지방자치단체의 재정부담을 가중시킨다. 넷째, 국가사무이어서 중앙정부의 지침에 따라 획일적으로 수행되기 때문에, 지방의 창의성을 약화시킨다.

4) 단순 집행기능 위주의 사무

지방자치단체가 수행하는 자치사무와 위임사무의 기능이 주로 단순 집행기능에 집중되어 있다(정일섭, 2010: 196; 최송이 · 최병대, 2012: 20-21). 지방자치단체에 단순 집행기능 위주의 사무를 주로 이양하면 지방공무원들의 기획능력은 향상되기 어렵다. 점차 경쟁이 확대되는 상황에서 지방공무원들이 지방의 발전을 위해 지방의 특수성과 장점을 살릴 수 있는 정책을 스스로 기획 · 결정할 능력을 갖추고 있지 않으면, 지방의 발전과 경쟁력 향상은 결코 달성될 수 없다.

5) 중앙정부의 과도한 지도 · 감독

중앙정부의 과도한 지도 · 감독이 이루어지고 있다. 자치사무는 소극적 감독(사후감독과 합법성 감독)만 허용되어야 함에도 불구하고, 실제로는 법령으로 허용되지 않는 적극적 감독(소극적 감독을 포함한 예방적 감독, 합목적성 감독, 교정적 감독)이 자행되거나 관례화되어 있는 경우가 많다. 이렇게 자치사무조차 국가가 과도하게 지도 · 감독할 것이라면, 많은 인원, 시간, 예산, 노력을 투자하여 자치사무로 규정할 필요가 없다.

6) 불충분한 사무배분원칙

사무배분의 원칙이 충분하게 정립되어 있지 않다. 지방이양대상 사무는 지방자치단체가 건의하는 것이 일반적이고, 중앙정부에 의한 발굴은 매우 미약하다. 또한 불충분한 사무배분원칙은 지방이양대상 사무에 대한 결정을 힘이 있는 중앙정부가 하게 함으로써, 지방자치단체는 중앙정부의 처분만 기다릴 수밖에 없는 상황을 만들어 왔다.

2. 사무배분의 개선방안

사무배분과 관련된 문제점들은 위에서 살펴본 것 이외에도 많이 제기되고 있다. 여기에서는 위에서 제시된 주요 문제점들을 중심으로 사무배분의 개선방안을 검토하기로 한다.

1) 명확한 사무 구분

어떤 사무인지를 명확하게 구분하기 위해서는 두 가지 측면에서 개선이 필요하다. 첫째, 사무 주체에 대한 기술을 명확하게 하여야 한다. 사무 주체를 명확하게 구분하지 않으면 국가사무인지, 자치사무인지, 단체위임사무인지, 기관위임사무인지가 분명하지 않기 때문에 행정 운영에 있어 혼란이 야기되고 책임소재가 불분명해진다. 따라서 주체가 누구인지 명확하게 표현하여야 한다. 둘째, 중앙집권시대에서부터 관행화되어 오던 중앙정부의 지도·감독에 대한 인식을 전환하여, 지방자치단체가 자치사무를 수행하는 과정에서 법을 위반하지 않는 한 자율성을 가지도록 해야 한다.

2) 자치사무의 확대

지방자치시대에 지방자치단체가 자율적으로 수행할 수 있는 자치사무의 비율이 낮다는 것은 지방자치를 실시하는 의도를 반감시킨다. 자치사무의 비율을 높이기 위해서는 적어도 두 가지 조치가 필요하다.

(1) 단서조항 축소 · 개정

단서조항인 「지방자치법」 제13조 제2항 후반부를 축소 · 개정할 필요가 있다. 이 단서조항은 두 가지의 해석을 가능하게 한다. 하나는 「지방자치법」상 자치사무임에도 불구하고 다른 법률에서 사무 주체를 달리하면 자치사무가 아닐 수 있다는 것이다. 다른 해석은 자치사무가 아니지만 다른 법률에서 지방자치단체가 사무의 주체가 되게 할 수 있다는 것이다. 여기에서 유의해야 할 점은 자기 부처의 소관 업무를 지방자치단체에게 자발적으로 이양할 부처가 얼마나 있겠느냐는 점이다. 따라서 이 조항은 자치사무임에도 불구하고, 다른 부처 혹은 기관에게 사무 주체를 넘기는 것으로 해석되는 것이 더욱 타당할 것이다. 따라서 단서조항에 대한 개정을 통해 자치사무가 감소하는 것을 방지해야 한다.

(2) 전수조사를 통한 자치사무 확대

국가사무 중에서 지방으로 이양할 사무를 발굴하기 위해서는 국가사무에 대한 전수조사가 필요하다. 이를 통해 국가사무 중에서 자치사무로 할 수 있는 것을 발굴하여 자치사무로 해야 한다. 현재는 지방자치단체의 건의가 있을 때 심의하지만, 여러 이유로 인해 지방자치단체가 건의하는 경우가 많지 않을 뿐만 아니라 설령 건의가 있다고 하더라도 심의과정과 결정과정에서 건의가 받아들여지지 않는 경우도 있다. 따라서 중앙정부와 지방자치단체가 공동으로 전수조사를 실시하는 것이 바람직하다.

3) 일부 위임사무의 자치사무화

위임사무 중 자치사무로 해도 무방한 것은 자치사무로 전환시키는 것이 바람직하다. 이를 위해서 위임사무 전체에 대한 재검토를 실시하는 동시에 이에 따른 「지방자치법」 등 관련 법령의 개정이 필요하다.

영국, 독일, 미국 등과 같이 일본의 지방자치 개혁방향도 위임사무를 폐지하고 자치사무를 강화하였다(한부영 · 박재희, 2019: 77-78). 일본은 1990대 후반부터 시작된 지방분권 개혁을 추진하였는데, 이 개혁에서 가장 중요시한 사안의 하나는 일본 구 「지방자치법」상의 기관위임사무를 폐지하고, 이를 자치사무화하거나, '법정수탁사무'로 전환하거나 혹은 폐지하는 것이었다. 예를 들면, 당시 561개 항목의 약 60%를 자치사무화로 하였고, 약 40%를 법정수탁사무로 전환하였다. 주로 자치기능이 강조되는 복지, 교육, 토지이용 등이 정비대상 사무이었다.

4) 기획기능사무의 확대

단순 집행기능사무만을 지방자치단체에게 이양하면 지방공무원들이 정책의제 형성, 정책분석, 정책결정 등을 경험할 기회가 없기 때문에, 실질적인 정책능력을 향상시키기 어렵다. 또한 지역주민들도 정책결정과정에 참여할 기회가 없고 집행과정에만 참여할 기회를 가지기 때문에, 지방자치와 지방정책과정에 대한 관심이 약화될 수 있다. 무한경쟁사회가 되면서 지방자치단체는 더 이상 중앙정부에 의존하기 힘들기 때문에 스스로 생존과 발전을 위해 노력해야 하는데, 지방공무원들의 정책능력이 향상되지 않거나 주민들의 자치에 대한 회의가 발생되면 지방자치단체의 장래는 어두울 수밖에 없다. 따라서 지방자치단체가 자신과 관련된 일을 자율적으로 결정할 수 있는 능력을 향상시킬 수 있도록 하기 위해, 기획기능사무가 지방자치단체에게 이양되어야 한다.

5) 중앙정부의 과도한 지도 · 감독 축소

우리나라의 지방자치단체들은 중앙정부로부터 지나치게 간섭을 받고 있으므로, 중앙정부의 과도한 지도 · 감독을 축소시키기 위해서는 다음과 같은 조치가 필요하다.

(1) 중앙정부의 인식 전환

중앙공무원이나 중앙정치권의 인식 전환이 필요하다. 사무를 배분함에 있어서 중앙공무원이나 중앙정치권은 지방공무원들의 능력이나 행태에 대한 의구심을 줄이고, '파워 게임(power game)'에서 지는 것이라는 생각도 버려야 한다. 중앙정부는 국가차원의 업무, 그리고 지방자치단체는 지역적 업무에 충실함으로써 공생한다는 인식을 가져야 한다.

(2) 불필요한 지도 · 감독 축소

관련 법령을 개정하여야 한다. 「지방자치법」을 보더라도 중앙정부의 지도 · 감독과 관련된 규정이 지나치게 많다. 필요한 지도 · 감독은 당연히 있어야 하지만, 불필요한 부분에까지 지도 · 감독을 하는 것은 이익보다 손해가 클 수 있으므로, 중앙정부의 지도 · 감독과 관련된 규정들을 심도 있게 분석하여 불필요한 규정들은 개정되어야 한다.

6) 사무배분원칙 보완

현재의 사무배분원칙을 재정립할 필요가 있다. 「지방자치법」, 「중앙행정권한의 지방이양촉진 등에 관한 법률」, 「지방자치분권 및 지방행정체제개편에 관한 특별법」, 「지방자치법시행령」 등에서 제시하고 있는 중앙권한의 지방이양, 그리고 광역자치단체와 기초자치단체 간의 사무배분을 위한 원칙 등을 재정립할 필요가 있다. 특히, 건전한 지방자치의 발전을 위해 적극적 의미의 보충성의 원칙을 사무배분원칙에 포함시키는 것이 바람직하다.

또한 이양대상 사무를 발굴 · 제안 · 결정하는 과정에 대해서도 객관적이고 공정한 절차를 규정할 필요가 있다.

알아두면 좋아요

1. 사무배분이란 중앙정부가 수행하는 것이 효율적인 사무를 국가사무, 그리고 지방자치단체가 수행하는 것이 효율적인 사무를 자치사무(고유사무)로 나누고, 처리 권한을 중앙정부와 지방자치단체에 부여하는 것이다. 사무배분의 방식에는 개별적 배분방식, 포괄적 배분방식, 혼합방식이 있다.

2. 우리나라의 사무배분방식은 포괄적 예시주의를 기본으로 하면서 특례주의를 채택하고 있다. 사무배분원칙에는 보충성의 원칙, 상호 중복 금지의 원칙, 포괄적 배분의 원칙, 국가사무 처리 제한의 원칙, 민간참여 확대의 원칙이 있다. 지방자치단체 사무의 유형은 다음과 같다.

	자치사무	단체위임사무	기관위임사무
사무의 성격	지방자치단체 사무	국가 사무와 광역자치단체 사무	국가 사무와 광역자치단체 사무
사무의 이해관계	지방적 이해관계	전국적 이해관계와 지방적 이해관계	전국적 이해관계
지방의회 관여	가능	가능	관여대상 아님
조례 제정	가능	가능	대상 아님
경비 부담	지방자치단체 부담	지방자치단체와 위임기관 부담	위임기관 부담
사무 감독	소극적 감독 (합법성 · 사후 감독)	소극적 감독과 합목적성 감독	소극적 감독과 적극적(합목적성 · 예방적) 감독

3. 2019년 현재 사무배분 현황을 보면, '국가사무(위임사무 포함) : 자치사무'의 비율은 약 '83 : 17'이다. 지방사무는 비중이 낮고 단순집행사무 위주이다.

4. 우리나라 사무배분의 문제점은 사무 구분이 어렵고, 자치사무의 비율이 낮으며, 기관위임사무의 비중이 높고, 단순 집행기능 위주의 사무이며, 중앙정부가 과도하게 지도 · 감독하고, 사무배분원칙이 불충분하다.

5. 이를 개선하기 위한 방안으로 명확한 사무 구분, 자치사무의 확대, 일부 위임사무의 사무자치화, 기획기능사무의 확대, 중앙정부의 지도 · 감독 축소, 사무배분원칙의 보완 등을 제안할 수 있다.

논 의

1. 사무배분의 개념과 종류에 대해 설명하시오.
2. 우리나라 지방자치단체 사무의 유형에 대해 설명하시오.
3. 사무배분에 대해 논하시오.

제 10 장 계층

제 1 절 지방자치단체 계층의 의의와 유형

1. 계층의 의의

지방의 행정사무는 현장에서의 독특한 요소들이 작용하기 때문에 매우 다양하고 복잡한 상황에서 수행된다. 이로 인해, 하나의 지방자치단체 혹은 행정기관이 모든 지방행정을 효율적으로 처리하기 어려운 경우가 많이 발생한다. 즉, 어떤 업무는 비교적 좁은 지역을 단위로 수행될 수 있지만, 다른 어떤 업무는 보다 넓은 지역을 대상으로 처리되는 것이 효율적일 수 있다. 특히, 교통과 통신의 발달로 인해 사람들의 이동성이 확대되면서 광역적인 범위에서 처리되어야 하는 광역행정 수요가 크게 증대되고 있다. 이리하여 많은 국가들은 좁은 지역을 관할하는 지방자치단체(기초자치단체) 혹은 행정기관을 설치하고, 또한 보다 광역적인 지역을 관할하는 지방자치단체(광역자치단체) 혹은 행정기관을 설치하여, 이들 간의 상호 유기적인 조화와 협력 속에서 지방행정을 수행하고 있다.

지방자치단체의 계층은 사무배분, 구역, 행정조직, 주민참여 등을 포함한 지방자치의 주요 사안들과 직결되어 있는 문제이기 때문에, 지방자치의 정착·활성화에 지대한 영향을 미친다. 이들 중에서 대표적으로 계층과 사무배분과의 관계, 그리고 계층과 구역과의 밀접한 관계에 대해 살펴보면 다음과 같다.

먼저, 사무는 계층에 따라 달리 배분되어진다. 기초자치단체만 존재할 경우 기초자치단체의 구역을 넘어서 발생되는 행정수요는 인접된 기초자치단체들 간의 협력을 통해 해결될 수 있다. 그러한 협력이 어려울 경우 국가가 개입할 수밖에 없다. 이는 지방자치를 위협하는 요인이 될 수 있다. 국가가 개입하지 않으면서 이러한 수요를 해결하기 위해서 광역자치단체가 필요하다. 그리고 광역자치단체와 기초자치단체가 존재할 경우, 광역자치단체와 기초자치단체는 동등한 법인격을 지니지만 특정 구역을 공존하기 때문에, 계층을 구축하여 사무를 배분하지 않으면 광역자치단체와 기초자치단체 간에 사무가 중첩될 수밖에 없다. 사무의 중첩은 업무의 지연, 예산의 낭비를 수반하기 때문에 합리적인 사무배분이라 할 수 없다. 따라서 합리적으로 사무를 배분하려면 계층이 구축되어 서로 다른 사무를 수행해야 한다.

또한 계층은 구역과 불가분의 관계를 맺는다. 즉, 계층과 구역의 관계는 '동전의 양면'과 같다고 표현되기도 한다. 광역자치단체가 없을 경우, 중앙정부는 기초자치단체를 직접 조정 · 관리해야 한다. 그런데 중앙정부가 직접 조정 · 관리할 수 있는 기초자치단체의 수는 무한정이 아니라 한정적이다. 따라서 중앙정부가 기초자치단체를 효율적으로 조정 · 관리하기 위해서는 기초자치단체의 수를 줄여야 한다. 기초자치단체의 수가 준다는 것은 기초자치단체의 구역이 확대된다는 것을 의미한다. 이는 민주적 통제를 약화시키고 주민참여를 저조하게 만든다. 반면에, 광역자치단체가 존재한다면 광역자치단체는 기초자치단체를 조정 · 관리하고, 중앙정부는 광역자치단체를 조정 · 관리하면 된다. 이 경우, 기초자치단체의 수 혹은 구역을 변경할 필요가 없다.

이처럼 계층구조는 지방자치와 관련된 주요 사안들과 밀접한 관련을 맺고 있다. 계층은 성격상 차이가 나는 두 계층으로 분류될 수 있다. 하나는 자치계층이고, 다른 하나는 행정계층이다. 자치계층이란 중앙정부와 중앙정부로부터 독립된 법인격을 갖고 있는 지방자치단체 간의 계층을 말한다. 즉, 자치계층은 상 · 하계층이 대등하고 수평적인 관계를 유지하면서 서로 다른 사무를 수행하는 계층을 의미한다. 행정계층이란 행정업무의 수행을 위해 상 · 하 간 수직적인 지휘 · 감독 관계를 맺고 있는 계층이다.

2. 지방자치단체 계층의 유형

국가와 지역사회가 처해 있는 역사적 전통, 면적, 인구, 정치적 · 경제적 · 사회적 · 문화적 상황, 자치권의 정도, 자치단체의 규모 등을 포함한 다양한 요인들에 따라 계층구조를 단층제 혹은 다층제로 할 것인지의 선호가 다르다. 단층제는 말 그대로 하나의 계층이 존재하는 것이고, 다층제는 복수의 계층이 존재하는 것으로서 2층제, 3층제 등을 말한다.

1) 단층제(single-tier system, unitary system)

단층제는 지방행정 사무를 처리하는 제일선(기초, 제1차적)의 자치단체와 국가 사이에 다른 자치단체가 존재하지 않는 시스템이다. 즉, 제일선의 자치단체와 국가가 바로 연결되어 있는 시스템이다.

단층제는 장점과 단점을 가지고 있다. 단층제의 장점은 다음과 같다. 첫째, 국가가 기초자치단체와 직접적으로 연결되어 있기 때문에, 국가와 기초자치단체 사이에 광역자치단체가 존재함으로써 발생될 수 있는 이중행정과 이중감독을 줄일 수 있다. 이로 인해, 행정지연 현상을 감소시켜 신속한 행정을 가능하게 하고, 행정과정에서의 낭비를 감소시킬 수 있다.

둘째, 행정책임을 확보하기 용이하다. 국가와 기초자치단체 사이에 광역자치단체가 존재할 경우 행정책임은 여러 군데로 분산되거나 혹은 전가가 가능하지만, 단층제의 경우 국가 혹은 지방자치단체가 책임을 져야 하기 때문에 책임소재를 명확하게 할 수 있다.

셋째, 다층제에 비해 개별 지방자치단체의 자치권과 특수성 등이 보장된다. 다층제의 경우, 기초자치단체는 국가와 광역자치단체로부터 이중으로 지도·감독을 받음으로써 자치권이 약화될 수 있는데 반해, 단층제의 경우 지방자치단체는 국가로부터만 지도·감독을 받기 때문에 다층제에 비해 상대적으로 자율성을 보장받기 쉽다. 또한 다층제의 경우, 기초자치단체는 광역자치단체의 구역 내에 존재하기 때문에 기초적 수요와 광역적 수요가 충돌할 경우 광역적 수요가 우선시되는 경향이 있어 기초자치단체의 개별성이 보장받지 못할 경우가 발생한다. 그러나 단층제의 경우, 구역이 중첩되는 지방자치단체가 존재하지 않으므로, 지방자치단체의 특수성을 제약하는 상황이 다층제보다 적게 발생한다.

넷째, 기초자치단체와 국가 사이에 광역자치단체가 존재하지 않기 때문에, 기초자치단체와 국가 간에 정보가 왜곡 없이 신속하게 전달될 수 있다. 특히, 지방자치단체가 국가의 위임사무를 처리하는 경우, 그 사무에 관한 주민의 의사와 여론을 중앙정부에 왜곡 없이 신속하게 전달할 수 있고, 또한 중앙정부의 정책이나 계획을 주민에게 신속 · 정확하게 전달할 수 있다.

단층제의 단점에 대해 살펴보면 다음과 같다. 첫째, 국토가 광활하고 인구가 많은 나라에서는 채택이 거의 불가능하다. 국토가 넓고 인구가 많은 나라의 경우, 단층제를 실시하면 자치단체의 면적이나 인구가 클 수밖에 없다. 조직론에서 자주 언급되는 '통솔의 범위(span of control)'에서 보듯이, 중앙정부가 효율적으로 관리할 수 있는 지방자치단체의 수는 무한정이 아니라 한정적이다. 따라서 이러한 나라가 단층제를 실시하면 지방자치단체의 면적이나 인구는 클 수밖에 없다. 지방자치단체의 면적이나 인구가 지나치게 과대하면 행정서비스의 제공에 있어 '규모의 불경제(diseconomy of scale)'가 발생되고, 주민참여가 어렵게 되는 등의 문제들이 발생되기 때문에 단층제를 채택하기 어렵다.

둘째, 중앙정부의 직접적인 지시 · 감독으로부터 지방자치단체를 보호할 수 있는 장치가 없다. 예를 들어, 기초자치단체의 행 · 재정력이 부족하여 주민들에게 적정 수준의 행정서비스를 제공하지 못할 경우 단층제 하에서는 국가가 개입할 수밖에 없다. 국가의 개입이 확대될수록 지방자치는 위협을 받게 된다. 동일한 상황에서 광역자치단체가 존재한다면 광역자치단체가 국가의 개입을 막으면서 적정수준의 행정서비스를 주민들에게 공급할 수 있다.

셋째, 지방자치단체의 능력을 초과하는 대규모 사업이나 광역적 사업을 처리하기 힘들다. 지방자치단체가 이러한 사업들을 제대로 처리하지 못하는 경우 중앙정부가 관여할 수밖에 없는데, 이러한 사례가 증대될수록 중앙정부의 권한이 확대되어 지방자치가 위협을 받을 가능성이 높아진다. 광역자치단체가 존재하면 국가의 개입없이 이러한 사업을 실시할 수 있다.

넷째, 지방자치단체 간의 분쟁이 발생할 경우 이를 조절하기 어려울 수 있다. 중앙정부는 국가적 차원의 업무에 전념해야 하기 때문에, 특별히 심각한 상황이 아니면 지방자치단체들 간의 분쟁에 개입할 여유가 많지 않다. 또한 국가가 지방자치단체들의 분쟁에 개입하면 할수록 지방자치를 위협한다는 비판을 받기 때문에 국가가 지방자치단체 간의 분쟁에 개입하는 것을 꺼릴 수 있다.

2) 다층제(multi-tier system)

다층제는 일정 구역에 복수의 보통지방자치단체가 설립되어 있는 것을 말한다. 즉,

기초자치단체와 국가 사이에 다른 층의 지방자치단체, 즉 광역자치단체, 제2차적 자치단체, 중간자치단체 등으로 불리는 지방자치단체가 존재하는 시스템이다. 다층제를 채택하는 대부분의 국가는 2층 구조를 보이고 있지만, 경우에 따라서는 3층 구조 혹은 4층 구조를 가진 나라도 있다.

이론적으로 보면 다층제의 장점은 단층제의 단점이 되고, 다층제의 단점은 단층제의 장점이 된다. 그러나 현실에서는 다를 수 있다. 다층제의 장점을 살펴보면 다음과 같다.

첫째, 기초자치단체가 행·재정력 등의 부족으로 인해 제 기능을 수행하지 못하는 경우 광역자치단체가 이를 보완 혹은 대행할 수 있다. 특히, 소규모의 기초자치단체들은 주민들이 원하는 행정수요를 충족시키지 못하는 경우가 많은데, 광역자치단체가 이들을 지원하거나 혹은 반드시 수행되어야 하는 일부 수요를 대신 충족시켜줄 수 있다.

둘째, 다층제는 대규모 사업과 광역적 사무를 원활하게 수행할 수 있게 한다. 기초자치단체와 비교할 때, 광역자치단체는 관할 구역이 넓고, 행정력과 재정력도 좋다. 따라서 광역자치단체는 대규모 사업이나 광역적 사업을 수행함에 있어서 기초자치단체보다 우월한 위치에 있다. 또한 광역자치단체가 이러한 업무를 수행하기 때문에, 중앙정부의 권한이 필요 이상으로 확대되는 것을 방지할 수 있다.

셋째, 기초자치단체들 간의 분쟁을 조정하기 용이하다. 광역자치단체의 기본 목적 중의 하나는 기초자치단체들 간의 갈등을 조정하는 것이다. 그리고 일반적으로 광역자치단체 내의 기초자치단체의 수는 '통솔의 범위' 내에 있는 경향이 있다. 따라서 단층제에서 국가가 갈등을 조정하는 경우보다 상대적으로 광역자치단체가 자신의 관할 구역 내에 있는 기초자치단체들 간의 갈등을 효율적으로 조정할 가능성이 높다.

넷째, 기초자치단체에 대해 철저한 감독을 할 수 있다. 단층제의 경우에 자치단체는 국가의 감독만을 받지만, 다층제에서 기초자치단체는 일차적으로 광역자치단체의 감독을 받은 후 다시 중앙정부의 감독을 받게 된다.

다층제는 이러한 장점들을 가지고 있지만 단점들도 지니고 있다. 다층제의 단점에 대해 살펴보면 다음과 같다.

첫째, 광역자치단체와 기초자치단체 간에 사무가 명확하게 배분되지 않을 경우, 행정의 중루 현상(重壘現象, 중첩 현상)으로 인한 이중행정과 이중감독이 발생함으로써 행정이 지연되고 예산이 낭비될 수 있다. 이는 지방행정의 효율성을 저하시킨다. 행정의 중루 현상이란 국가와 광역자치단체 간 또는 광역자치단체와 기초자치단체 간에 같은 권한과 기능이 중복되는 현상을 말한다.

둘째, 책임행정을 달성하기 어려워진다. 광역자치단체와 기초자치단체 간에 사무가 명확하게 재배분되지 않을 경우, 서로 책임을 지지 않으려는 현상이 발생함으로써 책임행정을 달성하기 어려워진다.

셋째, 중앙정부와 기초자치단체 간에 정보왜곡 현상이 발생하기 쉽다. 중앙정부와 기초자치단체 사이에 광역자치단체가 존재하기 때문에, 의사소통이 길어지거나 혹은 왜곡된 정보가 제공될 수 있다.

제 2 절 우리나라와 주요 국가의 계층 현황

우리나라와 외국의 계층 현황을 계층구조와 계층 간의 관계에 초점을 맞추어 살펴보면 다음과 같다.

1. 계층구조

1) 우리나라의 계층구조

우리나라의 계층구조는 자치계층과 행정계층으로 이원화되어 있다. 앞에서도 지적된 바와 같이, 자치계층은 중앙정부와 지방자치단체들 간의 계층이고, 행정계층은 행정업무를 수행하는 기관들(중앙정부와 지방자치단체 포함) 간의 계층이다.

우리나라의 지방자치단체는 광역자치단체와 기초자치단체로 대별된다. 광역자치단체에는 특별시, 광역시, 도, 특별자치시(세종시), 특별자치도(제주도)가 있다. 특별시와 광역시 산하에는 기초자치단체인 자치구가 있다. 자치구에는 자치권이 부여되어 있으며, 구민들의 직접선거에 의해 구청장과 구의회의원이 선출된다. 광역시 산하에는 구와 더불어 군이 존재한다. 1994년부터 시행된 시・군통합에 의해 일부 군이 광역시에 포함되었기 때문이다. 도의 산하에 있는 기초자치단체는 시와 군이다.

광역자치단체와 기초자치단체는 국가로부터 위임받은 사무를 수행할 경우, 수직적인 지휘 · 감독 관계를 맺기 때문에 당연히 행정계층에 포함된다. 자치계층에 속하지 않으면서 행정계층에 속하는 것에는 행정시, 행정구, 읍 · 면 · 동이 있다. 행정시는 제주특별자치도에 있다. 행정구는 인구 50만 명 이상의 일반시(2022년 1월에 지정된 특례시 포함)에게 대도시로서의 특수성을 인정하기 위해 설치된 구로서, 자치권이 부여되어 있지 않고 구의회가 구성되어 있지 않으며 구청장도 임명된다.

[그림 10-1]에서 보는 바와 같이, 우리나라의 자치계층은 단층제와 2층제가 혼재되어 있다. 특별시, 광역시, 도는 2층제를 택하고 있다. 특별시의 경우, '중앙정부- 특별시', 그리고 '특별시-자치구'로 이어지는 2층제를 택하고 있다. 광역시의 경우, '중앙정부-광역시', 그리고 '광역시-구 · 군'의 2층제가 구축되어 있다. 도의 경우, '중앙정부-도', 그리고 '도-시 · 군'으로 구성되는 2층제를 택하고 있다. 특별자치시의 경우, 자치계층은 중앙정부와 특별자치시 간 1계층이 존재하는 단층제이고, 특별자치도의 경우 중앙정부와 특별자치도 간 1층 구조를 지니고 있다.

자치계층에 비해 행정계층은 더 많은 계층을 형성하고 있다. [그림 10-1]에서 보는 바와 같이, 우리나라의 행정계층은 2층, 3층, 4층 구조로 되어 있다. 특별시의 행정계층은 '중앙정부-특별시-자치구-동'으로 이어지는 3층 구조이다. 광역시의 행정계층은 '중앙정부-광역시-구 · 군-읍 · 면 · 동'의 3층 구조를 이루고 있다. 인구 50만 명 이하의 일반시와 군의 행정계층은 각각 '중앙정부-도-시-읍 · 면 · 동', 그리고 '중앙정부-도-군-읍 · 면'의 3층 구조이다. 특별자치도의 행정계층은 '중앙정부-특별자치도-행정시-읍 · 면 · 동'의 3층 구조를 이루고 있다. 특별자치시의 행정계층은 '중앙정부-특별자치시-읍 · 면 · 동'의 2층 구조를 이루고 있다. 그러나 인구 50만 명 이상

[그림 10-1] 우리나라의 계층구조

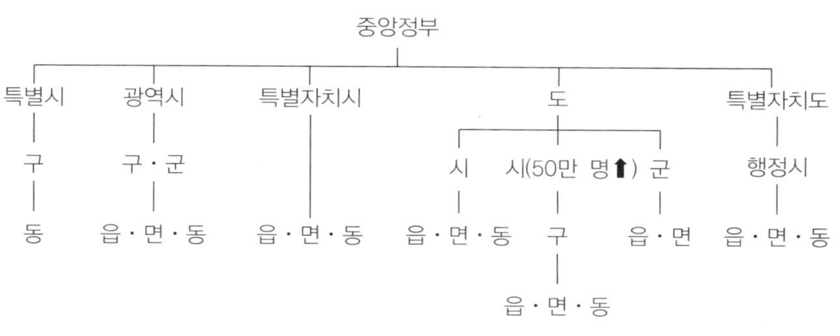

의 일반시(2022년 1월에 지정된 특례시 포함)에는 자치구가 아닌 행정구를 둘 수 있기 때문에, 행정계층은 '중앙정부-도-시-구-읍·면·동'으로 이어지는 4층 구조이다.

2) 외국의 계층구조

(1) 미국

미국의 자치단체는 보통자치단체와 특별자치단체로 분류할 수 있다. 보통자치단체는 일반 목적을 지니는 자치단체로서 카운티(county), 도시자치단체(municipality), 농촌자치단체 등이다.

카운티는 도시자치단체와는 달리 주정부 프로그램(예: 복지서비스, 고속도로건설, 교육, 사법행정 등)을 제공하는 기능을 수행했던 것이 일반적이다. 이처럼 카운티의 주정부 하부행정기관적 성격의 역할은 지금도 많은 농촌지역에서 발견되고 있다. 그러나 도시지역에서는 도시자치단체가 제공하던 서비스를 카운티가 제공할 수 있도록 자치헌장을 제정할 수 있게 하였다. 전통적인 성격의 카운티는 의결기관과 보안관, 재무관, 검사, 교육감 등 다수의 민선 공직자들에게 권한이 분산되어 있기 때문에, 특정인이 강력한 리더십을 발휘하기 어렵다. 그러나 기초자치단체에 속하는 도시자치단체와 농촌자치단체는 규모가 작기 때문에 카운티의 역할이 점점 중요시되고 있다(김동훈, 1999).

도시자치단체에는 시티(city), 타운(town), 버로우(borough), 빌리지(village)가 포함되어 있다. 도시자치단체는 20세기 초반까지 주의 입법기관의 특별법으로 창설되고 통치되었으나, 주입법기관의 과도한 통제와 관련 지식 미비 등에 대한 비판이 제기되면서 거의 모든 주가 특별법이 아닌 일반법으로 도시자치단체를 설치하게 됨으로써, '홈룰(home rule)'과 같은 자치헌장을 채택하거나 헌법으로 보장하게 되었다.

농촌자치단체에는 타운(town), 타운십(township)이 있다. 타운과 타운십은 미국의 가장 오래된 지방정부 형태라고 할 수 있으며 주민총회로 운영되는데, 주로 지방자치의 전통이 강하게 남아 있는 뉴잉글랜드 지역, 즉 코네티컷(Connecticut), 매사추세츠(Massachusetts), 로드아일랜드(Rhode Island), 버몬트(Vermont), 뉴햄프셔(New Hampshire), 메인(Maine) 등 북동부 6개 주에서 많이 발견된다.

특별자치단체는 하나 또는 몇 개의 기능만을 수행하기 위해 설립되는 것으로서,

특별구, 학교구, 소방구 등을 말한다.

미국은 개별 주(州)마다 지방자치제도가 다르기 때문에 계층구조도 다양한 편이다. 일반적으로 미국의 자치계층은 2층 구조이면서, 예외적으로 단층제 구조를 취하는 곳이 있다. 도시지역의 경우는 '주-카운티-도시자치단체'의 2층 구조이고, 농촌지역의 경우는 '주-카운티-농촌자치단체'의 2층 구조를 보이고 있다. 단층제 구조를 가지고 있는 지역은 카운티와 시티가 동등한 지위를 가지는 도시정부(independent city)와 카운티와 시티가 통합된 통합시(consolidated city)이다. 카운티와 시티가 동등한 지위를 가지는 도시정부는 버지니아(Virginia) 주의 모든 도시정부, 메릴랜드(Maryland) 주의 볼티모어(Baltimore) 시, 미주리(Missouri) 주의 세인트루이스(St. Louis) 시, 그리고 뉴욕(New York) 시 등이다. 통합시는 콜로라도(Colorado) 주의 덴버(Denver) 시, 캘리포니아(California) 주의 샌프란시스코(San Francisco) 시 등이다.

(2) 영국

영국의 지방자치단체는 전통적으로 카운티(county)와 카운티 내에 있는 디스트릭트(district)라는 2단계의 계층구조를 취하여 왔다. 그러나 이러한 2층제 구조는 리더십과 책임성을 확보하기 어렵고, 2계층 간에 혼란 · 중복 · 비효율성을 발생하였다는 비판과 더불어, 특히 소규모 디스트릭트의 경우에는 역량에 문제가 있다는 지적이 계속 제기되어 왔다.

이에 대처(Margaret Thatcher) 총리의 보수당 정부는 국민에게 보다 가까이 다가가고 효율성을 향상시키기 위해, 1985년 대도시 지역의 지방계층을 단층제로 전환하는 것을 주된 내용으로 하는 「지방자치법」을 제정하여 1986년부터 시행하였다. 이에 따라 잉글랜드의 런던 지역과 단일계층의 필요성이 큰 대도시 지역은 단층제로 전환되었다. 그러나 이들을 제외한 다른 잉글랜드 지역에서는 전통적인 2단계 계층제가 그대로 유지되고 있다. 한편, 잉글랜드를 제외한 스코틀랜드, 웨일스, 북아일랜드 지역은 모두 단층제 구조로 전환되었다.

2001년 런던 시는 다시 2층제로 환원하였으나(임승빈, 2016: 69; Coxall, Robins & Leach, 2003: 318), 영국의 전체적인 방향은 2층제 구조를 단층제 구조로 전환하는 것이다. 영국 정부는 2006년 10월 '지방자치단체백서'에서 단일계층으로의 전환을 촉구하는 한편, 이를 구체적으로 어떤 절차를 걸쳐 추진할 것인지에 대한 지침을 마련하였다. 이 지침은 각 지방자치단체가 단층제 구조 혹은 새로운 형태의 2층제 구조 중에서 하나의 형태를 선택하도록 요청하였다. 새로운 형태의 2층제란 통일된 서비스 제공, 지역 형성(place shaping)을 위한 강력한 리더십 구축, 효과적이고 명확한 책임 체제 구축을 특징으로 하는 구조이다. 하지만, 이에 대한 결정은 지방자치단체의 판단에 일임하도록 하였다. 따라서 2개의 모델 중 어느 하나도 선택하지 않고, 기존의 2층제 형태를 계속 유지하는 것도 물론 가능하다. 잉글랜드 지역의 대부분의 2층제 자치단체는 정부의 요청에도 불구하고 기존 형태를 고수하고 있다.

(3) 프랑스

프랑스의 자치계층구조는 중앙정부-데파르트망(Département)-코뮌(Commune)의 2층 구조였으나, 1982년 지방제도 개혁에 의해 레지옹(Région)이 설치됨으로써, 3층 구조로 전환되었다([그림 10-2] 참조). 코뮌은 기초자치단체로서 시·읍·면에 해당되고, 데파르트망은 광역자치단체로서 우리나라의 도에 해당된다. 레지옹은 광역행정사무를 효율적으로 처리하기 위해 설치된 것으로서, 특히 도들 간의 경제협력에 집중하기 때문에 지역경제권역의 특징을 주로 보인다.

프랑스는 데파르트망의 업무를 보조하기 위한 행정계층으로 아롱디스망(Arrondissement: 군)이 있고 그 밑에 캉통(Canton: 소군)이 있다. 아롱디스망은 데파르트망의 행정편의를 위한 보조 단위이고, 캉통은 국회의원과 지방의원을 선출할 때의 선거구이면서 징병사무를 담당하는 구역이다.

[그림 10-2] 프랑스의 계층구조

(4) 일본

일본의 지방자치단체의 계층구조는 중앙-도・도・부・현(都・道・府・縣)-시・정・촌(市・町・村)의 2층제이다. 광역자치단체는 도・도・부・현이고, 기초자치단체는 시・정・촌이다.

현의 관할 구역 내에 인구 100만 명 정도의 도시는 정령(政令)으로 지정도시(指定都市)를 설치하고 있다. 또한 인구 30만 명 이상의 도시를 중핵시(中核市)로 규정하고 있다. 지정도시는 정령지정도시, 지정시, 정령시로도 불린다. 지정도시는 도・도・부・현에 속하지만, 경찰・광역도로・광역하천 등의 사무를 제외하고는 도・도・부・현에 준하는 권한을 행사하며, 산하에 자치권이 없는 행정구를 두고, 구청장은 해당 도시의 공무원 중에서 시장이 정한다. 중핵시는 시의회와 도・도・부・현의 의회의 의결을 거쳐 정령으로 지정된다. 중핵시는 지정도시가 관할할 수 있는 사무 중에서 도・도・부・현이 담당하는 것이 적당한 사무를 제외한 기타 생활・복지 등의 사무를 담당할 수 있다. 지정도시와 중핵시는 일반시와 달리 도・도・부・현의 사무 중의 일부를 담당하지만, 계층구조상으로는 일반시와 동일하게 취급될 뿐 별도의 계층적 의미를 갖지 않는다.

2. 계층 간의 관계

1) 우리나라 계층 간의 관계

지방자치가 실시되면서 우리나라의 계층 간의 관계에도 변화가 있었다. 그러나 여전히 상・하관계에서 벗어났다고 장담할 수 없는 상황이다. 이에 대해 중앙정부와 지방자치단체 간의 관계와 광역자치단체와 기초자치단체 간의 관계를 중심으로 검토하면 다음과 같다.

첫째, 중앙정부와 지방자치단체 간의 관계는 엄격하게 수직적・위계적이다. 이의 원인을 살펴보면 다음과 같다. 그동안 우리나라에 널리 퍼져 있던 중앙집권적 문화, 중앙정치인과 중앙공무원들의 보수성, 지방자치단체의 이중적 지위(자치단체이면서 동시에 일선행정기관) 등으로 인해 지방자치단체에 대한 중앙정부의 지도와 감독이 강하고, 또한 중앙정부의 승인권이 폭넓게 인정되어 왔다. 중앙정부의 강한 지도・감독과 폭넓은 승인권은 중앙정부와 지방자치단체의 관계를 수직적・권력적・위계적으로 만들었다. 이와 관련된 「지방자치법」상의 대표적인 조항들을 살펴보면 다음과 같다. 지방자치단체 혹은 단체장이 위임받아 처리하는 국가사무의 경우, 시·도는 주무부 장관의 지도·감독을 받고, 그리고 시·군·자치구는 1차로 시·도지사의 지도·감독, 2차로 주무부 장관의 지도·감독을 받는다(동법 제185조 제1항). 또한 주무부 장관은 시·도지사의 명령이나 처분이 '법령에 위반되거나 현저히 부당하여 공익을 해한다고 인정될 때'는 기간을 정하여 서면으로 시정을 명할 수 있고, 시정이 되지 않는 경우에는 이를 취소 또는 정지시킬 수 있는 시정명령권과 취소·정지권을 가진다(동법 제188조 제1항). 그리고 주무부 장관은 지방자치단체의 사무에 관한 시장·군수·자치구청장의 명령이나 처분이 법령에 위반되거나 현저히 부당하여 공익을 해침에도 불구하고, 시·도지사가 시정명령을 하지 아니하면 시·도지사에게 기간을 정하여 시정명령을 하도록 명할 수 있다(동법 제188조 제2항). 이외에도, 광역자치단체장이 법령의 규정에 의하여 그 의무에 속하는 위임사무의 관리와 집행을 명백히 게을리하고 있다고 인정되면, 주무부 장관은 기간을 정하여 서면으로 이행할 사항을 명령할 수 있는 직무이행명령권을 가진다(동법 제189조 제1항). 행정안전부 장관은 광역자치단체의 자치사무에 관하여 보고를 받거나 서류·장부 또는 회계를 감사할 수 있으며, 감사는 법령위반 사항에 대하여만 실시한다(동법 제190조 제1항). 지방의회의 의결이 법령에 위반되거나 공익을 현저히 해친다고 판단되면 주무부 장관은 광역자치단체장에게 재의를 요구하게 할 수 있다(동법 제192조 제1항).

둘째, 광역자치단체와 기초자치단체의 관계는 위임사무와 자치사무에 따라 약간의 차이가 있으나, 광역자치단체의 지도·감독이 여전히 강하다고 할 수 있다. 먼저, 위임사무의 경우에는 광역자치단체에게 지도·감독권, 시정명령권, 취소·정지권, 직무이행명령권 등을 부여하고 있기 때문에, 광역자치단체와 기초자치단체는 엄격한 수직적 관계에 있다고 볼 수 있다. 이에 대한 「지방자치법」 조항들을 살펴보면 다음과 같다. 기초자치단체 혹은 단체장이 위임받아 처리하는 시·도의 사무는 광역자치단체장의 지도·감독을 받는다(동법 제185조 제2항). 광역자치단체장은 기초자치단체장의 명령이나 처분이 '법령에 위반되거나 현저히 부당하여 공익을 해한다고 인정될 때'는 기간을 정하여 서면으로 시정을 명할 수 있고, 시정이 되지 않는 경우에는 이를 취소 또는 정지시킬 수 있는 시정명령권과 취소·정지권을 가진다(동법 제188조 제1항). 또한 주무부 장관은 지방자치단체의 사무에 관한 시장·군수·자치구청장의 명령이나 처분이 법령에 위반되거나 현저히 부당하여 공익을 해침에도 불구하고, 시·

도지사가 시정명령을 하지 아니하면 시·도지사에게 기간을 정하여 시정명령을 하도록 명할 수 있으며(동법 제188조 제2항), 그럼에도 불구하고 시·도지사가 기간 내에 시정명령을 하지 아니하면 주무부 장관은 기간이 지난 날부터 7일 이내에 직접 시장·군수·자치구청장에게 기간을 정하여 서면으로 시정할 것을 명하고, 그 기간에 이행하지 아니하면 주무부 장관이 시장·군수·자치구청장의 명령이나 처분을 취소하거나 정지할 수 있다(동법 제188조 제3항). 그리고 기초자치단체장이 법령의 규정에 의하여 그 의무에 속하는 위임사무의 관리와 집행을 명백히 게을리하고 있다고 인정되면, 광역자치단체장은 기간을 정하여 서면으로 이행명령을 내릴 수 있는 직무이행명령권을 가진다(동법 제189조 제1항).

자치사무의 경우에도 강도가 약하지만, 광역자치단체장의 지도·감독이 행해진다. 광역자치단체장은 기초자치단체의 자치사무와 관련된 명령이나 처분이 법령을 위반한 경우에는 시정명령권, 취소정지권을 가진다(동법 제188조 제5항). 광역자치단체장은 기초자치단체의 자치사무에 관하여 보고를 받거나 서류·장부 또는 회계를 감사할 수 있으며, 감사는 법령위반 사항에 대하여만 실시한다(동법 제190조 제1항). 지방의회의 의결이 법령에 위반되거나 공익을 현저히 해친다고 판단되면, 광역자치단체장은 기초자치단체에 대해 재의를 요구하게 할 수 있다(동법 제192조 제1항).

2) 외국의 계층 간의 관계

미국의 경우, 계층 간의 관계는 상·하관계가 아니라 대등한 입장에서 상호 협력하는 관계이다. 일본의 경우, 광역자치단체는 기초자치단체를 지도·감독하는 상급기관이 아니라, 중앙정부와 기초자치단체의 중간에서 연락하고 조정하는 업무를 담당한다. 감독기관의 성격이 없는 것은 아니지만 감독의 수단을 비권력적이고 간접적인 방법에 국한시키고 있다.

제 3 절 우리나라 계층구조의 문제점과 개선방안

지금까지 우리나라의 계층구조와 주요 국가들의 계층구조와 계층 간의 관계를 살펴보았다. 우리나라와 주요 국가들의 계층구조와 계층 간의 관계를 비교하면서, 우리나라 계층의 문제점들과 개선방안들을 검토하면 다음과 같다.

1. 계층구조의 문제점

1) 계층구조의 문제점

우리나라의 계층구조의 대표적인 문제점은 자치계층과 행정계층이 다른 이중구조인 점과 행정계층의 수가 많다는 점이다. 이에 대해 살펴보면 다음과 같다.

(1) 계층의 이원화

앞에서 살펴본 바와 같이, 우리나라의 자치계층과 행정계층은 동일하지 않다. 이처럼 자치계층과 행정계층이 이원화되어 있는 상황에서 주민들이 쉽게 접촉할 수 있는 곳은 행정계층이다. 그러나 행정계층은 자치권을 지니고 있지 않기 때문에, 주민들의 요구와 수요를 해결하는 과정에서 제약이 많을 수밖에 없다. 이로 인해, 주민들의 불만이 커질 수 있다. 이에 대해 구체적으로 설명하면 다음과 같다.

지방자치단체와 주민 간에 적어도 1개의 행정기관이 존재한다. 예를 들어, 인구 50만 명 이상의 시의 경우, 기초자치단체인 시와 주민 간에는 행정구와 읍·면·동 등 2개의 행정기관이 존재하고 있다. 제주특별자치도의 경우에도 기초자치단체가 없으므로, 주민자치와 관련된 문제는 2개의 행정기관(행정시와 읍·면·동)을 거쳐야 자치단체인 특별자치도에 도달하게 된다. 이처럼 지방자치단체와 주민 간에 1개 이상의 행정기관이 존재함으로써, 주민과 지방자치단체 간에 신속하고 정확한 의사소통이 어려워질 수 있고, 또한 지방자치단체와 주민 간의 관계가 소원해지는 문제가 발생될 수 있다.

(2) 행정계층의 과다

우리나라의 자치계층은 1~2계층인데 비해, 행정계층은 2~4계층임을 앞에서 살펴보았다. 행정계층이 많은 경우 행정의 중루 현상(重壘現象)을 야기한다. 이로 인한 문제점들은 다음과 같다. 첫째, 거래비용을 증가시킨다. 복잡한 문서 처리가 복수의 계층을 거치는 과정에서 각 계층별로 반복됨으로써 이에 투입되는 노력이나 비용을 기하급수적으로 증가시키고, 업무를 지연시키며, 또한 파생업무를 발생시킨다. 이는 행정의 비효율성을 증대시킨다. 둘째, 계층 간에 불필요한 마찰이 발생될 수 있다. 계층이 많을수록 상·하계층 간의 의사전달에 왜곡이 발생될 수 있기 때문에, 이로 인해 불필요한 마찰이 발생될 수 있다. 셋째, 계층이 많을수록 책임을 회피할 가능성이 높아진다. 단층제의 경우에는 책임회피가 어렵지만 계층이 많아질수록 책임을 다른 곳에 전가시킬 기회가 많아진다. 이는 책임행정을 수행하는 데 부정적인 영향을 미친다.

2) 계층 간 관계의 문제점

우리나라의 계층 간의 관계는 엄격한 상·하관계를 유지하고 있다. 앞에서도 지적되었듯이, 중앙정부와 지방자치단체 간의 관계는 엄격한 수직적·위계적인 상·하관계를 보이고 있다. 「지방자치법」과 시행령은 지방의회와 지방자치단체장의 의결 혹은 처분에 대해 중앙정부의 지도·감독권, 그리고 지방자치단체의 사무처리에 대한 중앙정부의 승인권 등 중앙정부의 관여를 폭넓게 인정하고 있다. 또한 광역자치단체와 기초자치단체가 비교적 엄격한 상·하관계의 틀 속에 놓여 있다. 광역자치단체는 원활한 업무수행을 위한 협력과 조정보다 기초자치단체를 감독·통제하려는 경향이 강하다.

이러한 계층 간의 수직적 관계는 다음과 같은 부작용을 일으킬 수 있다. 첫째, 중앙정부와 지방자치단체 간의 관계와 광역자치단체와 기초자치단체 간의 관계를 경직시킬 수 있다. 경쟁이 확대되는 상황에서 중앙정부, 광역자치단체, 기초자치단체 간의 관계는 공생을 위한 협조적 관계를 지향해야 하는데, 지금과 같은 경직된 관계는 협조체제를 구축하는 데 부정적인 영향을 미칠 수 있다. 둘째, 중앙정부, 광역자치단체, 기초자치단체 간에 정보의 흐름과 의사소통이 원활하지 못할 수 있다. 정보와 의사소통의 흐름이 활성화되려면 계층들이 수평적인 관계를 유지해야 한다. 수직적이고 통제적인 엄격한 분위기에서는 정보와 의사소통의 흐름이 자유로울 수 없고 위축되기 쉽다. 셋째, 기초자치단체의 창의성을 저해하여 경쟁력을 약화시킬 수 있다. 자신이 해야 할 일에 대해 책임감을 가지고 전념할 때 창의성이 향상될 가능성이 높은 것은 자명한 일이다. 특히, 경쟁이 점차 확대되고 있는 변화 속에서 모든 기초자치단체가 동일하지 않고 나름의 독특성을 가지고 있는 상황을 고려하면, 기초자치단체는 자신의 장점과 특수성을 최대한 살릴 수 있는 정책을 스스로 마련하고 실시해야만

경쟁력을 갖출 수 있다. 그럼에도 불구하고 기초자치단체의 자율적인 노력에 대해 국가 혹은 광역자치단체가 쓸모가 없거나 불필요한 감시 · 감독 · 통제 · 명령을 내리는 경우가 많으면 많을수록 기초자치단체는 스스로 노력할 필요성을 느끼지 못하고, 국가 혹은 광역자치단체의 명령만을 기다리는 수동적인 존재로 변모될 것이다.

2. 계층구조의 개선방안

1) 자치계층과 행정계층을 일원화

자치계층과 행정계층을 일원화시키면서 계층 수를 줄이는 것이 바람직하다. 특히, 정보지식사회에 들어오면서 정보통신기기에 의해 많은 행정업무를 해결할 기회가 증대되므로 계층 수를 지금처럼 많이 유지할 이유가 없다. 그동안 이에 대한 논의가 있었지만 광역자치단체를 없애야 한다는 주장, 기초자치단체를 없애야 한다는 주장, 행정구 · 읍 · 면 · 동을 없애야 한다는 주장 등이 혼재되어 하나의 안을 택하기 어려웠다. 그러나 계층 수를 줄이는 데에는 이견이 없었다. 이론적으로는 관점에 따라 단층제 혹은 2층제가 바람직한 것으로 알려져 있음을 고려하면서, 단층제와 2층제의 장점과 단점을 충분히 분석하여 국민적 합의를 통해 단층제 혹은 2층제를 추진할 필요가 있다.

2) 계층 간 수평적 관계

계층 간의 관계가 수평적이고 대등한 가운데 상호보완적이고 협력하는 시스템이 구축되어야 한다. 전 세계가 무한경쟁의 변화에 휩싸여 있기 때문에, 국가경쟁력을 향상시킬 수 있도록 다음과 같은 방향으로 계층 간의 관계가 정립되어야 한다. 첫째, 지방자치단체들 간의 협조로 세계도시(World City)와 메가시티(Mega-City)의 발전을 촉진시킬 수 있어야 한다. 둘째, 증대되는 광역행정수요를 충족시키고 효율적인 경제활동을 촉진시키기 위한 지역협력체제를 구축할 수 있어야 한다. 셋째, 지방행정에 대한 주민참여와 주민통제를 용이하게 하고, 민원처리와 접근성 등의 측면에서 주민의 편의성을 확보할 수 있어야 한다. 넷째, 행정서비스의 향상을 기할 수 있도록 규모의 경제를 확보할 수 있어야 한다. 다섯째, 행정의 신속성을 보장할 수 있는 방향으로 계층 간의 관계가 바뀌어야 한다.

세계도시(World City)와 메가시티(Mega-City)

세계도시란 초국적기업의 본사와 국제적인 금융·회계·법률·컨설팅·정보·미디어 등 생산자서비스업이 집중된 결절지로서 전 세계 경제활동을 조절·통제할 수 있는 중심지이면서, 범세계적인 정치·행정·문화에 막강한 영향력을 발휘하는 도시이다. 세계도시는 적극적·협력적으로 도시정책을 계획·실시하면서, 특히 혁신과 고부가가치적인 신산업을 육성하기 위해 경제적 재구조화에 집중하는 경향을 보인다. 그 결과로 도시 내에 사회적 양극화가 확대되고, 이에 따라 도시공간이 파편화되며, 정치적 갈등이 복잡하게 전개되는 경향을 보인다.

메가시티란 핵심 도시를 중심으로 일일 생활이 가능하도록 기능적으로 연결되어 있으면서 글로벌 비즈니스 창출이 가능한 경제규모를 갖추고 인구가 1,000만 명 이상인 거대 도시이다.

메가시티는 인구규모가 크기 때문에 세계도시와 유사한 개념으로 인식될 수 있지만, 세계 경제에서 지배적인 역할을 하느냐의 여부에서 차이가 난다. 메가시티와 세계도시는 모두 세계 경제에서 결절기능을 수행한다. 즉, 메가시티와 세계도시는 생산을 통해서, 그리고 대규모 인구에 기반을 둔 수요를 통해서 세계 경제체제에서 결절기능을 수행한다. 그러나 메가시티는 세계 경제에서 지배적인 역할을 반드시 한다고 볼 수는 없다. 메가시티 중에는 세계 경제의 지배적 중심지 역할을 하는 도시도 있고, 그러하지 못하는 도시도 있다는 의미이다. 그러나 세계도시는 세계 경제에 대해 의사결정을 하면서 지배하는 도시이다.

출처: 임재현(2016: 59-75, 147-155)에서 부분 발췌·재서술

알아두면 좋아요

1. 지방자치단체 계층의 유형은 단층제와 다층제로 분류된다. 단층제는 지방행정 사무를 처리하는 제일선(기초)의 자치단체가 국가와 바로 연결되는 시스템이고, 다층제는 기초자치단체와 국가 사이에 광역(중간)자치단체가 존재하는 시스템이다.
2. 우리나라의 계층구조 현황을 보면 자치계층과 행정계층으로 이원화되어 있고, 자치계층은 단층제와 2층제가 혼재되어 있고, 행정계층은 2층제, 3층제, 4층제가 혼재되어 있다. 외국의 계층구조를 보면 미국은 2층제이면서 예외로 단층제가 존재하고, 영국에는 2층제와 단층제가 혼재하며, 프랑스의 경우에는 자치계층은 3층제이고 행정계층은 5층제이고, 일본은 2층제이다. 계층 간의 관계를 보면, 우리나라의 경우에는 엄격한 수직적 관계를 보이는 반면에, 외국의 경우에는 대등한 입장에서 상호 협력하는 관계를 유지한다.
3. 우리나라 계층구조의 문제점으로는 자치계층과 행정계층의 이원화, 행정계층의 과다, 계층 간 엄격한 상・하관계 등을 지적할 수 있고, 개선방안으로는 자치계층과 행정계층의 일원화, 계층 간 수평적 관계 구축 등을 제안할 수 있다.

논 의

1. 단층제와 다층제에 대해 설명하시오.
2. 지방자치단체의 계층에 대해 논하시오.

제 11 장 구역

제 1 절 자치구역의 정의

1. 자치구역의 정의

지방자치단체의 구역이 사회의 변화를 제대로 반영하지 못하기 때문에 개편되어야 한다는 목소리는 지방자치를 실시하는 거의 모든 나라에서 나타나고 있다. 우리나라의 경우에도 예외는 아니어서, 거의 30년 만에 지방자치가 부활되면서부터 자치구역이 재설정되어야 한다는 주장이 끊임없이 제기되어 왔다. 그러나 자치구역의 변경에는 다양한 요인들이 작용하기 때문에, 실제로 구역을 변경하는 일은 결코 쉬운 일이 아니다.

지방자치단체의 구역이란 지방자치단체의 자치권한이 미치는 지역적 범위를 의미한다. 그것은 소극적으로는 그 경계를 넘어서 지방자치단체의 자치권이 미치지 못한다는 한계를 뜻하며, 적극적으로는 그 범위 내에서 다른 지방자치단체의 통치를 인정하지 않는 배타적 통치권을 행사하는 공간을 의미한다. 그러므로 자치구역은 당해 지방자치단체의 기능을 지역적으로 한정시키면서, 아울러 그 지역의 자연인, 법인, 단체 등을 그 지방자치단체의 권능에 복종시키는 법적 공간이다.

구역은 법적 성격에 따라 자치구역과 행정구역으로 분류될 수 있다. 자치구역은 지방자치단체가 자신의 자치권을 행사할 수 있는 지역적 범위를 의미한다(최창호, 2006: 155). 행정구역은 국가 또는 지방자치단체가 행정상 편의를 위해 인위적으로 설정한 지역적 범위이다.

지방자치단체의 구역은 그 구역 내에서 수행하는 기능이 종합적인 것인가 혹은 특정한 것인가에 따라, 보통지방자치단체 구역과 특별지방자치단체 구역으로 나눌 수 있다. 보통지방자치단체의 구역이란 지방자치단체가 지역주민들이 요구하는 다양한 행정 수요를 충족시키는 지리적 범위이다. 보통지방자치단체의 구역은 특별시・광역시・특별자치시・도・특별자치도・시・군・자치구의 구역을 말하며, 지방행정의 기본 골격을 형성하는 중요한 제도일 뿐 아니라, 주민의 일상생활과 정치・행정・사회・경제・문화 등 지역사회 전반에 영향을 미치는 기본 제도이다. 반면에, 특별지방자치단체의 구역은 하나 혹은 복수의 특정 사무를 수행하는 것을 목적으로 설립된 특별지방자치단체가 그 사무를 수행하는 지리적 영역이다.

2. 자치구역의 중요성

자치구역은 지방자치단체의 주요 구성요소로서, 지방자치단체의 종류, 사무, 규모, 계층, 지방의회 구성, 주민참여 등 지방과 관련된 모든 문제들을 포함하는 종합적인 이슈이다. 그 중에서도 자치구역은 사무배분과 계층구조와 밀접한 관계가 있다. 자치구역과 사무배분의 관계에 대해 영국의 '지방정부경계위원회(Local Government Boundary Commission)'의 보고서는 자치구역은 사무배분과 분리해 논할 수 없는 문제라고 지적한 바 있다. 즉, 지방자치단체가 수행하는 사무의 종류와 내용에 따라 지역적 범위가 달라져야 한다. 사무배분은 구역의 변경 없이는 실현될 수 없으며, 반대로 구역의 변경은 사무배분을 전제로 하거나 병행할 때에 비로소 의미가 있다고 할 수 있다.

또한 자치구역과 계층구조의 관계에 대해 '제10장 계층'에서 지방자치단체 계층에 대해 논의할 때, 구역은 지방자치단체의 수평적인 폭이고 계층은 수직적인 깊이를 의미하기 때문에, 통솔의 범위라는 관점에서 볼 때 구역의 넓고 좁음과 계층의 수는 서로 함수관계를 가지면서 결정된다는 점을 언급하였다. 구역과 계층의 관계는 이 외에도 주민과의 대화와 민주성, 그리고 광역적 조정과 효율성의 요구에 대처하려는 데에서도 찾을 수 있다. 즉, 대화행정과 민주성에 대한 요구는 자치구역이 소규모일 것을 요구하고, 조정과 효율성에 대한 요구는 자치구역이 넓을 것을 요구한다. 따라서 기초자치단체의 구역과 광역자치단체의 구역을 설치해 2층제로 하거나 또는 그 이상의 계층을 두게 된다. 그러므로 자치구역은 계층구조와 분리해서 생각할 수 없다.

자치구역은 이처럼 중요하고 복잡한 이슈이면서 또한 지방자치단체들 간 이해와 갈등이 많은 사항이기 때문에, 지방자치단체의 구역 조정은 조정효과를 면밀히 분석한 후 법적 절차를 준수하여 처리하여야 한다. 따라서 우리나라에서는 지방자치단체의 명칭과 구역을 바꾸거나 지방자치단체를 폐지하거나 설치하거나 나누거나 합칠 때에는 법률로 정하며, 지방자치단체의 관할 구역의 경계를 변경하거나 한자 명칭을 변경할 때는 대통령령으로 정하도록 되어 있다(지방자치법 제5조 제1항, 제2항).

제 2 절 자치구역 설정에 관한 이론

우리나라에서는 그동안 현재의 지방자치단체의 구역이 시대적 변화를 제대로 담지 못하고 있기 때문에, 자치구역이 새로 설정되어야 한다는 주장이 지속적으로 제기되어 왔다. 1994년부터 1998년까지 40개의 통합시가 탄생하였다. 2010년 창원시, 진해시, 마산시가 통합된 '통합창원시'가 출범하였지만, 시청사를 창원으로 확정짓는 움직임이 있자 진해시와 마산시에서는 원래대로 분리되어야 한다는 주장이 제기되고 있다. 그럼에도 불구하고 시 · 군통합에 대한 주장은 끊임없이 제기되고 있다. 이는 우리나라만의 문제는 아니다. 외국의 경우에도 "시 · 군통합은 지속적으로 제기되는 상록수적인 의제"이다(박형준, 2013: 28-32). 자치구역의 재설정과 관련된 이론은 자치구역을 개편해야 한다고 주장하는 통합론과 이에 대해 비판하는 분할론으로 나누어 볼 수 있다(허훈 · 강인호, 2009: 33-36).

1. 자치구역에 관한 이론

1) 통합론

시 · 군통합을 통해 자치구역을 재설정해야 한다고 주장하는 자들의 이론적 근거는 다양하게 제기되어 왔지만, 이들을 종합하면 효율성 향상, 민주성 제고, 형평성 확보, 생활권 · 행정권 일치, 외부효과의 내재화 등으로 정리될 수 있다.

(1) 효율성 향상

특정 광역권역 내에 다수의 지방자치단체가 소규모로 파편화되어 존재하는 경우와 비교할 때, 시·군통합이 이루어진 지방자치단체는 행정서비스를 제공해야 할 주민들이 상대적으로 많다. 이처럼 수요 기반이 확대되면 행정서비스의 생산량을 늘려야 하므로, 단위당 평균 생산비용이 감소하는 '규모의 경제'를 달성하기 용이하다(Rusk, 1993). 자치구역의 통합이 이루어지면 인접된 소규모의 지방자치단체들 간에 중복하여 수행되던 행정을 감소시킬 수 있다. 즉, 유사한 과를 통합할 수 있고, 해당 업무를 담당하는 공무원을 감축할 수 있으며, 중복되는 유사 업무를 합칠 수 있다. 이로 인해, 관리비용과 투자비용의 중복을 줄일 수 있기 때문에 예산을 절감할 수 있다. 이는 행정의 효율성을 높이는 효과를 발생시킨다(이시원·민병익, 2001; 홍준현, 2005; Bridges, 1997; Paytas, 2001; Rosenfeld & Reese, 2003).

(2) 민주성 제고

자치구역 개편이 중앙정부와 중앙정치권에 의해 졸속으로 시행되는 것은 결코 바람직하지 않다는 점을 부인하는 사람은 없을 것이다. 자치구역 개편은 지방과 주민들의 적극적인 참여 하에서 이들의 의사를 충분히 반영하면서 추진되어야 한다. 이러한 방향으로 시·군통합이 추진되면 그 과정에서 주민들의 참여, 동질성, 책임성을 높일 수 있기 때문에 민주성이 제고된다(박종관·조석주, 2001; 박형준, 2013: 31). 또한 통합과정에서 습득된 민주성 경험은 주민들의 지역에 대한 주인의식과 지방정책에 대한 비판의식을 높임으로써 민주성을 강화하는 기반이 될 수 있다.

(3) 형평성 확보

모든 지방자치단체의 행정력과 재정력이 동일할 수는 없기 때문에, 지방자치단체들이 제공하는 행정서비스의 양과 질에 있어서 차이가 발생될 수밖에 없다. 특히, 이 장의 제3절의 [그림 11-2]와 [그림 11-3]에서 보는 바와 같이 서구 국가들의 많은 기초자치단체들은 규모가 작기 때문에, 행·재정력이 열악하여 주민들이 원하는 행정서비스를 제공하기가 어려운 경우가 많다. 이러한 경우에 인접된 기초자치단체들이 통합되면 서비스 공급구역과 조세구역을 일치시키면서 통합된 지역 내의 모든 주민들에게 균일한 행정서비스를 제공할 수 있다(Downs, 1994; Lowery, 2000: 52-54).

(4) 생활권 · 행정권 일치

세계화, 정보지식화, 교통 · 통신의 발달 등으로 인해 사람들의 이동성이 향상되면서 기존의 지방자치단체의 구역을 벗어난 경제활동, 사회활동, 문화활동 등이 크게 확대되었다. 이로 인해, 생활권과 행정권이 일치하지 않는 현상이 나타났다. 이러한 현상을 개선하기 위해 정주체계이론은 정주생활권을 확보할 필요가 있다고 주장한다(Savitch & Vogel, 1996). 정주생활권이란 주민의 수요가 충족되는 최소 단위의 생활권으로서 중심도시와 배후지(hinterland)가 통합된 공간을 의미한다. 정주체계이론에 따르면, 중심도시와 배후지가 분리된 것보다 하나로 통합될 때 정치적 · 행정적 · 경제적 · 사회적 · 문화적 · 물리적 · 기술적 연계가 긴밀해지고, 행정서비스의 공급이 원활해진다.

(5) 외부효과의 내재화

인접된 지역이라고 해서 동일한 행 · 재정력과 발전 역량을 지니고 있는 것은 아니다. 특히, 인접한 도시와 농촌의 경우 그 격차는 더욱 두드러질 수 있다. 인접된 지역을 통합하면 행 · 재정력과 발전 역량이 높은 지역의 발전으로 인한 낙수효과(spillover effect)를 통합된 모든 지역에 내재화시킴으로써, 지역경제의 동반 성장을 추진하기가 용이해진다(박지형 · 홍준현, 2007; 장덕희 · 목진휴, 2010).

2) 분할론

분할을 주장하는 연구들은 통합했을 때 나타나는 문제들과 통합의 효과에 대한 의문을 제기하고 있다. 즉, 분할론자들은 통합론이 주장하는 효과들이 지나치게 이론적이어서 예측하지 못한 문제들이 발생하거나 기대했던 효과가 나타나지 않는다는 점을 지적하고 있다. 이에 대해 살펴보면 다음과 같다.

(1) 효율성 향상과 관계없음

통합론은 인구가 적은 소규모 지방자치단체들이 통합하면 중복행정을 줄임으로써 효율성을 향상시킬 수 있다고 주장한다. 그러나 국내 · 외의 많은 학자들의 연구에 의하면 통합을 통해 기대되었던 만큼 효율성이 향상되지 못했다(홍준현, 1997; 김대원,

1999; 조석주 · 이재기, 2000; 최홍석 · 정재진, 2005; 유재원 · 손화정, 2009; 장덕희 · 목진휴, 2010; Blair & Zhang, 1994; Selden & Campbell, 2000; Carr & Feiock, 2004; Leland & Thurmaier, 2010). [그림 11-2]와 [그림 11-3]에서 보는 바와 같이 인구의 측면에서 볼 때 우리나라 지방자치단체의 인구규모는 다른 나라에 비해 큰 편이다. 최근에 일본은 대대적인 합병을 단행하였으며, 합병을 한 이후의 기초자치단체의 평균 인구규모가 약 7만 명인데 비해, 우리나라의 기초자치단체의 평균 인구는 약 20만 명이 이르고 있다(이기우, 2009). 이처럼 인구규모가 큰 기초자치단체들이 합병을 하여 인구규모가 더욱 증대되면 '규모의 경제'가 아니라 '규모의 불경제(diseconomy of scale)'가 발생될 수도 있다고 분할론은 주장한다(Schneider, 1989). 따라서 광역적 문제가 발생하면 기능적 관점에서 특별자치단체를 통해 해결하는 것이 더욱 효율적인 방안이라고 분할론은 주장한다.

(2) 민주성 향상과 관계없음

통합론은 통합과정 자체가 주민의 참여와 책임성을 높이기 때문에 민주성 향상에 이바지한다고 주장한다. 그러나 조성호 · 박석희(2009)는 통합시 주민들의 참여의사는 비통합시와 차이가 없다는 분석결과를 제시하였다. 소순창(2010)은 제주특별자치도를 분석하면서 기초자치단체인 4개의 시 · 군을 폐지함으로써 주민들의 자치단체에 대한 접근성이 떨어지고 주민들의 불만이 증가하여 풀뿌리민주주의가 크게 위축될 수밖에 없다고 주장하였다. 특히, 분할론의 주장에 따르면, 자치구역의 범위가 작을수록 지방정치과정과 지방정책과정에 주민들의 참여가 용이해지고(Oliver, 2001), 주민투표에서의 투표율이 높아지며(Seamon & Feiock, 1995), 주민이 행정서비스의 질과 비용에 대한 감시자로서의 역할을 수행하기 수월해진다(Teske et al., 1993; Bickers & Stein, 1998).

(3) 주민 대응성 저하

통합된 지방자치단체는 통합되기 전 기초자치단체의 주민들의 행정수요보다는 통합된 지방자치단체 전체의 행정수요를 충족시키는 것을 우선시한다. 이로 인해, 주민들의 일상적인 행정수요보다는 광역적 행정수요가 더욱 중시될 수밖에 없다. 그리고 조성호 · 박석희(2009)는 통합시의 주민 대응성은 비통합시와 차이가 없다는 분석결과를 제시하였다. 또한 지방자치단체와 주민 간의 접근성의 관점에서 보면, 인구규모가 작은 지방자치단체들이 주민들의 요구와 수요에 더욱 민감하게 반응한다. 즉, 자치구역이 넓을수록 지방자치단체에 대한 주민의 접근성이 떨어지기 때문에, 주민들은 행정서비스의 주체가 아닌 객체로 전락할 가능성이 높아진다.

2. 자치구역의 설정기준

지방자치단체의 구역은 지방자치와 관련된 많은 문제들과 연관되어 있기 때문에, 구역을 적정화하는 것은 지방자치의 성패를 결정하는 핵심적 요소들 중의 하나이다. 이리하여 많은 연구들이 구역의 적정규모를 정하는 기준을 탐색하려고 하였지만, 적정구역의 설정기준은 국가와 사회의 전통, 정치, 행정, 경제, 사회, 과학・기술 등의 발전 정도에 따라 다를 수밖에 없기 때문에, 모든 연구자들이 동의하는 기준을 정할 수 없었다. 이를 유념하면서 대표적인 학자들의 구역설정기준을 살펴보면 다음과 같다.

유재원(2002: 119-138)은 기존의 연구들을 종합하여 구역설정의 기준을 다음과 같이 제시하고 있다. 첫째, 인구・면적・재정적 능력 등의 측면에서 상호 유사해야 한다. 둘째, 생활권과 경제권이 일치해야 한다. 셋째, 공동체적 유대감을 형성할 수 있어야 한다. 넷째, 지방정책과정에 대한 주민들의 참여와 통제가 용이해야 한다. 다섯째, 주민들의 선호를 충족시킬 수 있어야 한다. 여섯째, 규모의 경제성을 확보할 수 있어야 한다. 일곱째, 무임승차자가 발생하지 않도록 외부효과를 최소화할 수 있어야 한다. 여덟째, 행정비용을 최소화할 수 있어야 한다. 마지막으로, 자주적 재정능력을 확보할 수 있어야 한다.

최창호(2007: 155-168)는 사회경제적 여건의 변화, 구역설정기준의 변화, 자연조건의 변화, 도시권역의 확대, 전자행정의 발달, 남북통일에의 대비라는 변화요인들을 고려해야 한다고 주장한다.

소순창(2010: 34)은 효율성, 민주성, 통합성, 특수성을 자치구역 설정의 주요 기준으로 제시하고 있다. 첫째, 자치구역은 행정적, 재정적 측면에서 효율성을 제고할 수 있어야 한다. 둘째, 민주성을 향상시킬 수 있어야 한다. 이를 위해서는 주민들이 정책과정에 참여하는 기회가 확대되고, 주민의 요구에 대한 대응성이 높아야 하며, 정보를 공정하고 신속하게 제공할 수 있어야 한다. 셋째, 통합성을 확보할 수 있어야 한다. 주민들 간의 갈등, 문화적 차이, 소외감 등을 약화시켜 주민들 간 공동체적 의식을 형성할 수 있어야 한다. 넷째, 지역의 특수한 사정과 목적을 충족시킬 수 있어야 한다.

밀스포우(Millspaugh, 1936: 71-78)는 다음과 같은 구역설정기준을 제시하였다. 첫째, 경제적 · 평화적 공동체를 형성할 수 있어야 한다. 지방자치단체의 구역을 정하는 것은 인위적인 행위이지만, 주민들 간에 자연스럽게 형성된 공동생활권과 일치시키는 것이 바람직하다. 둘째, 행정의 경제성과 효율성을 확보할 수 있어야 한다. 주민들의 행정수요를 충족시킴에 있어서 최소의 경비로 최대의 효과를 얻을 수 있는 정도의 인구규모를 가져야 한다. 즉, 행정효율성을 실현할 수 있는 규모이어야 한다. 셋째, 자주적 재원조달능력이 있는 범위이어야 한다. 지방자치단체가 자주적으로 거두어들일 수 있는 자주재원으로 재정수요를 담당할 수 있는 범위로 구역을 정해야 한다. 넷째, 주민의 접근성과 행정의 편의성을 고려해야 한다. 주민들이 지방자치단체에 접근하기 용이하고 행정의 편의성을 확보할 수 있는 범위가 지방지치단체의 구역이 되어야 한다.

리프만(Lipman, 1949: 305-331)은 교통 · 통신의 발달 정도, 경제 · 생활 공동체의 구축, 행정의 효율성 확보, 재원조달의 가능성, 주민참여의 활성화 등을 고려하면서 구역이 설정되어야 한다고 주장하였다.

훼슬러(Fesler, 1949)는 다음과 같이 구역설정기준을 제시하였다. 첫째, 자연적 · 지리적 조건을 고려해야 한다. 교통 · 통신의 발달을 고려하면서 자연적 · 지리적 조건을 주요 기준으로 삼아야 한다. 둘째, 행정의 효율성이 확보되어야 한다. 지방자치단체가 행정기능을 가장 효율적으로 수행할 수 있는 구역을 설정하여야 한다. 셋째, 재원의 자주조달능력이 확보될 수 있어야 한다. 자주재원으로 행정수요를 충족시킬 수 있는 구역이 되어야 한다. 넷째, 주민참여와 주민통제의 활성화 여부가 중요하다. 지방행정에 대해 주민참여와 주민통제가 효과적으로 실시될 수 있는 구역이 되어야 한다.

지금까지 살펴본 선행연구들은 광역자치단체의 구역설정기준과 기초자치단체의 구역설정기준을 동일한 것으로 보고 있다. 그러나 광역자치단체와 기초자치단체는 특징이 다르기 때문에 설정기준의 가중치를 달리해야 한다는 주장들이 있다.

정세욱(2000: 752-756)은 기초자치단체와 광역자치단체의 구역설정기준을 다르게 제기하였다. 그가 주장한 기초자치단체의 구역설정기준은 다음과 같다. 첫째, 공동사회와 공동생활권의 확대이다. 주민들의 공동체 의식이나 지역연대감을 토대로 하는 공동사회와 가능한 한 일치하도록 해야 하고, 과학 · 기술의 발달에 따른 공동생활권의 확대도 고려해야 한다. 둘째, 민주성과 효율성의 확보이다. 지방자치단체의 구역은 주민참여와 주민통제가 효과적으로 보장되도록 설정하되 지방행정을 효율적으로 수행할 수 있어야 한다. 셋째, 재원조달능력이 있어야 한다. 지방자치단체 내에서 발생되는 재정수요와 조달가능한 재원 간에 균형이 이루어지도록 구역이 설정되어야 한다. 넷째, 주민과 행정의 편의성을 고려해야 한다. 지방자치단체에 대한 주민의 접근성을 높이는 것을 포함하여 주민의 편의를 극대화하고 지방자치단체가 지방행정기능을 용이하게 수행할 수 있는 구역이 되어야 한다. 그가 제시한 광역자치단체의 구역설정기준은 다음과 같다. 첫째, 조정기능을 중시해야 한다. 광역자치단체가 기초자치단체들의 행정기능을 가장 효과적으로 조정할 수 있는 구역이 되어야 한다. 둘째, 개발권 · 경제권을 고려해야 한다. 대규모 지역개발을 효율적으로 추진할 수 있도록 광역자치구역이 설정되는 것이 바람직하다. 셋째, 도시기능과 농촌기능을 조화할 수 있어야 한다. 도시행정기능과 농촌행정기능을 동시에 효율적으로 수행할 수 있는 구역을 설정해야 한다. 넷째, 기초자치단체의 행정기능을 보완할 수 있어야 한다. 기초자치단체의 능력으로 처리가 어렵거나 또는 기초자치단체가 처리하면 행정의 질이 저하되는 사무를 보완하는 데 가장 적절한 구역이 되어야 한다.

허훈 · 강인호(2009: 53)는 구역을 개편할 시에 광역자치단체는 재정적 자주성, 효율성, 경제적 규모를 고려해야 하고, 기초자치단체는 주민편의성, 공동체 형성, 주민통제를 중시해야 한다고 주장한다.

이러한 연구들을 종합하면, 광역자치단체의 구역과 기초자치단체의 구역을 설정할 때는 민주성, 효율성 등을 포함하여 중요한 기준들을 적용하는 것은 당연한 일이다. 그러나 광역자치단체와 기초자치단체의 태동 배경과 특징을 고려하면 동일한 구역설정기준을 적용하더라도 구역의 유형에 따라 적용 비중을 달리할 필요가 있다. 예를 들어, 효율성과 민주성의 측면에서 광역자치단체와 기초자치단체를 비교할 때, 광역자치단체는 효율성을 추구하기가 상대적으로 쉽고, 기초자치단체는 민주성을 달성하기가 상대적으로 용이하다. 따라서 광역자치단체의 구역을 설정할 때는 효율성을 상대적으로 더욱 중시하는 한편, 기초자치단체의 구역을 설정할 때는 상대적으로 민주성을 더욱 강조할 필요가 있다.

이러한 관점에서 이 책에서는 자치구역의 설정기준을 공동체, 재원조달능력, 행정의 효율성, 주민참여 등을 제시하면서, 동시에 기초자치단체와 광역자치단체의 구역을 설정함에 있어서 위의 기준들에 대한 적용 비중에 차이를 둘 것을 강조하고자 한다. 재차 강조하지만, 이 기준들은 광역자치단체의 구역을 설정할 때이든 혹은 기초자치단체의 구역을 설정할 때이든 간에 매우 중요한 기준임에는 틀림이 없지만, 비중을 달리하여 적용할 필요가 있다는 의미이다. 이에 대해 좀 더 구체적으로 살펴보면 다음과 같다.

1) 공동체

공동체 의식을 강화할 수 있는 구역을 설정하면 주민들 간에 응집력이 높아지면서 지역에 대한 애향심이 향상될 수 있다. 이는 주민들의 지역에 대한 주인의식과 지방행정에 대한 비판의식을 제고하여, 지방자치단체의 정치과정과 정책과정에 참여하고자 하는 욕구와 행태를 높일 수 있다. 이는 지방자치를 활성화하는 데 긍정적인 영향을 미친다.

그런데 "기초자치단체와 광역자치단체 중에서 상대적으로 공동체 구축이 용이한 자치단체가 어디인가?"라는 의문이 제기될 수 있다. 상대적으로 인구규모와 면적이 적은 기초자치단체에서 공동체 구축이 수월하다는 것은 재고의 여지가 없다. 그러므로 공동체를 구축하기가 상대적으로 어려운 광역자치단체의 구역을 설정할 때 공동체 기준을 적용하는 것은 당연하지만, 이 기준을 기초자치단체의 구역을 설정할 때와 동일하게 적용할 필요가 없다는 것이다. 따라서 광역자치단체의 구역을 설정할 때보다 기초자치단체의 구역을 설정할 때 공동체 기준을 상대적으로 더욱 중시할 필요가 있다.

2) 재원조달능력

자치구역의 설정에 있어 재원조달능력, 즉 인적 자원과 물적 자원의 조달능력을 확보하는 것은 매우 중요하다. 인적 · 물적 재원조달능력이 약화되면 지방자치단체의 중앙정부에 대한 의존도가 높아짐으로써 지방자치가 위협을 받을 수 있기 때문이다.

특히, 최근에 들어 세계화와 정보지식화로 인해 경쟁이 확대되는 상황이기 때문에, 지역을 발전시키고 경쟁력을 향상시킬 수 있는 재원이 충분히 확보되어야 한다. 그런데 인적 자원을 확보하는 문제는 기초자치단체와 광역자치단체 간에 다를 수 있다. 즉, 유능한 인재일수록 자기발전 기회를 중요시하기 때문에, 기초자치단체보다 광역자치단체에서 근무하고자 한다. 물적 자원을 조달하는 문제도 광역자치단체가 기초자치단체보다 상대적으로 수월하게 해결할 수 있다.

따라서 광역자치단체의 구역을 설정하든 아니면 기초자치단체의 구역을 설정하든 간에 재원조달능력이라는 기준은 적용되어야 하지만, 광역자치단체의 구역을 설정할 때 재원조달능력의 적용 비중을 상대적으로 높일 필요가 있다.

3) 행정의 효율성

행정의 효율성은 적은 예산으로 많은 서비스를 제공하는 것이기 때문에, 모든 지방자치단체들은 행정의 효율성을 반드시 확보해야 하는 가치로 인식하고 있다. 그러나 앞에서 통합론이 주장하는 바와 같이 소규모의 지방자치단체는 행정의 효율성을 확보하는 것이 쉬운 일이 아니다.

[그림 11-1]에서 보는 바와 같이, 소규모의 지방자치단체는 행정서비스의 단위당 공급비용이 높고, 점차 면적과 인구가 확대되면서 '규모의 경제'가 발생하여 행정서비스의 단위당 공급비용이 감소하면서 행정의 효율성이 향상되지만, 면적과 인구가 지나치게 확대되면 오히려 '규모의 불경제'가 발생하여 행정의 효율성이 떨어질 수 있다(임재현, 2016: 180-182). 즉, 규모의 불경제가 발생되지 않는 범위 내에서는 면적과 인구가 확대되는 것이 행정서비스의 단위당 공급비용을 감소시킬 수 있기 때문에 효율성을 향상시킬 수 있다.

[그림 11-1] 인구규모와 행정서비스 제공 단가

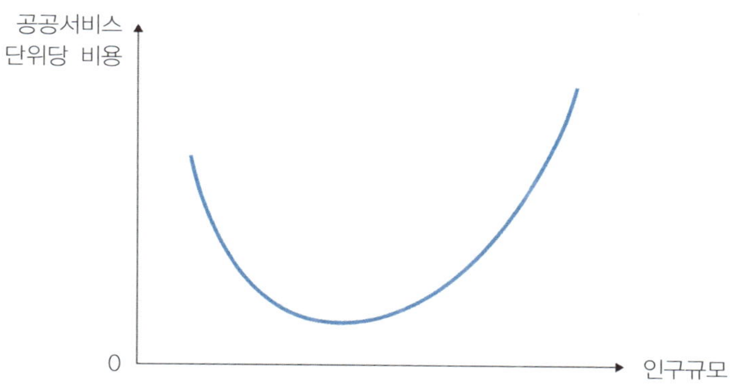

이러한 측면에서 볼 때, 광역자치단체의 규모가 지나치게 비대하지 않는 한, 즉 [그림 11-1]에서 곡선의 최저점(구역의 적정규모)을 지나지 않는 한 소규모 기초자치단체보다는 규모가 큰 광역자치단체가 효율성을 확보하는 데 유리하다. 그러므로 효율성 기준은 광역자치단체의 구역을 설정할 때 더욱 중시될 필요가 있다.

4) 주민참여(민주성)

광역자치단체이든 기초자치단체이든 간에 지방자치를 활성화시킴에 있어서 주민참여는 매우 중요한 역할을 한다. 그럼에도 불구하고 광역자치단체의 구역을 설정하느냐 아니면 기초자치단체의 구역을 설정하느냐에 따라 주민참여의 중요도는 달라질 수 있다.

이는 다음과 같은 이유에서 비롯된다. 첫째, 주인의식, 비판의식, 참여의식 등을 향상시키는 것은 광역자치단체보다 기초자치단체에서 용이하다. 둘째, 면적과 인구규모가 커질수록 참여와 관련된 직·간접 비용이 상승되고 또한 무임승차자(free-rider)가 증가할 가능성이 높아지기 때문에 주민참여가 활성화되기 어렵다. 따라서 광역자치단체의 구역을 설정할 경우와 기초자치단체의 구역을 설정할 경우를 비교할 때, 주민참여 기준은 기초자치단체의 구역을 설정할 때 상대적으로 더욱 중시될 필요가 있다.

제 3 절 우리나라 자치구역의 현황

1. 우리나라의 자치구역의 면적과 인구 현황

우리나라의 행정구역은 2019년 12월 31일 현재 특별시 1개, 광역시 6개, 특별자치시 1개(세종시), 도 8개, 특별자치도 1개(제주도), 시 75개, 군 82개, 자치구 69개, 행정시 2개, 자치구가 아닌 구 32개, 읍 230개, 면 1,182개, 동 2,079개이다. 이 밖에 시·도 출장소 7개, 시·군·구 출장소 13개, 읍·면 출장소 60개소가 있다(행정안전부, 2020).

2019년 12월 31일을 기준으로 면적과 인구규모의 측면에서 동일한 유형의 지방자치단체별로, 최대 지방자치단체와 최소 지방자치단체에 대해 살펴보면 다음과 같다(행정안전부, 2020).

1) 광역자치단체의 면적과 인구

먼저, 서울특별시의 경우, 2020년 기준으로 면적은 약 605km^{2}이고, 인구규모는 약 973만 명이다. 서울시의 면적은 변화가 발생되기 어렵지만, 인구는 최근 조금씩 지속적으로 감소하고 있다. 그럼에도 불구하고 우리나라 최대의 인구를 가진 도시이다.

우리나라에는 6개의 광역시가 있다. 부산광역시의 면적은 약 770km^{2}이고, 인구는 약 341만 명이다. 대구광역시의 면적은 약 884km^{2}이고, 인구는 약 244만 명이다. 인천광역시의 면적은 약 1,063km^{2}이고, 인구규모는 약 296만 명이다. 광주광역시의 면적은 약 501km^{2}이고, 인구는 약 146만 명이다. 대전광역시의 면적은 약 540km^{2}이고, 인구는 약 147만 명이다. 울산광역시의 면적은 약 1,062km^{2}이고, 인구는 약 115만 명이다.

동일한 광역시임에도 불구하고 인천광역시의 면적은 광주광역시의 면적보다 약 2배가 넓다. 인구규모의 경우, 부산광역시의 인구는 울산광역시의 인구보다 약 3배가 많다.

종래의 광역자치단체는 특별시, 광역시, 도이었지만 현재의 광역자치단체는 여기에 세종특별자치시와 제주특별자치도가 포함된다. 세종특별자치시의 면적은 약 465km^{2}이고, 인구는 약 34만 명이다.

제주특별자치도를 제외한 8개의 도의 경우를 보면 다음과 같다. 면적의 측면에서 볼 때 최대 면적을 가진 도는 경상북도로서 약 19,033km^{2}이고, 특별자치도가 된 제주

[표 11-1] 광역자치단체의 최대 · 최소 인구와 면적

	인구		면적	
	최대	최소	최대	최소
특별시	973만 명		605km^2	
광역시	부산 341만 명	울산 115만 명	인천 1,063km^2	광주 501km^2
도	경기 1,324만 명	강원 154만 명	경북 19,033km^2	충북 7,407km^2

출처: 행정안전부(2020). 『2020 지방자치단체 행정구역 및 인구 현황』.

도를 제외한 최소 면적을 가진 도는 충청북도로서 약 7,407km^{2}이다.

도의 인구규모의 측면을 보면, 최대 인구를 가진 도는 경기도로서 약 1,324만 명의 인구를 보유하고 있다. 경기도는 인구규모의 측면에서 가장 많은 인구를 보유하고 있으면서, 또한 최근에 지속적으로 인구가 증가하는 경향을 보이고 있다. 이리하여 두 번째 인구가 많은 도인 경상남도의 인구규모와 큰 차이를 보이고 있다. 경상남도의 인구규모는 약 336만 명에 이른다. 제주특별자치도를 제외한 최소 인구를 가진 도는 강원도로서 약 154만 명의 인구를 가지고 있다.

면적의 측면에서 최대 도와 최소 도 간의 격차를 비교해보면 다음과 같다. 경상북도의 면적은 내륙에서 면적이 가장 좁은 충청북도의 면적보다 약 2.6배 넓다. 도 전체를 비교해보면, 경상북도의 면적은 제주특별자치도의 면적(약 1,850km^2)보다 10배 이상 크다. 인구의 측면에서 최대 도와 최소 도 간의 격차를 비교해보면 다음과 같다. 인구가 가장 많은 경기도의 인구는 두 번째로 많은 경상남도의 인구보다 약 4배가 많다. 경기도의 인구는 내륙에서 인구가 가장 적은 강원도의 인구의 약 9.0배에 이른다. 경기도의 인구는 도 전체에서 인구가 가장 적은 제주특별자치도의 인구(약 67만 명)의 약 20배에 해당된다. 동일한 도임에도 불구하고 면적규모와 인구규모에서 지나치게 큰 차이가 존재한다는 것을 알 수 있다.

2) 기초자치단체의 면적과 인구

일반시의 경우, 최대 면적을 보유하고 있는 시는 경상북도 안동시로서 면적이 약 1,522km^{2}이고, 최소 면적을 가지고 있는 시는 경기도 구리시로서 면적이 약 33km^{2}이다.

일반시 중에서 최대 인구규모를 보인 시는 경기도 수원시로서 인구가 약 119만 명이고, 최소 인구를 가진 시는 충청남도 계룡시로서 인구가 약 4만 3천 명 정도이다. 계룡시보다 인구가 조금 더 많은 시는 태백시로서 인구가 약 4만 4천 명이다. 시의 성립요건이 5만 명인데도 계룡시와 태백시는 5만 명이 안 되는 상황이다. 태백시는 예전에는 인구가 현재보다 많았으나, 석탄산업이 사양화되면서 인구가 급격하게 줄었기 때문이다.

일반시의 경우, 최대 면적과 최소 면적 간의 격차, 그리고 최대 인구와 최소 인구 간의 격차가 너무 크다. 인구가 제일 많은 수원시의 인구는 계룡시 인구의 약 28배이

[표 11-2] 기초자치단체의 최대 · 최소 인구와 면적

	인구		면적	
	최대	최소	최대	최소
시	수원 119만 명	계룡 4만 명	안동 1,522km^2	구리 33km^2
군	대구 달성 26만 명	울릉 1만 명	홍천 1,820km^2	울릉 73km^2
자치구	서울 송파 68만 명	부산 중 4만 명	광주 광산 223km^2	부산 중 3km^2

출처: 행정안전부(2020). 『2020 지방자치단체 행정구역 및 인구 현황』.

다. 최대 면적을 가진 안동시의 면적은 최소 면적을 가진 구리시의 면적의 약 46배에 해당된다.

군의 경우, 최대 면적을 가진 군은 강원도 홍천군으로서 면적이 약 1,820km^{2}이고, 최소 면적을 가진 군은 경상북도 울릉군으로서 면적이 약 73km^{2}이다. 최대 면적의 군과 최소 면적의 군 간의 격차는 약 25배에 이른다.

최대 인구를 가진 군은 대구광역시 달성군으로서 인구가 약 26만 명이고, 최소 인구규모를 가진 군은 경상북도 울릉군으로서 인구가 약 1만 명 정도이다. 달성군의 인구규모는 울릉군의 인구규모의 약 26배이다. 이를 통해서 군의 경우에도 면적과 인구규모의 격차가 매우 큼을 알 수 있다.

자치구의 경우, 최대 면적을 가진 자치구는 광주광역시 광산구로서 면적이 약 223km^{2}이고, 최소 면적을 가진 자치구는 부산광역시 중구로서 면적이 약 3km^{2}이다. 광주 광산구의 면적은 부산 중구 면적의 70배가 넘는다.

최대 인구를 가진 자치구는 서울특별시 송파구으로서 인구가 약 68만 명이고, 최소 인구규모를 가진 자치구는 부산 중구로서 인구가 약 4만 명 정도이다. 서울 송파구의 인구규모는 부산 중구의 인구규모의 약 17배이다. 이를 통해서 자치구의 경우에도 면적과 인구규모의 격차가 매우 큼을 알 수 있다.

2. 주요 국가들의 자치구역의 면적과 인구 현황

주요 국가들의 지방자치단체의 면적의 규모를 비교하면 다음과 같다(소순창, 2010: 50). [그림 11-2]에서 보는 바와 같이 지방자치단체의 평균 면적이 우리나라보다 넓은 나라는 호주(12,900km^2), 뉴질랜드(3,700km^2), 캐나다(2,700km^2), 스웨덴(1,550km^2), 영국(562km^2), 그리고 덴마크(440km^2)이다.

[그림 11-2] 주요 국가별 자치단체의 평균 면적(km^2)

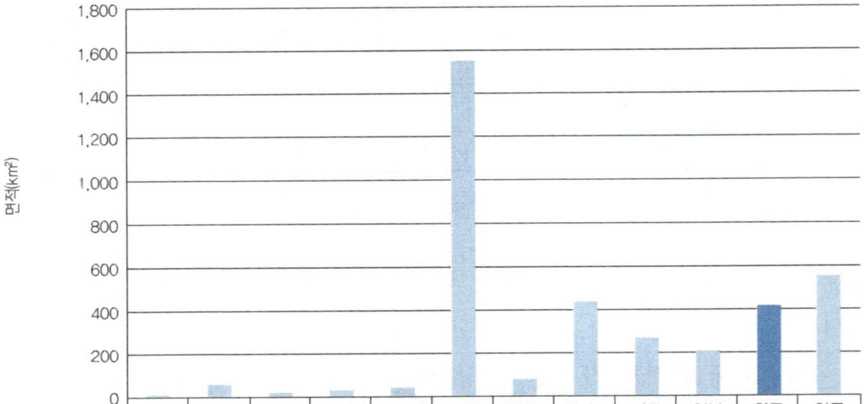

	프랑스	스페인	독일	이탈리아	벨기에	스웨덴	네덜란드	덴마크	미국	일본	한국	영국
평균 크기(km^2)	15	60	30	40	50	1,550	80	440	270	210	420	562

주: 호주(12,900km^2), 뉴질랜드(3,700km^2), 캐나다(2,700km^2)는 극단적으로 면적이 커서 그래프의 이해를 높이기 위해서 제외함.
출처: 소순창(2010: 50)에서 인용.

미국의 지방자치단체 평균 면적은 270km^2이고, 일본의 지방자치단체 평균 면적은 210km^2이다. 독일의 지방자치단체 평균 면적은 30km^2이고, 프랑스의 지방자치단체 평균 면적은 15km^2이다.

우리나라와 획일적으로 비교하기 어려운 연방국가인 캐나다와 호주를 제외하고 또한 우리나라보다 몇십 배의 국토면적을 가지고 있는 나라들을 제외하면, 우리나라의 지방자치단체 평균 면적규모는 420km^2로서 세계에서 수위권에 이르고 있다. 이를 종합해보면, 면적의 측면에서 볼 때 우리나라의 지방자치단체의 평균 면적규모가 지나치게 크다는 것을 알 수 있다.

주요 국가들의 지방자치단체의 평균 인구를 비교하면 다음과 같다(소순창, 2010: 50). [그림 11-3]에서 보는 바와 같이, 우리나라의 지방자치단체 평균 인구규모는 약 205,000명이다. 인구규모적 측면에서 비교대상국가들 중에서 우리나라에 이어 2위를 차지한 영국의 지방자치단체 평균 인구규모가 약 140,000명이다. 영국의 지방자치단체 평균 인구규모는 우리나라의 지방자치단체 평균 인구규모의 약 2/3 수준이다. 그 다음이 일본으로서, 일본의 지방자치단체 평균 인구규모는 약 71,000명이다. 이는 우

[그림 11-3] 주요 국가별 자치단체의 평균 인구

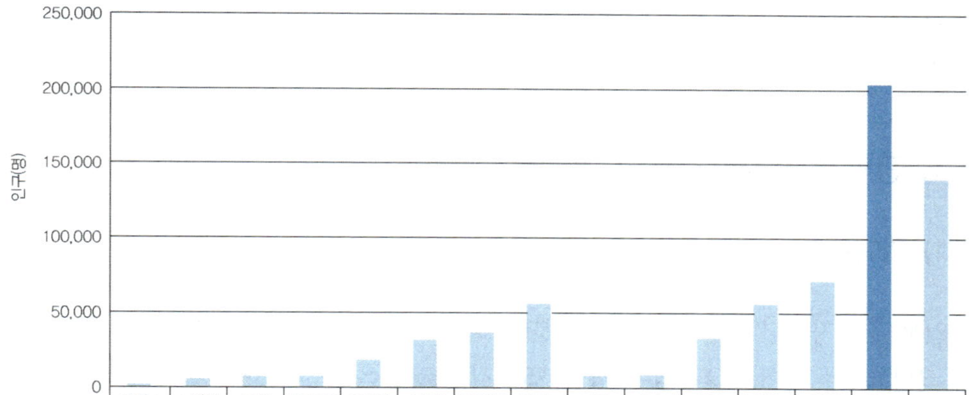

	프랑스	스페인	독일	이탈리아	벨기에	스웨덴	네덜란드	덴마크	미국	캐나다	호주	뉴질랜드	일본	한국	영국
평균 인구	1,730	5,530	6,600	7,320	18,000	31,500	37,000	56,000	8,200	8,900	33,000	56,000	71,000	205,000	140,000

출처: 소순창(2010: 50)에서 인용.

리나라 지방자치단체 평균 인구규모의 약 1/3 정도에 불과하다. 미국의 지방자치단체 평균 인구규모는 약 8,200명이고, 독일의 지방자치단체 평균 인구규모는 약 6,600명이며, 프랑스의 지방자치단체 평균 인구규모는 약 1,730명이다. 이를 종합하면, 우리나라의 지방자치단체의 평균 인구규모가 지나칠 정도로 크다는 것을 알 수 있다.

제 4 절 우리나라 자치구역의 문제점

그동안 우리나라의 자치구역의 개편은 지방자치단체의 필요에 의해서라기보다는 중앙정부와 중앙정치의 필요에 의해 추진되어 왔다. 이로 인해, 자치구역의 개편이 원하는 목적을 달성하지 못했다는 것이 일반적인 평가이다. 심지어 자율적인 자치구역 개편이라고 평가받았던 '통합창원시'조차 창원시, 마산시, 진해시로 다시 분리해야 한다는 움직임이 일어나고 있다.

지방행정 그리고 지방자치와 관련된 다른 주요 이슈들처럼 우리나라의 자치구역도 많은 문제점을 가지고 있다는 것은 주지의 사실이다. 그런데 광역자치단체의 구역과 기초자치단체의 구역은 생성 목적이 다르고, 구역설정기준의 중요도도 다르며, 나타나고 있는 문제점도 동일하지 않기 때문에, 우리나라 자치구역의 문제점들을 광역자치단체와 기초자치단체로 분리하여 살펴보는 것도 나름대로 의미가 있을 수 있다.

1. 광역자치단체 구역의 문제점

1) 과대규모

일부 광역자치단체를 제외한 대부분의 광역자치단체의 면적과 인구규모가 지나치게 크다. 예를 들어, 도의 경우 경상북도, 강원도 등은 면적이 지나치게 넓고, 경기도는 절대적인 측면에서도 인구규모가 매우 클 뿐만 아니라 상대적인 측면에서도 타 광역자치단체에 비해 지나치게 크다.

이러한 과대규모는 다음과 같은 문제들을 유발할 수 있다. 첫째, 광역자치단체의 업무와 관련하여 주민들의 불편이 심하고 공동체 의식을 구축하기 어렵다. 둘째, 면적과 인구규모가 크기 때문에, 행정서비스 공급비용이 적정수준을 넘어서서 '규모의 불경제'가 발생됨으로써 행정의 효율성이 약화된다. 셋째, 면적과 인구의 과대 현상은 광역자치단체의 업무과정에 대한 직·간접적 참여비용을 높이기 때문에, "내가 아닌 다른 누군가가 하겠지"라는 생각을 가지게 하고, 이는 무임승차적 행태를 확대시켜 주민참여와 주민통제를 어렵게 한다.

2) 과도한 면적·인구 불균형

앞에서 살펴본 바와 같이, 광역시들 간 그리고 도들 간 면적규모와 인구규모의 불균형이 지나칠 정도로 심하다. 이는 다음과 같은 문제들을 파생시킬 수 있다.

첫째, 행정력의 격차를 확대시킨다. 유능한 인재일수록 자기발전 기회를 중시하기 때문에 인구규모가 큰 광역자치단체에서 일하려 하기 때문이다. 둘째, 재정력 격차를 확대시킨다. 예를 들어, 인구규모가 큰 광역자치단체에서는 토지수요가 증가하고 이는 토지가격을 상승시켜 지방세수입을 증대시키는 반면에, 인구규모가 작은 광역자치단체에서는 토지수요가 감소하고 이는 토지가격을 하락시켜 지방세수입을 감소시킨다. 셋째, 행정서비스 공급의 불균형을 심화시킨다. 인구, 면적, 행정력, 재정력의 격차는 행정서비스 공급능력과 공급비용에도 영향을 미친다. 지나치게 규모가 큰 광역자치단체를 제외하면, 규모가 큰 광역자치단체일수록 행정서비스의 공급능력은 좋아지고 공급비용이 감소하는 데 반해, 규모가 작아질수록 행정서비스의 공급능력은 약화되고 공급비용은 증가하기 때문에 행정서비스 공급의 불균형이 확대된다.

3) 낮은 수준의 공간체계 기능성

광역시제도는 공간체계의 기능성을 저하시킨다. 이는 중앙정부가 인구규모를 포함하여 일정 요건을 갖춘 대도시를 도에서 분리하여 광역시로 지정하기 때문이다. 즉, 광역시제도는 기능적인 측면에서 다음과 같은 문제들을 발생시킨다.

첫째, 도가 유능한 인재를 확보하는 데 어려움을 겪는다. 도의 핵심거점도시가 광역시로 되는 경우, 그 광역시는 기존 시공무원 외에 인적 자원을 새로이 충원해야 하며, 이 과정에서 도에서 근무하던 유능한 인재들이 광역시로 옮기기도 한다. 반면, 도는 유능한 인적 자원을 충원하는 데 어려움을 겪을 수 있다.

둘째, 도의 재정력이 약화된다. 예를 들어, 충청남도에 속해 있던 대전시가 1989년 1월 1일자로 직할시(현 광역시)가 된 전후의 충청남도의 재정자립도를 비교하면 재정력의 약화를 알 수 있다. 즉, 1988년의 충청남도의 재정자립도가 31.6%였으나, 대전시가 직할시로 분리된 후인 1989년의 충청남도 재정자립도는 22.1%로 크게 떨어졌다.

셋째, 핵심거점도시가 없는 도가 발생한다. 충청남도와 전라남도에서 각각 가장 큰 도시이었던 대전시와 광주시가 직할시로 분리된 이후, 충청남도와 전라남도에는 정치 · 행정 · 경제 · 교육 · 사회 · 문화적 측면의 핵심거점도시가 사라짐으로써 잔여지역(rump county)은 중추기능을 담당할 도시를 상실하였다. 이는 중 · 장기적인 입장에서 도의 발전역량을 크게 훼손시켰다. 또한 대전시와 광주시의 경우처럼 광역시 내부의 공간은 광역시의 발전을 위해서 뿐만 아니라 광역수요를 충족시키기에 많이 좁다. 즉, 광역시와 도는 동일한 생활권과 경제권을 형성하고 있음에도 불구하고, 광역시제도로 인해 시 · 도개발계획이 분리 · 수립됨으로써, 개발과 투자의 연계성이 약화되는 한편, 도로, 교통, 환경, 상 · 하수도, 쓰레기처리 등과 같은 광역행정수요에 효과적으로 대처하지 못하는 문제들이 발생되었다.

2. 기초자치단체 구역의 문제점

1) 생활권과 행정권의 괴리

1994년 전까지 우리나라의 지역정책은 도·농분리방식을 기조로 하여 시행되었다. 이로 인해, 생활권과 행정권의 괴리 현상이 나타났다. 예를 들어, 시흥군을 1989년 1월 1일 시흥시, 군포시, 의왕시 등 3개의 시로 분리·승격시킴으로써, 동일한 생활권에 속하는 지역이 3개의 행정권으로 나누어져 생활권과 행정권이 분리되었다.

생활권과 행정권의 괴리 현상의 원인

- 교통·통신의 발달로 인해 사람들의 주거권, 경제권, 문화권이 확대되면서 지방자치단체의 경계를 넘는 생활권이 형성되었기 때문이다.
- 정치적 목적을 달성하기 위해, 즉 여당이 국회 의석을 증대시키기 위해 인위적으로 읍을 시로 승격시켜 군에서 분리시켰기 때문이다.
- 지역특성과 관계없이 도·농분리방식에 의거하여 획일적으로 도시제도를 운영하기 때문이다. 즉, 하나의 생활권을 형성하고 있던 군의 특정 지역은 인구 5만 명 이상이 되면 시로 승격되고, 시가 되면 군에서 분리되기 때문에 생활권과 행정권의 괴리 현상이 확대되었다.

2) 잔여지역문제

도·농분리방식은 잔여지역(rump county)의 행·재정력을 약화시킨다. 광역자치단체의 구역의 문제점에서 잔여지역에 대해 논의한 것과 같은 맥락에서, 군의 핵심지역인 읍의 인구가 5만 명이 되면 읍이 시로 승격됨으로써, 동일한 생활권을 형성하고 있던 지역이 중심도시인 시와 배후지인 군으로 인위적으로 분리되었다. 이로 인해, 군에서 중추기능을 수행할 지역이 사라지고, 또한 군의 행정력과 재정력이 약화되어 군의 발전역량이 크게 손상되었다.

3) 과대규모

앞에서 인구규모와 면적규모의 측면에서 우리나라의 지방자치단체와 다른 주요 국가들의 지방자치단체를 비교한 데에서 알 수 있듯이, 우리나라의 지방자치단체의 인구규모와 면적규모는 상대적으로 큰 편이다. 구체적으로 살펴보면, 시는 인구규모가 지나치게 크고, 군은 면적규모가 지나치게 크다. 이는 다음과 같은 문제들을 일으킨다.

첫째, 광역자치단체 구역의 문제점에서 지적되었듯이 주민참여를 약화시켜 아래로부터 민주주의를 구현하는 것을 어렵게 만든다. 둘째, 주민이 직접 접촉하는 행정 단위인 읍·면·동은 주요 사항에 대한 결정권을 갖고 있지 못하기 때문에, 이와 관련된 문제를 해결하기 위해서는 주민들이 기초자치단체로 가야 한다. 그런데 과대 규모는 주민들의 기초자치단체에 대한 접근성을 떨어뜨린다. 셋째, 군의 면적은 너무 넓기 때문에 다양한 측면에서 주민들의 생활에 큰 불편을 야기한다.

4) 면적·인구의 과도한 불균형

앞에서 살펴보았듯이, 동일한 유형의 기초자치단체임에도 불구하고 면적과 인구의 불균형이 과도하다. 이는 다음과 같은 문제들을 파생시킬 수 있다.

첫째, 행정력의 격차를 확대시킨다. 규모가 큰 기초자치단체는 유능한 인재를 확보하기가 상대적으로 용이하고 규모가 작은 기초자치단체는 유능한 인재를 확보할 가능성이 상대적으로 적다. 이로 인해, 규모가 큰 기초자치단체와 규모가 작은 기초자치단체 간에 행정력의 격차가 점점 커진다.

둘째, 재정력 격차를 확대시킨다. 앞에서 검토되었듯이, 인구규모가 큰 기초자치단체에서는 토지수요가 증가하고, 이는 토지가격을 상승시켜 지방세수입을 증대시킨다. 반면에, 인구규모가 작은 기초자치단체에서는 토지수요가 감소하고, 이는 토지가격을 하락시켜 지방세수입을 감소시킨다. 이로 인해, 지역 간 재정력 격차가 더욱 확대된다.

셋째, 행정서비스 공급의 불균형을 심화시킨다. 규모가 큰 기초자치단체일수록 행정서비스의 공급능력은 좋아지고 공급비용이 감소하는 데 반해, 규모가 작아질수록 행정서비스의 공급능력은 약화되고 공급비용은 증가하는 것이 일반적인 현상이다. 이는 지역 간 행정서비스 공급의 불균형을 확대시킨다.

5) 지역 특성 무시하는 시 · 군통합

시 · 군통합방식은 특징이 다른 시와 군, 즉 도시적 특징을 지닌 시와 농촌적 특징을 보이는 군을 통합시키는 방식이다. 도시지역의 문제와 농촌지역의 문제가 상충될 때 통합시가 두 문제들을 동시에 해결할 수 있느냐는 문제가 제기되어 왔다. 대부분의 통합시는 인구가 상대적으로 많은 도시지역의 문제를 해결하는 데 집중할 것이다. 이로 인해, 농촌지역은 지역 특성에 맞는 행정을 기대하기 어렵게 된다. 또한 통합시의 시의회 구성을 보면 농촌지역 대표자의 수보다 도시지역 대표자의 수가 더 많기 때문에, 통합시는 농촌의 대표성보다 통합시 전체를 고려하게 됨으로써 통합시의 주민통합이 어려워질 수 있다.

우리나라의 시 · 군통합에 대한 논쟁

1994년 당시 주무부처인 내무부는 시 · 군통합을 추진하기 위해 다음과 같은 추진 논거를 제시한 바 있다.

① 생활권과 행정권의 일치
② 광역사무의 효율적 처리
③ 도시와 농촌 간의 경제력 · 재정력 격차 완화
④ 중복행정 감소를 통한 행정의 효율성 향상

내무부는 이와 같은 논거를 언론을 통해 대대적으로 홍보하였다. 이로 인해, 다른 국가들에서는 상상도 할 수 없을 정도로 이례적으로 높은 국민들의 찬성을 얻어서 시 · 군통합을 단행하였다. 이러한 찬성 분위기로 인해 다음과 같은 매우 중요한 비판의 목소리가 무시되었다.

① 생활권과 행정권을 일치시키는 대가로 도 · 농통합시는 다음과 같은 희생을 감수해야 한다. 단기적으로는 특별법 등을 제정하여 종래의 농촌지역에 제공하던 세금혜택이나 보조금을 줄 수 있다고 하더라도, 중 · 장기적으로는 동일한 혜택을 지속하기가 어려울 수 있다. 또한 도시지역과 농촌지역은 행정수요가 다른데 통합시가 이중적 기능을 동시에 수행하기 어려울 뿐만 아니라, 만약 농촌지역을 무시하면서 도시지역의 발전을 꾀할 경우 민주성과 효율성을 모두 상실할 수 있다. 그리고 도 · 농통합으로 인해 인구와 면적이 확대되면 주민참여가 어려워지고, 이는 지방자치를 위협할 수 있다.

② 광역사무를 효율적으로 처리할 수 있지만, 도·농통합시 의회의 의석 분포를 고려하면 농촌지역에 도시지역의 혐오시설이 설치될 가능성이 매우 높다.
③ 도시와 농촌 간의 경제력·재정력 격차가 완화된다고 하지만, 우리나라의 모든 도시와 농촌이 통합된 것은 아니기 때문에, 도·농통합에서 제외된 시·군과 통합시 간의 경제력·재정력 격차는 여전히 존재할 뿐만 아니라 통합시의 재정력도 하향 평준화된다.
④ 중복행정의 감소를 통해 행정의 효율성을 향상시킬 수 있다고 주장하지만, 1994~1995년에 통합된 통합시들의 행정효율성을 향상시키기 위해서 약 7,000명 정도의 지방공무원 감소를 예측하였지만, 정년 등의 자연적 감소 외에는 지방공무원의 인위적인 감소는 발생되지 않았다.

6) 지나치게 세분화된 자치구

서울특별시와 일부 광역시는 세분화된 자치구로 인해 많은 문제들이 발생하고 있음을 인식하고, 이를 해결하기 위해 노력하고 있다. 그러나 아직까지 가시적인 성과가 도출되지는 않고 있다. 자치구의 세분화로 인한 대표적인 문제들을 살펴보면 다음과 같다.

첫째, 특별시와 광역시 내의 자치구들 간에는 특성 차이가 많이 크지 않으며, 수요도 동질적인 경향을 보인다. 그럼에도 불구하고 자치구를 지나치게 세분화함으로써, 행정비용을 증가시켜 행정낭비를 초래하였다.

둘째, 무한경쟁사회로 갈수록 자치구도 지역경쟁력을 상승시켜야 하는데, 이를 자치구가 독자적으로 추진할 수 있을 정도의 충분한 공간을 확보하지 못하고 있다. 즉, 경쟁력을 상승시키기 위해서는 자치구의 특성과 장점을 살릴 수 있는 정책을 모색·실시할 수 있는 공간이 확보되어야 하는데, 그러하기에는 자치구의 공간이 협소하고 또한 이로 인해 인접한 자치구와 구별되는 특성 혹은 장점을 발견하기도 어렵다. 이는 경쟁력 향상에 큰 한계점으로 작용하고 있다.

제 5 절 우리나라 자치구역의 개선방안

1. 자치구역 개편의 방향

여러 나라의 경험을 종합해보면 구역의 개편이 잘 이루어지지 않는 이유를 알 수 있다. 구역의 개편과 관련되어 매우 많은 이해관계자들이 자신들의 이익을 위해 영향력을 행사하려고 하기 때문에 발생하는 높은 거래비용과 많은 거부점(veto point)을 감내하기가 쉽지 않기 때문이다(박형준, 2013: 43). 특히, 앞에서 살펴본 바와 같이 우리나라의 지방자치단체의 구역은 인구규모가 크고 면적이 넓기 때문에, 지금까지 추진되었던 대부분의 개편 사례들이 원하는 효과를 달성하지 못했다는 것이 일반적인 평가이다(소순창, 2010: 53). 더구나, 우리나라의 자치구역은 세계화와 정보지식화와 같은 사회변화를 전혀 반영하지 못하고 있어서 많은 불합리한 문제들이 발생되기 때문에 이에 대한 고려가 필요한 실정이다. 자치구역을 설정 혹은 개편할 때의 전략적 방향을 살펴보면 다음과 같다.

첫째, 지방자치단체의 구역의 개편은 중앙정부와 중앙정치의 필요에 의해 조급하게 추진되어서는 안 된다(정문기 · 박성호, 2011: 9). 중앙정부 혹은 중앙정치권에 의해 획일적으로 자치구역이 개편된다는 것은 자치구역 개편의 본질을 훼손하는 것이다. 현행 자치구역의 문제점은 지방이 더욱 잘 알고 있다. 따라서 자치구역 개편은 최대의 이해관계자인 지방자치단체와 지역주민들이 자치구역의 개편과 관련된 내용과 절차 등에 관한 정확한 정보를 접하면서 논의의 장에 활발히 참여하는 가운데 진행되어야 한다. 특히, 결론보다 과정이 중요하다는 것을 중앙정부와 중앙정치권은 항상 유념해야 한다.

둘째, 세계화, 정보지식화, 지방화라는 세계적인 변화는 국가들 간, 그리고 지방들 간의 경쟁을 심화 · 확대시키기 때문에, 지역의 발전과 경쟁력 확보는 매우 중요하다. 지방자치단체별로 처해 있는 상황과 비교우위 부문이 다르기 때문에, 지방자치단체의 특수성을 고려하면서 지역발전가능성, 경쟁력, 효율성 등을 향상시키는 방향으로 자치구역을 설정하여야 한다(정문기 · 박성호, 2011: 23; 박기관 · 홍관웅, 2013: 77).

셋째, 지역공동체가 활성화되고, 이로 인해 사회자본(social capital)이 증대되는 방향으로 자치구역이 설정되어야 한다. 이는 지역주민들의 응집력을 높이고, 협력체제를 구축하는 데 긍정적인 역할을 한다. 따라서 자치구역을 설정할 때 지역공동체를 깨뜨릴 수 있는 주민들 간의 갈등 유발요인이 포함되어 있는지를 검토하는 것은 매우 중요하다(김선명 · 김기현, 2008: 376).

2. 광역자치단체 구역의 개선방안

위에서 우리나라 광역자치단체 구역의 문제점으로 과대규모, 면적 · 인구의 과도한 불균형, 약한 공간체계 기능성 등을 지적하였다. 이러한 문제들을 개선하기 위한 방안들을 논의하면 다음과 같다.

1) 적정규모 지향

우리나라 광역자치단체 구역의 경우, 일부 광역자치단체를 제외한 대부분의 광역자치단체의 면적규모와 인구규모가 과대하다는 점을 위에서 지적하였다. 이를 개선하기 위해서는 면적과 인구가 과다한 광역자치단체의 구역을 축소 · 개편할 필요가 있다. 그리고 일부 침체된 지역들을 활성화할 수 있는 방안들을 모색할 필요가 있다.

첫째, 서울시는 우리나라의 수도로서의 특수성을 지니고 있다. 그 점을 인정하더라도 서울시의 면적에 비해 인구, 시설, 자본 등 거의 모든 부문이 지나치게 집중되어 있기 때문에, 서울시의 특수성을 인정하는 범위로 서울시 구역을 축소해야 한다는 주장이 끊임없이 제기되어 왔다.

그러나 최근에 들어와서 전 세계적으로 메가시티(Mega-City)를 육성하여 경쟁력을 확보하려는 경향을 보이고 있기 때문에, 우리나라도 그러한 방향으로 나아가야 한다. 그러기 위해서는 여러 부문에서 서울시의 집중도를 확대할 것이 아니라 서울과 경기도의 연계성을 강화하는 방향으로 소위 '수도권 메가시티 전략'을 추진할 필요가 있다.

둘째, 경기도의 경우는 인구규모가 지나치게 크다. 인구규모뿐만 아니라 경기도의 도청은 수원시에 위치해 있기 때문에, 서울 북쪽에 위치하는 경기도의 기초자치단체들과 그곳에 거주하는 주민들은 도청에서 업무를 보아야 할 경우 상당히 큰 불편을 겪고 있다. 또한 경기도 북쪽 지역은 남쪽 지역에 비해 매우 침체되어 있다. 이러한 이유들로 인해서 경기도의 도지사와 도의원을 선출하는 선거가 실시될 때마다 많은 입후보자들도 자신들이 당선이 되면 경기도를 분할하겠다는 공약을 발표했다. 이러한 상황들을 종합하면 경기도를 분리하는 방안을 신중하게 고려할 필요가 있다.

셋째, 강원도 남부지역과 경상북도 북부지역들은 우리나라의 대표적인 침체 지역에 속한다. 이 지역주민들이 사용하는 사투리는 비슷하다. 이는 역사적 · 문화적으로 동일 생활권을 형성하고 있었음을 의미한다. 동일 생활권에 속하면서 침체되어 있는 지역의 문제를 해결하기 위해서는 이 지역들을 하나의 광역자치단체로 만드는 방안을 생각해볼 필요가 있다. 그리고 지리산 주변 지역들도 같은 상황에 있음을 유의할 필요가 있다.

이처럼 과대 지역을 축소 · 개편하고 침체된 지역을 통합하여 새로운 광역자치단체로 만들면, 광역자치구역의 두 번째 문제점으로 제기된 면적 · 인구의 불균형문제도 자연스럽게 개선될 수 있다.

2) 도 · 광역시 통합을 통한 기능성 강화

현재 광역시와 도는 생활권과 경제권이 상당한 정도로 중복되어 있는 경우가 많음에도 불구하고, 광역시제도로 인해서 광역시와 도의 생활권과 경제권이 인위적으로 분리되어 있다(이승종, 2008). 또한 광역시제도는 광역시와 잔여지역들 간의 기능성을 약화시키는 문제를 야기하고 있다.

이러한 문제들을 해결하기 위해 광역시와 도의 통합을 신중하게 고려할 필요가 있다. 즉, 광역시를 도의 산하에 두면서 일본의 지정시제도와 같이 대도시로서의 특성을 고려하여 일부 광역사무를 수행할 수 있도록 하는 것이 하나의 방안이 될 수 있다. 이럴 경우, 중추기능을 수행하는 지역이 없어지는 잔여지역문제가 발생하지 않을 뿐만 아니라 도를 중심으로 산하의 지방자치단체들이 유기적인 협조체제를 구축하여 급증하는 광역사무를 기능적으로 원만하게 해결할 수 있다.

3. 기초자치단체 구역의 개선방안

1) 공동체를 기반으로 과대 · 과소 지역의 축소 · 통합

기초자치단체의 구역상의 문제점을 지적할 때 우리나라의 기초자치단체들은 일반적으로 면적과 인구규모가 과대하다고 지적하였다. 앞에서 살펴본 바와 같이 외국의 사례와 비교해도 우리나라의 자치구역은 규모가 큰 편인데, 규모가 큰 지역을 통합하는 것은 민주성, 효과성, 통합성, 자율적 운영 등을 담보할 수 없음을 유의해야 한다(소순창, 2010: 53). 실제로 우리나라의 많은 기초자치단체들의 구역의 규모가 과대하지만 현황에서 살펴본 바와 같이 소규모 기초자치단체들이 존재하는 것도 사실이다. 따라서 면적과 인구가 과대한 기초자치단체들은 분리하는 한편, 면적과 인구가 과소한 기초자치단체들은 통합하여야 한다. 다만, 이 과정에서 매우 중요시되어야 할 점은 공동체 의식을 형성할 수 있어야 한다는 것이다.

또한 우리나라의 군은 면적이 매우 넓기 때문에 주민참여를 활성화하는 데 장애요인이 될 수 있으며, 아울러 행정서비스의 공급비용을 높이는 문제를 유발할 수 있다. 이를 해결하기 위해서 군의 생성 배경을 생각해볼 필요가 있다. 우리나라의 군은 도의 행정을 보조하기 위한 단위로 형성되었던 지역임을 인식하여야 한다. 비록 현재는 군이 지방자치단체이지만 군의 면적이 너무 넓다는 문제를 해결하기 위해서는 특정 군 산하의 읍·면들 중에서 동일한 생활권을 형성하는 읍·면을 통합하여 하나의 군을 복수의 군으로 만드는 방안을 검토할 필요가 있다.

이러한 개선방안을 추진하면 앞에서 제기한 기초자치구역의 문제점들 중에서 생활권·행정권 괴리, 과대규모, 인구·면적의 과도한 불균형, 지역 특성을 무시한 시·군통합 등의 문제들을 해결할 수 있다.

2) 기능적 협조체제 구축

인구가 5만 명 이상인 읍을 시로 승격시키면 군의 잔여지역 문제가 발생되고, 광역행정을 처리하기 위해 시·군을 통합하면 농촌지역의 특성이 무시되는 행정이 자행될 수 있다. 이는 공간적 관점에서 모든 것을 처리하려 하기 때문에 발생되는 문제이다. 공간적 관점으로 처리하는 방식은 새로운 문제가 생길 때마다 지역을 분리 혹은 통합해야 하기 때문에, 매우 불편할 뿐만 아니라 시간이 많이 소요되고 주민들의 지지를 받기도 어렵다. 예를 들어, 1990년대 우리나라를 떠들썩하게 만들었던 팔당상수원보호구역 재지정문제를 그동안 우리나라에서 선호하던 공간적 관점에서 처리하려고 한다면, 한강 상류지역은 모두 서울시로 통합되어야 한다. 이러한 방법이 현실적으로 불가능하다는 것은 재삼 강조할 필요가 없다. 또한 이명박 정권에서 자치구역의 확대를 강조하였으며, 그 결과로 탄생된 '통합창원시'의 경우, 처음에는 지방자치단체들의 자율적 결정임을 자랑하였으나 지금은 종전의 마산시와 진해시에서 분리를 주장하고 있다. 우리나라보다 자치구역의 면적과 인구가 좁은 서구 국가들에서도 공간적 접근방식은 더 이상 주민들의 지지를 받기 어려운 실정이다.

따라서 광역행정문제를 해결하기 위해 많은 노력을 해온 다른 국가들처럼 공간적 접근방식을 지양하고 기능적 접근방식을 추진해야 한다. 즉, 반드시 공간적인 접근방식을 시도해야 하는 일이 아니라면 기존의 지방자치단체를 그대로 유지하는 가운데, 광역문제를 해결하기 위해 지방자치단체들 간의 기능적 협조체제를 구축할 필요가 있다. 기능적 협조체제를 구축하는 방법은 다양하지만, 그 중에서 가장 대표적인 방법이 지방자치단체조합을 활용하는 것이다. 기능적 협조체제를 구축하면 앞에서 제기된 문제들 중에서 잔여지역문제와 지역 특성을 무시한 시 · 군통합의 문제를 해결할 수 있다.

3) 자치구의 합리적 개편

우리나라의 자치구들 중에는 지나치게 세분되어 있는 자치구들이 있다. 그리하여 세분된 자치구문제를 해결하려는 많은 연구들이 있었으며, 이 연구들은 다양한 방안들을 제시하였다. 대표적인 연구들을 살펴보면 다음과 같다.

서울시정개발연구원(2009)은 서울시의 25개 자치구를 통합하여 9개의 구역(도심권, 서북생활권, 동북1생활권, 동북2생활권, 동남1생활권, 동남2생활권, 서남1생활권, 서남2생활권, 서남3생활권)으로 나누면서 자치구의 평균 인구를 약 100만 명으로 하고 생활권과 행정권을 일치시키는 안을 제시하였다.

정문기 · 박성호(2011)는 서울시 자치구 공무원을 대상으로 하는 연구에서 자치구역 개편과 관련된 문제에 대해 자치구 차원에서는 정책의제형성 단계에도 이르고 있지 않음을 밝히고 있다. 또한 자치구를 개편하고자 할 때에는 구역설정기준으로 인구규모, 생활권, 자치구 재정력, 행정효율성 등을 중시할 것을 제시하고 있다. 그리고 자치구 통합은 희망하는 구들 중에서 인접해 있는 1~2개 구를 대상으로 주민투표를 통해 결정해야 한다고 제안하고 있다.

또한 부산광역시의 경우에도 지나치게 세분화되어 있는 자치구를 조정하기 위한 연구가 진행되고 있다. 대표적인 자치구가 앞에서 검토된 부산광역시 중구로서, 인구가 약 4만 명이고 면적은 약 3km^{2}에 불과하다. 이리하여 부산광역시는 중구를 포함하여 일부 자치구를 조정하는 방안을 검토하고 있다.

알아두면 좋아요

1. 자치구역에 관한 이론에는 통합론과 분할론이 있다. 통합론은 시·군통합을 통해 자치구역을 재설정해야 한다고 주장하면서, 통합의 효과로 효율성 향상, 민주성 제고, 형평성 확보, 생활권·행정권 일치, 외부효과의 내재화 등을 제시한다. 분할론은 통합의 문제들과 통합의 효과에 대한 의문을 제기하면서, 그 근거로 통합과 효율성·민주성 향상과는 관계가 없으며, 주민 대응성은 저하된다고 주장한다. 자치구역의 설정기준은 학자마다 매우 다양하지만, 공동체, 재원조달능력, 행정의 효율성, 주민참여(민주성)로 요약될 수 있다.
2. 우리나라 자치구역의 문제점은 광역자치단체 구역의 문제점과 기초자치단체 구역의 문제점로 구분하여 살펴볼 필요가 있다. 광역자치단체 구역의 문제점은 대부분의 광역자치단체의 면적과 인구규모가 지나치게 크고, 광역자치단체들 간 면적·인구의 불균형이 심하며, 광역시제도로 인해 공간체계 기능성이 낮다는 점이다. 기초자치단체 구역의 문제점으로는 생활권과 행정권이 다른 경우가 있고, 읍이 시가 되어 군은 핵심거점지역이 없어지며 행·재정력이 약화되고, 시의 인구가 많으며 군은 면적이 크고, 기초자치단체들 간 면적·인구의 불균형이 심하며, 시·군통합방식으로 인해 지역 특성에 맞는 행정과 주민통합이 어렵고, 자치구가 지나치게 세분화되어 있음을 지적할 수 있다.
3. 광역자치단체 구역의 개선방안에는 적정규모 지향, 도·광역시 통합을 통한 기능성 강화 등이 포함된다. 기초자치단체 구역의 개선방안으로는 공동체를 기반으로 과대·과소 지역의 축소·통합, 기능적 협조체제 구축, 인구규모·생활권·재정력·행정효율성 등을 고려한 자치구의 합리적 개편 등을 제시할 수 있다.

논 의

1. 자치구역에 관한 이론을 설명하시오.
2. 자치구역의 설정기준을 설명하시오.
3. 자치구역의 설정기준, 우리나라 자치구역의 현황, 문제점, 개선방안 등을 포함하여 자치구역에 대해 논하시오.

제 12 장 지방재정

제 1 절 지방재정의 의의와 구조

1. 지방재정의 의의

지방자치단체의 형태는 시대별, 국가별, 도시별로 다양하게 발달될 수 있으나, 지방자치단체의 공통적인 목적은 주민의 일상적인 생활상의 필요와 요구를 충족시키는 데 있다. 즉, 지방자치단체의 존재의 의의는 지방의 질서를 유지하고, 지방경제의 활성화를 꾀하며, 주민들의 다양한 욕구를 충족시키는 데에서 찾을 수 있다. 지방과 주민들의 이러한 공동 욕구를 충족시키기 위해서는 재원이 필요한데, 지방자치단체는 지방세, 세외수입, 경영수익 등을 통해서 재원을 조달하고 있다. 「지방재정법」 제2조에 의하면, 지방재정이란 지방자치단체의 수입 · 지출 활동과 지방자치단체의 자산 · 부채를 관리 · 처분하는 모든 활동을 의미한다. 이에 기초하여 지방재정에 대한 정의를 내리면, 지방재정은 지방자치단체의 업무를 원활하게 수행하기 위해서 필요한 재원을 확보 · 관리 · 지출하는 일체의 경제활동이다.

이러한 지방재정은 다양한 측면에서 지방자치단체와 지역주민들에게 반드시 필요한 활동임을 모르는 사람은 없을 것이다. 특히, 지방재정은 지방자치의 활성화, 지방의 성장, 소득재분배 등의 측면에서 다음과 같이 매우 중요한 역할을 수행한다(임재현, 2016: 236).

첫째, 지방재정은 지방자치의 정착과 활성화에 지대한 영향을 미친다. 지방재정이 열악하다고 해서 주민들의 공동 욕망을 충족시킬 필요가 없다고 말할 사람은 없을 것이다. 재정의 우열과 관계없이 지방자치단체는 주민들의 수요와 요구를 충족시켜야 한다. 따라서 재정적으로 힘든 지방자치단체는 중앙정부에 대한 의존도가 증대될 수밖에 없다. 중앙정부에 대한 의존이 클수록 중앙정부는 지방자치단체를 감독 · 통제하려 하고, 이는 지방자치를 크게 약화시킬 것이다. 재정적으로 힘들지 않으면 지방자치단체는 중앙정부에 의존하지 않고, 자율적으로 지역주민들의 수요를 충족시킬 수 있다. 이는 지방자치의 정착과 활성화에 기여한다.

둘째, 지방재정은 지방자치단체의 성장과 직접적으로 관련되어 있다. 현대 사회는 경쟁사회인만큼 모든 지방자치단체들은 경쟁에서 생존하고 발전하기 위해 타 지방자치단체들과 비교해서 우위를 점하고 있는 분야를 중심으로 지방자치단체의 발전을 꾀해야 한다. 지방자치단체별로 차별적 정책을 성공적으로 실시하기 위해서는 충분한 재원이 확보되고, 필요한 부분에 자율적으로 지출할 수 있어야 한다.

셋째, 지방재정은 소득재분배의 기능을 수행한다. 시장에서 자원이 효율적으로 배분되더라도 소득격차의 문제가 발생될 수 있다. 이는 빈부격차를 발생시키고 사회적 안정을 해할 수 있다. 지방재정은 이러한 문제를 해결하기 위해 지방세에 대한 누진세율을 적용하는 동시에 기초생활수급자와 차상위계층에 대한 생활지원을 확대함으로써 소득과 부의 재분배의 효과를 얻을 수 있다.

2. 지방재정의 운영원칙

지방재정은 이처럼 매우 중요한 기능을 수행하기 때문에 지방자치단체장, 지방의회의원, 지방공무원들이 이를 자의적으로 운영해서는 안 된다. 「지방자치법」 제137조는 지방재정을 건전하게 운영해야 한다고 규정하고 있고, 동법 제138조는 국가시책을 구현하기 위한 지방자치단체의 의무를 규정하고 있다. 「지방재정법」 제3조 제1항에 의하면, 지방자치단체는 주민의 복리를 증진시키기 위하여 재정을 건전하고 효율적으로 운용하여야 하며, 국가의 정책에 반하거나 국가 또는 다른 지방자치단체의 재정에 부당한 영향을 미치면 안 된다. 이 규정들을 포함하여 지방재정 운영에 적용되어야 하는 중요한 원칙들을 살펴보면 다음과 같다(임재현, 2016: 236-238).

1) 수지균형의 원칙

지방재정은 수지균형의 원칙에 따라 건전하게 운영되어야 한다. 지방자치단체도 하나의 경제 주체이기 때문에 수입과 지출 간의 균형을 고려하면서 운영되어야 한다. 수지균형의 원칙이란 지방재정을 운영함에 있어서 지나친 흑자 혹은 지나친 적자를 내지 않고 수지균형을 적절하게 유지하도록 재원을 효율적으로 운영하여야 한다는 것을 의미한다. 여기에서 유의해야 할 점은 수지균형의 원칙은 형식적인 수지균형은 물론이고, 실질적인 수지균형, 즉 순잉여와 순손실 간의 균형까지 포함하는 개념이라는 것이다.

2) 재정구조 탄력성 확보의 원칙

경기는 지속적으로 변화하여, 때로는 호황의 상황에 있을 수도 있고 때로는 불황을 맞이할 경우도 있다. 호황기에는 재정수입이 증대될 수 있지만 불황기에는 재정수입이 감소될 수 있다. 따라서 지방재정을 탄력적으로 운영해야 한다. 특히, 불황일 경우에는 기존 사업을 원점에서 재검토하고, 신규 사업에 대해 타당성을 철저히 분석하며, 유사 사업들을 통・폐합하고, 선심성・전시성 예산편성을 지양하며, 불필요한 행사성 경비를 최대한 절감하여야 한다.

또한 주민의 행정에 대한 요구와 수요도 끊임없이 변한다. 새로운 행정수요가 나타났음에도 불구하고 전통적인 행정수요만을 제공하려 해서는 안 된다. 즉, 지방재정은 행정수요 변화에 신속하고 적절하게 대응할 수 있도록 탄력성을 확보하여야 한다.

3) 재정운영 효율화의 원칙

지방자치단체의 재정수입은 주로 주민의 부담에 의한 것이다. 지방재정을 효율적으로 운영하지 않고 방만하게 운영하면 그 결과는 지방자치단체와 주민에게 돌아간다. 따라서 세입을 확충하려고 노력하면서 동시에 세출을 효율적으로 집행하여야 한다. 즉, 최소의 부담으로 최대의 효과를 얻도록 지방재정을 효율적으로 운영해야 한다.

4) 국가정책 준수의 원칙

지방자치단체는 독립적인 위치에서 지방재정을 운영할 수 있으나, 국가와 다른 지방자치단체에게 영향을 미칠 수 있기 때문에 재정운영의 독립성만을 강조해서는 안 된다. 지방자치단체는 국가의 구성원에 속하기 때문에 국가정책의 실현을 위해 노력해야 하며, 국가정책과 조화되는 한도 안에서 지방재정을 운영해야 한다.

5) 재정질서 유지의 원칙

국가와 지방자치단체 간, 지방자치단체 상호 간, 지방자치단체와 주민 간 경비부담이 적정해야 한다. 지방자치단체의 정책수행에 필요한 경비를 부담시킴에 있어서 법률이 규정한 바를 지키지 않거나 혹은 전가하는 일이 발생해서는 안 된다. 또한 부당한 재정운영으로 인해 중앙정부 또는 특정 지방자치단체의 경비를 증가시키거나 혹은 감소시켜서는 안 된다.

6) 장기적 재정안정의 원칙

지방자치단체의 예산을 편성 · 집행하거나, 지역정책을 결정 · 집행하거나, 수지증감의 원인이 될 행위를 하고자 할 때에는 해당 연도는 물론이고, 다음 연도와 그 이후의 재정사정을 충분히 고려하여야 한다. 그리하여 장기적으로 지방재정의 안정성이 확보되도록 하여야 한다.

3. 지방재정 구조

가정이나 회사에 수입과 지출이 있듯이, 지방재정도 세입과 세출로 분류된다. 세입은 지방자치단체의 재정수입을 의미하고, 세출은 지방자치단체의 재정지출을 뜻한다. 이에 대해 간략하게 살펴보면 다음과 같다(임재현, 2016: 238-240).

세입은 1회계연도 동안 지방자치단체의 모든 현금 수입을 말한다. 세입의 대부분은 조세 수입이 차지한다. 세입에는 우편저금의 예입 등과 같이 지방자치단체의 지출의 재원이 되지 않는 것은 포함되지 않지만, 재산의 처분, 지방채 발행 수입, 회계 간의 전입, 이체 등은 포함된다.

지방자치단체의 세입은 [표 12-1]에서 보는 바와 같이 크게 자주재원(자체수입)과 의존재원(이전수입)으로 분류된다. 자주재원은 지방자치단체의 자체 재원으로부터 자주적으로 거두어들이는 수입으로서, 지방세수입과 세외수입으로 나눌 수 있다. 지방세수입은 지방자치단체가 공공경비를 조달하기 위해, 그의 구성원으로부터 특정한 보상 없이 강제적으로 징수하는 조세이다. 세외수입은 일반적으로 지방자치단체의 재정수입 중에서 지방세 이외의 자체수입을 말하는 것으로, 지방세에 대응하는 개념으로 사용되고 있다.

의존재원은 중앙정부 혹은 광역자치단체가 지원해주는 수입을 말한다. 국가가 지원하는 의존재원에는 국고보조금, 지방교부세가 있다. 광역자치단체가 기초자치단체에게 지원하는 의존재원에는 자치구 조정교부금, 시 · 군 조정교부금이 있다. 이에 대해서는 뒤에서 자세히 설명하지만, 간단히 개념만을 살펴보면 다음과 같다.

국고보조금은 국고에서 지출되는 보조금이다. 국가가 추진하는 정책을 장려하기 위해 그 재원의 일부를 교부하는 것으로서 국고부담금[1]과는 구별된다. 국고보조금은 특정 사업의 장려가 주목적이지만 지방자치단체에 대한 중앙정부의 통제력 강화를 위한 수단으로 활용되기도 한다.

지방교부세는 지방자치단체의 자주성을 저해함이 없이 지방자치단체의 재원을 보장하고 재정불균형을 완화하기 위한 것으로서, 지방재정교부금(지방교부금)이라고도 불린다. 이 제도의 특징은 지방자치단체가 지방교부세를 자율적으로 활용할 수 있다는 데 있다.

조정교부금은 자치구 조정교부금과 시 · 군 조정교부금으로 분리된다(지방재정법 제29조, 제29조의2). 자치구 조정교부금이란 자치구들 간의 재정력 격차를 해소하고 상호 합리적인 재원조정과 균형발전을 위해 특별시와 광역시가 산하의 재정력이 약한 자치구에게 차등 교부해주는 지원금을 말한다. 시 · 군 조정교부금은 광역자치단체인 도와 일부 광역시 산하의 시 · 군 간의 재정력 격차를 조정하기 위해 재정력이 약한 시 · 군에게 교부하는 지원금이다.

지방자치단체의 세출은 1회계연도 동안 발생하는 지방자치단체의 수요를 충족시

1) 국고부담금은 법령에 의해 지방자치단체가 수행하는 사업비의 일정액을 국고에서 교부토록 의무화되어 있는 자금이다. 국고부담이 의무화되어 있는 점이 국고보조금과 다르다. 의무교육비관계 국고부담금, 공공사업비 보조부담금, 재해복구사업 보조부담금 등이 그 예이다.

[표 12-1] 지방자치단체 재정수입

지방자치단체 재정수입	자주재원	지방세수입
		세외수입
	의존재원	국고보조금
		지방교부세
		시·군 조정교부금
		자치구 조정교부금

키기 위한 일체의 지출을 말한다. 여기에는 우편저금의 환급 등과 같이 지방자치단체의 재정적 수요와 관계가 없는 지출은 포함되지 않지만, 재산의 취득이나 채무 감소를 위한 지출(공채 매입금 포함), 회계 간 전입, 이체 등은 포함된다.

제 2 절 지방자치단체의 세입

1. 자주재원

자주재원(또는 자체수입)은 지방자치단체의 관할 내에 있는 자체 재원으로부터 지방자치단체가 자율적으로 거두어들이는 수입이다. 즉, 자주재원은 지방자치단체가 직접 징수하는 수입을 말한다. 자주재원에는 지방세수입과 지방세외수입이 있으며, 이에 대해 살펴보면 다음과 같다(임재현, 2016: 240-243).

1) 지방세수입

(1) 지방세수입의 의의

지방세수입은 지방자치단체가 그 자체에 속한 세원을 대상으로 자율적으로 징수하는 세금이다. 지방자치단체가 징수하는 지방세와 국가가 징수하는 국세는 성격이나 조세원칙 등이 유사하다. 그러나 국세와 비교할 때, 지방세는 그 세원이 국지화되어 있기 때문에 소득재분배기능이나 경기조절기능의 수행에는 상대적으로 약한 특징을

[표 12-2] 지방세목

도세 · 시세 · 군세			특별시세 · 광역시세 · 자치구세		
도세		시세 · 군세	특별시세 · 광역시세		자치구세
보통세	목적세	보통세	보통세	목적세	보통세
취득세 등록면허세 레저세 지방소비세	지역자원시설세 지방교육세	담배소비세 주민세 지방소득세 재산세 자동차세	취득세 레저세 담배소비세 지방소비세 주민세 지방소득세 자동차세	지역자원시설세 지방교육세	등록면허세 재산세

* 서울시는 특별시와 자치구 간 재산세 공동과세.
출처: 「지방세기본법」 제8조, 제9조.

가지고 있다. 그러므로 지방세의 주된 기능은 지방자치단체가 지역사회의 복지를 증진시키기 위한 공공서비스를 제공하는 데 필요로 하는 재원을 조달하는 데 있다. 지방세의 세목은 [표 12-2]와 같다. 보통세는 일반 목적을 위한 세금이고, 목적세는 특별히 지정한 목적을 위한 세금이다.

(2) 지방세수입의 특징

우리나라의 지방세의 특징을 살펴보면 다음과 같다. 첫째, 우리나라는 조세의 세원(세금을 부과하는 원천인 재산, 소득 등)이 국세로 편향되어 있기 때문에 지방세 세원이 빈약하다. 따라서 대도시를 제외한 대부분의 지방자치단체들은 지방세의 재원조달기능이 매우 취약하다.

둘째, 지방세목이 재산과세 중심적이다. 재산과세 중심적인 지방세제는 경기변화에 따라 신축적으로 세수입을 확보하는 것을 어렵게 만들 뿐만 아니라 특정 재산, 예컨대 부동산에 대한 세부담을 증대시킬 수 있다. 미국 캘리포니아(California) 주의 경우, 부동산에 대한 세부담이 조세저항운동으로 발전하면서 주민발의에 의해 '주민발의 13호(Proposition 13)'를 제정하게 되었다. 또한 조세는 응능성(應能性: 공평한 조세를 위해 과세표준을 개인의 부담능력에 두는 것)과 보편성을 가져야 하지만, 현행 지방세제는 소득 및 소비과세의 비중이 낮아 응능성도 약하고, 세원이 도시에 편중되어 있어 보편성도 결여되어 있다.

캘리포니아(California) 주의 Proposition 13

베트남 전쟁이 끝난 이후 미국의 주택가격은 오르기 시작했다. 1976년 최저가를 기록한 주택지수는 1979년에 약 14% 증가하는 등 지속적으로 상승하였다. 더구나, 1974년 이후 물가상승률이 지속적으로 6% 이상을 기록하고 10%가 넘는 기간도 있었다. 해마다 물가가 오르는 상황에서 주택가격의 급등은 부동산 가격의 3%에 달하는 재산세를 납부해야 하는 납세자들에게 상당한 부담으로 작용하였다. 이러한 상황에서 캘리포니아 주의 납세자들은 조세저항을 일으켰고, 이는 '캘리포니아 주민발의 13호(Proposition 13)'로 표출되게 된다.

주민발의 13호의 내용은 다음과 같다: 부동산 자산에 부과하는 어떤 세금도 현금으로 환산한 총 금액의 1%를 넘지 못하고, 소득세율과 재산세율을 올리기 위해서는 주민 2/3의 동의가 필요하며, 세금 부과 기준년도는 부동산 가격이 가장 낮았던 해인 1976년으로 한다.

셋째, 세원의 지역 간 편차가 심하다. 이는 바로 앞에서 언급한 재산과세 중심적인 지방세제와 관련성이 매우 높다. 산업과 인구가 집중하는 지역에서는 부동산 수요가 증대되어 부동산 가격이 상승함으로써 세원의 가치가 높아져 지방세수입이 증대된다. 반면, 산업과 인구의 유출이 발생되는 지역에서는 부동산 수요가 감소하여 부동산 가격이 하락함으로써, 세원의 가치가 떨어져서 지방세수입이 줄어든다.

2) 세외수입

(1) 세외수입의 의의

지방세와 함께 지방자치단체의 자주재원으로서 중요한 위치를 차지하고 있는 지방세외수입에 대한 개념 정의는 인식의 차이에 따라 다르다. 주로 광의와 협의의 관점에서 혹은 회계의 성질의 관점에서 개념 정의를 한다.

먼저, 광의의 관점과 협의의 관점에서 세외수입에 대한 정의를 살펴보면 다음과 같다. 광의의 관점에서 보면, 세외수입은 [지방재정수입 - 지방세수입 - 의존재원]이다. 즉, 사용료, 수수료, 분담금과 부담금, 전입금, 기부금, 지방채수입, 재산처분수입, 특별회계로 처리되는 각종 수입 등을 포함하는 지방재정수입에서 지방세수입과 의존재원을 제외한 모든 수입을 말한다. 협의의 관점에서의 세외수입은 광의의 수입 중에서 지방채수입, 기부금, 재산처분수입 등과 같이 일시적 수입을 뺀 나머지 수입을 뜻한다.

세외수입

사용료는 특정 개인이 지방자치단체의 공공시설 또는 재산을 이용함으로써 얻게 되는 이익에 대한 보상으로서 강제로 징수하는 공과금이다. 사용료는 특별보상의 원칙에 의해 강제로 징수하되 실비의 한도 내에서 징수된다.

수수료는 지방자치단체의 사무가 특정인을 위한 것일 경우, 그로 인하여 이익을 얻는 특정 개인에게 그 비용의 일부를 실비 한도 내에서 강제로 징수하는 공과금이다. 공공시설의 이용에 대해 개인으로부터 징수한다는 점에서 특별 활동으로 인해 이익을 받은 경우에 징수하는 수수료와 차이가 있다. 사용료와 수수료는 이처럼 개념상으로는 명백하게 차이가 나지만, 실제로는 구별하기 어려운 경우가 많다.

분담금이란 지방자치단체가 그 재산 또는 공공시설의 설치로 주민의 일부, 특히 이익을 받는 경우에 이익을 받는 자로부터 그 이익의 범위에서 징수하는 돈이다.

부담금은 특정한 공익사업에 특별한 이해관계를 가진 사람에게 그 사업에 소요되는 경비의 전부 또는 일부를 부담시키기 위하여 부과하는 것이다.

기부금은 사회복지 · 문화 · 예술 · 교육 · 자선 등 공익사업을 지원하기 위하여 개인이나 단체가 아무런 대가 없이 자발적으로 지방자치단체에 납입하는 돈이다.

교부금은 국가 또는 지방자치단체가 특정한 목적을 위해 교부하는 금전을 총칭하는 것이다.

과태료는 일정한 의무를 이행하지 않거나 가벼운 벌칙을 위반한 사람에게 부과해서 지방자치단체에 납부하게 하는 돈이다. 과태료는 과료와 벌금과 혼동되는 경우가 많다. 과태료란 국가 또는 지방자치단체가 주민에게 과하는 금전벌을 말하는데, 형벌이 아니고 일종의 행정처분이다. 재산형에 해당하는 벌금과 과료와 달리 과태료는 형법상 형벌이 아니라 납부자에게 전과가 남지 않고, 과태료의 납부사유가 대부분 경미한 법규위반이므로 재판을 거치지 않고 납부한다.

재산수입은 지방자치단체가 소유하고 있는 재산 혹은 이에 준하는 것을 매각 혹은 임대함으로써 얻는 수입을 의미한다.

이월금이란 한 시기의 회계를 결산하여 손익금 처분을 하고 나서 다음 시기로 넘어간 잔액을 말한다. 즉, 세출예산 중에서 해당 회계연도에 지출을 하지 못한 것을 다음 해로 이월하여 다음 연도의 예산으로서 사용하는 것을 말한다.

전입금이란 지방자치단체의 다른 회계 혹은 기금으로부터 들어오는 수입이다.

회계 종류의 관점에서 보면 세외수입은 일반회계수입과 특별회계수입으로 구분된다. 일반회계에는 경상적 수입과 임시적 수입이 있으며, 특별회계에는 사업수입과 사업외수입이 있다. 경상적 수입과 사업수익은 실질적 세외수입이며, 임시적 수입과 사업외수입은 명목상 세외수입이라 한다. 이에 대한 대표적인 항목들을 살펴보면 다음과 같다.

- 경상적 수입: 사용료, 수수료, 사업장수입, 이자수입 등
- 임시적 수입: 재산 매각대금, 이월금, 기부금, 지방채 등
- 사업수입: 상・하수도 사업수입, 주택 사업수입, 병원 사업수입 등
- 사업외수입: 이월금, 전입금, 과년도 수입 등

여기에서 자세히 살펴보면 광의와 협의의 관점에서 내린 정의와 회계 종류의 관점에서 내린 정의에서 공통점을 찾을 수 있다. 실질적 세외수입(경상적 수입과 사업수입)과 명목상 세외수입(임시적 수입과 사업외수입)을 합한 정의는 광의의 정의에 해당한다. 협의의 정의는 실질적 세외수입만을 의미한다.

(2) 세외수입의 특징

지방세, 국고보조금, 지방교부세 등과 비교할 때 세외수입은 다음과 같은 특징을 가지고 있다. 첫째, 법령에 저촉되지 않는 한 비교적 자유롭게 세외수입이 증대될 수 있다. 지방자치단체의 노력에 따라 세외수입이 확대될 수 있기 때문에, 지방자치단체의 중요한 잠재적 수입원이 될 수 있다. 둘째, 세외수입은 수입 근거와 종류가 매우 다양하다. 세외수입의 수입 근거는 법률, 대통령령, 부령, 조례 또는 사법상의 계약 등으로 다양하다. 세외수입의 종류도 행정서비스에 대한 사용료 및 수수료, 경제활동에 의한 재산임대수입 및 사업장수입, 전입금, 이월금 등을 포함하여 위에 열거된 것처럼 매우 다양하다. 셋째, 세외수입의 많은 부분은 행정서비스에 대한 반대급부 또는 대가로서 징수하는 것이기 때문에, 조세와 달리 이를 부담하는 것에 대한 저항이 비교적 적다.

2. 의존재원

의존재원(또는 이전수입)은 국가가 지방자치단체(광역자치단체와 기초자치단체)에게 혹은 광역자치단체가 기초자치단체에게 이전하는 지원금을 말한다. 의존재원은 중앙정부의 일방적인 재정 원조라기보다는 공공재원에 대한 재원 분할의 성격을 띠면서, 중앙정부와 지방자치단체 사이의 공통된 정책목표를 수행하고 있다는 점에서 이전재원(이전수입)이라고도 한다. 의존재원에는 아래에서 보는 바와 같이 국고보조금, 지방교부세, 시・군 조정교부금, 자치구 조정교부금 등이 있으며, 이에 대해 살펴보면 다음과 같다(임재현, 2016: 243-247).

1) 국고보조금

(1) 국고보조금의 의의

국고보조금은 중앙정부가 특정 사업의 수행과 관련하여 지방자치단체에게 교부하는 자금이다. 즉, 국고보조금은 중앙정부가 국가적 사업을 수행할 때 지방정부에게 사업의 시행을 위임하고, 그 경비의 일부를 제공하는 것이다. 「지방재정법」 제23조 제1항에 의하면, 국가는 정책상 필요하거나 혹은 지방자치단체의 재정 사정상 필요할 경우에는 예산의 범위에서 지방자치단체에 보조금을 교부할 수 있다. 그런데 국고보조금은 국가 전체적 차원에서 교부하는 것이 아니라 중앙정부의 각 부처에서 개별적으로 제공한다. 국고보조금을 지원할 때는 재원 사용의 목적과 범위를 엄격하게 제한하는 것은 물론이고, 집행과정에 대해서도 엄격하게 통제하고 있다.

보조금은 중앙정부가 지방자치단체에게 교부하는 것이 있으며, 또한 지방자치단체가 개인이나 법인・단체 혹은 하급지방자치단체에게 교부하는 것이 있다. 따라서 「지방재정법」은 국고보조금과 지방보조금을 구분하기 위해 중앙정부가 지원하는 것은 국고보조금으로 표현하고, 지방자치단체가 지원하는 보조금은 지방보조금이라고 규정하고 있다. 다만, 「보조금 관리에 관한 법률」에서 말하는 보조금은 국고보조금을 지칭하는 것이다.

(2) 국고보조금의 특징

국고보조금의 중요한 특징은 다음과 같다. 첫째, 사용목적이 구체적으로 정해져 있다. 사용목적 이외의 용도로 국고보조금을 사용해서는 안 된다. 둘째, 대부분의 경우에 국고보조금은 지방자치단체에게 일정 부분의 부담을 요구하는 매칭펀드(matching fund)[2] 방식으로 제공된다. 즉, 국가가 특정 사업의 경비 전액을 부담하는 것이 아니라, 경비의 일부를 지방자치단체가 부담하도록 한다.

2) 지방교부세

(1) 지방교부세의 의의

지방교부금이라고도 불리는 지방교부세는 지방자치단체의 재원을 보전하고 지방자치단체들 간의 재정격차를 조정하기 위해 국가가 지방자치단체의 재정력에 기초하여 차등 지원하는 교부금이다. 따라서 재정 상태가 좋은 지방자치단체에게는 교부금을 적게 혹은 주지 않고 재정 상태가 어려운 지방자치단체에게는 상대적으로 많은 교부금을 줌으로써 지방자치단체들 간의 재정 상태의 균형화를 꾀하고자 한다. 또한 부수적인 조건도 없고 운영에 대한 감독도 하지 않는다.

지방교부세의 재원은 다음과 같다(지방교부세법 제4조 제1항).

- 해당 연도의 내국세(목적세 및 종합부동산세, 담배에 부과하는 개별소비세 총액의 100분의 45 및 다른 법률에 따라 특별회계의 재원으로 사용되는 세목의 해당 금액은 제외) 총액의 1만분의 1,924에 해당하는 금액
- 종합부동산세 총액
- 담배에 부과하는 개별소비세 총액의 100분의 45에 해당하는 금액

---

2) 매칭펀드 방식에 대한 정의는 재정, 경영학, 금융 분야에서 약간씩 다르다. 첫째, 재정에서는 중앙정부가 지방자치단체나 민간에 예산을 지원할 때 자구노력에 연계해 자금을 배정하는 방식을 말한다. 우리나라 정부는 1993년 지방 중소기업 지원사업에서 이 매칭펀드를 처음 도입했다. 지방이 무조건 중앙정부에 예산을 달라고 요구할 것이 아니라, 먼저 자체적으로 노력을 하면 그에 상응한 지원을 하는 것이다. 둘째, 경영학에서는 공동자금출자라는 의미로 쓰인다. 흔히 컨소시엄의 형태로 자금을 여러 기업이 공동출자할 때 매칭펀드라고 부른다. 셋째, 금융에서는 혼합기금이라는 의미로 쓰인다. 투신사가 국내투자자들과 외국투자자들을 대상으로 수익증권을 발행하여 판매된 투자자금을 국내증권과 해외증권에 동시에 투자하는 것을 말한다. 즉, 투자신탁회사를 통한 간접적 방법에 의해 외국 투자자들에게는 국내증권투자를, 내국인에게는 해외증권투자를 할 수 있는 기회를 부여한 펀드이다. 이는 해외투자비중과 국내투자비중을 여건에 따라 탄력적으로 조정할 수 있다.

- 내국세 예산액과 결산액의 차액으로 인한 교부세의 차액
- 종합부동산세 예산액과 결산액의 차액으로 인한 교부세의 차액
- 담배에 부과되는 개별소비세 총액의 100분의 45에 해당하는 예산액과 그 결산액의 차액으로 인한 교부세의 차액

교부의 방법은 「지방교부세법」과 시행령에 구체적으로 명시되어 있다.

(2) 지방교부세의 종류

지방교부세의 종류는 보통교부세, 특별교부세, 부동산교부세, 소방안전교부세로 구분된다.

① 보통교부세

보통교부세는 아래에 해당되는 금액을 재원으로 한다. 이를 재원으로 보통교부세는 해마다 기준재정수입액이 기준재정수요액에 못 미치는 지방자치단체에 그 미달액을 기초로 교부하되, 자치구의 경우에는 기준재정수요액과 기준재정수입액을 각각 해당 특별시 또는 광역시의 기준재정수요액 및 기준재정수입액과 합산하여 산정한 후, 그 특별시 또는 광역시에 교부한다(지방교부세법 제6조 제1항).

보통교부세의 재원

(해당 연도의 내국세 총액의 19.24%+내국세 정산액)×100분의 97

위에서 언급된 기준재정수요액과 기준재정수입액에 대해 구체적으로 살펴보면 다음과 같다.

기준재정수요액은 지방자치단체가 그 기능을 수행하는 데 기본적으로 필요하다고 생각되는 재정을 말한다. 즉, 지방자치단체가 기본 행정을 수행하기 위해 미리 예측하여 계산한 기본적인 경비이다. 기준재정수요액은 각 측정 항목별로 측정 단위의 수치를 해당 단위비용에 곱하여 얻은 금액을 합산한 금액이며, 측정 항목과 측정 단위는 대통령령으로 정하고, 단위비용은 대통령령으로 정하는 기준 이내에서 물가 변동

등을 고려하여 행정안전부령으로 정한다(동법 제7조 제1항, 제2항).

기준재정수입액은 지방자치단체가 자주적으로 거두어들일 수 있는 기본 수입을 말한다. 즉, 지방자치단체의 재정수입을 합리적으로 측정하기 위하여 아래의 방법에 의하여 산정한 금액이다. 기준재정수입액은 기준세율로 산정한 해당 지방자치단체의 보통세 수입액으로 하며, 기준세율은 「지방세법」에 규정된 표준세율의 100분의 80에 해당하는 세율로 한다(동법 제8조 제1항, 제2항).

② 특별교부세

특별교부세의 재원은 아래와 같다. 이를 재원으로 다음과 같은 기준에 의거하여 교부한다(동법 제9조 제1항). 첫째, 기준재정수요액의 산정 방법으로는 파악할 수 없는 지역 현안에 대한 특별한 재정수요가 있는 경우에는 특별교부세 재원의 100분의 40에 해당하는 금액을 교부한다. 둘째, 보통교부세의 산정기일 후에 발생한 재난을 복구하거나 재난 및 안전관리를 위한 특별한 재정수요가 생기거나 재정수입이 감소한 경우에는 특별교부세 재원의 100분의 50에 해당하는 금액을 교부한다. 셋째, 국가적 장려사업, 국가와 지방자치단체 간에 시급한 협력이 필요한 사업, 지역 역점시책 또는 지방행정 및 재정운용 실적이 우수한 지방자치단체에 재정 지원 등 특별한 재정수요가 있을 경우에는 특별교부세 재원의 100분의 10에 해당하는 금액을 교부한다.

특별교부세의 재원

(해당 연도의 내국세 총액의 19.24%+내국세 정산액)×100분의 3

③ 부동산교부세

부동산교부세의 재원은 (「종합부동산세법」에 의한 종합부동산세 총액+종합부동산세 예산액과 그 결산액의 차액으로 인한 교부세의 차액)으로 한다. 부동산교부세는 지방자치단체에 전액 교부한다. 부동산교부세의 교부기준은 지방자치단체의 재정여건이나 지방세 운영 상황 등을 고려하여 대통령령으로 정한다(지방교부세법 제9조의3).

④ 소방안전교부세

소방안전교부세와 관련된 내용은 「지방교부세법」 제9조의4의 제1항과 제2항에 규정되어 있다. 이를 살펴보면 다음과 같다. 행정안전부 장관은 지방자치단체의 소방인력 운용, 소방 및 안전시설 확충, 안전관리 강화 등을 위하여 소방안전교부세 전액을 지방자치단체에게 교부하여야 한다. 이 경우, 소방 분야에 대해서는 소방청장의 의견을 들어야 한다. 소방안전교부세의 교부기준은 지방자치단체의 소방 인력, 소방 및 안전시설 현황, 소방 및 안전시설 투자 소요, 재난예방 및 안전강화 노력, 재정여건 등을 고려하여 대통령령으로 정하되, 소방안전교부세 중 「개별소비세법」에 따라 담배에 부과하는 개별소비세 총액의 100분의 20을 초과하는 부분은 소방 인력의 인건비로 우선 충당하여야 한다.

3) 시 · 군 조정교부금

시 · 군 조정교부금은 광역자치단체인 도와 일부 광역시 본청이 소속 시 · 군이 징수한 광역시세 및 도세의 일부를 재원으로 하여 시 · 군에 배분하여 상 · 하위 지방자치단체 간 수직적 재정조정제도의 역할뿐만 아니라, 시 · 군 간의 재정력 격차를 조정하여 시 · 군 간 수평적 재정조정제도의 역할을 수행하는 제도이다. 현재의 시 · 군 조정교부금은 「지방재정법」 개정 전에는 재정보전금으로 불렸으나, 「지방재정법」 개정 후에는 시 · 군 조정교부금으로 명칭이 바뀌었다.

시 · 군 조정교부금의 재원 확보 방법과 배분 방식은 아래와 같다(지방재정법 제29조 제1항, 제2항, 제3항, 제4항). 시 · 도지사(특별시장은 제외)는 아래 금액의 27퍼센트(인구 50만 명 이상의 시와 자치구가 아닌 구가 설치되어 있는 시의 경우에는 47퍼센트)에 해당하는 금액을 관할 시 · 군 간의 재정력 격차를 조정하기 위한 조정교부금의 재원으로 확보하여야 한다.

- 시 · 군에서 징수하는 광역시세 · 도세(화력발전 · 원자력발전에 대한 지역자원시설세, 소방분 지역자원시설세 및 지방교육세는 제외)의 총액
- 해당 시 · 도(특별시는 제외)의 지방소비세액(지방세법 제71조 제3항 제3호 가목 및 동항 제4호 가목에 따라 시 · 도에 배분되는 금액은 해당 지방소비세액에서 제외)을 전년도 말의 해당 시 · 도의 인구로 나눈 금액에 전년도 말의 시 · 군의

인구를 곱한 금액

시・도지사는 확보된 조정교부금의 재원을 인구, 징수실적(지방소비세는 제외), 해당 시・군의 재정 상황, 그 밖에 대통령령으로 정하는 기준에 따라 해당 시・도의 관할 구역의 시・군에 배분한다. 또한 시・도지사는 화력발전・원자력발전에 대한 각각의 지역자원시설세의 100분의 65에 해당하는 금액(지방세징수법 제17조 제2항에 따른 징수교부금을 교부한 경우에는 그 금액을 뺀 금액)을 화력발전소・원자력발전소가 있는 시・군에 각각 배분하여야 한다. 그리고 시・도지사는 「지방세법」 제43조 제2호의 장외발매소(동법 동조 제1호의 경륜 등의 사업장과 함께 있는 장외발매소는 제외)에서 발매한 동법 제42조에 따른 승자투표권, 승마투표권 등에 대하여 시・군에서 징수한 레저세의 100분의 20에 해당하는 금액을 그 장외발매소가 있는 시・군에 각각 배분하여야 한다.

시・군 조정교부금의 종류와 배분 방식은 다음과 같다(지방재정법 시행령 제36조). 시・군 조정교부금은 두 종류로 구분된다. 하나는 일반조정교부금으로서, 시・군의 행정 운영에 필요한 재원을 보전하는 등 일반적 재정수요에 충당하기 위한 것이다. 일반조정교부금의 재원은 조정교부금 총액의 90%에 해당되는 금액으로 한다. 일반조정교부금을 배분할 때에는 일반조정교부금 총액의 100분의 50에 해당하는 금액은 해당 시・군의 인구수에 따라 배분하고, 100분의 20에 해당하는 금액은 해당 시・군의 광역시세・도세 징수실적에 따라 배분하며, 100분의 30에 해당하는 금액은 재정력지수(「지방교부세법」에 따라 산정한 매년도 기준재정수입액을 기준재정수요액으로 나눈 값)가 1 미만인 시・군을 대상으로 1에서 해당 시・군의 재정력지수를 뺀 값을 기준으로 배분한다. 또 다른 하나는 특별조정교부금으로서, 시・군의 지역개발사업 등 특정한 재정수요를 위한 것이다. 특별조정교부금은 조정교부금 총액의 10%에 해당되는 금액으로 한다. 일반조정교부금의 배분시기 등 집행에 관한 사항과 특별조정교부금의 구체적인 배분 기준, 산정 방법, 배분 시기 등에 관한 사항은 시・도의 조례로 정한다.

4) 자치구 조정교부금

자치구 조정교부금은 광역자치단체인 특별시와 광역시가 징수하는 세수의 일부를 재원으로 하여 재정력이 취약한 산하 자치구에 재정력을 보충해 주는 것을 목적으로 하는 지원금이다. 일단 교부되면 지방교부세와 마찬가지로 해당 자치구의 일반 재원처럼 활용된다.

자치구 조정교부금의 확보 방법과 배분 방식은 다음과 같다(지방재정법 시행령 제36조의2). 자치구 조정교부금의 재원은 특별시·광역시의 시세 중 「지방세기본법」 제8조 제1항 제1호 각 목에 따른 보통세(취득세, 레저세, 담배소비세, 지방소비세, 주민세, 지방소득세, 자동차세)로 하되, 아래의 금액은 제외한다.

- 특별시: 「지방세법」 제71조 제3항 제3호 가목에 따라 배분되는 지방소비세
- 광역시: 「지방세법」 제71조 제3항 제3호 가목에 따라 배분되는 지방소비세, 동법에 따른 주민세 사업소분과 주민세 종업원분

「지방세법」 제71조 제3항 제3호 가목에 따라 배분되는 지방소비세

지방소비세의 세액은 지방소비세의 과세표준(부가가치세의 납부세액에서 부가가치세의 감면세액 및 공제세액을 빼고 가산세를 더하여 계산한 세액)에 253/1,000을 적용하여 계산한 금액으로 한다. 이에 따라, 계산한 세액의 100/253분에 해당하는 부분은 광역자치단체장 또는 「지방세기본법」에 따라 설립된 지방자치단체조합의 장 중에서 행정안전부 장관이 지정하는 납입관리자가 다음과 같이 납입한다. 즉, 국가에서 지방으로 전환되는 사업의 비용을 보전하기 위하여 대통령령으로 정하는 금액을 지역상생발전기금으로 설치한 광역자치단체는 지방자치단체조합을 설립하여야 하며, 납입관리자는 위 지방자치단체조합장에게 납입한다. 지방자치단체조합장은 납입관리자로부터 납입받은 세액을 대통령령에 따라 국가에서 지방으로 전환되는 사업의 비용 보전을 위해 지방자치단체장에게 안분하여 배분한다.

자치구 조정교부금의 교부율, 산정 방법, 교부 시기 등에 관하여 필요한 사항은 특별시·광역시의 조례로 정한다.

제 3 절 지방자치단체의 세출

1. 지방자치단체 세출의 개념과 원칙

지방자치단체의 세출은 지방자치단체가 한 회계연도 내에 자신의 목표를 달성하기 위하여 지출한 공공경비를 의미한다. 즉, 지방자치단체가 1회계연도에 지방자치단체의 모든 수요를 충족시키기 위해 지출하는 일체의 공공경비를 말한다. 지방자치단체의 재정적 수요와 관계가 없는 지출은 세출에서 제외된다. 「지방재정법」 제3조는 지방재정 운용의 기본 원칙을 다음과 같이 규정하고 있다.

- 지방자치단체는 주민의 복리 증진을 위하여 그 재정을 건전하고 효율적으로 운용하여야 하며, 국가의 정책에 반하거나 국가 또는 다른 지방자치단체의 재정에 부당한 영향을 미치게 하여서는 아니 된다.
- 지방자치단체는 예산이 여성과 남성에게 미치는 효과를 평가하고, 그 결과를 지방자치단체의 예산에 반영하기 위하여 노력하여야 한다.

「지방재정법」 제3조를 기반으로 지방재정법 시행령과 「지방공무원법」에 규정되어 있는 지방자치단체의 세출의 주요 원칙은 아래와 같다.

1) 국가정책에 반하는 재정지출의 금지

「지방재정법」 제3조에 의거한 원칙으로서, 지방자치단체는 국가의 정책에 반하거나 국가 또는 다른 지방자치단체의 재정에 부당한 영향을 미치는 재정지출을 하여서는 안 된다. 여기에서 국가정책은 정부가 법령 · 지침 또는 예산으로 추진하는 모든 사업을 뜻한다.

2) 당해 자치단체 사무와 관련 없는 경비지출의 금지

「지방재정법 시행령」 제32조에 규정된 원칙으로서, 지방자치단체는 경비를 지출함에 있어, 당해 지방자치단체의 소관에 속하는 사무의 처리에 한하여 지출해야 한다. 법령에 근거 없이 국가 또는 다른 지방자치단체의 사무 및 교육사무를 처리하기 위하여 경비를 지출해서는 안 된다.

3) 세출예산의 목적 외 사용 금지

「지방재정법」 제47조와 제47조의2에 규정된 원칙으로서, 구체적인 내용은 다음과 같다. 지방자치단체장은 세출예산에서 정한 목적 외의 용도로 경비를 사용할 수 없다. 또한 세출예산에서 정한 각 정책사업 간에 서로 이용할 수 없다. 다만, 예산 집행에 필요하여 미리 예산으로서 지방의회의 의결을 거쳤을 때에는 이용할 수 있다. 그리고 지방자치단체의 기구 · 직제 · 정원에 관한 법령이나 조례의 제정 · 개정 · 폐지로 인하여, 관계 기관 사이에 직무권한이나 그 밖의 사항이 변동되었을 때에는 그 예산을 상호 이체(移替)할 수 있다. 이 경우, 지방자치단체장은 분기별로 분기만료일이 속하는 달의 다음 달 말일까지 그 내역을 지방의회에 제출하여야 한다.

4) 회계연도 독립의 원칙

「지방재정법」 제7조에 명시된 원칙으로서, 각 회계연도의 경비는 해당 연도의 세입으로 충당하여야 한다. 즉, 세출예산은 회계연도 개시 전에 집행할 수 없으며, 전년도에 발생한 업무와 관련하여 현년도 예산에서 집행해서는 안 된다.

5) 기부 또는 보조의 제한

「지방재정법」 제17조의 원칙으로서, 지방자치단체는 그 소관 사무와 관련하여 아래의 어느 하나에 해당하는 경우와 공공기관에 지출하는 경우에만 개인 · 법인 · 단체에 기부 · 보조하거나, 그 밖의 공금 지출을 할 수 있다. 다만, 아래 4번째에 따른 지출은 해당 사업의 지출근거가 조례에 직접 규정되어 있는 경우로 한정한다.

- 법률에 규정하고 있는 경우
- 국고 보조 재원(財源)에 의한 것으로서 국가가 지정한 경우

- 용도가 지정된 기부금의 경우
- 보조금을 지출하지 아니하면 사업을 수행할 수 없는 경우로서 지방자치단체가 권장하는 사업을 위하여 필요하다고 인정되는 경우

6) 출자 또는 출연의 제한

「지방재정법」 제18조에 명시된 원칙으로서, 이 조항에는 다음과 같은 세 가지 규정이 명시되어 있다. 지방자치단체는 법령에 근거가 있는 경우에만 출자를 할 수 있다. 지방자치단체는 법령에 근거가 있는 경우와 조례에 근거가 있는 경우에만 출연을 할 수 있다. 지방자치단체가 출자 또는 출연을 하려면 미리 해당 지방의회의 의결을 얻어야 한다.

7) 법령에 근거한 공무원 보수

「지방공무원법」 제44조의 규정으로서, 공무원의 보수는 직무의 곤란성과 책임의 정도에 맞도록 계급별 · 직위별 또는 직무등급별로 정한다. 다만, 아래에 해당하는 공무원의 보수는 따로 정할 수 있다. 공무원의 보수는 일반의 표준생계비, 물가수준, 그 밖의 사정을 고려하여 정하되, 민간부문의 임금수준과 적절한 균형을 유지하도록 노력하여야 한다. 경력직공무원 간, 경력직공무원과 특수경력직공무원 간에 보수의 균형을 도모하여야 한다. 이 법이나 그 밖의 법령에서 정한 보수에 관한 규정에 따르지 아니하고는 어떠한 금전이나 유가물도 공무원의 보수로 지급될 수 없다.

- 직무의 곤란성과 책임도가 매우 특수하거나 결원을 보충하기 어려운 직무에 종사하는 공무원
- 계급 구분이나 직군 및 직렬의 분류를 적용하지 아니하는 공무원
- 임기제공무원

8) 예산 집행절차 준수

예산을 집행하는 경우, 관련 법령 · 조례 · 규칙 · 예규 등으로 기준과 절차를 정한

경우에는 그 절차와 기준을 반드시 준수하여 예산을 집행하여야 한다.

2. 지방자치단체 세출의 종류

지방자치단체의 지출은 여러 가지로 분류될 수 있으나, 여기에서는 많이 이용되고 있는 기준으로 분류해보기로 한다(임재현, 2016: 251-254).

1) 기능적 분류

예산정책 수립과 예산심의를 용이하게 하는 분류이다. 정부 활동에 관한 개략적인 정보를 주민에게 제공하기 때문에, 주민이 예산을 가장 잘 이해할 수 있어서 주민을 위한 분류라고도 불린다. 대표적인 몇 가지 기능만 살펴보면 아래와 같다.

(1) 일반행정비

지방자치단체의 행정조직을 관리·운영하는 데 필요한 비용이다. 주민에게 직접 공공서비스를 제공하는 데 쓰이는 비용이 아니라 행정조직의 내부를 위한 간접 경비의 특징을 보인다.

(2) 사회복지비

개개인이 스스로의 힘이나 민간경제를 통해서 충족시킬 수 없는 사회적 욕구를 충족시키기 위한 서비스와 생활 능력이 없는 사람의 인간다운 기본 생활을 보장하기 위한 서비스에 소요되는 경비이다. 즉, 기초생활 보장, 취약계층에 대한 지원, 보육·가족·여성에 대한 지원, 노인·청소년에 대한 지원, 노동, 보훈, 주택, 사회복지 일반, 보건의료, 식품의약안전 등에 쓰이는 비용이다.

(3) 산업경제비

산업경제비는 지방자치단체의 산업개발과 경제성장을 위해 사용되는 경비이다. 이에는 산업금융 지원, 산업기술 지원, 무역 및 투자 유치, 산업 진흥·고도화, 에너지 및 자원 개발 등이 포함된다.

(4) 지역개발비

지방자치단체에 필요한 공공시설이나 사업을 위해 쓰이는 경비이다. 수자원, 산업단지 등에 투자되는 경비이다.

(5) 교육비

지방자치단체의 교육 환경을 조성하고 교육의 질적 수준을 향상시키기 위한 경비이다. 유아교육, 초등교육, 중등교육, 고등교육, 평생교육, 직업교육 등에 사용되는 경비이다.

(6) 문화 · 관광비

지방자치단체의 문화를 개발 · 보존하고, 관광사업을 촉진시키며, 주민의 체육을 진흥시키기 위한 경비이다. 문화예술, 관광, 체육, 문화재 등에 사용되는 경비이다.

2) 품목별 · 성질별 분류

(1) 인건비

지방자치단체의 목적을 달성하기 위한 인적 활동에 소요되는 비용이다. 급여, 상여금, 각종 수당, 피복비, 급량비 등이 인건비에 포함된다. 지방자치단체는 주민의 행정수요를 충족시키기 위해 주민들과 항상 밀접한 관계를 유지하기 때문에, 세출에서 인건비가 차지하는 비중이 높은 것이 일반적인 경향이다(박병식 외, 2010: 265).

(2) 물건비

물건비는 지방자치단체의 기관 유지와 행정 집행에 필요한 경비이다. 주로 행정내부적 경비라 할 수 있으며, 경비 전체가 소모적인 경상적 경비이다. 일반운영비, 여비, 업무추진비, 직무수행경비, 공공요금 및 제세, 각종 이용료, 재료비, 시설장비 유지비, 연구개발비 등이 물건비에 포함된다.

(3) 경상이전비

지방자치단체가 다른 지방자치단체 또는 가계, 기업에 지출하는 경상적 · 이전적 지출이다. 구호피복비, 배상금, 보상금, 출연금, 교부금 등이 여기에 속한다. 이전적 경비라고 하더라도 지방자치단체에 대한 자본 보조나 민간에 대한 자본 보조는 여기에 포함되지 않는다.

(4) 자본거래비

시설비와 같이 자본 형성과 직·간접적으로 연결되는 경비이다. 도로 건설비, 교량 건설비, 하천 개수비, 토지매입비, 시설비, 자산취득비, 출자금 등과 같이 지방자치단체의 고정자본 형성과 관련된 경비이다.

3) 경상적 경비와 임시적 경비

경상적 경비는 지방자치단체가 매 회계연도마다 주기적으로 계속하여 지출해야 하는 경비로서, 지방자치단체가 해야 하는 기능을 수행하기 위해 필요한 고정경비이다. 따라서 경상적 경비의 규모는 일반적으로 일정하거나 혹은 변동이 발생한다 할지라도 대체로 예측이 가능하다는 특징이 있다. 이러한 경상적 경비에 속하는 것으로는 인건비 중 급여, 상여금, 제수당 등 지방공무원에 대한 보수 및 제세공과금, 시설·장비의 유지관리비, 이자 지급, 매년 계속되는 사업 등에 소요되는 경비를 들 수 있다. 이러한 경상적 경비는 정책의 변동이 있거나 혹은 임시적인 사정의 변동이 있더라도 지출해야만 하는 법정·의무적 경비를 포함하고 있어, 재정구조의 경직성과 밀접한 관계에 있다.

임시적 경비는 돌발적·일시적인 행정수요에 대처하기 위하여 지출되는 경비로서, 가변적인 경비이다. 세출예산에서는 경상적 경비의 비중이 낮을수록 그리고 경상적 수입이 경상적 지출보다 많을수록 바람직하다.

4) 의무적 경비와 임의적 경비

의무적 경비란 매 회계연도마다 그 지출이 지방자치단체의 의무로 되어 있는 경비를 말한다. 인건비, 구호비가 이에 해당된다. 따라서 의무적 경비는 탄력성이 없는 경비로서, 이 경비의 다소는 재정구조의 경직성을 나타내는 지표로 사용된다. 임의적 경비는 필요에 따라 지출 여부를 결정할 수 있는 경비이다. 의무적 경비가 많을수록 재정구조의 경직성이 높다.

5) 소비적 경비와 투자적 경비

소비적 경비는 일반 행정을 위해 지출되는 인건비, 물건비 등을 말한다. 지방자치단체의 순자산 규모에는 아무런 영향을 미치지 않는다. 소비적 경비의 지출 효과는 단기적이며 일회적이다. 투자적 경비란 내구재, 생산시설 등에 대한 자본적 지출을 말하는 것으로, 지방자치단체의 순자산 규모를 증대시킨다. 투자적 경비의 지출 효과는 장기적이며 지속적이다.

6) 이전적 경비와 비이전적 경비

이전적 경비는 소득 또는 재원의 재분배와 관련된 경비이다. 즉, 보조금, 교부금 등이 이전적 경비에 해당된다. 보조금, 연금 등과 같이 인적·물적 자원을 얻는 것 없이 일방적으로 이전되는 경비 형태이다. 비이전적 경비 혹은 실질적 경비는 직접적인 재화와 서비스의 구입에 지출되는 경비이다. 즉, 인적·물적 자원을 획득하는 목적으로 지출되는 경비이며, 인건비와 물건비가 이에 해당된다.

제 4 절 우리나라의 지방재정수입의 현황

지금까지 우리나라의 지방자치단체의 세입과 세출의 특징과 종류에 대해 살펴보았다. 지방자치단체의 세입과 세출은 각각 매우 중요한 이슈이기 때문에 면밀한 검토가 필요하다. 그러나 세입은 세출에 영향을 미치고, 세입은 지방재정자립도와 지방재정자주도를 산정하는 요인이며, 이외에 여러 이유로 인해 여기에서는 지방자치단체의 세입과 관련된 중요한 현황을 중심으로 살펴보기로 한다.

지방재정자립도와 지방재정자주도

지방재정자립도는 지방자치단체가 재정 활동에 필요한 자원을 어느 정도 자체적으로 조달할 수 있느냐를 나타내는 지표이다. 즉, 재원 조달 측면에서의 자립 정도를 나타낸다.

재정자립도 = {(자주재원 − 지방채) / 일반회계세입(자주재원 + 의존재원)} × 100

지방재정자주도는 지방자치단체가 자율적으로 사용할 수 있는 자원의 정도를 나타내는 지표이다. 즉, 재원 사용 측면에서의 자율성을 나타낸다.

재정자주도 = {(자주재원 + 지방교부세 + 조정교부금) / 일반회계세입)} × 100

1. 국세와 지방세

전 세계적으로 '한강의 기적'이라는 칭송을 받을 정도로 우리나라의 경제규모가 빠른 속도로 성장함에 따라 중앙정부의 재정지출이 급속하게 확대되었고, 또한 지방자치를 실시함에 따라 지방정부의 재정지출도 커지고 있음은 익히 아는 사실이다. 이는 경제규모의 확대에 따라 많은 새로운 기반시설들이 필요하게 되었을 뿐만 아니라, 주민들의 행정수요도 양적으로 확대되고 질적으로 다양하게 나타났기 때문이다.

국가재정은 국가가 존립과 활동을 위하여 필요한 재력(財力)을 취득하고, 수입과 지출을 관리하는 경제활동을 일컫는다. 지방재정은 지방자치단체의 존립과 활동을 위하여 필요한 경제활동을 말한다.

[표 12-3]은 최근의 국가재정규모와 지방재정규모를 보여주고 있다. [표 12-3]에 따르면, 국가재정과 지방재정이 모두 증가하고 있지만, 2015년에서 2019년까지의 [지방재정/총재정(국가재정 + 지방재정)]은 35.4%에서 38.1% 사이에 머무르고 있다.

[표 12-3] 국가재정과 지방재정

(단위: 억 원, %)

구분	2015	2016	2017	2018	2019
국가재정(A)	2,578,816	2,739,981	2,804,840	2,999,460	3,308,841
지방재정(B)	1,418,789	1,502,876	1,631,103	1,738,429	2,034,931
B/(A+B)	35.5	35.4	36.8	36.7	38.1

출처: 행정안전부(2020). 『2019년도 지방재정연감』.

[표 12-4] 국세와 지방세

(단위: 억 원, %)

구분	2015	2016	2017	2018	2019
국세(C)	2,178,851	2,425,617	2,653,849	2,935,704	2,934,543
지방세(D)	709,778	755,317	804,091	843,183	904,604
D/(C+D)	24.6	23.7	23.3	22.3	23.6

출처: 행정안전부(2020), 『2020 지방세 통계연감』.

기본적으로 중앙정부의 재정지출은 국세에 의해 이루어지고, 지방자치단체의 재정 지출을 위한 기본적인 수입은 지방세이다. 물론, 중앙정부이든 지방자치단체이든 간에 세수입 외의 다양한 수입이 있다. 예를 들어, 지방자치단체의 세입은 지방세수입 외에 세외수입, 그리고 의존재원이 있음은 앞에서 설명되었다. 그러나 지방자치단체의 가장 중요한 세입은 세수입이다. 그런데 [표 12-4]에서 보는 바와 같이, 2015년에서 2019년까지의 [지방세/(국세+지방세)]의 비율은 2019년에 전년도보다 상승하였지만, 전체적으로는 점차 감소하고 있는 모양을 보이고 있다. 또한 2015년에서 2019년까지의 [지방세/(국세+지방세)]의 비율은 22.3%에서 24.6% 사이에 있다. 이는 국세 대비 지방세의 비율이 매우 낮음을 의미한다. 즉, 세원(稅源, source of taxation)[3]이 국세 중심적임을 보여주고 있다.

[표 12-3]과 [표 12-4]를 비교해 볼 때, 국가재정과 지방재정, 그리고 국세와 지방세는 모두 증가하고 있다. 그러나 전체 재정에서 지방재정이 차지하는 비중과 전체 세수입에서 지방세가 차지하는 비중을 비교해보면, 전체 세수입에서 지방세가 차지하는 비중이 상대적으로 낮음을 알 수 있다. 이는 지방자치단체의 활동을 위해 필요한 지방재정을 충당해야 하는 지방세수입이 매우 적다는 것을 의미한다. 즉, 지방세가 지방재정을 담당하기에 크게 부족하다는 것을 보여주고 있다.

2. 지방재정수입의 세입원별 구성

[표 12-5]는 지방재정수입의 세입원[4]별 구성을 보여준다. 지방재정수입은 자주재원과 의존재원으로 나누어진다는 것은 앞에서 서술되었다. 자주재원은 지방세수입과

3) 세금을 거두어들이는 원천으로서, 납세자의 소득, 재산, 자본 등을 말한다.
4) 지방재정수입의 원천으로서, 크게 자주재원과 의존재원으로 구분된다.

세외수입으로 구성되고, 의존재원은 국고보조금, 지방교부세, 조정교부금 등으로 구성된다.

[표 12-5]에 따르면, 지방자치단체별로 세입원의 구성이 조금씩 다름을 알 수 있다. 특별시와 광역시의 경우 지방세수입이 가장 큰 비중을 차지하고, 도와 시와 구의 경우 국고보조금의 비중이 가장 높으며, 군의 경우 지방교부세의 비중이 가장 높다.

2019년 지방재정수입 전체를 대상으로 세입원별 구성을 보면 다음과 같다. 자주재원과 의존재원의 비중은 약 [37 : 63]으로서 의존재원의 규모가 자주재원의 규모보다 더 크다. 자주재원에서 지방세수입와 세외수입의 비중은 약 [76 : 24]로 지방세수입이 훨씬 많다. 의존재원은 주로 국고보조금과 지방교부세로 구성되어 있으며, [국고보조금 : 지방교부세]는 [69 : 31]으로서 의존재원은 국고보조금 중심임을 알 수 있다.

[표 12-5] 2019년 지방재정수입의 세입원별 구성

(단위: 백만 원)

구분	합계	특별시 · 광역시	도	시	군	자치구
세입 합계	367,718,456	88,334,885	85,986,085	104,501,494	46,957,092	41,938,927
지방세 수입	86,747,973	34,266,855	25,213,074	18,799,455	2,679,447	5,789,141
세외 수입	27,256,145	8,739,675	2,347,262	10,800,223	2,173,924	3,195,061
국고 보조금	125,671,382	20,571,262	40,149,905	29,280,033	14,687,928	20,982,254
지방 교부세	56,180,936	6,184,425	9,481,909	20,982,229	18,478,583	1,053,790
조정 교부금	12,821,087	–	–	5,198,483	1,491,198	6,131,407
지방채	4,031,586	3,300,693	250,000	458,210	14,683	8,000
보전수입 등 기타	55,009,346	15,271,975	8,543,909	18,982,859	7,431,329	4,779,273

출처: 행정안전부(2021), 『2019년도 지방재정연감』.

3. 지방자치단체의 지방재정자립도

[표 12-6]은 지방지치단체 유형에 따른 연도별 지방재정자립도를 보여주고 있다. [표 12-6]에 의하면, 2015년에서 2021년까지의 전국 지방재정자립도는 조금씩 상승하다가 2017년을 기점으로 서서히 하락하는 추세를 보이고 있다. 동일한 기간 동안 특별시·광역시·도의 재정자립도와 시의 재정자립도는 전국 지방재정자립도와 비슷한 추세를 나타내고 있다. 군과 자치구의 재정자립도는 조금씩 등락을 거듭하고 있다. 지방자치단체유형별 지방재정자립도를 보면, 광역자치단체의 재정자립도가 상대적으로 높으며, 군의 재정자립도가 매우 낮음을 알 수 있다.

[표 12-6] 연도별 · 유형별 지방자치단체의 지방재정자립도

(단위: %)

구분	2015	2016	2017	2018	2019	2020	2021
전국	45.12	46.58	47.18	46.80	44.90	45.16	43.58
특별시·광역시·도	44.42	46.06	47.56	47.31	45.33	46.27	43.63
시	31.06	32.13	33.34	32.30	31.02	29.09	27.85
군	11.64	12.02	12.33	12.21	11.63	12.50	11.72
자치구	25.79	26.03	25.94	24.65	23.80	23.81	24.02

참조: 2014년 세입과목 개편으로 잉여금, 이월금, 전입금, 예탁·예수금 등이 세외수입에서 제외.
출처: 행정안전부(2021), 『2021년도 행정안전통계연보』.

[표 12-7]은 동일한 종류의 지방자치단체들 중에서 지방재정자립도가 가장 높은 지방자치단체와 가장 낮은 지방자치단체를 보여주고 있다. 2022년을 기준으로 할 때, 광역시 중에서는 인천광역시의 지방재정자립도가 가장 높으며, 광주광역시의 지방재정자립도가 가장 낮다. 인천광역시의 지방재정자립도는 광주광역시의 지방재정자립

[표 12-7] 유형별 지방재정자립도 최고 · 최저(2022년)

구분	서울 특별시	세종 특별시	광역시	도	시	군	자치구
최고	78.14	55.04	인천 (51.08)	경기 (55.73)	경기 성남 (62.22)	울산 울주 (34.30)	서울 강남 (58.86)
최저			광주 (37.64)	전북 (24.00)	경북 상주 (8.20)	경북 영양 (6.02)	부산 영도 (10.18)

출처: 행정안전부(2022), 『지방재정 365』.

도보다 약 1.36배 높은 수준이다. 도 중에서는 경기도의 지방재정자립도가 가장 높으며, 가장 낮은 전라북도의 지방재정자립도보다 약 2.32배 높은 것으로 나타났다. 시 중에서는 경기도 성남시의 지방재정자립도가 가장 높고, 경상북도 상주시의 지방재정자립도가 가장 낮았다. 성남시의 지방재정자립도는 상주시의 약 7.59배이다. 군 중에서 지방재정자립도가 가장 높은 울산광역시 울주군의 지방재정자립도는 가장 낮은 경상북도 영양군 지방재정자립도의 약 5.70배에 이른다. 자치구 중에서는 서울시 강남구의 지방재정자립도가 가장 높았고, 부산광역시 영도구의 지방재정자립도가 가장 낮았으며, 강남구의 지방재정자립도는 영도구의 지방재정자립도의 약 5.78배인 것으로 나타났다.

4. 지방세로 인건비 미해결 지방자치단체

[표 12-8]은 2008년과 2015년에 지방세수입으로 지방자치단체에 근무하는 공무원들의 인건비를 해결하지 못하는 지방자치단체의 수와 비율을 보여준다. [표 12-8]에 따르면, 광역자치단체인 특별시, 광역시, 도는 지방세수입으로 당해 공무원들의 인건비를 지불할 수 있다. 그러나 2008년을 기준으로 75개의 시의 16.0%에 해당되는 12개 시, 2015년을 기준으로 75개 시의 26.7%에 해당되는 20개 시는 지방세수입으로 인건비를 해결하지 못하는 것으로 나타났다. 군의 경우, 2008년에는 전체 86개 군의 70.9%에 해당되는 61개 군, 2015년에는 전체 82개 군의 84.1%에 해당되는 69개 군이 지방세수입으로 인건비를 해결하지 못하였다. 자치구의 경우, 2008년에는 전체 69개 자치구의 59.4%에 해당되는 41개 자치구, 2015년에는 전체 69개 자치구의 53.6%에 해당되는 37개 자치구가 지방세수입으로 인건비를 해결하지 못하는 것으로 나타났다.

2008년을 기준으로 2015년에 당해 지방자치단체의 지방세수입으로 인건비를 해결

[표 12-8] 지방세로 인건비 미해결 지방자치단체

구분		계	시·도	시	군	자치구
2008년	총 지방자치단체	246	16	75	86	69
	미해결 지방자치단체(%)	114(46.3)	–	12(16.0)	61(70.9)	41(59.4)
2015년	총 지방자치단체	243	17	75	82	69
	미해결 지방자치단체(%)	126(51.9)	–	20(26.7)	69(84.1)	37(53.6)

하지 못하는 기초자치단체를 비교하면 다음과 같다. 시와 군의 숫자는 각각 8개가 증가한 반면에, 자치구는 그 숫자가 4개 줄어들었다.

제 5 절 우리나라의 지방재정수입의 문제점과 개선방안

지방자치를 실시하기 전, 중앙정부 차원에서 이루어진 지방재정의 운영기조는 자주성 확보와 건전성 유지였으며, 이를 위해 취약한 지방재정수입을 확충하기 위한 여러 대안이 강구되었다. 1989년 담배소비세를 지방세로 전환한 것과 1990년 종합토지세를 도입한 것이 대표적인 사례이다. 이러한 노력을 통해 지방재정수입을 확보하기 위해 노력하였으나, 지방재정수입의 구조적인 취약으로 인해 여전히 지방재정자립도가 낮고, 지방자치단체 간 재정력의 불균형이 심한 실정이다. 다음에서는 우리나라의 지방재정수입의 문제점과 개선방안에 대해 살펴보기로 한다.

1. 우리나라의 지방재정수입의 문제점

제4절에서 우리나라의 지방재정수입에 대한 대표적인 현황을 살펴보았다. 현황을 자세히 검토하지 않더라도 쉽게 알 수 있는 것처럼, 우리나라의 지방재정수입은 개선이 쉽지 않은 근본적인 문제들을 안고 있다. 이러한 문제들을 개선하지 않으면 지방자치의 활성화를 저해하는 요인이 될 수 있다. 따라서 우리나라의 지방재정 상황을 개선하기 위해 앞에서 검토한 지방재정수입 현황을 토대로 문제점들을 구체적으로 검토하기로 한다.

1) 국세 중심적인 세수입

[표 12-3]과 [표 12-4]에 나타나 있는 바와 같이, 국가재정, 지방재정, 국세, 지방세가 지속적으로 증가하고 있다. 그러나 국가재정 대비 지방재정의 비율과 국세 대비 지방세의 비율을 보면 국세 대비 지방세의 비율이 많이 낮다. 국세 대비 지방세의 비

율이 조금씩 개선되고 있지만, 여전히 국세가 차지하는 비중은 70%대이고, 지방세가 차지하는 비중은 20%대에 머무르고 있다. 2019년을 기준으로 할 때 국세수입과 지방세수입의 비율이 약 [76.4 : 23.6]으로서 세원이 지나치게 국세에 편중되어 있다. 국가와 지방정부 간의 세원 배분은 그 나라의 정부 형태, 민주화의 정도, 지방분권화 정도, 국가와 지방 간의 기능배분 정도 등에 따라 달라지지만, 이들을 감안하더라도 우리나라의 세원은 지나칠 정도로 국세에 집중되어 있고, 따라서 지방세원이 매우 빈약하다.

2) 낮은 지방재정자립도

그동안 담배소비세의 지방세 전환, 종합토지세 도입 등을 비롯하여 지방재정수입을 확충하기 위한 다양한 노력이 있었지만, [표 12-6]과 [표 12-7]에서 보는 바와 같이 지방재정자립도가 여전히 낮은 수준이다. 2021년을 기준으로 전국 지방재정자립도는 43.58%이다. 2021년 특별시 · 광역시 · 도를 합한 지방재정자립도는 43.63%이고, 군의 재정자립도는 11.72%에 불과하다. 2022년을 기준으로 서울특별시의 재정자립도는 78.14%이고, 광역시 중에서 지방재정자립도가 가장 높은 인천광역시는 51.08%이다. 이외에 지방자치단체의 유형별로 지방재정자립도가 제일 높은 지역을 보면, 경기도 55.73%, 성남시 62.22%, 울주군 34.30%, 서울 강남구 58.86%의 수준이다.

[표 12-8]은 우리나라의 지방자치단체의 재정력수준이 어느 정도인지를 확실하게 설명하고 있다. 즉, 2015년을 기준으로 지방세로 해당 지방자치단체 공무원들의 인건비를 해결하지 못하는 지방자치단체가 126개로서, 이는 전체 지방자치단체(243개)의 51.9%에 해당된다. 우리나라 지방자치단체의 절반을 상회하는 지방자치단체가 지방세로는 해당 지방자치단체 공무원의 인건비를 해결할 수 없을 정도이다. 2015년을 기준으로 지방세르 인건비조차 감당하지 못하는 지방자치단체를 유형별로 살펴보면 다음과 같다. 시의 경우, 75개 시의 26.7%에 해당되는 20개 시는 지방세수입으로 인건비를 해결하지 못하는 것으로 나타났다. 군의 경우, 전체 82개 군의 84.1%에 해당되는 69개 군이 지방세수입으로 인건비를 해결하지 못하였다. 자치구의 경우, 전체 69개 자치구의 53.6%에 해당되는 37개 자치구가 여기에 속하는 것으로 나타났다. 여기에서 알 수 있는 것처럼, 대부분의 군과 절반 이상의 자치구가 지방세로는 인건비를 지불할 수 없는 상황이다. 더구나, 2008년과 2015년을 비교하면, 시와 군의 숫자는 각각 8개가 증가하여 상황이 더욱 악화되었고, 자치구는 그 숫자가 4개 줄어들었다.

지방자치단체의 기본적인 목적은 해당 지역에서 발생한 문제들을 해결하고, 지역 주민들의 행정수요를 충족시키는 것이다. 그런데 인건비조차 해결하지 못하는 지방자치단체가 전체 지방자치단체의 약 절반을 넘는 것은 본연의 목적을 수행하는 데 필요한 재원을 지방세로는 확보할 수 없는 지방자치단체가 지나치게 많다는 것을 의미한다. 그렇다고 세외수입이 많은 것도 아니다. [표 12-5]를 보면, [지방세수입 : 세외수입]은 [76 : 24]에 불과한 실정이다. 인건비를 해결할 수 있는 지방자치단체의 재정 상황도 좋다고 말하기는 어렵다. [표 12-6]과 [표 12-7]에서 보는 바와 같이 전체적으로 지방재정자립도수준이 낮기 때문이다.

이러한 자료들을 종합해 보면, 우리나라의 지방자치단체들은 행정목적을 달성하기 위하여 중앙정부에 의존할 수밖에 없다. 지방자치단체가 중앙정부에 의존하는 정도는 지방재정에서 의존재원이 차지하는 비중을 보면 알 수 있다. [표 12-5]에서 보듯이, 자주재원과 의존재원의 비중은 약 [37 : 63]로서 의존재원의 규모가 자주재원의 규모보다 훨씬 더 크다. 이는 중앙정부에 대한 지방자치단체의 의존 정도가 높다는 것을 의미한다.

3) 과도한 지방재정자립도 불균형

전체적으로 지방자치단체의 지방재정자립도수준이 낮아 중앙정부에 대한 의존이 심한 상황에서, 같은 유형의 지방자치단체 간에도 지방재정자립도 격차가 심하다. [표 12-7]은 2022년 동일한 유형의 지방자치단체들 중에서 지방재정자립도가 가장 높은 지방자치단체와 가장 낮은 지방자치단체를 보여주고 있다.

광역시의 경우, 인천광역시의 지방재정자립도는 광주광역시의 지방재정자립도보다 약 1.36배 높다. 도의 경우, 경기도의 지방재정자립도는 전라북도의 지방재정자립도보다 약 2.32배 높은 것으로 나타났다. 시의 경우, 경기도 성남시의 지방재정자립도는 경상북도 상주시의 지방재정자립도보다 약 7.59배 높다. 군의 경우, 울산광역시 울주군의 지방재정자립도는 경상북도 영양군 지방재정자립도의 약 5.70배에 이른다. 자치구의 경우, 서울시 강남구의 지방재정자립도는 부산광역시 영도구의 지방재정자립도보다 약 5.78배 높았다.

4) 지방재정조정제도의 비효율적 운영

지방자치단체 간의 지방재정자립도 격차가 크기 때문에 이를 조정하기 위해 실시되고 있는 제도가 지방재정조정제도이다. 우리나라의 지방재정조정제도의 주요 수단은 국고보조금과 지방교부세이다.

앞에서 살펴본 바와 같이 국고보조금은 사용목적이 정해져 있고 매칭펀드 방식으로 운영된다. 국가가 지방자치단체에 국고보조금을 교부하는 가장 중요한 목적의 하나는 전국적인 행정통일성을 유지하는 데 있지만, 이를 위해 사용목적을 획일적이고 구체적으로 결정해서 그것 이외의 것을 인정하지 않는 경향이 있다. 이는 지방재정운영의 자주성을 저해하고, 지역 특성에 맞는 창의성을 발휘하지 못하게 한다. 또한 국고보조금은 매칭펀드 방식으로 지원되기 때문에 지방자치단체 간 재정력 격차를 더욱 확대시킬 가능성이 있다. 즉, 부유한 지방자치단체는 국고보조금의 수혜를 많이 받을 수 있는 반면에, 재정규모가 빈약한 지방자치단체는 국고보조금 지원사업에 투자할 여력이 부족하기 때문에 국고보조금의 수혜가 작을 수밖에 없다. 이리하여 부유한 지방자치단체의 가용 예산은 크게 확대되는 반면에, 재정력이 약한 지방자치단체의 가용 예산은 조금 늘어나기 때문에 지방자치단체 간 재정력의 격차는 더욱 벌어진다.

반면에, 지방교부세는 사용목적을 정하지 않을 뿐만 아니라 부유한 지방자치단체에게는 적게 혹은 지원을 하지 않을 수 있고, 재정력이 약한 지방자치단체에게는 많이 지원할 수 있기 때문에 지방자치단체의 자주성을 해치지 않으면서 지방자치단체의 재정력 격차를 줄일 수 있다.

따라서 지방재정조정제도가 추구하는 목적을 달성하기 위해서는 지방교부세 중심으로 운영되는 것이 바람직하다. 그러나 [표 12-5]에 따르면, [국고보조금 : 지방교부세]는 [69 : 31]로서 지방재정조정제도가 국고보조금 중심으로 운영되고 있음을 알 수 있다.

5) 미진한 경영수익사업

경영수익사업은 우리나라에 도입되어 시행된 역사가 길지 않기 때문에, 공공서비스 증대와 지방세 수익 증대를 위한 제도로서 완전히 정착되었다고 보기 어렵다. 현재의 경영수익사업은 공익성과 경제성 간의 조화에서 어려움이 있고, 새로운 사업을 발굴하기보다는 관행을 답습하고자 하는 경향이 있어서 사업 영역이 협소하다. 또한 경영수익사업을 위한 설치 · 설비의 대부분이 국 · 공유재산으로써, 무상으로 이용하기 때문에 경영능력을 제고하기 위한 자극을 비교적 덜 받는다. 그리고 경영수익사업을 성공적으로 운영했을 때 담당 공무원에게 돌아가는 혜택이 작거나 거의 없기 때문에, 경영수익사업을 위해 전문성을 확보하고자 하는 동기부여가 약하다. 경영수익사업을 효율적으로 수행하기 위한 전담기구가 없는 경우도 많고, 경영수익사업에 대한 적절한 평가체제와 보상체제도 미비한 실정이다(임재현, 2016: 261-262).

2. 우리나라의 지방재정수입의 개선방안

지방재정의 궁극적인 목적은 주민의 생활수준을 향상시키고 지방의 발전을 도모하는 데 있기 때문에, 충분하고 자주적인 재정수입 기반이 구축되어야 한다. 그러나 위에서 살펴본 문제점들은 지방재정의 목적을 달성하는 데 장애요인으로 작용하고 있다. 이를 개선하기 위한 방안을 살펴보면 다음과 같다(임재현, 2016: 262-264).

1) 세원의 재분배

현재는 세원이 국세 중심적이기 때문에 지방세수입이 작을 수밖에 없고, 따라서 지방재정자립도도 낮고 중앙정부에 대한 의존도도 높다. 국세 중에는 예전에 지방세이었던 것도 있고, 사회변화에 따라 지방세로 전환해도 무방한 것들도 있다. 또한 OECD 국가들과 비교해도 지방세 비중이 낮다. 2013년을 기준으로 대표적인 OECD 국가들의 지방세 비율을 보면 미국 48.3%, 독일 47.4%, 일본 41.3%, 핀란드 33.0%이다. 국내적 상황과 외국의 사례를 종합해볼 때, 국세의 전체 세목에 대해 면밀하게 분석하여 국세 중에서 지방세로 전환해도 되는 것은 지방세로 전환하여야 한다. 이것이 적절하게 이루어지면 위에서 언급된 국세 중심적인 세원이라는 문제점과 지방자치단체의 낮은 재정력이라는 문제점들은 크게 개선될 수 있다.

2) 지방재정조정제도의 효과적 운영

지방자치의 활성화, 지방재정의 확충 등을 생각할 때 세원을 재배분해야 하는 것은 당연한 일이다. 그러나 지역 간의 경제력 격차로 인해 지방자치단체 간 지방재정자립도의 격차가 심한 현재의 상황에서 단순히 세원을 지방으로 이양하면 '빈익빈부익부' 현상을 더욱 확대시킬 수 있다. 즉, 지방세목을 확대하는 방향으로 세원을 재배분하는 것은 모든 지방자치단체의 지방세수입을 증대시키지만, 세수입 증가의 정도는 지방자치단체에 따라 다르다. 즉, 부유한 지방자치단체는 세원 재배분으로 인해 세수입이 크게 증대되지만, 재정력이 약한 지방자치단체의 지방세수입은 증대는 그에 미치지 못할 것이다. 따라서 세원을 재배분하기 전보다 지방재정자립도 격차는 더욱 확대될 것이다.

이러한 문제를 보완하기 위해 지방재정조정제도가 있지만, 위 문제점에서 지적한 것처럼 우리나라의 지방재정조정제도는 지방교부세보다 국고보조금의 비중이 더욱 높아서, 지방자치단체의 재정력 격차를 더욱 확대시킬 가능성이 높다. 따라서 국고보조금의 비중을 낮추고 지방교부세의 비중을 확대하여야 한다.

그러나 지방교부세의 규모는 법으로 정하기 때문에 그 비중을 확대하기 위해서는 입법절차를 거쳐야 한다. 입법과정에서 지방자치단체의 의견이 수용되기보다는 중앙정부의 의견에 따라 결정되기 쉽다. 따라서 중앙정부가 지방자치단체와 상생한다는 생각에서 이를 해결해야 한다.

3) 필요한 부분에서 수익사업 확대

지방자치단체가 재정적인 어려움을 겪고 있는 상황에서 경영수익사업을 시행하는 것은 쉽지 않을 수 있다. 그러므로 민간자본의 도입을 더욱 활성화하면서 경영수익사업의 영역을 확대하여야 한다. 여기에서 유의해야 할 점은 문어발식으로 아무 분야로나 사업 영역을 확대해서는 안 된다는 것이다. 기본적으로 공공부문은 민간부문에 비해서 효율성이 떨어지기 때문에, 민간부문과 직접적으로 경쟁을 해야 하는 분야에 진출해서는 안 된다는 점을 명심해야 한다. 이 점을 항상 유념하는 가운데 새로운 아이디어로 사업 영역을 확대하면서 수익사업 담당자를 대상으로 교육을 강화하여 전문성을 갖추도록 하는 한편, 경영수익사업의 추진과정에서 빈번하게 발생되는 융통성과 신축성의 부족을 해결하기 위해 전담기구를 설치 · 운영하여 경영능력을 제고하여야 한다. 또한 중 · 장기적으로 경영수익사업을 활성화시키기 위해서는 잘못되거나 미비한 점을 개선하고 실적을 인사와 연계시키는 노력을 해야 하는데, 이를 위해 실적평가제도를 정착시켜야 한다.

알아두면 좋아요

1. 지방재정은 지방자치단체의 기능을 위해 필요한 재원을 확보·관리·지출하는 일체의 경제 활동으로서, 지방자치의 정착, 지방자치단체의 성장, 소득재분배에 영향을 미친다.
2. 지방재정의 운영원칙으로는 수지균형의 원칙, 재정구조 탄력성 확보의 원칙, 재정운영 효율화의 원칙, 국가정책 준수의 원칙, 재정질서 유지의 원칙, 장기적 재정안정의 원칙 등이 있다.
3. 지방재정은 세입과 세출로 구성된다. 세입은 자주재원과 의존재원으로 구성되며, 자주재원에는 지방세수입과 세외수입이 있다. 지방세수입은 지방자치단체가 자체 세원을 대상으로 자율적으로 징수하는 세금이다. 세외수입은 광의의 관점에서 보면 [지방재정수입－지방세수입－의존재원]이고, 협의의 관점에서 보면 광의의 수입 중에서 일시적 수입을 뺀 수입이다. 의존재원에는 국고보조금, 지방교부세, 조정교부금이 있다. 국고보조금은 중앙정부가 특정 사업 수행과 관련하여 지방자치단체에게 교부하는 자금으로서 사용목적이 정해져 있고, 지방자치단체에게 매칭펀드(matching fund)를 요구한다. 지방교부세는 지방교부금이라고도 불리며, 지방자치단체들의 재원보전과 재정격차 조정을 위해 지방자치단체의 재정력에 기초하여 차등 지원하는 교부금이고, 부수적 조건과 운영에 대한 감독이 없다. 지방교부세에는 보통교부세, 특별교부세, 부동산교부세, 소방안전교부세가 있다. 조정교부금은 광역자치단체가 산하의 기초자치단체에게 교부하는 것으로서, 이에는 시·군 조정교부금과 자치구 조정교부금이 있다.
4. 우리나라의 지방재정수입의 문제점은 국세 중심적인 세수입, 낮은 지방재정자립도, 과도한 지방재정자립도 불균형, 지방재정조정제도의 비효율적 운영, 미진한 경영수익사업 등이고, 이의 개선방안으로는 세원의 재분배, 지방재정조정제도의 효과적 운영, 필요한 부분에서 수익사업 확대 등이 제시될 수 있다.

논 의

1. 지방재정의 운영원칙을 설명하시오.
2. 지방자치단체의 세입에 대해 설명하시오.
3. 우리나라 지방자치단체의 세입에 대하여 종류, 문제점, 개선방안을 포함하여 논하시오.

제 13 장 주민참여

제 1 절 주민참여의 의의와 단계

1. 주민참여의 등장

인구증가, 교통 · 통신의 발달 등은 직접민주주의를 어렵게 하였고, 주권자인 주민들이 선출한 대표자에 의한 대의민주주의를 확산시켰다. 또한 경제가 발전하고 주민들의 요구가 다양해지면서 직업이 분화 · 전문화 · 고도화되면서 전업 정치가들의 영역도 점차 확대되었다.

이러한 상황 속에서, 주민과 주민 대표자의 관계에 대해서는 주민의 측면과 대표자의 측면에서 다음과 같은 비판이 오랫동안 제기되었다. 주민은 지방자치단체의 대표자를 선출하는 주인과 같은 존재로서 지방자치의 주요 구성요소임에도 불구하고, 지방자치와 관련된 다양한 활동 과정에서 능동적인 존재로서의 역할보다 수동적인 역할을 하는 경향이 있었음을 부인하기 어렵다. 또한 주민에 의해 선출된 대표자가 대의민주주의제도의 취지대로 권력을 행사하지 않는 경향이 있었다. 칭찬을 자주 듣는 사람들 중에서 적지 않은 자들은 자신을 통제하는 것에 대해 많은 어려움을 느끼는 경향이 있는 것처럼(Tocqueville, 2003: 262), 주민에 의해 선출된 대표자들이 주민들을 위하고자 하는 초심보다는 주민들이 자신을 선택한 사실에 빠지는 현실이 자주 목도되었다. 즉, 지방정책결정과정에 주민의 의사를 제대로 반영하지 않고 주민을 관객화함으로써 지방정치에 대한 불신, 지방선거의 불완전성, 이익집단에 의해 좌우되는 지방정치, 대리인문제,[1] 정책 무능 등이 심각한 수준에 이르게 되었다. 이리하여 대의민주주의에 대한 비판이 크게 고조되면서 위기의 상황이 초래되었다. 결국, '의회치환설'과 '의회보완설'이 등장하였으며, 이들 간에 심도 있는 토론이 진행되기도 하였다. '의회치환설'은 의회의 무능과 부패 등을 심각하게 지적하면서 의회의 역할을 주민참여가 대신 수행하면 된다고 주장한다. '의회보완설'은 의회의 부정적인 측면을 인정하지만, 의회를 대신할 제도적 장치가 마땅하지 않기 때문에 의회의 문제점을 보완하는 데 초점을 맞추고 있다. 의회치환설이든 의회보완설이든 간에, 이러한 주장들이 있다는 것은 대의민주주의에 대해 심각한 고민을 하고 있음을 반증하는 것이다.

그러나 이를 개선하는 것은 결코 쉬운 일이 아니다. 일반적으로 대의민주주의는 정치인, 관료, 정당, 이익단체 등에 의해 절차와 형식을 중시하면서 정치가 이루어지는 '정부정치'라고 불리는 영역에서 작동하기 때문이다(허훈 · 정재화, 2016: 79-80; Boyte, 1981: 152). 주민들은 평소에는 '정부정치'에 큰 관심이 없고 또한 관여하려고 하지도 않는다. 그러나 '정부정치'가 기대와 다른 방향으로 흘러가고, 이에 대해 주민들이 심각하다고 느낄 때 주민들은 지방정책결정과정이 제대로 작동되도록 직접 그 과정에 참여하는 문제에 관심을 가지게 된다. 이리하여 '시민정치'의 영역에서 작동하는 직접민주주의적 요소에 대한 관심이 고조되면서 주민들은 자신들의 삶에 영향을 미치는 지방정책결정과정에 직접 참여하게 된다. 이러한 이유로 인해 점차 활성화되고 있는 주민참여는 지방자치가 성공적으로 운영되기 위한 가장 중요한 요건 중의 하나가 되었다. 특히, 1980년대에 들어와서 주민참여는 '돌이킬 수 없는 대세'로 자리매김하고 있다.

주민참여에 대한 대표적인 정의를 살펴보면 다음과 같다. 이규환(2004)은 결정권이 없는 일반 주민들이 주체의식을 가지고, 결정권을 가진 자에 대해 개인적 혹은 집단적으로 영향을 미치기 위하여 관여하는 것을 주민참여로 보고 있다. 박응격(2012: 110-111)은 주민참여를 지방자치단체의 정책결정 · 집행과정에 직 · 간접적으로 영향을 미치거나 혹은 미치고자 하는 주민들의 일체의 목적적 행동으로 정의하고 있다. 임승빈(2016: 445)에 의하면, 주민참여란 주민들이 정책결정 · 집행 · 평가과정을 포함한 모든 행정행위에 관여함으로써, 주민들의 삶과 생활에 영향을 미치는 행정행위에 대

1) 대리인문제(Agency Problem)란 대리인 딜레마(Agency Dilemma)라고도 불린다. 지방자치의 경우, 주민이 정책결정권한을 선거를 통해 선출한 주민대표자에게 위임할 때 대리인 관계가 성립된다. 그런데 주민과 주민대표자 간에는 정보의 불균형, 감시의 불완전성 등으로 인해 도덕적 해이, 역선택 등의 문제가 발생할 수 있는데, 이것이 대리인문제이다.

한 영향력과 통제력을 갖기 위한 활동이다. 아른스테인(Arnstein, 1969)에 의하면, 주민참여는 권력을 지니지 못한 주민들을 정보배분, 정책형성, 자원배분 등을 결정하는 과정에 의도적으로 참여하게 하는 것이다.

이들의 개념 정의들을 종합하면, 다음과 같이 주민참여에 대한 정의를 내릴 수 있다. 주민참여는 지역사회의 일반 주민이 자신의 삶의 질과 생활과 관련된 정책이나 지방자치단체의 운영 등에 영향을 미치기 위한 일체의 행동이다. 즉, 지방자치단체의 주인으로서 주민이 지방의 발전과 자신의 삶의 질 향상을 위해, 지방자치단체의 정책 결정 · 집행과정을 포함한 공적 활동에 영향을 미치려고 하는 모든 활동이 주민참여이다.

2. 주민참여의 필요성

위에서 주민참여가 등장한 배경으로 대의민주주의의 문제점을 지적하였는데, 주민참여가 필요한 이유는 이외에도 여러 측면에서 설명할 수 있다. 이러한 필요성들을 종합하면 다음과 같이 지방행정적 측면과 지방정치적 측면으로 나누어 정리할 수 있다.

1) 지방행정적 측면

지방행정적 측면에서 주민참여의 필요성은 지방자치단체를 개혁하거나 또는 지방행정서비스의 질을 향상시키는 데에서 찾을 수 있다.

(1) 지방행정 개혁

주민참여는 지방자치단체의 행정개혁을 촉진시키는 동력이 될 수 있다. 전통적으로 공무원들은 주민의 심부름꾼으로서 주민에게 봉사해야 한다는 공복(公僕)의 자세보다는 주민에게 베푼다는 시혜자(施惠者)로서 주민 위에 군림하려는 경향이 강하였다. 특히, 중앙집권체제의 전통이 강하고 이러한 전통에 주민들이 익숙한 사회 배경하에서 공무원들의 시혜자적 자세가 널리 팽배하였다. 지방자치가 실시되기 전에는 우리나라의 공무원들 중에도 시혜자적 자세를 보이는 공무원들이 적지 않았다. 지방자치가 실시되면서 지방공무원들의 시혜자적 행동이 크게 감소하였다. 그렇지만 주민들의 의사를 지방정치과정과 지방정책과정에 제대로 반영하지 않거나, 지방정치와 지방행정을 독선적으로 운영하는 등의 사례는 여전히 자주 발견되고 있다. 결국, 지방자치단체장, 지방의회의원, 지방공무원들이 공복으로서의 역할에 충실하여 주민들을 위해서 스스로 지방자치단체를 개혁하려고 최선을 다한다고 단언하기는 어려운 실정이다. 무한경쟁의 시대에서 새로운 행정환경의 변화에 부응하여 지방행정을 개혁하지 않으면 그 지방자치단체의 발전을 기대하기 어렵기 때문에, 주민들은 지방자치단체에 대해 주인의식을 가지고 지방자치단체가 수행하는 정책에 대해 비판의식을 가지면서 지방자치단체를 혁신시키기 위해 조직적으로 노력할 필요가 있다.

(2) 지방행정의 질 향상

지방자치단체가 스스로 지방행정의 질을 향상시키는 것을 기대하기 어렵기 때문에 주민참여가 활성화되어야 한다. 지방자치단체가 지방행정서비스를 주민들에게 공급하는 형태는 대체로 독점적이다. 이는 지방자치단체가 제공하는 지방행정서비스가 시장을 통해서 공급될 수 없거나 혹은 공급되기에 부적합하기 때문이다. 지방자치단체가 서비스를 독점적으로 공급하는 상황에서도 지방자치단체는 혁신 등을 통해 서비스의 질적 향상을 위해 노력할 수 있다. 그러나 민간부문은 생존과 발전을 위해 자신이 생산·공급하는 서비스의 질적 수준을 향상시키기 위해 사활을 걸지만, 지방자치단체는 서비스의 질적 향상을 위해 노력할 필요성을 절실히 느끼지 않을 가능성이 크다. 따라서 주민들은 자신들이 납부하는 세금으로 자신들이 원하는 수준의 서비스를 제공받지 못할 경우가 많으며, 이러한 상황이 지속되면 주민들의 불만이 커질 수밖에 없다. 그리하여 '소비자 주권'을 찾기 위한 소비자운동을 시작하는 등의 주민참여가 발생된다.

2) 지방정치적 측면

지방행정과 더불어 중시되어야 할 부분이 지방정치이다. 지방정치적 측면에서는 대의민주주의를 보완하거나 또는 지방의회의 전문성 부족을 보완하기 위해 주민참여가 필요하다.

(1) 대의민주주의 보완

앞에서 언급된 현실적인 문제로 인해 거의 대부분의 나라들은 대의민주주의를 선택하고 있지만, 이는 최선책이 아니라 차선책에 불과하다는 평가를 받고 있다. 이는 지방의원들이 주민들의 의사를 지방정치과정에 제대로 반영하지 않거나 혹은 특정 이익집단의 이익을 우선시하는 등의 문제가 지속적으로 발생하였기 때문이다. 특히, 정당이 주민들의 의사를 수집하여 정책화하는 역할을 지방에서 제대로 수행하지 않는 경우, 지방정당인은 중앙정부 혹은 국회의원의 하수인으로서의 역할을 하게 되어 주민들의 의사가 지방정치과정에서 왜곡되어 나타날 가능성이 높다. 이처럼 주민들이 원하는 바와 다르게 지방정치가 운영되는 것을 보완할 필요성은 항상 존재해 왔다. 대의민주주의가 지니는 문제점들을 보완하기 위하여 주민발안, 주민투표, 주민소환, 주민감사청구, 주민제안 등의 직접민주주의적 요소들을 도입하기도 한다. 이러한 직접민주주의적 제도들은 주민들에 의해 개별적으로 활용될 때보다 조직된 힘으로 활용될 때 그 취지가 더욱 효과적으로 달성될 수 있기 때문에 주민참여가 요구된다.

(2) 지방의원의 전문성 부족 보완

지방의회의 전문성 부족을 보완하기 위해 주민참여가 요구된다. 주민들의 지방행정에 대한 수요가 다양화되고 고급화됨에 따라 지방행정과 지방정치에 있어서 전문성이 크게 요구되고 있다. 지방공무원들은 직업적으로 맡은 바 업무에 대한 전문성을 축적할 기회를 많이 가질 수 있지만, 지방의원들은 선거에 대비해야 할 뿐만 아니라 의정활동을 지원해줄 인원도 없기 때문에 전문성을 축적하는 데 많은 어려움을 느낄 수밖에 없다. 주민참여가 활성화되면 지역의 현안문제가 주민들에게 알려지고 관련 자료들과 주민들의 다양한 아이디어들이 모아짐으로써, 지방의회의원들의 전문성 부족문제를 보완할 수 있다.

3. 주민참여의 단계

주민참여의 필요성에 대한 인식이 널리 확대되면서 주민참여에 대한 다양하고 많은 연구가 나타났다. 그 중에는 주민참여의 단계와 주민참여의 방법도 포함되어 있다. 주민참여의 방법에 대해서는 후술하기로 하고, 여기에서는 주민참여 단계 중에서 가장 많이 인용되는 아른스테인의 주민참여의 단계에 대해 살펴보기로 한다.

아른스테인(1969: 217)은 [표 13-1]과 같이 주민참여를 8단계로 분류하였다. 가장 낮은 단계인 '조작'은 행정기관과 주민들이 상호 간의 관계를 확인하는 데에 의의를

[표 13-1] 주민참여의 단계

<table>
<tr><td>8</td><td>주민통제
(citizen control)</td><td rowspan="3">주민권력
(degree of citizen power)</td></tr>
<tr><td>7</td><td>권한위임
(delegated power)</td></tr>
<tr><td>6</td><td>협동관계
(partnership)</td></tr>
<tr><td>5</td><td>회유
(placation)</td><td rowspan="3">형식적 참여
(degree of tokenism)</td></tr>
<tr><td>4</td><td>상담
(consultation)</td></tr>
<tr><td>3</td><td>정보제공
(informing)</td></tr>
<tr><td>2</td><td>치료
(therapy)</td><td rowspan="2">비참여
(non-participation)</td></tr>
<tr><td>1</td><td>조작
(manipulation)</td></tr>
</table>

출처: Arnstein(1969: 217)에서 인용.

두는 단계로서, 이 단계에서는 행정기관이 주도적으로 주민들을 교육하고 주민은 단순히 참석할 따름이다. 두 번째인 '치료' 단계는 주민들의 욕구불만을 분출시켜서 치료하는 단계로서, 이 단계에서는 행정기관이 일방적으로 지도한다. 세 번째인 '정보제공' 단계에서는 행정기관이 주민에게 일방적으로 정보를 제공하지만, 주민으로부터의 환류는 잘 일어나지 않는다. 네 번째인 '상담' 단계에서는 공청회나 집회 등의 방법으로 주민들의 행정 참여를 유도하지만, 형식적인 참여에 그친다. 다섯 번째인 '회유' 단계에서는 각종 위원회 등을 통해 주민의 참여 범위가 확대되지만, 결정에 대한 영향력은 제한적이다. 여섯 번째인 '협동관계' 단계에서는 행정기관이 최종 결정을 하지만, 경우에 따라 주민들은 그들의 주장에 대해 행정기관과 협상할 수 있다. 일곱 번째인 '권한위임' 단계에서는 정책결정과 정책집행에 있어서 주민들의 영향력이 강하다. 마지막 단계인 '주민통제'에서는 정책의 모든 과정을 주민들이 통제한다.

제 2 절 직접주민참여제도

주민참여제도는 직접주민참여제도와 간접주민참여제도로 분류해볼 수 있다. 우리나라에서는 직접주민참여제도보다 간접주민참여제도를 중심으로 주민참여가 이루어져왔기 때문에, 주민들은 지방자치단체 혹은 주민들과 관련된 중요한 문제들에 대해 자신들의 의견을 피력할 뿐이고, 이에 대한 결정권은 주민대표자들, 즉 지방자치단체장이나 지방의회의원들에게 위임하였다. 그러나 이들 주민대표자들이 그 임기 중에 권한 남용, 비리 등의 문제들을 일으킴으로써, 임기 동안 발생하는 피해를 지방자치단체와 주민들이 감수해야 하는 상황이 야기되었다. 이러한 한계를 보완하기 위해 직접주민참여제도가 도입되었다. 대표적인 직접주민참여제도는 주민발의(주민발안), 주민투표, 주민소환, 주민소송, 주민감사청구, 주민청원 등이 있다.

1. 주민발의(Initiative)

1) 주민발의의 의의

주민발의는 주민이 능동적이고 적극적으로 지방자치단체장이나 지방의회의원의 권한의 일부를 제약하거나 행사하는 제도이다. 즉, 주민에 의해 선출된 주민대표자들이 필요할 때 필요한 정책을 결정하지 못하거나 누락할 경우 주민들이 직접 정책을 발의하여 투표를 통해 결정짓는 것이 주민발의이다(김영기, 2008: 119). 따라서 주민발의의 기본적인 형태는 유권자가 직접 조례안을 기초하고, 찬성과 반대의 논의를 거쳐서, 주민투표로서 조례안을 확정짓는 것이다.

우리나라에서도 주민발의를 인정하고 있으며, 지방선거 유권자 중 일정 수 이상의 연서(連署)에 의해 지방의회 또는 지방의회의원의 부작위에 대하여 그 책임을 추궁하는 성격을 띠고 있다(임승빈, 2016: 452). 그러나 우리나라의 주민발의는 유권자들이 서명을 받아 지방의회에 조례를 청구하면 종결된다(김호기, 2007: 26). 주민발의는 주민에 의한 직접 입법이라는 본질을 지닌 것이지만(Zimmerman, 1999; Smith & Tolbert, 2004), 우리나라의 주민발의는 그 본질적 특성을 제대로 구비하지 못하고 있다.

2) 주민발의의 유형

주민발의는 조례로서 결정되는 과정에서 지방의회가 관여하느냐의 여부에 따라 직접주민발의제도와 간접주민발의제도로 구분된다. 직접주민발의제도는 미국과 스위스 등에서 시행는 것으로서, '제도화 단계-서명 · 청구 단계-발의 · 캠페인 단계-투표 · 결정 단계' 등 네 단계로 구성되어 있다. 이것이 주민발의제도의 원형에 속한다.

간접주민발의제도는 유권자들의 발의안을 접수 · 서명 · 청구 후 발의를 성립시킨 다음에 지방의회의 심의를 거치는 제도이다. 만약 지방의회가 주민들이 제시한 발의안을 통과시키면 조례로 제정되는 것이고, 지방의회가 발의안을 통과시키지 않으면 유권자들은 투표를 실시하여 조례제정을 완료하는 제도적 장치이다(Zimmerman, 1999).

3) 우리나라의 주민발의제도

우리나라에서는 2000년 조례의 제정 및 개폐 청구 조항을 「지방자치법」에 규정하면서 주민발의제도가 인정되었다. 우리나라의 「지방자치법」상의 조례 제정 · 개정 · 폐지 청구에 대한 조항을 살펴보면 다음과 같다(지방자치법 제19조 제1항, 제2항). 주민은 지방자치단체의 조례를 제정 · 개정 또는 폐지할 것을 청구할 수 있고, 조례의 제정 · 개정 또는 폐지 청구의 청구권자 · 청구대상 · 청구요건 · 청구절차 등에 관한 사항은 법률로 정한다.

이상에서 알 수 있듯이 우리나라는 주민에게 조례의 제정 · 개정 · 폐지에 관한 청구권만 인정하고 있다. 주민의 청구가 있으면 지방의회에 회부하는 간접주민발의제도를 채택하면서 일반적으로 많이 사용하는 간접주민발의제도가 아니라 그 일부만 인용하고 있다. 즉, 우리나라의 주민발의제도는 위에서 소개한 주민발의제도의 기본 원형인 네 단계 중에서 '제도화 단계-서명 · 청구 단계'만으로 구성되어 있기 때문에 간접주민발의제도이다. 또한 간접발의제도의 경우 지방의회가 발의안을 통과시키지 않으면 유권자들의 투표를 통해 발의안을 조례로 제정하는 것이 일반적인데, 우리나라는 이를 인정하지 않고 있다.

주민의 조례제정 요구 사례

2014년 4월 양천구의 시민단체와 주민들이 방사능으로부터 안전한 급식 공급을 위한 조례를 발의했다. 양천구에 조례 제정을 청구하기 위해 동년 1월부터 1만 400명의 주민 서명을 받았다. '방사능으로부터 안전한 식재료 공급 지원 조례안'은 어린이집과 유치원을 대상으로 1년에 2번 이상 급식 식재료에 대한 방사능 검사를 실시해야 한다는 내용을 담고 있다.

2. 주민투표(Referendum)

1) 주민투표의 의의

주민투표는 주민들의 삶에 영향을 미치는 중앙정부 혹은 지방자치단체의 중요한 결정에 대해 주민들이 투표를 통해 의사를 표시하는 방법이다. 즉, 주민투표는 특정 사안에 대하여 주민이 투표로서 정책을 통제하는 제도적 장치이다. 투표를 한다는 공통점으로 인해 선거 혹은 주민발의와 혼동을 일으키는 경우가 있다. 그러나 다음과 같은 점에서 차이가 난다. 주민투표는 중앙정부 혹은 지방자치단체가 결정한 정책을 주민이 최종적으로 확정하는 것이며(김영기, 2008: 132), 선거는 지방자치단체를 구성하기 위해 주민대표인 지방자치단체장과 지방의회의원을 선출하기 위한 것이고, 주민발의는 주민이 직접 조례 혹은 정책을 입안하여 투표로서 확정하는 것이라는 점에서 차이가 난다.

주민투표는 다음과 같은 목적을 가진다. 첫째, 주민투표는 지방자치단체의 중요한 결정 사항에 주민들이 직접 참여하게 함으로써, '풀뿌리민주주의'를 구현하는 데 이바지한다. 이는 주민투표의 가장 중요한 목적이라고 볼 수 있다. 둘째, 주민투표는 지방의회가 의결한 조례에 대한 채택 여부를 최종적으로 결정하는 데 활용된다(정정화, 2012: 91). 셋째, 중앙정부의 국책사업에 대한 주민투표는 중앙집권적 정책결정에 의해 지방의 이익이 침해당하지 않도록 주민들의 총의를 모으는 것이다(최봉기, 2006: 7).

2) 우리나라의 주민투표제도

2004년 우리나라에 도입된 주민투표제도는 주민에게 과도한 부담을 주거나 중대한 영향을 미치는 지방자치단체의 주요 사항 등에 대하여 지방자치단체장이 주민의 의사를 물어 결정하는 제도이다. 지방자치단체를 구성하기 위한 지방자치단체장 선거와 지방의원 선거와는 성격이 다르다. 주민투표는 실시의 강제성 여부에 따라 강제적 주민투표(compulsory referendum)와 선택적(임의적) 주민투표(optional referendum)로 분류할 수 있다. 강제적 주민투표는 특정 사안에 대해 무조건적으로 주민투표에 회부하는 것을 말한다. 선택적 주민투표는 이미 입법된 의안이 법률적 효력을 발행시키기 위한 전제조건으로 실시되는 것으로서, 정해진 시점 내에 최소한의 일정 유권자의 서명이 요구되기도 한다.

우리나라에서는 2004년 1월 「주민투표법」이 제정되어 본격적인 주민투표제도가 정착되었다. 현재의 주민투표 실시 요건은 다음과 같다(주민투표법 제9조).

지방자치단체장은 아래에 해당하는 경우에는 주민투표를 실시할 수 있다. 특히, 아래 첫 번째와 두 번째에 해당하는 경우에는 주민투표를 실시하여야 한다.

- 주민이 주민투표의 실시를 청구하는 경우
- 지방의회가 주민투표의 실시를 청구하는 경우
- 지방자치단체장이 주민 의견을 듣기 위해 필요하다고 판단하는 경우

주민투표청구권자 총수의 1/20 이상에서 1/5 이하의 범위에서 지방자치단체의 조례로 정하는 수 이상의 서명으로 해당 지방자치단체장에게 주민투표의 실시를 청구할 수 있다. 주민투표청구권자는 18세 이상의 주민 중에서 투표인명부 작성기준일 현재, 해당 지방자치단체의 관할 구역에 주민등록이 되어 있는 사람과 출입국관리 관계 법령에 따라 대한민국에 계속 거주할 수 있는 자격을 갖춘 외국인이다. 다만, 선거권이 없는 사람은 제외한다. 주민투표청구권자 총수는 전년도 12월 31일 현재의 주민등록표 및 외국인등록표에 따라 산정한다.

지방의회는 재적의원 과반수의 출석과 출석의원 2/3 이상의 찬성으로 해당 지방자치단체장에게 주민투표의 실시를 청구할 수 있다. 지방자치단체장이 직권에 의하여 주민투표를 실시하고자 하는 때에는 그 지방의회 재적의원 과반수의 출석과 출석의

원 과반수의 동의를 얻어야 한다.

주민투표의 대상과 대상이 될 수 없는 사항은 다음과 같다(주민투표법 제7조). 먼저, 주민투표의 대상은 주민에게 과도한 부담을 주거나 중대한 영향을 미치는 지방자치단체의 주요 결정 사항으로서 해당 지방자치단체의 조례로 정하는 사항이다. 다만, 아래에 해당하는 사항은 주민투표에 부칠 수 없다.

- 법령에 위반되거나 재판 중인 사항
- 국가 또는 다른 지방자치단체의 권한 또는 사무에 속하는 사항
- 지방자치단체가 수행하는 예산 편성 · 의결 · 집행, 회계, 계약, 재산관리에 관한 사항과 지방세 · 사용료 · 수수료 · 분담금 등 각종 공과금의 부과 · 감면에 관한 사항
- 행정기구의 설치 · 변경에 관한 사항과 공무원의 인사 · 정원 등 신분 · 보수에 관한 사항
- 다른 법률에 의하여 주민대표가 직접 의사결정 주체로서 참여할 수 있는 공공시설의 설치에 관한 사항. 다만, 지방의회가 주민투표의 실시를 청구하는 경우는 제외
- 동일한 사항(취지가 동일한 경우 포함)에 대하여 주민투표가 실시된 후 2년이 경과되지 아니한 사항

국가정책도 주민투표에 부칠 수 있다(동법 제8조). 중앙행정기관의 장은 지방자치단체를 폐지 · 설치 · 분할 · 통합 · 구역변경 · 주요 시설의 설치 등 국가정책의 수립에 관하여 주민의 의견을 듣기 위하여 필요하다고 인정되면 주민투표의 실시구역을 정하여 관계 지방자치단체장에게 주민투표의 실시를 요구할 수 있다. 이 경우, 중앙행정기관의 장은 미리 행정안전부 장관과 협의하여야 한다. 주민투표의 실시를 요구받은 지방자치단체장은 지체없이 이를 공표하여야 하며, 공표일부터 30일 이내에 해당 지방의회의 의견을 들어야 하고, 지방의회의 의견을 해당 중앙행정기관의 장에게 통지하여야 한다.

주민투표 사례

방사선폐기물처리장의 입지를 선정하는 문제가 2005년, 전북 군산, 경북의 경주, 영덕, 포항에서 실시된 주민투표에 의해 결정되었다. 이 네 지역은 2005년에 방폐장 유치 신청을 했고, 주무부처인 산업자원부의 주민투표 실시 요구에 따라 주민투표를 발의하고 실시하게 되었다. 총 투표율은 60.5%이었으며, 경북 경주시 주민의 89.5%가 찬성해 가장 높은 주민지지율을 보여 유치지역으로 확정되었다.

무상급식 지원 범위에 관한 서울특별시 주민투표는 서울특별시의회의 무상급식 정책에 대해 이 정책을 반대하는 서울시민 81만 명(유효 51만 명)이 청구하였고, 당시 오세훈 서울특별시장이 발의하여 2011년 8월 24일에 실시되었다. 최종 투표율 25.7%를 기록하여 투표함은 개봉하지 않고 파기되었다. 주민투표 전 오세훈 시장은 무상급식 투표율이 개표선에 미달할 경우 사퇴하겠다는 입장을 밝혔으며, 이에 따라 8월 26일 사퇴했다.

3. 주민소환(Recall)

1) 주민소환의 의의

주민은 대의민주정치를 통해 주민대표자들이 주민의 의사를 정치과정과 정책과정에 잘 반영해주기를 기대하였으나, 주권자인 주민에 의해 선출된 대표자들은 주민의 의사를 제대로 반영하지 않는 일이 빈번하게 발생하였다. 정치적 무능력, 정책적 무능력, 개인의 편향된 선호, 이익집단의 포획, 사익 추구, 독선, 개인적 유혹 등을 포함한 다양한 원인으로 인해, 소수의 선출직 대표자들이 다수의 의사를 지방정책에 제대로 투영하지 못했다. 이로 인해, 정치에 대한 불신은 확대되었고, 또한 대리인문제, 정부의 무능력 등에 대한 비판이 증대되었다.

주민소환은 현행 직접민주주의제도 중에서 주민의 의사를 가장 직접적으로 표현하는 방식으로서, 주민의 직접선거를 통해 구성된 자치정부에 대한 불신임을 사후적으로 표명하는 제도이다(전영상, 2009: 109-111; 조경련 · 김영기, 2009: 4; Zimmerman, 1999). 선거를 통해 선출된 주민대표자들의 임기를 보장하는 것은 대표자가 시시각각 변하는 여론에 흔들리지 않고 소신껏 자신의 임무에 충실할 수 있도록 하는 장점이 있는 반면에, 주민의 의사를 무시하고 특수 이익을 추구할 수 있는 단점도 가진다.

주민소환이란 선거를 통해 선출된 주민대표자가 업무를 제대로 수행하지 않아 주민들의 의사와 합치되지 않는 경우에 주민들이 대표자의 직무를 정지시켜 지방자치단체의 문제를 직접 시정하려 하는 정치활동으로서 직접민주주의의 한 방식이다. 즉, 주민소환은 주민들이 선거를 통해 선출한 공직자들의 위법, 부당한 행위, 직권남용, 독선, 부패, 정책실패 등을 막기 위해 투표에 의해 직무정지를 시킬 수 있는 제도이다(허훈 · 정재화, 2016: 78-79).

2) 우리나라의 주민소환제도

우리나라에서 주민소환은 「지방자치법」과 「주민소환에 관한 법률」에 의해 보장되어 있다. 「지방자치법」에서는 주민은 지방자치단체장과 지방의회의원을 소환할 권리를 가지며, 이에 관한 구체적인 사항은 따로 법률로 정하도록 규정하고 있다(제25조). 주민소환제도와 관련된 구체적인 법률은 「주민소환에 관한 법률」이다. 즉, 주민소환제도는 2006년 5월에 제정되었고, 2007년 7월부터 시행된 「주민소환에 관한 법률」에 의해 제도화되었다. 주민소환투표는 해당 지방자치단체장 및 지방의회의원을 대상으로 하며, 주민소환 대상자는 관할 선거관리위원회가 주민소환투표안을 공고한 때부터 주민소환투표 결과를 공표할 때까지 그 권한 행사가 정지된다.

주민소환투표청구권자는 아래에 해당하는 주민의 서명으로 그 소환 사유를 서면에 구체적으로 명시하여, 관할 선거관리위원회에 주민소환투표의 실시를 청구할 수 있다(동법 제7조). 주민소환투표청구권자는 주민소환투표일 현재 19세 이상의 주민으로서 전년도 12월 31일 현재 당해 지방자치단체 관할 구역에 주민등록이 되어 있는 자(선거권이 없는 자 제외)와 주민소환투표일 현재 19세 이상의 외국인으로서 영주의 체류자격 취득일 후 3년이 경과한 자 중에서 전년도 12월 31일 현재 당해 지방자치단체 관할 구역의 외국인등록대장에 등재된 자이다.

- 광역자치단체장: 당해 주민소환투표청구권자 총수의 10/100 이상
- 기초자치단체장: 당해 주민소환투표청구권자 총수의 15/100 이상
- 지방의원: 당해 지방의원선거구 주민소환투표청구권자 총수의 20/100 이상

광역자치단체장에 대한 주민소환투표를 청구함에 있어서 관할 구역 안의 기초자치

단체 전체의 수가 3개 이상인 경우에는 1/3 이상의 기초자치단체에서 각각 주민소환투표청구권자 총수의 5/10,000 이상에서 10/1,000 이하의 범위 안에서 대통령령이 정하는 수 이상의 서명을 받아야 한다. 다만, 관할 구역 안의 기초자치단체 전체의 수가 2개인 경우에는 각각 주민소환투표청구권자 총수의 1/100 이상의 서명을 받아야 한다.

기초자치단체장과 지방의회의원에 대한 주민소환투표를 청구함에 있어서 당해 기초자치단체장 선거구와 지방의회의원 선거구 안의 읍·면·동 전체의 수가 3개 이상인 경우에는 1/3 이상의 읍·면·동에서 각각 주민소환투표청구권자 총수의 5/10,000 이상에서 10/1,000 이하의 범위 안에서 대통령령이 정하는 수 이상의 서명을 받아야 한다. 다만, 당해 선거구 안의 읍·면·동 전체의 수가 2개인 경우에는 각각 주민소환투표청구권자 총수의 1/100 이상의 서명을 받아야 한다.

그러나 다음과 같은 경우에는 주민소환투표의 실시를 청구할 수 없다(동법 제8조).

- 선출직 지방공직자의 임기개시일부터 1년이 경과하지 아니한 때
- 선출직 지방공직자의 임기만료일부터 1년 미만일 때
- 해당 선출직 지방공직자에 대한 주민소환투표를 실시한 날부터 1년 이내인 때

주민소환은 주민소환투표권자 총수의 1/3 이상의 투표와 유효투표 총수의 과반수의 찬성으로 확정되며, 다만 전체 주민소환투표자의 수가 주민소환투표권자 총수의 1/3에 미달하는 때에는 개표하지 않는다(동법 제22조 제1항, 제2항). 주민소환이 확정되면, 주민소환투표 대상자는 그 결과가 공표된 시점부터 그 직을 상실한다(동법 제23조 제1항). 주민소환투표 결과에 이의가 있는 해당 주민소환투표 대상자 또는 주민소환투표권자(전체 주민소환투표권자 총수의 1/100 이상의 서명 필요)는 주민소환투표 결과가 공표된 날로부터 14일 이내에 소청할 수 있고, 소청 결과에 이의가 있는 소청인은 소청결정서를 받은 날로부터 10일 이내에 소를 제기할 수 있다(동법 제24조 제1항, 제2항). 우리나라의 경우, 도입된 이후 10년이 지나는 동안 81건의 주민소환투표 시도가 있었지만 주민투표가 실시된 것은 8건, 소환에 성공한 것은 시의원 2명에 불과하였다(허훈 · 정재화, 2016: 78).

주요 주민소환 사례

2007년 12월 12일, 경기도 하남시에서 광역 화장장을 추진했던 시장과 시의원(3명)에 대한 주민소환이 발의되었다. 2006년 10월 시장이 경기도 광역 화장장을 유치하려고 하자, 이에 반대하는 주민들이 주민소환법에 따라 주민소환투표를 청구한 것이었다. 투표 결과 시장은 투표인 수의 1/3 이상이 투표에 참석하지 않아 소환되지 않았다. 그러나 소환대상이었던 시의원 3명 중 2명은 유권자 1/3 이상이 투표하고, 과반수가 찬성하여 의원직을 상실했다.

이외의 주요 사례를 보면, 2009년 8월 26일에 당시 제주특별자치도지사에 대해 제주 해군기지 건설과 관련하여 주민소환이 발의되었으나, 도지사는 직무에 복귀하였다. 2020년 2월 18일에는 보은군수의 친일 발언과 관련하여 주민소환이 발의되었으나, 주민소환을 자진 철회하였다. 2021년 6월 8일에는 과천시장에 대해 주민소환이 발의되었는데, 그 사유는 국토교통부가 정부과천청사의 유휴부지에 임대주택건설을 추진하는 것에 대해 시장이 미온적으로 대응한다는 것이었으며, 시장의 직무 복귀로 결론이 났다.

4. 주민소송(Resident's Suit)

주민소송은 사법적 방법에 의한 주민의 직접참여제도이다. 「지방자치법」상 주민소송과 관련된 주요 규정은 다음과 같다(제22조 제1항). 주민소송을 제기하려면, 지방자치단체의 18세 이상의 주민으로서 아래에 해당하는 사람(선거권이 없는 사람은 제외)은 시·도는 300명, 인구 50만 명 이상 대도시는 200명, 그 밖의 시·군·자치구는 150명 이내에서 그 지방자치단체의 조례로 정하는 수 이상의 18세 이상의 주민이 연대 서명하여야 한다.

- 해당 지방자치단체의 관할 구역에 주민등록이 되어 있는 사람
- 영주(永住)할 수 있는 체류자격 취득일 후 3년이 경과한 외국인으로서 해당 지방자치단체의 외국인등록대장에 올라 있는 사람

공금의 지출, 재산의 취득·관리·처분, 해당 지방자치단체와 매매·임차·도급 등의 계약의 체결·이행, 공금의 부과·징수 등을 게을리한 것에 대해 감사청구한

주민은 아래의 주민소송대상에 해당하는 경우에 위법한 행위나 업무를 게을리한 사실에 대하여 해당 지방자치단체장을 상대방으로 하여 소송을 제기하는 것이다. 주민소송의 대상이 되는 사항은 다음과 같다.

- 주민감사청구 후 감사기관이 60일이 지나도 감사를 끝내지 않았을 때
- 감사결과 또는 그에 따른 조치 요구에 불복하는 경우
- 감사결과에 관한 조치를 지방자치단체장이 이행하지 않은 경우
- 지방자치단체장의 이행 조치에 불복하는 경우

주민이 제기할 수 있는 소송의 종류는 다음과 같다(동법 제22조 제2항).

- 행위를 계속하면 회복하기 곤란한 손해를 발생시킬 우려가 있는 경우, 그 행위의 전부 또는 일부의 중지를 요구하는 소송
- 행정처분인 행위의 취소 또는 변경을 요구하거나 그 행위의 효력 유무 또는 존재 여부의 확인을 요구하는 소송
- 게을리한 사실의 위법 확인을 요구하는 소송
- 지방자치단체장, 직원, 지방의회의원, 행위와 관련이 있는 상대방에게 손해배상청구 또는 부당이득반환청구를 요구하는 소송

5. 주민감사청구

주민감사청구란 일반 주민이 전문적 지식을 요하는 직접 감사를 수행하기 어렵기 때문에, 상급기관에 감사를 청구할 수 있도록 하는 제도이다. 주민감사청구는 1996년부터 서울특별시에서 운영하고 있는 시민감사청구제도를 모델로 하여 1999년 「지방자치법」을 개정하여 2000년부터 전국에서 시행하고 있다. 이에 대해 살펴보면 다음과 같다(지방자치법 제21조).

지방자치단체와 단체장의 사무 처리가 법령에 위반되거나 공익을 현저히 해친다고 인정되면, 해당 지방자치단체의 18세 이상의 주민으로서 위 주민소송에서 언급된 사람은 시·도는 300명, 인구 50만 명 이상 대도시는 200명, 시·군·자치구는 150명 이내에서 조례로 정한 수 이상의 18세 이상의 주민의 연대 서명을 받아 시·도의 경

우 주무부 장관에게, 시·군·자치구의 경우 시·도지사에게 감사를 청구할 수 있다. 다만, 다음과 같은 사항은 감사청구의 대상에서 제외된다.

- 수사나 재판에 관여하게 되는 사항
- 개인의 사생활을 침해할 우려가 있는 사항
- 다른 기관에서 감사하였거나 감사 중인 사항
- 위 주민소송에서 주민이 제기할 수 있는 소송의 종류에 해당되는 소송이 진행 중이거나 그 판결이 확정된 사항

감사청구는 당해 사무처리가 있었던 날이나 끝난 날부터 3년이 지나면 제기할 수 없다(동법 동조 제3항). 또한 주무부 장관이나 시·도지사는 감사청구를 수리한 날부터 60일 이내에 감사청구된 사항에 대하여 감사를 끝내야 하며, 감사결과를 청구인의 대표자와 해당 지방자치단체장에게 서면으로 알리고, 공표하여야 한다(동법 동조 제9항).

6. 주민청원

주민청원이란 주민이 불이익이나 요구 사항에 대해 지방의회에 청원을 접수하는 것을 말한다. 지방의회에 청원을 하고자 하는 사람은 지방의회의원의 소개를 받아서 청원자의 성명·주소·서명·날인이 있는 청원서를 제출하여야 한다(지방자치법 제85조). 지방의회의장은 청원서를 접수한 때에 이를 소관 위원회 또는 본회의에 회부해 심사를 하게 하고, 소관 위원회나 본회의가 요구하면 청원을 소개한 지방의회의원은 청원의 취지를 설명하여야 하며, 위원회가 청원을 심사하여 본회의에 부의할 필요가 없다고 결정하면 처리결과를 지방의회의장에게 보고하고, 지방의회의장은 이를 청원인에게 알려야 한다(동법 제87조). 지방의회가 채택한 청원으로서 지방자치단체장이 처리함이 타당하다고 인정되는 청원은 의견서를 첨부하여 지방자치단체장에게 이송하고, 지방자치단체장은 지방의회에서 이송된 청원안을 처리해 그 결과를 지방의회에 보고해야 한다(동법 제88조).

제3절 간접주민참여제도

위에서 언급한 직접주민참여제도는 우리나라에서 최근에 도입한 제도이다. 전통적으로 우리나라에서는 유교사상과 중앙집권주의가 강하였으며, 대한민국정부가 수립된 이후부터는 대의민주주의 방식이 제도화되어 일부를 제외하고는 주로 간접주민참여제도를 중심으로 주민참여가 이루어져 왔다. 대표적인 간접주민참여제도로는 공청회와 고충민원을 들 수 있으며, 이에 대해 살펴보면 다음과 같다.

1. 공청회

공청회는 주민과 밀접한 이해관계가 있는 사안이나 도시계획 등에 관하여 최종적으로 결정하기 전에 주민, 이해관계자, 해당 분야의 전문가 등의 의견을 수렴하는 제도이다. 공청회는 각계각층의 의견을 청취·수렴하여 지방자치단체의 정책 등에 반영하는 데 취지가 있는 것으로서 법적인 구속력은 없다. 공청회가 활성화되면 다양한 아이디어가 지방자치단체의 정책에 반영될 수 있고, 지방자치단체는 주민의 의견에 귀를 기울이게 되며, 정책에 따라서는 주민의 능력을 활용할 수도 있게 된다.

공청회는 성질상 민주주의 이념에 기초를 둔 주민참여의 한 형태로 발전해 왔기 때문에, 민주정치의 오랜 역사와 전통을 가진 나라에서는 공청회가 전형적인 주민참여의 방법으로 이용되어 왔다. 특히, 주민자치의 오랜 전통을 가진 영국에서는 지방행정 자체가 바로 주민의 정치참여를 바탕으로 하기 때문에 공청회가 널리 이용되어 왔다.

전통적으로 우리나라 행정문화의 주요 특징에는 권위주의적 문화와 중앙집권적 문화가 강하다는 점이 포함되어 왔다. 이로 인해, 우리나라에서는 대한민국정부가 수립되면서 민주주의가 채택된 이후에도 한동안은 공청회가 활성화되지 못하였다. 그러나 1960년대 이후 우리나라는 지속적인 고도경제성장을 이룩함에 따라 국민들의 생활수준과 교육수준이 급격히 향상되었고, 정치의식수준도 지속적으로 향상되었다. 이로 인해, 1990년대에 들어와서 지방자치가 실시되면서 주민참여의 욕구가 크게 분출되어, 각 분야에서 공청회가 활발하게 개최되고 있다.

공청회의 기능 및 효과는 다음과 같다. 첫째, 일반 주민의 다양하고 참신한 지혜를 모아 지방자치단체의 정책에 반영시킴으로써, 지방정책의 합리성을 높이는 효과를 낳는다. 둘째, 지방자치단체는 공청회를 통해 피부에 와닿는 주민의 소리와 의견을 들을 수 있고, 여론의 소재와 변동 상황을 파악하여 지방정책에 흡수할 수 있으며, 특정 지방정책에서는 주민의 능력을 활용할 수 있다. 셋째, 주민들은 그들이 알고자 하는 지역문제에 관하여 직접 묻고 답변을 들음으로써 의문이나 의혹을 풀 수 있기 때문에 공청회는 지방자치단체와 주민을 이어주는 다리와 같은 구실을 한다. 넷째, 공청회를 행정절차의 하나로 규정할 경우, 그것은 바로 행정의 민주화를 의미한다. 다섯째, 지방자치단체의 중요한 정책이나 주민들의 권익에 직결되는 사항을 결정함에 있어 주민통제가 가능해지며, 아래로부터의 민주주의를 실현시킬 수 있는 제도적 장치의 하나이다.

2. 고충민원

고충민원이란 행정기관 등의 위법·부당·소극적 처분(사실행위와 부작위 포함) 그리고 불합리한 행정제도로 인하여 국민의 권리를 침해하거나 국민에게 불편 또는 부담을 주는 사항에 관한 민원(현역장병과 군 관련 의무복무자의 고충민원을 포함)을 말한다(부패방지 및 국민권익위원회의 설치와 운영에 관한 법률 제2조 제5호). 동법 시행령 제2조는 고충민원이란 다음과 같은 사항에 관한 민원을 의미한다고 규정하고 있다.

- 행정기관 등의 위법·부당한 처분(사실행위를 포함)이나 부작위 등으로 인하여 권리·이익이 침해되거나 불편 또는 부담이 되는 사항의 해결 요구
- 민원사무의 처리기준과 절차가 불투명하거나 담당 공무원의 처리지연 등 행정기관 등의 소극적인 행정행위나 부작위로 인하여 불편 또는 부담이 되는 사항의 해소 요청
- 불합리한 행정제도·법령·시책 등으로 인하여 권리·이익이 침해되거나 불편 또는 부담이 되는 사항의 시정 요구
- 그 밖에 행정과 관련한 권리·이익의 침해나 부당한 대우에 관한 시정 요구

제 4 절 주민참여의 장점과 단점

주민참여는 많은 측면에서 긍정적인 효과를 발생시키지만 동시에 부정적인 영향을 유발하기도 한다. 주민참여의 장점들을 더욱 확대시키면서 단점들을 보완할 때 주민참여가 더욱 활성화될 것이고, 주민참여의 활성화는 지방자치의 효과적인 구축과 운영에 긍정적으로 이바지할 것이다. 주민참여의 장점들과 단점들에 대해 살펴보면 다음과 같다.

1. 주민참여의 장점

주민참여의 장점들은 매우 많지만, 대표적인 장점들로는 대의정치의 결함 보완, 지방정책의 질적 수준 향상, 행정통제 실현, 정책순응 확보, 대응성 있는 행정 등을 들 수 있다. 이에 대해 살펴보면 다음과 같다.

1) 대의정치의 결함 보완

오랜 역사를 가지고 있는 대의민주주의는 긍정적인 측면도 있지만 많은 비판을 받아온 것도 사실이다. 특히, 대의정치가 대표성을 상실한 채 특정 집단의 이익을 옹호한 점에 대해서는 많은 비난이 있었다. 주민의 대표기관인 지방의회가 주민들의 이익을 수렴화 · 조직화하지 않으면 주민들은 자신의 이익을 지방정책과정에 반영할 방법이 없어진다. 그런데 주민참여는 주민의 이익을 직접 대변하는 역할을 수행하기 때문에, 특정 이익을 대변하는 대의정치의 문제를 상당한 정도까지 보완할 수 있다.

2) 지방정책의 질적 수준 향상

주민참여가 활성화되면 지방자치단체와 주민들 간에 정보가 원활하게 흐를 수 있다. 물론, 주민참여가 일어나더라도 반드시 정보가 원활하게 흐르는 것은 아니다. 따라서 시민단체, 지역언론기관 등의 매개집단들의 역할이 중요하다. 이들이 직접 정보를 수집하여 주민들에게 공개할 수도 있고, 또한 지방자치단체에게 정보 공개를 요구하면 지방자치단체는 이를 거부하기가 힘들게 된다. 이리하여 지방과 관련된 많은 정보가 공개되면 지방이 처해 있는 상황과 지방이 해결해야 하는 문제들의 원인을 주민들이 올바르게 이해하게 된다. 이는 다양한 아이디어의 원천이 될 수 있다. 밀실에서 지방공무원 몇몇이 문제해결방안을 모색하는 것보다 지역문제의 이해관계당사자인 주민들이 함께 해결방안을 모색할 때 훨씬 더 많은 창의적인 아이디어를 얻을 수 있음은 당연한 일이다. 이는 합리적인 정책결정에 이르는 데 긍정적인 역할을 할 것이다. 경우에 따라서는 주민들의 참여가 지방정책을 지연시키거나 지방공무원들을 불편 혹은 곤란하게 하는 등의 문제를 유발할 수도 있지만 이보다는 긍정적인 효과가 훨씬 더 클 것이다.

3) 행정통제 실현

주민들이 자신의 지역에 대해 애정이 없으면 지역문제에 대해 관심이 없을 것이고, 이는 주민참여를 저해하는 요인이 된다. 역으로, 주민참여가 활성화된다는 것은 주민들이 자신의 지역에 대해 주인의식을 가지고 지방정책에 대해 비판의식을 가진다는 것을 의미한다. 따라서 주민참여는 지방자치단체가 지역의 발전과 주민의 복리증진을 위해 제대로 업무를 수행하는지에 대해 감시·통제하는 역할을 한다.

4) 정책순응 확보

주민참여는 지방정책과정에 주민이 일정 부분 참여하는 형태로도 나타난다. 지방정책이 주민의 참여를 통해 결정되느냐 아니면 참여하지 않은 상황에서 결정되느냐는 것은 지방정책의 집행과정에서 커다란 차이를 유발할 수 있다. 즉, 주민이 참여하는 가운데 자신이 찬성하는 대안으로 결정되면 집행과정에서 적극적이고 자발적인 협조를 할 것이다. 주민의 참여가 이루어진 상황에서 비록 자신이 찬성하지 않지만 다른 많은 주민들이 찬성하는 대안으로 결정이 나면 집행과정에서 적극적으로 반대하기 어려울 것이고, 경우에 따라서는 소극적으로 협조할 수도 있다. 즉, 주민참여는 정책집행과정에서 주민들의 순응(compliance)을 확보하는 데에 이바지한다.

5) 대응성 있는 행정

주민참여가 활발하게 이루어지면 이해조정과정과 평가과정이 활성화될 수 있다. 대부분의 지역정책은 많은 다양한 이해관계자들을 포함한다. 주민참여가 일어나지 않은 상황에서는 특정 이해관계자의 이익이 지방정책에 반영될 가능성이 높다. 그러나 주민참여가 활성화되면 지방정책을 둘러싼 이해관계가 첨예하기 대립될 수도 있고, 다른 한편으로는 이해관계자들 간에 조정이 활발하게 이루어질 수 있다. 어떠한 방향으로 나타나는가는 지방에 따라 그리고 정책에 따라 달라질 수 있다. 그러나 비록 이해관계가 첨예하게 대립되는 상황이 발생되더라도 주민참여가 활성화되면 그렇지 않은 경우와 비교할 때 상대적으로 이해관계자들 간에 조정하고자 하는 움직임이 용이하게 발생될 수 있고 혹은 제3자의 입장에 있는 주민들이나 단체들이 이들을 조정하려는 시도가 쉽게 나타날 수 있다. 이러한 조정과정에서 주민들이 원하는 것이 무엇인지가 명료하게 밝혀질 수 있다. 또한 주민참여가 활성화된다는 것은 지방정책에 대한 평가과정에서도 주민들의 참여가 활발하게 이루어진다는 것을 의미한다. 평가과정에서 주민들의 참여가 활발하게 이루어지면 지방공무원들은 주민들이 무엇을 원하는지를 파악하기 쉽고, 또한 평가에 대비하여 주민들이 원하는 바를 충족시키려고 노력할 것이다.

2. 주민참여의 단점

주민참여는 지방자치와 지방행정에 많은 긍정적인 영향을 미치는 것과 동시에 부정적인 영향을 미치기도 한다. 주민참여의 대표적인 문제점들로는 대표성의 문제, 정책과정의 비효율성과 혼란, 조작적 참여 가능성 등을 들 수 있다. 이에 대해 살펴보면 다음과 같다.

1) 대표성의 문제

주민참여가 활발하게 일어나더라도 모든 지역주민들이 동등하게 참여하는 것은 아니다. 어떤 사람은 적극적으로 참여하고, 어떤 사람은 소극적으로 참여하며, 어떤 사람은 참여하지 않는다. 이리하여 특수 이익을 대변하는 적극적인 참여자의 의견이 지방정책에 더 많이 반영되는 경우가 자주 발생한다. 이러한 현상은 이익집단들이 적극적으로 활동하는 다원화된 사회, 즉 가장 다원화된 사회에 가깝다는 미국에서도 빈번하게 발생되고 있다.

정책에 대한 영향력

정책결정에 대한 권력모형 중에서 결정과정에 미치는 영향력이 다양한 이익집단들에게 분산되어 있음을 가장 강조하는 모형이 다원주의이다. 그러한 다원주의 입장에서 볼 때도 정책과정에 미치는 영향력은 이익집단들에게 동등하게 나누어져 있는 것이 아니라 불공평하게 분산되어 있다. 즉, 다원주의자들이 제시하는 기본 그림은 정치시장(political market)임에도 불구하고, 정치시장에서 어떤 집단이 무엇을 얼마나 획득하느냐는 것은 그 집단이 가지고 있는 인적, 물적, 정보 등의 자원이 얼마나 크며, 그 목소리가 얼마나 강하냐에 달려 있다(Hill, 1997: 33). 다원주의를 비판하는 사람들은 "다원주의라는 천국의 결점은 천상의 합창단이 상류계층 특유의 강한 악센트로 노래한다는 것이다"라고 주장하고 있다(Schattschneider, 1960: 35).

2) 정책과정의 비효율성과 혼란

주민들이 지방정책과정에 참여하면 비효율성이 나타나거나 혼란이 야기될 수 있다. 일부 주민들은 특정 문제에 대한 전문적 지식이나 노하우(know-how)를 가지고 있지만, 전체적으로 볼 때 주민들은 전문성이 떨어지는 것이 사실이다. 전문성이 낮은 주민들이 지방정책과정에서 목소리를 강하게 되면 "사공이 많으면 배가 산으로 간다"는 속담처럼 지방정책이 잘못된 방향으로 나아가거나 또는 결정과 집행이 지연 혹은 연기될 수 있다. 이러한 과정에서 조정 혹은 타협이 실패할 경우 혼란이 야기될 수도 있다.

3) 조작적 참여 가능성

일상생활에서 특정 개인이 사실이 아닌 조작된 내용들을 퍼뜨려서, 이로 인해 피해를 입는 개인이 많은 스트레스를 겪는 경우를 가끔씩 목격한다. 개인적인 경우에도 조작은 많은 부작용을 낳는데, 조직적인 조작이 발생하면 그 피해는 훨씬 더 클 것이다.

특히, 지역에서 대중매체가 조작적 참여에 가담하면 매우 큰 불행을 야기할 수 있다. 지방자치단체에서 대중매체가 해야 하는 본연의 역할 중의 하나는 지방자치단체와 지방정책에 대한 건전한 비판이다. 그런데 이와는 거리가 먼 행동, 즉 상업적 이익을 위하여 혹은 특정 이익을 위하여 주민참여를 악용하면서 지방자치단체를 압박할 경우 지방자치단체는 이를 무시하기가 쉽지 않다. 더구나, 다음 선거를 앞두고 있는 상황이라면 지방자치단체장이나 지방의원들은 대중매체의 조작적 참여에 이끌려 다닐 가능성이 높다. 이는 지방자치단체와 주민들에게 매우 큰 부정적 효과를 유발할 수 있다.

제 5 절 우리나라 주민참여의 문제점과 개선방안

우리나라는 그동안 중앙집권적인 전통이 강하여 주민참여가 활발하게 이루어지지 않았다. 그나마 반상회, 민원, 시위 등은 활발하게 전개되었지만, 반상회는 정부 시책을 홍보하는 성격이 강하였고, 민원은 지방 전체를 위한 민원이 아니라 개별 민원이 대부분이었으며, 시위가 발생할 경우 사회적 비용이 매우 높았다. 이들을 제외한 주민참여는 잘 이루어지지 않았다. 주민참여가 제대로 이루어지지 않으면 '밀실행정'이 자행되어 자치행정의 공정성이 훼손될 수 있고 부패의 온상이 될 수 있다. 이러한 측면에서 볼 때, 우리나라에서 주민참여가 저조한 원인을 검토하고, 이를 개선하는 방안을 모색해보는 것은 매우 의미가 있는 일이다.

1. 우리나라 주민참여의 문제점

1) 권위주의적 행정문화

우리나라의 전통적인 행정문화를 논할 때 권위주의적 행정문화는 반드시 포함된다. 사전적 의미에서 볼 때, "권위주의란 일반적인 사실이나 상대의 의견을 무시한

채 기존의 권위에 기대어 사람을 대하거나 사태를 바라보는 사고방식이나 행동 양식"을 말한다. 따라서 권위주의적 문화가 팽배한 사회에서는 권위에 대한 맹목적인 추종이 강조되면서 자신보다 상위의 권위에는 무조건 따르는 반면에, 하위의 권위에 대해서는 강압적이거나 거만하게 대하는 행동이 강하다. 따라서 권위적 행정문화 속에서 지방공무원은 주민의 의견을 무시하는 일을 당연한 것처럼 인식하기 때문에, 주민참여가 활성화되는 것을 결코 기대할 수 없다.

2) 주민참여의 중요성 인식 부족

그동안 우리나라에서는 지방공무원들과 주민들이 주민참여의 중요성을 깨닫지 못하였다. 지방공무원들은 관료주의적 우월주의에 빠져서 자신들을 주민에게 은혜를 베푸는 시혜자로 인식함으로써, 주민을 지방행정과 지방정책의 주체로 보지 않고 객체로 보았다. 이러한 인식으로 인해서 지방공무원들은 주민들의 수요나 요구를 파악할 필요성을 깨닫지 못하였다.

동시에, 주민들도 자신들보다 더 많은 정보와 전문성을 가지고 있는 지방공무원들이 알아서 지역문제를 해결할 것이라는 방관자적 자세를 견지하여 왔다. 이러한 방관자적 자세는 주민의 지역에 대한 주인의식과 지방정책에 대한 비판의식을 성숙시키지 못함으로써 주민참여의 활성화에 부정적인 영향을 미친다.

3) 지방자치 부진

우리나라는 지방자치를 실시하고 있지만 지방자치를 일찍부터 실시하고 있는 나라와 비교하면 많은 점에서 부족하다. 지방자치의 기본법인 「지방자치법」에도 자치권을 제약하는 규정들이 많이 있고, 사무배분에서도 많은 문제점들을 보이고 있으며, 지방자치단체들의 재정적 압박도 심하다. 결국, 지방자치를 실시하지만 지방자치단체와 주민들이 스스로 할 수 있는 일이 기대만큼 많지 않다. 이는 지방자치와 주민참여에 대한 주민의 관심을 반감시킨다.

4) 제도적 장치 미비

주민참여를 활성화시킬 수 있는 제도적 장치에는 직접민주제적 요소인 주민발의, 주민투표, 주민소환 등이 포함된다. 우리나라에서는 이들을 모두 인정하고 있지만, 제도적 장치가 미비하거나 혹은 제도의 운영이 미숙한 실정이다. 이에 대해 살펴보면 다음과 같다.

(1) '반쪽' 간접주민발의

앞에서 살펴본 것처럼, 우리나라의 주민발의는 직접주민발의가 아니라 간접주민발의를 일부 인정하고 있다. 즉, 조례의 제정과 개폐에 대한 주민청구만을 인정하기 때문에 주민청구가 끝나면 주민발의는 종결된다. 주민의 청구를 조례로 결정하느냐의 여부는 지방의회에 달려 있다. 우리나라의 주민발의제도는 간접주민발의제도의 일부만을 채택한 것이기 때문에 발의제도라기보다 청구제도에 가깝다. 이로 인해, 주민발의제도의 실효성에 대한 비판이 제기되고 있다.

주민발의제도의 실효성

2002년 7월부터 2006년 6월까지 지방의회에 발의된 주민발의안을 조사한 결과 총 123건이 주민발의가 추진되었고, 119건(보류, 미발의, 반려 5건 제외)이 최종 발의되었다. 이 123건의 조례를 발의하기 위해 1,379,926명의 주민이 서명에 참여하였으나 12건만이 원안 의결되었고, 52건이 부결, 자동폐기, 각하 등의 결정으로 조례로 반영되지 못했다. 이 주민발의 조례는 작게는 경남 의령군의 학교급식조례를 위해 886명, 많게는 서울시 학교급식조례를 위해 212,043명의 주민이 참여하는 등 총 1,379,926명이 서명에 참여하여 발의하였다. 이 중 94건이 전국적으로 벌어졌던 학교급식에 관한 조례로 약 98만 명이 참여했고, 영유아보육조례 10건, 공동주택지원 4건, 시립의료원설치 2건 등 주민생활에게 직접적인 영향을 미치는 조례들이었다.

출처: 함께하는 시민운동(2006)에서 부분 발췌 · 재서술

(2) 주민투표의 목적 반감

우리나라의 주민투표제도는 다음과 같은 문제점들을 가지고 있다. 먼저, 주민투표는 갈등을 해결하기 위한 기제로서 기대되었으나, 역효과가 나타나기도 한다. 즉, 사회가 복잡해지고 다원화됨에 따라 지방의 문제들 중에는 주민대표들만으로는 해결하기 어려운 문제들이 증가함에 따라 주민들이 직접 주민투표에 참여하여 결정하면 주민들 간의 갈등이 확대되지 않으면서 동시에 지방문제가 해결되리라 기대되었다. 그러나 주민투표는 정책이슈를 양자택일로 결정하기 때문에 결정과정에서 여론조작이 용이하고 영향력이 있는 집단이 주도할 뿐만 아니라 '심의(審議)'[2]가 부족하여 이성보다 감정적 결정을 하게 함으로써, 주민투표과정을 '공론의 장'이 아니라 '투쟁의 장'으로 만들어 갈등을 확대시키는 경우가 자주 발생하였다.

또한 주민투표의 금지 사항이 지나치게 넓고 모호하게 규정되어 있어서 주민투표의 원래의 취지가 반감될 수 있다(정정화, 2012: 105). 특히, 국가사무의 범위가 명확하지 않은 상황에서 국가의 권한과 사무에 속하는 사항을 주민투표의 대상에서 제외시킨 것은 주민투표의 금지대상 범위를 매우 모호하게 하고 또한 경우에 따라서는 자의적으로 지나치게 넓게 설정할 수 있다.

(3) 주민소환의 실효성문제

우리나라에서 시행되고 있는 세 가지 직접민주주의적 제도 중에서 가장 최근에 도입된 주민소환의 경우 도입 취지에 맞게 운영되고 있는지에 대한 의문이 제기되고 있다.

[표 13-2]에서 보는 바와 같이 여러 차례 주민소환운동 혹은 투표가 진행되었지만, 사례조사 기간인 2009년까지 소환이 확정된 사람은 시의원 2명에 불과하였다. 앞에서 검토한 바와 같이, 그 이후에도 2020년 보은군수 그리고 2021년 과천시장에 대한 주민소환이 발의되었으나, 자진 철회와 직무 복귀로 결론이 났다. 이 사례들을 종합적으로 검토해보면, 주민소환이 추진되는 과정에서 서명부를 제출하지 않거나, 서명수가 부족하거나, 화해로 중단되거나, 소환투표 청구가 기각되거나, 유권자의 1/3도 투표에 참여하지 않아 개표조차 이루어지지 않은 경우도 있었다. 이러한 결과가 나타난 원인은 여러 가지가 있을 수 있으며, 대표적인 원인들을 살펴보면 다음과 같다.

2) 어떤 안건이나 일을 자세히 조사하고 논의하여 결정함.

[표 13-2] 주민소환 사례

연월	소환대상	사유	추진 경과 · 결과
2007.5	함양군수	골프장 건설 반대	중단 · 포기선언
2007.7	서울 강북구청장	재개발 비리 의혹	기간 내 서명부 미제출
2007.12	하남시장과 시의회의원 3인	광역 화장장 유치	시장: 투표율 미달 · 부결, 시의원 2인: 주민소환
2008.1	장성군의회의원 4인	농업 · 노인복지 예산 삭감	화해로 중단
2008.5	충주시의회의원 9인	향락성 해외연수 등	서명 수 부족
2008.6	시흥시장	수뢰혐의 구속	주민소환투표청구 각하
2008.10	서울시의회의장	의장선거 부정 혐의 구속 기소	소환대상 자진 사퇴로 중단
2008.12	밀양시장	산지전용허가 약속 불이행	협력 양해각서 체결 · 철회
2009.1	인천연수구청장	수인선복선전철계획 역위치 변경	서명 수 부족
2009.3	춘천시의회의원	시의회 폭력	서명 수 부족
2009.4	경주시장	독선행정, 주민생존권 침해 등	청구인대표 사퇴 · 서명 중단
2009.5	제주도지사	해군기지 건설	주민소환투표율 미달 · 부결

출처: 전영상(2009: 124-125)에서 인용 · 부분 수정.

첫째, 우리나라의 주민소환제도의 가장 중요한 문제점은 소환청구 사유가 규정되지 않고 있다는 점이다. 동일한 행정행위가 어느 지방자치단체에서는 지방자치단체장에 대한 공적으로 평가되고, 다른 지방자치단체에서는 소환의 사유가 되는 등의 사례가 나타난다는 것은 청구요건이 규정되지 않기 때문이다. 이로 인해, 지방자치단체장이 지역경제에 도움이 되고 지역주민 전체의 공익을 위한 정책을 추진하더라도, 특정 주민들의 정서에 반하거나 이해관계에 영향을 미칠 경우 소환의 대상이 될 수 있다.

동일 행정행위에 대한 지역별 다른 평가

방사능폐기물 저장시설인 방폐장 유치 사안에 대하여 방폐장 유치를 추진한 어떤 지방자치단체장은 주민들의 비난의 대상이 되었고, 방폐장 유치를 추진한 다른 지방자치단체장은 주민들의 찬사를 받은 사례가 있다. 다음 선거에서도 전자의 지방자치단체장은 소속 정당에서조차 인정을 받지 못하고 무소속으로 도전했으나 낙선했고, 후자의 단체장은 압도적인 득표율로 재선에 성공했다.

둘째, 특정 목적을 추구하는 집단들이 이 제도를 남용하여 자기집단의 이익을 추구하기 위해 지방공직자에게 부당한 영향을 행사할 수 있는 위험이 있다. 이 경우, 주민소환을 추진하는 집단들의 주장이 주민을 대표하는 것이라 할 수 있을 것인가 하는 대표성문제가 심각하게 거론될 수 있다.

셋째, 정치적 반대세력에 의해서 주민소환제도가 악용되는 경우가 있음을 부인하기 어렵다. 즉, 선거에서 패배한 정당이 당선된 지방공직자를 흠집 내고 또한 다음 선거에서 우월한 입지를 차지하기 위하여, 탈법적 선거운동전략으로 주민소환제도를 악용하는 등 정치적으로 오・남용될 가능성이 항상 존재하는 것이 문제이다. 이는 정치불신을 조장할 수 있다.

5) 행정정보공개 미진

일반적으로 관료들은 자신들의 조직을 확대시키고 자원을 과도하게 사용하는 경향을 보인다(Hill, 1997: 75). 이는 관료들이 자신들의 조직이 확대될 때 승진의 가능성이 증대되고 권력・영향력・대중의 존경이 커진다고 인식하고 있기 때문이다(Tullock, 1967). 조직을 확대하는 움직임은 조직 내부적으로는 관료들로 하여금 자신의 위치를 공고하게 할 필요성을 더욱 강하게 하고, 외부적으로는 다른 부처와 경쟁관계를 확대시킨다. 이러한 과정에서 비밀이 증가하며, 비밀이 많아질수록 정보공개를 꺼리는 분위기가 더욱 심해진다.

특히, 우리나라에서는 예로부터 덕을 강조하는 문화가 자리매김하고 있어서 약간의 잘못이 발견되더라도 아량으로 이해하려 하고, 곤궁한 처지에 있는 친지나 이웃들을 돌보려는 경향이 강하였다. 다른 사람들을 이해하는 따뜻한 마음에서 우러나는 이러한 경향은 지방에서 더욱 강하다. 그러나 이러한 온정주의적 사고가 잠재된 사회에서는 사회규범을 어기거나 잘못된 행동을 해도 덮어두려는 관행이 생기거나 혹은 뇌물이 오가고 술좌석이 마련되면서 서로에게 필요한 것을 채워주려는 잘못된 행태가 나타나기 쉽다. 온정주의의 부작용이 확대 혹은 만연되는 상황에서는 비밀주의가 팽배될 수밖에 없기 때문에, 지방공무원들이 정보공개를 적극적으로 시행할 리가 없다.

6) 매개집단의 활동 부진

최근에 들어와서 우리나라에서도 매개집단, 특히 시민단체의 활동이 활발해지고 있다. 그러나 시민단체들은 활동의 정도와 범위를 확대시키고 있지만, 여전히 많은 문제점들을 노정하고 있는 것도 사실이다. 우리나라 시민단체들의 대표적인 문제점들을 살펴보면 다음과 같다.

첫째, 일부 시민단체들은 지역과 주민이 아닌 시민단체의 이익을 위해 활동하는 경우가 있다. 또한 일부 시민단체 참여자들은 개인적 이익을 달성하기 위해 시민단체를 이용하는 경우도 있다.

둘째, 시민단체들에 참여하는 사람들은 주민과 비교할 때 전문성을 갖추고 있기 때문에 지방정책과정에서의 역할이 기대되지만, 그러한 기대를 충족시키지 못하는 경우가 적지 않다. 먼저, 시민단체들은 지방정책에 대한 건설적 비판을 하리라 기대되었지만, 일부 시민단체들은 재정적 어려움으로 인해 정부의 지원금에 의존하기 때문에 건설적 비판보다는 친정부단체 혹은 어용단체(Astro Turf)[3]로서의 역할을 하기도 한다. 또한 시민단체들은 지방정책과정에서 제안자적 역할을 하리라 기대되었지만, 개선안을 제시하지 않고 문제점만을 지적하는 등 비판을 위한 비판에 몰두하는 경우도 있다.

셋째, 주민들에 비해 상대적으로 시민단체들은 지방자치단체의 업무에 더 많은 관심을 가지고 있으며, 또한 관련 정보를 획득하기가 더욱 용이하다. 획득된 정보를 주민들에게 알리고, 이를 기반으로 여론을 형성하는 것도 시민단체들의 주요 기능에 속한다. 그러나 시민단체들은 이러한 측면에서의 역할이 부족하다.

7) 높은 참여비용

주민참여과정이 너무 많은 시간과 비용을 요구하는 경우가 있으며, 특히 이 문제는 간접주민참여제도에서 많은 비판을 받고 있다. 먼저, 간접주민참여제도에 대한 홍보가 많이 부족하다. 직접주민참여 못지않게 간접주민참여는 중요한 제도임에도 불

3) 자신의 이익을 위하여 권력자나 권력기관에 영합하여 줏대 없이 행동하는 것을 비꼬아 이르는 단어로서, '관변단체'라고도 한다. 정부에 아첨하는 언론을 어용언론, 학자를 어용학자, 노동조합을 어용노조라고 하며, 이들을 가리켜 '정권의 나팔수'라고도 한다.

구하고, 대표적인 간접주민참여 방식인 공청회 등이 어떤 주제로 어디에서 언제 열리는지를 주민들이 모르는 경우가 많다. 그리고 공청회 등이 개최되는 장소의 접근성이 떨어지는 경우도 있다. 또한 간접주민참여제도에 참여하는 주민에게는 사전에 충분한 정보가 제공되어야 함에도 불구하고, 참여하고서야 정보를 제공받음으로써 충분히 생각할 여유가 없는 점도 참여하는 노력에 비해 실질적으로 얻을 수 있는 열매를 줄이게 한다.

2. 우리나라 주민참여의 개선방안

위에서 검토한 우리나라 주민참여의 문제점들을 개선하는 방안은 지방자치의 구축, 지방의 발전, 주민들의 복리 증진 등에 매우 중요한 역할을 한다. 이에 대해 살펴보면 다음과 같다.

1) 민주행정사상 확대

우리나라에서 주민참여를 저해하는 가장 중요한 원인 중에 권위주의적 문화가 있음을 앞에서 지적하였다. 권위주의적인 공무원들이 주민의 의사를 경청하는 것은 드문 현상이다. 권위주의적 문화가 팽배할수록 개방적 정책결정체제가 아니라 폐쇄적 정책결정체제가 선호된다. 그러나 몇 사람이 밀실에서 지방정책을 결정하는 것보다 다수가 공개적으로 지방정책을 결정하는 것이 상대적으로 효율적이고 민주적이며, 부정을 방지하기 용이하다. 따라서 권위주의적인 인식과 행태를 지양하고 민주행정사상이 확대되도록 하여야 한다.

2) 참여에 대한 인식 전환

지방공무원은 지금까지처럼 주민참여를 하나의 요식행위로 인식하지 말고, 주민들이 원하는 것을 충족시켜주고 지방자치단체의 안정과 발전을 도모하는 일꾼이라는 '공복(公僕)의식'을 지녀야 한다. 이럴 때 지방공무원은 '시혜자'로서의 자세를 지양하는 한편, 주민들을 동반자로서 인식함으로써 주민들과 함께하려는 태도가 배양될 수 있다.

또한 주민들도 참여의식을 가져야 한다. 민주시민교육을 통해 지방자치단체의 주인은 주민임을 주민들에게 일깨우는 한편 주민의 판단능력과 비판의식을 높임으로써, 주민에게 주민참여에 대한 의지와 기회를 확대시킬 필요가 있다.

3) 지방자치의 강화

실효성 있는 주민참여를 원한다면 지방자치단체가 자신의 책임 하에 자율적으로 지역의 문제를 수행할 수 있도록 하는 실질적인 지방자치가 실시되어야 한다. 이를 위해서는 앞에서 논의된 바와 같이 무엇보다도 자치권을 보장하기 위해 「지방자치법」 등을 개정하여야 하고, 지방자치단체가 수행하는 것이 효율적인 사무를 지방자치단체로 이양하며, 지방재정을 건실하게 할 수 있는 방안 등을 적극적으로 모색하여야 한다.

4) 직접민주주의적 제도 보완

주민참여를 활성화하기 위한 방안으로 주민발의, 주민투표, 주민소환 등의 직접민주주의적 요소를 도입하였지만, 원래 기대했던 만큼의 효과를 달성하지 못했음을 앞에서 지적하였다. 이는 제도적 장치의 미비와 운영의 미숙이 주원인이므로, 아래와 같이 이를 보완하여야 한다.

(1) 직접주민발의제도 지향

우리나라의 주민발의제도는 '반쪽' 간접주민발의제도인데, 주민들이 직접 조례의 제정과 개폐를 결정할 수 있게 하는 직접주민발의제도로 바꾸는 것이 바람직하다. 만약 현재와 같이 간접주민발의제도를 채택하더라도 그 제도에 충실하도록 지방의회가 발의안을 조례로 결정하지 않을 경우 주민투표로 최종 결정하도록 할 필요가 있다. 또한 발의를 제한하는 영역을 예시하고, 그 외의 영역에서는 제한 없이 주민발의가 가능하도록 해야 한다(김영기, 2008: 140).

(2) 주민투표의 공정한 절차 제도화

주민투표과정에서 나타난 '심의'가 부족한 점을 보완하기 위해 다양한 방안들이 시도되고 있다. 예를 들어, 스위스에서는 주민투표 전에 많은 토의와 공청회를 제도화하고 지방의회가 주민발의를 수정해서 발의하게 함으로써, 소수의 의견을 반영하려는 노력을 통해 대립과 갈등을 완화하려고 한다(안성호, 2005). 미국 캘리포니아 주에서는 주민투표를 실시하기 전에 청문회를 통해 제안자들의 의견을 듣고, 사회적 약자를 보호하기 위한 공청회를 실시하는 등 주민의견을 수렴하기 위해 노력하고 있다(주성수, 2007: 191-192). 이러한 사례들을 참조하여 주민투표과정에서 찬반단체가 주도하는 것이 아니라, 주민대표가 주도하는 토론회 혹은 공청회를 실시하도록 제도화할 필요가 있다.

또한 국가사무의 범위를 명확하게 하여 주민투표 금지대상을 분명하게 규정하면서, 필요한 경우 지방자치단체에게도 주민투표를 청구할 수 있도록 해야 한다. 즉, 일부 국가사무에 대한 주민투표를 중앙행정기관의 장의 요구에 의해서만 발의되도록 할 것이 아니라, 국가사무 중에서 지방자치단체의 주민에게 중대한 영향을 미치는 사무의 경우에는 지방자치단체장, 지방의회, 주민에게 주민투표 청구권을 부여하는 것이 바람직하다(정정화, 2012: 105).

(3) 공정하고 실효성 있는 주민소환

주민소환제도는 법적 · 제도적 요건을 강화하더라도 오 · 남용 문제는 언제든지 제기될 수 있다. 그러나 문제점에서 지적하였듯이, 현재 우리나라의 주민소환제도는 조급하게 만들어져서 많은 문제점들을 포함하고 있다. 문제점에서 지적된 사항들을 중심으로 개선방안을 살펴보면 다음과 같다.

첫째, 청구사유를 규정하여야 한다. 현재는 주민소환청구사유에 관하여 구체적 규정을 두지 않고, 다만 주민소환투표를 청구할 때 소환사유를 구체적 명시하도록 하고 있을 뿐이다. 이럴 경우, 별다른 제재 없이 서명요청, 소환투표운동 등을 전개함으로써, 소환투표 결과가 나오기 전에 이미 지방자치단체 내에서 행정의 불안정성, 갈등 확산, 비용 등의 문제가 발생하게 된다. 따라서 주민소환청구사유의 규정을 법령위반, 직권남용, 직무유기, 심히 부당한 행위 등으로 제한하고, 소환사유에 대한 타당성 심의를 사전에 할 수 있는 기구 등을 설치하여 청구사유가 합당하다고 결정될 경우에만 서명요청, 소환투표운동 등을 시작할 수 있게 해야 한다.

둘째, 특정 집단의 이권을 위한 압력수단으로 이용하는 경우에 대한 규제조항과 처벌규정을 만들 필요가 있다. 즉, 주민소환이 실패했을 경우 소환청구인에게도 비용의 일부분을 부담하게 하는 등의 방법을 검토할 필요가 있다.

셋째, 정치적 악용을 방지하기 위한 규정을 적극적으로 검토할 필요가 있다. 예를 들어, 지난 지방선거의 후보자와 그 가족, 이들과 관련 있는 단체, 이들 소유시설의 임·직원, 「공직선거법」에 의해 선거운동을 할 수 없는 자 등은 주민소환청구의 자격을 제한하고, 선거관리위원회는 소환청구자의 자격 여부를 명확하게 확인하여야 한다.

넷째, 주민들은 불순한 의도를 가진 자들에 이용당하지 않도록 유념해야 한다. 이를 위해서는 성숙되고 공익지향적인 의식이 정립되어야 하며, 주민소환과정에서 주민들이 심도 있는 토론을 할 수 있는 공론의 장이 활성화되어야 한다. 이는 반드시 필요하면서도 동시에 매우 어려운 일이기 때문에, 주민들과 지방자치단체의 노력은 물론이고, 지역사회의 대표적인 매개집단인 시민단체, 지역언론기관 등의 역할이 중요하다.

5) 행정정보 공개 활성화

'국민의 알 권리'를 위해 국민의 정보접근권을 보장하는 제도가 정보공개제도이다. "정보 없이는 참여 없다"라는 격언처럼, 정보의 획득은 참여를 위한 전제조건이다. 주민이 행정을 감시하려고 하든 혹은 정부의 정책과정에서 의견을 표명하려고 하든, 그 전제로 주민에게 올바르고 충분한 정보가 제공되어야 한다. 그런 관점에서 본다면 정보접근권의 보장은 참여민주주의의 실현을 위한 기본 전제라고 할 수 있다(이기우·하승수, 2007: 143). 따라서 다음과 같은 방안이 모색될 필요가 있다.

첫째, 지방공무원들이 '열린 행정'의 중요성을 인식할 필요가 있다. 지방행정정보를 주민이 알게 되면 행정의 효율성이 떨어지거나 혹은 귀찮은 일이 발생한다는 등의 소극적인 마음에서 탈피하여 주민들이 공개된 정보에 기반하여 지방자치단체에 도움이 되는 다양한 아이디어를 제공할 것이라는 적극적인 마음을 가져야 한다.

둘째, 문서 생산 단계에서 공개 여부를 공식적으로 결정하고, 공개대상 정보는 자발적으로 공개하는 공직 분위기를 조성하여야 한다. 공개대상으로 공식적으로 결정된 정보는 주민의 공개 요청에 상관없이 공개하여야 하고, 상황에 따라 공개 여부를 재검토하는 일이 발생해서는 안 된다. 또한 주민들이 알 필요가 있는 정보를 정기적으로 공개하는 것을 관행화하여야 한다.

셋째, 공개대상 문서에 대한 관리를 철저하게 하여야 한다. 문서를 누락하거나 훼손하는 것을 방지하기 위하여 DB화하거나, 대외비 목록과 그 내용에 대해서는 타당성 검토를 실시할 필요가 있다.

6) 매개집단 활성화

문제점에서 매개집단들 중 시민단체의 문제점을 지적한 바 있다. 따라서 여기에서는 시민단체의 문제점을 중심으로 개선방안을 살펴보기로 한다.

첫째, 시민단체와 참여자들의 시민활동에 대한 인식이 변해야 한다. 시민단체의 이익을 위하고 개인의 영달을 위한 활동은 단기적으로는 시민단체와 개인에게 이익을 제공할 수 있다. 그러나 '열린 사회'에서는 그러한 행동들이 중・장기적으로는 비난의 대상이 됨을 시민단체와 참여자들은 인식하여야 한다.

둘째, 건설적 비판과 정책 제안자로서의 역할에 충실하여야 한다. 일부 시민단체가 재정적 어려움으로 인해 건설적 비판 기능을 행하지 않고 친정부적 활동을 하는 것에 대해 그동안 우리 국민들은 많은 비판을 하였다. 그리하여 지금은 공개적으로 친정부적 활동을 하는 것이 예전만큼 쉽지는 않지만, 여전히 암암리에 친정부적 활동을 행할 수 있다. 정부 차원에서는 시민단체들의 건설적 비판이 궁극적으로는 정부에 도움이 됨을 인식하고 지원을 하더라도 지원에 그쳐야 한다. 또한 시민단체들도 단체의 존립 이유 중에 건설적 비판과 정책제안이 포함되어 있음을 명심하면서 지방정책의 제를 발굴하고 대안을 모색하는 등의 노력을 하여야 한다.

셋째, 시민단체들의 힘만으로는 지방자치단체를 변화시키기 어려운 경우가 많다. 이때 가장 필요한 것은 주민들의 여론이다. 따라서 시민단체들은 지방자치단체가 하는 일에 대한 정보를 획득하여 주민들에게 알리고, 주민들의 의견을 수렴하여 조직화해야 한다. 주민들의 힘이 모아질 경우 지방자치단체의 업무수행과정에서 발생될 수 있는 비민주적 혹은 비효율적 행태를 개선할 가능성이 높아질 것이다.

7) 참여비용 감소

주민참여는 주민들로 하여금 실질적인 비용과 시간적 비용을 투자하게 하는 것이다. 이 참여비용이 높으면 많은 주민들은 무임승차자(free-rider)가 되려고 할 것이다.

따라서 주민들의 접근성이 높은 장소에서, 그리고 가능한 한 주민들이 편한 시간에 주민참여제도를 실시하여야 한다. 또한 참여자에게는 관련 정보를 사전에 제공하도록 노력하여야 한다.

알아두면 좋아요

1. 대의민주주의로 인해 주민대표자들이 지방정책결정과정에 주민의사를 제대로 반영하지 않고 주민을 관객화함으로써, 지방정치 불신, 지방선거 불완전성, 이익집단에 좌우, 대리인문제, 정책 무능 등이 심각한 수준에 이르게 되었으나, 이를 개선하는 것은 결코 쉬운 일이 아니었다. 그러나 1980년대부터 주민참여는 '돌이킬 수 없는 대세'로 자리매김하고 있다. 주민참여란 주민이 자신들의 삶의 질이나 생활과 관련된 정책이나 지방자치단체의 운영 등에 영향을 미치기 위한 일체의 행동을 말한다. 주민참여가 필요한 이유는 지방행정 개혁, 지방행정의 질 향상, 대의민주주의 보완, 지방의원의 전문성 부족 보완 등이다.
2. 우리나라의 직접주민참여제도는 다음과 같다. 주민발의는 주민이 능동적·적극적으로 단체장이나 지방의원의 일부 권한을 제약하거나 행사하는 제도이다. 주민투표는 주민들의 삶에 영향을 미치는 중앙정부 혹은 지방자치단체의 중요한 결정에 대해 주민들이 투표를 통해 의사를 표시하는 방법이다. 주민소환은 주민대표자가 수행하는 업무가 주민의사와 합치되지 않는 경우, 주민들이 대표자의 직무를 정지시켜 지방자치단체문제를 직접 시정하는 제도이다. 주민소송은 소송대상 사항에 대해 위법 행위나 업무 소홀 등이 있을 경우, 해당 지방자치단체장을 상대방으로 하여 소송을 제기하는 제도이다. 주민감사청구는 주민이 상급기관에 감사를 청구하는 제도이다. 주민청원이란 주민이 불이익, 요구 사항에 대해 지방의회에 청원을 접수하는 것이다.
3. 대표적인 간접주민참여제도에는 공청회와 고충민원이 있다. 공청회는 주민과 밀접한 이해관계가 있는 사안이나 도시계획 등에 관하여 최종 결정 전에 주민, 이해관계자, 해당 전문가 등의 의견을 수렴하는 제도이다. 고충민원은 지방자치단체의 위법, 부당, 소극적 처분, 불리한 행정제도 등으로 인해 주민이 권리침해, 불편, 부담을 겪는 것에 대한 민원이다.
4. 주민참여의 장점에는 대의정치의 결함 보완, 지방정책의 질적 수준 향상, 행정통제 실현, 정책순응 확보, 대응성 있는 행정 등이 있다. 주민참여의 단점으로는 대표성의 문제, 정책과정의 비효율성과 혼란, 조작적 참여 가능성 등을 들 수 있다.
5. 우리나라 주민참여의 문제점으로는 권위주의적 행정문화, 주민참여의 중요성에 대한 인식 부족, 지방자치의 부진, 제도적 장치의 미비('반쪽' 간접주민발의, 주민투표 목적↓, 주민소환 실효성↓), 행정정보공개의 미진, 매개집단의 활동 부진, 높은 참여비용 등을 들 수 있다. 이의 개선방안에는 민주행정사상의 확대, 참여에 대한 인식 전환, 지방자치의 강화, 직접민주주의제도의 보완(직접주민발의, 공정한 주민투표, 공정하고 실효성 있는 주민소환 개선), 행정정보 공개 활성화, 매개집단의 활성화, 참여비용의 감소 등이 있다.

논 의

1. 주민참여가 필요한 이유에 대해 설명하시오.
2. 우리나라의 대표적인 직접주민참여제도와 간접주민참여제도에 대해 설명하시오.
3. 주민참여의 장점과 단점에 대해 설명하시오.
4. 우리나라의 주민참여제도에 대해 문제점과 개선방안을 포함하여 논하시오.

제 14 장 지역이기주의

제 1 절 지역이기주의의 의의와 유형

1. 지역이기주의의 등장

세계화와 정보지식화는 국가의 기능을 축소시키면서 동시에 수요와 공급의 주체로서 지방자치단체에 대한 관심을 증대시켰다. 지방자치단체는 정치적 · 행정적 · 경제적 · 사회적 · 문화적 행위자로서 지방자치단체 내 · 외의 여러 조직들과 다양한 관계를 맺으면서 상호작용을 통하여 지방의 발전을 추구하고 있다. 그러나 지방자치단체들이 활용할 수 있는 자원은 무한한 것이 아니라 제한적이기 때문에, 모든 지방자치단체들은 제한된 자원을 둘러싸고 발생하는 경쟁적인 행정환경에 처하게 된다. 그리하여 '집합적 행위(collective action)'에 대해 익숙하지 않은 지방자치단체들은 '핌피(PIMFY: Please, In My Front Yard)'로 알려진 선호시설을 유치하기 위한 갈등 혹은 '님비(NIMBY: Not In My Back Yard)'로 대표되는 비선호시설이 입지하는 것을 반대하는 갈등을 경험한다.

지역이기주의는 산업사회에서도 존재하였다. 산업사회에서의 대표적인 지역이기주의는 선호시설을 유치하기 위해 지방자치단체들 간에 발생하는 경쟁인 '핌피'이었다. 그러나 시간이 흐르면서, 특히 친환경시대에 들어가면서 비용과 편익의 불균형 현상을 발생시키는 비선호시설을 둘러싼 갈등에 휩싸이는 경향이 확대되고 있다.

선호시설을 유치하고자 하는 지방자치단체들 간의 경쟁도 해결하기 어렵지만, 주민이 원하지 않는 시설이 지역에 입지하는 것에 대한 주민의 반대와 항의는 더욱 해결하기 어렵다. 더구나, 지방자치가 실시되면서 지방자치단체들 간의 갈등은 더욱 확대되는 경향을 보이고 있다. 물론, 중앙집권체제에서도 지방정부들 간의 갈등이 존재하였다. 그러나 중앙정부 혹은 상급지방정부의 중재 혹은 조정으로 해결되는 경우가 대부분이었기 때문에, 지방정부들 간의 갈등이 첨예하지 않았다. 그러나 지방자치가 실시되면서 지방자치단체들 간에 갈등이 발생하면 선출직 주민대표자들이 지역주민의 눈치를 많이 보게 됨에 따라 양보 혹은 타협할 수 있는 문제들조차도 과격하게 혹은 극단적으로 처리하려고 하여 해당 지방자치단체들은 사활을 건 투쟁을 하는 경우가 점차 증가하였다. 이러한 상황이 되면 중앙정부 혹은 상급자치단체도 중재할 수 없는 상태에 이르게 된다. 이것이 지방자치가 실시되면서 지방자치단체들 간의 갈등이 심각하게 받아들여지는 이유이다. 지방자치단체들 간의 갈등이란 지방자치단체가 갈등의 주체가 되어 다양한 이해관계를 둘러싼 갈등이 대립적 행동으로 표면화된 것을 의미한다.

2. 지역이기주의의 정의

지역이기주의에 대한 정의는 비슷하다. 대표적인 정의를 소개하면 다음과 같다. 지역이기주의는 말 그대로 국가 전체 혹은 공동의 이익보다는 자기 지역의 이익을 우선시하는 성향을 의미한다(최창호, 2001: 718; 정일섭, 2010: 209). 즉, 지역이기주의는 지역에 대한 향토애를 바탕으로 자신의 지역에 선호시설을 유치하거나 혹은 혐오시설의 입지를 반대하는 배타적·편협적인 사고와 행태를 가진 이해관계당사자들 간의 갈등이 표출되는 현상이다(박응격, 2012: 158).

이러한 정의에서 보듯이, 오늘날 지역이기주의는 다양한 사회적 병폐를 낳는 부정적 현상으로 인식되고 있다. 지역이기주의에 대한 앞선 정의가 틀린 것은 아니지만, 인식의 차이에 따라 지역이기주의를 지방정부와 지역주민의 배타적인 이기주의의 발로라는 식으로 단순하게 해석하지 않을 수도 있다. 즉, 지역이기주의가 발생되는 지방자치단체와 주민들이 지역적 이익을 우선시하기 때문에 발생되는 점은 분명하지만, 아래에서 설명되는 바와 같이 제도의 불완전, 그리고 지역주민의 고충 등도 고려되어야 한다.

첫째, 민주주의의 관점에서 보면 지역이기주의는 민주주의의 과잉이 아니라, 오히려 민주주의의 미완성에서 비롯된 것이라고 볼 수 있다. 지역적 이익을 추구하는 것은 민주주의적 다원성이 일반화된 다원화된 국가에서는 보편적인 현상이다. 지역이기주의가 심하게 나타난다는 것은 그만큼 다원주의가 자리잡고 있지 못하고 있다는 것이며, 또한 합의에 이르는 제도가 구축되지 않았다는 것을 보여주는 것이다. 따라서 지역이기주의는 민주주의 병폐로 인식되어서는 안 되며, 오히려 보다 높은 민주주의를 지향하는 과정에서 나타나는 현상으로 보아야 한다. 지역이기주의가 나타나는 것보다 더 중요한 것은 지역이기주의를 민주주의라는 가치 하에서 순화시키는 방법을 모색하는 것과 동시에 합의에 근접할 수 있는 제도적 장치를 마련하는 일이다.

둘째, 지역이기주의의 이면에는 지역주민의 의견을 무시하는 정부의 무리한 사업 추진, 소수집단에 대한 무리한 희생 요구, 정부의 불성실한 태도 등의 문제가 있을 수 있다. 이러한 관점에서 보면, 지역이기주의는 주민에게 일방적인 희생을 요구하는 정책결정에 대한 정당한 반응의 성격을 지닌다고 할 수 있다. 즉, 지역이기주의는 한편으로는 지역적 이익을 지나치게 강조하는 행태라고 비난받을 수 있지만, 다른 한편으로는 정당한 보상을 요구하는 주민운동일 수 있다.

3. 지역이기주의의 특징

많은 현대 국가에서 최근에 지역이기주의가 중요한 사회문제로 부각되고 있는 이유는 지역이기주의가 갖고 있는 다음과 같은 특징들 때문이다(김흥식, 1993: 25-35; 정일섭, 2010: 209-210; 박응격, 2012: 158).

1) 심각성

지역이기주의는 국가적 혹은 사회적으로 꼭 필요한 공공시설, 특히 위험시설이나 비선호시설을 건설하는 것에 막대한 지장을 초래하기 때문에, 심각한 사회문제와 환경문제를 초래할 수 있다. 또한 지역이기주의는 중앙정부와 지방자치단체 간, 중앙정부와 지역주민 간, 그리고 지방자치단체들 간의 갈등을 조성·확대시킬 뿐만 아니라 시위, 점거농성, 폭행 등의 물리적인 집단행동을 만연시킴으로써 사회적 불안감을 증폭시킨다.

2) 복잡성

지역이기주의는 이에 관련된 이해관계당사자들이 다양할 뿐만 아니라 발생하는 원인도 다양하고 이질적이어서 매우 복잡한 특징을 보인다. 사안에 따라 다를 수 있지만, 일반적으로 지역이기주의의 이해관계당사자는 중앙정부, 서로 다른 이해관계를 가진 지방자치단체들, 찬성과 반대와 유보로 입장을 달리하는 지역주민 등이다. 이들의 이해관계가 복잡하게 얽혀서 나타나고 있다. 또한 지역이기주의 발생 원인은 입지선정의 부당, 보상의 미비, 정부에 대한 불신, 주민들의 이기심, 주민들의 감정 등을 포함하여 매우 다양하고 이질적이다. 지역이기주의는 이러한 복잡한 특징으로 인해 이해관계당사자들을 분열시키고, 분열된 행위자들이 응집함에 따라 갈등이 확대 · 심화된다(이주헌 · 김효정, 2010: 88-92).

3) 불확실성

지역이기주의를 일으키는 시설이 주민들에게 미치는 부정적 영향이 어느 정도인지에 대한 정확한 정보와 과학적 근거가 불충분한 경우가 많다. 더구나, 전문가들의 의견이 불일치할 경우에는 불확실성이 더욱 증대된다. 또한 시설에 대한 관리능력 등이 불확실한 경우도 많다. 이러한 불확실성으로 인해 지역이기주의가 확대 · 심화된다. 특히, 체르노빌 사건 등과 같이 인류의 생명과 건강을 크게 위협한 사건들이 알려지면서 위험시설에 대해서는 막연한 불안감과 두려움이 있을 수밖에 없다.

체르노빌 사건(Chernobyl Accident)

1986년 4월 25~26일 체르노빌 원자력발전소의 기술자들이 원자로를 네 차례 시험가동하면서 안전절차를 위반했다. 마침내 몇 번의 폭발과 이에 따른 거대한 불덩이로 인해, 원자로에 있는 강력한 철강 · 콘크리트 뚜껑이 날아가고, 대량의 방사선 물질이 대기로 퍼져나갔다. 이 사고로 인한 사망자는 30명 이상이었으며, 그 중 2명은 폭발과 화재로, 29명은 방사능 노출로 목숨을 잃었고, 200여 명 이상이 심각한 방사능병에 걸렸다. 그리고 8톤 정도의 방사능 물질이 대기 속으로 빠져나갔는데 이것은 제2차 세계대전 때 미국이 일본 히로시마와 나가사키에 투하했던 원자폭탄이 내뿜은 방사능 수치를 능가하는 것이었다. 장기적으로 볼 때 방사능에 노출된 수천 명이 암으로 사망할 것이 예견되었다.

출처: 다음 백과에서 인용

4) 해결 곤란성

지역이기주의는 이해관계자와 발생 원인의 다양성, 비용과 편익의 불균등성, 미래 상황에 대한 정확한 예측의 어려움, 공무원에 대한 주민의 불신 등의 문제들이 복잡하게 얽혀 나타나기 때문에 해결하기 어려운 경우가 많다.

4. 지역이기주의의 유형

지역이기주의는 크게 선호적 지역이기주의와 혐오적 지역이기주의로 분류될 수 있다. 이에 대해 살펴보면 다음과 같다.

1) 선호적 지역이기주의

선호적 지역이기주의란 자신의 지역에 이익이 되는 시설을 유치하고자 하는 지역이기주의이다. 지방자치단체의 청사(도청·시청·군청·구청 등), 문화예술회관, 도서관, 도로, 공원, 공항, 지하철역, 종합병원, 기업 등을 자신의 지역에 유치하려고 요구하는 일체의 집단적 행동이 여기에 속한다. 선호적 지역이기주의에는 '핌피(PIMFY: Please, In My Front Yard)'와 '핌투(PIMTOO: Please, In My Term of Office)'가 있다. '핌피'는 말 그대로 "제발 자기 집 앞뜰에 놓아 달라"는 것이다. '핌투'는 "제발 내 재임 기간 중에 해 달라"는 것이다.

'핌피': 동남권 신공항 유치 경쟁

2011년과 2016년 두 차례에 걸쳐 발생된 동남권 신공항 유치를 위한 지방자치단체들 간의 분열 사례는 '핌피' 현상의 대표적인 예이다. 부산은 가덕도에 신공항이 유치되기를 바라는 반면에, 경남・울산・대구・경북 등은 경상남도 밀양에 유치되기를 원하였다. 동남권 신공항문제는 막대한 경제효과를 바라는 지역주민들의 기대심리와 정치권의 정치적 의도 등이 맞물리면서, 복합적으로 상승작용을 일으켜 가열되고 있었다. 이에 정부는 어느 한쪽만을 편들기가 어렵다는 판단 아래 원천적으로 사업을 백지화하는 방침을 발표하기에 이르렀다.

출처: NEWSPIM(2017년 3월 14일)에서 부분 발췌・재서술

2) 혐오적 지역이기주의

혐오적 지역이기주의란 원하지 않는 시설이 자신의 지역에 설치되는 것을 주민이나 지방자치단체가 반대하는 현상을 말한다. 혐오적 지역이기주의의 대표적인 대상시설에는 원자력발전소, 방폐장(방사능폐기물처리장), 자원회수시설(쓰레기소각시설), 쓰레기매립장, 화장장, 분뇨처리장 등이 포함된다. 이 시설들은 일반적으로 시설입지과정에서 해당 지방자치단체나 주민들을 배제시키는 것은 물론이고, 부동산가치하락, 편익 대비 비용의 과다, 위험성, 불확실성 등에 대한 우려를 불식시키지 못하기 때문에 야기되며, 위의 요소들은 상호 상승작용을 통해 집단적 분쟁으로 치닫게 된다. 집단적 분쟁은 계획의 철회・변경 또는 새로운 대안의 선택을 목적으로 흔히 시위・농성과 같은 물리력을 동원하거나 혹은 소송을 제기하기도 한다. 혐오적 지역이기주의에는 '님비(NIMBY: Not In My Back Yard)', '님투(NIMTOO: Not In My Term of Office)', '루루(LULUs: Locally Unwanted Land Uses)', '바나나(BANANA: Build Absolutely Nothing Anywhere Near Anybody)' 등이 있다. '님비'는 "내 뒷마당에도 안 된다"는 의미이고, '님투'는 "나의 재임기간 중에는 안 된다"는 것이며, '루루'는 "지역적으로 원하지 않는 토지이용"을 의미하고, '바나나'는 "어디에든 아무 것도 짓지 마라"는 것을 뜻한다.

'님비(NIMBY)' 현상

'님비'라는 말의 연원은 1987년 3월 미국 뉴욕 근교 '아이슬립'이라는 곳의 쓰레기 처리와 관련된 사회적 갈등에서 비롯되었다고 알려져 있다. '아이슬립'에서 배출된 쓰레기

의 처리방안을 찾지 못하자, 정부는 쓰레기 3,000여 톤을 바지선에 싣고 미국 남부 6개 주에서 멕시코 등 중남미 연안까지 6개월 동안 6,000마일을 항해하면서 처리할 지역을 모색했으나 실패하고 돌아온 사건이었다.

미국, 유럽 등 서구 국가들의 산업폐기물 수출 실태는 전형적인 님비증후군의 사례로 제3세계 국가, 즉 아프리카, 남미에 이어 구동구권 국가와 구소련연방국가들 뿐만 아니라 아시아로까지 확대되고 있다. 이들 국가는 지난 1989년 유해폐기물의 국제 간 이동을 통제하기 위한 '바젤협약'이 체결된 뒤에도 쓰레기재활용이라는 명분을 내세워 줄기차게 공해 수출을 계속해오고 있다. 왜냐하면, 자국 내에서는 폐기물처리에 대한 규제가 강화되고 처리비용이 높아지고 있기 때문이다. 우리나라에서도 지방자치가 실시된 이후 많은 부분에서 '님비' 현상이 나타나고 있다.

제 2 절 님비(NIMBY)

1. 우리나라에서의 '님비' 현상

각 지방자치단체가 자신의 지역의 발전을 위해 할 수 있는 모든 정당한 방법을 동원하고 아울러 건전한 시민의식이 작용하여 여기에 지역주민이 적극적으로 참여한다면, 그것은 지방자치를 위해 더없이 바람직할 것이다. 그러나 문제가 되는 것은 지역이기주의이다.

우리나라에서 지역이기주의 담론은 1987년 민주화 이후에 다양한 이해가 폭발적으로 증가하는 상황에서 특정 지역에서 특정 이해관계가 조직화되면서 제기되기 시작했다. 그 후 지방자치가 실시되어 지방자치단체장과 지방의회의원이 주민의 직선에 의해 선출되면서 지역이기주의 담론은 크게 증가했다. 특히, 지역주민들의 욕구가 분출되는 상황에서 지역 간 이해조정체계가 제대로 구축되지 않아서 갈등이 증폭되면서 지역이기주의에 대한 관심이 크게 확대되어 왔다. '핌피'로 대표되는 선호적 지역이기주의가 발생해도 지역 간 분쟁의 원만한 해결이 대단히 중요한 사회적 과제로 등장한다. 그러나 우리나라에서 보다 만연되고 있는 지역 간의 갈등은 지역에서 꺼려하거나 싫어하는 시설이 지역 내에 설치되는 것을 반대하는 '님비'이며, 더구나 '님비'

는 '핌피'보다 해결이 더 어려운 경우가 많다. 따라서 이후에는 '님비'에 초점을 집중하여 현상, 원인, 개선방안을 논의하기로 한다.

지역이기주의의 다른 형태와 마찬가지로, '님비'도 대체로 세 가지로 유형화할 수 있다. 첫째, 주민과 지방자치단체 혹은 중앙정부 간의 갈등으로 나타난다. 둘째, 지방자치단체와 중앙정부 간의 갈등이 발생되기도 한다. 셋째, 지방자치단체들 간의 갈등으로 나타난다.

우리나라에서 '님비'는 1988년의 영덕 · 울진 · 영일지역과 1990년의 안면도지역의 방사능폐기물처리장 건설과 관련된 분쟁을 시작으로, 그 대상이 점차 빠르게 확산되고 있다. 즉, 방폐장(방사능폐기물처리장) 건설에 대한 반대로 인해 '님비'가 우리 사회에 알려진 후, 그 대상이 원자력발전소, 임대아파트, 자원회수시설, 쓰레기매립장, 상수원보호구역, 물재생센터, 납골당, 화장장, 장애인 복지시설, 분뇨처리장, 지체부자유자 복지시설, 마약중독자 · AIDS 환자 시설, 정신병원, 군사시설 등으로 빠르게 확산되고 있다. 또한 '님비' 현상은 특정 지역에서만 발생되는 문제가 아니라 전국 어디에서나 나타나는 전국적 현상이 되고 있다.

'님비'가 확산되는 것은 많은 문제점들을 야기할 수 있지만, 우리나라의 지방행정의 측면에서는 다음과 같은 부정적 효과들이 크게 부각될 수 있기 때문에, 매우 우려스럽다는 견해들이 나타나고 있다.

첫째, '님비'는 정책 혹은 사업의 본질을 흐리게 한다. 정책 또는 사업의 본질은 목표를 효율적으로 달성하는 것이 되어야 함에도 불구하고, 님비가 발생하면 주민의 반대를 극복하는 것이 정책 또는 사업의 본질이 되고 있다. 다시 말하면, '님비' 현상이 나타나면 주민들의 반대를 어느 정도 극복하느냐에 따라서 정책 또는 사업의 목적이 달성되는 정도가 다르기 때문에, 효율성 확보는 목표의 우선순위에서 후순위로 밀리고 주민의 반대를 극복하는 것이 첫 번째 순위가 된다.

둘째, 배타주의를 학습하게 된다. 배타주의의 학습은 많은 문제들을 야기하지만, 특히 지방행정의 관점에서는 광역행정수요를 충족시키는 과정에서 장애요인으로 작용할 수 있다는 점이 큰 문제이다. 다른 나라와 마찬가지로 우리 사회에서도 과학과 기술의 발전으로 인해 사람들의 생활권과 경제권이 크게 확대되어 특정 지방자치단체 혼자의 힘으로는 해결하기 어려운 다양한 광역행정수요들이 괄목할 정도로 증가하여 왔다. 광역행정수요는 지방자치단체들 간의 협조를 통해 충족시키는 것이 가장 바람직하다. 또한 광역행정수요는 경우에 따라 중앙정부의 협조 혹은 지원을 필요로 하기도 한다. 그럼에도 불구하고 '님비'는 이성보다는 감정에 치우쳐 자신의 지역의 문제에 집착하게 하는 경우가 많다. 이는 주변 지방자치단체 혹은 그 주민들에게 강한 부정적 이미지를 심어주고, 또한 주변에서도 감정적 대응을 하게 한다. 이러한 상황에서 광역행정수요가 지방자치단체들 간의 협조체제를 통해 효율적으로 충족되리라 기대하는 것은 어불성설이다.

2. 우리나라에서의 '님비'의 원인

1) 일반적인 '님비' 원인

앞에서 잠시 언급한 것처럼 '님비'를 발생시키는 원인은 매우 다양하고 이질적이다. 지역이기주의 발생원인에 대한 연구를 보면 행정환경적 원인과 행정체제적 원인으로 분류하는 경우(정일섭, 2010: 201-212)도 있고, 환경요인과 사례의 고유한 특성으로 분류하는 경우(이주헌 · 김효정, 2010: 86)도 있으며, 비선호시설의 특성 상의 원인과 입지정책결정상의 원인과 환경적 원인으로 분류하는 경우(박응격, 2012: 160)도 있다. 이를 종합하여 여기에서는 비선호시설의 특성으로 인한 원인, 제도적 원인, 행정환경적 원인으로 분류하여 살펴본다.

(1) 비선호시설의 특성으로 인한 원인

비선호시설의 특징으로 인한 원인에는 부(−)의 외부효과, 편익과 비용의 불일치, 인체에 대한 위험성, 불확실성 등을 들 수 있다. 비선호시설의 부의 외부효과에는 재산권 사용의 제약, 재산가치 하락, 환경오염, 지역이미지 하락 등이 있다. 비선호시설이 입지되는 지역은 편익보다 비용이 더 크고, 다른 지역은 편익이 비용보다 더 큰 문제를 야기한다. 비선호시설은 인체에 어떠한 영향을 미칠지에 대한 분명한 정보를 갖지 않는 경우가 많다. 또한 미래에 어떠한 위험이 발생할지에 대해 정확하게 예단하기 어려운 문제를 지니는 경우가 많다. 이러한 요인들은 지역이기주의를 발생시킨다.

(2) 제도적 원인

제도적 원인에는 비민주적 입지선정, 미약한 보상, 불성실한 대화 체계, 비효과적인 조정장치 등이 포함된다. 혐오시설의 입지를 선정하는 경우 비민주적인 방식을 선호하는 경우가 많다. 예를 들어, 해당 지방자치단체와 주민들의 의견을 반영하지 않고 소위 'DAD(결정 · 발표 · 방어: Decide, Announce, Defend)' 방식으로 결정하는 사례는 매우 많다. 그리고 비선호시설로 인해 손해를 보는 지역주민들에게 충분한 보상이 제공되지 않는 경우도 허다하다. 또한 주민들과 대화를 통해 원만하게 해결하려는 노력이 부족하고, 갈등을 조정하는 장치가 비효율적인 경우도 지역이기주의가 확대되는 원인이 될 수 있다.

(3) 행정환경적 원인

행정환경적 원인으로는 지방자치의 실시, 환경에 대한 관심의 고조, 행정에 대한 불신 등을 들 수 있으며, 이러한 원인들도 지역이기주의를 발생시키고 확대시키기도 한다. 즉, 지방자치가 실시되면서 지방자치단체장과 지방의회의원들은 주민들이 싫어하는 것을 하지 않으려고 하고, 경제가 발전하면서 환경문제에 대한 주민들의 관심이 높아져 환경오염과 관련된 시설의 입지를 반대하는 경향이 강하게 나타나며, 행정에 대한 불신으로 인해 입지예정 지역의 주민들이 정부의 계속되는 안정성 광고에도 불구하고 그 시설물 자체에 대한 두려움을 가진다.

2) 우리나라의 '님비' 원인

동일한 상황이라 하더라도 '님비'가 발생될 수도 있고 발생되지 않을 수도 있으며, '님비'가 발생하더라도 해결될 수도 있고 더욱 확대될 수도 있다. 이처럼 '님비'는 매우 복잡한 양상을 보일 뿐만 아니라 위에서 언급된 바와 같이 일반적으로 '님비'를 발생시키는 원인도 매우 다양하지만, 국가별 그리고 지역별 상황에 따라 주요 원인은 차이가 날 수 있다. 우리나라에서 발생된 '님비'의 경우에도 일반적인 원인이 작용하지만, 그 원인들 중에서 특별히 중요하다고 판단되는 원인을 정리하면 다음과 같다.

(1) 보상체계의 부적절

대부분의 주민들이 자신의 지역에 설치되는 것을 반대하는 혐오시설, 예를 들어 자원회수시설, 쓰레기매립장, 화장장, 원자력발전소, 핵폐기물 처리장 등은 국가적 차원과 광역적 차원에서 주민들의 생활을 위해 반드시 필요한 시설이다. 그리하여 혐오시설의 입지결정과정에서 비용과 편익을 종합적으로 고려하지 않고 편익을 강조하면서 비용을 소홀히 다루는 경향이 있었다. 그러나 그러한 시설들이 들어선 지역은 자연환경이 파괴되고, 사고의 위험을 안고 살아야 하며, 자산가치도 하락하고, 지역의 이미지도 나빠질 가능성이 높아진다. 반드시 필요한 시설이라는 점은 누구나 인정하지만 자신의 지역이 아닌 다른 지역에 설치되기를 바란다. 자신의 지역에 혐오시설들이 설치되면 비용을 고스란히 안아야 하기 때문이다. 즉, 혐오시설이 어떤 지역에 들어서면 해당 지역은 위에서 살펴본 비용을 전적으로 부담하지만, 그 시설로 인한 편익은 타 지역과 비교할 때 비슷하거나 그다지 크지 않은 경우가 대부분이다. 그리하여 지역주민들의 입장에서 보면 자신의 지역 내에 혐오시설을 설치하는 것은 대단히 불공평한 것으로 인식할 수밖에 없다(주재복 외, 2005: 29).

(2) 지역발전의 형평성문제

대부분의 나라와 마찬가지로 자본, 자원 등이 부족한 우리나라도 경제발전을 추구하면서 불균형성장 정책을 추진할 수밖에 없었다. 지역별로는 대도시 혹은 특정 산업지역을 중심으로 투자가 이루어졌다. 그 후 점차 지역 간 불균형을 완화하려고 노력하였지만 그 효과가 기대만큼 크지 않아, 여전히 침체지역 혹은 미발전 지역이 많이 존재하고 있다. 경제가 발전한 지역에서는 인구, 기업, 공장 등이 밀집하여 혐오시설을 건설할 공간이 부족할 뿐만 아니라 부동산 가격이 높아 재정적으로도 부담이 된다. 이때 주변에 침체 혹은 미발전 지역이 있으면, 이 지역에 혐오시설을 건설하려고 하는 것은 대부분의 지방자치단체가 생각하는 바이다. 해당 지역의 입장에서는 그동안 발전을 위한 지원을 하지 않았으면서 혐오시설을 입지하게 만드는 것은 받아들일 수 없는 일이라고 생각할 수 있고, 경우에 따라서는 쌓인 울분을 폭발시킬 기회로 인식할 수도 있다.

그러나 지방자치가 실시되기 전에는 이런 경우가 발생되더라도 임명된 지방정부의 장(시장 · 도지사 · 시장 · 군수 · 구청장)이 책임지고 이를 해소하거나 혹은 악화되지 않게 해당 지역을 적극적으로 중재 · 조정하고, 그것이 어려우면 상급지방정부 혹은 중앙정부에 도움을 요청하여 거의 해결이 되었다. 지역이기주의가 확대 · 심화되면 지방정부의 장은 자리를 보전하는 것이 어려울 수 있기 때문이다.

지방자치가 실시되면서 상황은 크게 바뀌었다. 주민대표자(지방자치단체장과 지방의회의원)들은 지역과 주민의 이익에 충실하지 않으면 다음 선거에서 당선되기 어려워지기 때문에, 지역의 이익이 걸린 문제에 대해서는 적극적으로 앞장서서 이를 관철시키려는 행동을 취할 수밖에 없다. 이로 인해, 타협의 여지는 점점 좁아지고 투쟁이 조직적으로 강화되어 '님비'는 점점 확대·심화되는 경향을 보였다(주재복 외, 2005: 28).

(3) 대화 부족

중앙정부나 관련 부처는 '님비'를 지역주민의 무지로 인한 것 혹은 자신의 지역의 발전만을 고집하는 것으로 인식하는 경향이 강하였다. 이러한 인식이 강할수록 중앙정부는 대화의 필요성을 느끼지 못한다. 또한 대중매체들도 이를 특정 지역의 주민들이 자신들의 이익에 집착하는 행위라고 폄하하는 경우가 자주 발생하였다. 중앙정부의 이러한 인식과 태도 그리고 대중매체의 보도 등은 혐오시설이 입지할 대상지역 주민들을 낙담시키는 한편, 감정적 대응을 하도록 유도하는 측면이 있었음을 부인하기 어렵다. 상호 신뢰를 바탕으로 대화를 해도 혐오시설을 건설하는 것이 계획대로 진행되기 어려울 수 있다. 그럼에도 불구하고, 대화의 주체가 되어야 할 양 당사자들이 대화보다는 상호 불신과 감정에 휩싸여 대화를 어렵게 만드는 경우가 자주 발생하였다.

(4) 조정기능 미약

'님비'가 발생되면 지방자치단체들 스스로가 타협이나 조정을 하는 것이 어렵게 되고, 제3자가 중재를 해야 하는 경우가 빈번히 발생한다. 이 경우, 일반적으로는 중앙정부 혹은 상급자치단체가 그 역할을 하게 된다.

그러나 '님비'가 적지 않게 발생하였지만, 실제로 분쟁조정위원회에 상정되거나 해결된 것이 많지 않다. 그 이유는 다음과 같다.

첫째, 지방자치단체 간 갈등의 성격이 법적인 것이 아닌 정치적인 것이 많다. 각 지방자치단체가 법을 집행하는 과정에서 불법이나 탈법적으로 타 지방자치단체 혹은 타 지방자치단체의 주민들에게 불이익을 주면 조정대상이 될 수 있겠지만, 정상적으로 법을 집행하거나 행정을 수행하는 과정에서 발생하는 피해의 경우에는 분쟁조정위원회에 조정을 신청하기도 어렵고 중재안을 만들기도 힘들며, 또한 중재안이 관련 지방자치단체들의 동의를 받기도 어려워 조정이 쉽지 않다.

둘째, 분쟁조정위원회의 조직·인력이 부족하다. 행정안전부에 설치된 중앙분쟁조정위원회는 자치행정과에서 담당하고 시·도에 설치된 지방분쟁조정위원회는 자치행정과에서 주로 담당하고 있는데, 별도의 조직이 없고 인원도 소수에 불과하다. 그렇다고 조직과 인력을 확대하는 것이 쉽지만은 않다. 앞에서 언급하였듯이, 중앙과 지방의 분쟁조정위원회가 20년 남짓 운영되어 왔지만, 두 기구를 합쳐서 20건 정도를 조정하여 1년에 평균 한 건 정도를 다루는 실정이기 때문이다.

셋째, 조정전문가가 부족하다. 우리나라 공무원의 인사제도의 특징 중에는 순환보직제가 있다. 이로 인해, 조정을 담당해야 하는 공무원 개인의 전문성은 떨어지고, 조직의 전문성과 문제 대처능력도 같이 저하된다.

넷째, 조정의 효율성에 집착하여 직권조정을 강조하는 강제적 조정이 선호되는 경향이 있었다. 직권조정을 했을 경우 당사자들 모두가 수긍하면 다행이지만, 그렇지 않을 경우 조정불성립으로 분쟁이 소송으로 이어질 수 있다. 소송이 시작되면 상당한 시간과 비용이 요구될 뿐만 아니라 해당 지방자치단체들 간에는 악감정이 남을 수 있다.

(5) '님비'에 대한 부정적 인식

전통적인 견해에 따르면, '님비'의 특성은 두 가지의 내재적인 전제에서 비롯된다. 하나는 해당 시설은 중요한 사회적 편익을 제공하기 위하여 필요하다는 점이며, 다른 하나는 편협한 지역이기주의로 인하여 사회적 선을 달성할 수 없다는 점이다. 이로 인해, '님비'를 해결하는 과정에서 '님비'를 지역주민들의 감정적이고 집단이기주의적인 정치저항으로 인식하는 경향이 있었다. 구체적으로 말하면, '님비' 해결과정에서 다수결의 원리를 강조하고, 이해관계자들의 합의를 소홀히 하는 경우가 많았다. 이는 분쟁을 더욱 악화시키는 원인으로 작용하였다.

3. 우리나라에서의 '님비'에 대한 대응방안

'님비'라 함은 그 용어자체가 부정적인 의미를 함축하다. 그러나 최근 '님비'는 지방자치시대에서 지방 차원의 역동성을 나타내는 의미로 해석되기도 한다. 이는 '님비'에 대한 다른 측면의 해석이 가능하고, 또한 이에 따른 대응방안이 해당 지방자치단체와 우리나라에 긍정적인 방향으로 영향을 미칠 수 있도록 유도할 수 있다는 것을 의미한다. 따라서 현재까지 지속적으로 확대되어 오던 '님비'를 극복할 수 있는 대응방안을 모색하는 것은 우리나라와 각 지방자치단체들의 미래를 위해 매우 중요한 이슈임에 틀림이 없다. 우리나라에서 발생된 '님비'의 특성을 고려한 대표적인 대응방안을 살펴보면 다음과 같다.

1) 적절한 보상체계 구축

위에서 지적한 바와 같이 혐오시설은 우리 사회에 꼭 필요한 시설들이 대부분이기 때문에 혐오시설을 설치했을 때의 편익만 주로 고려하고, 그 시설로 인해 발생되는 비용을 소홀히 취급하는 경향이 있었다. 즉, 혐오시설은 많은 사람들에게는 편익을 제공하고 일부에게는 과도한 비용을 부담시킴으로써, 편익과 비용의 불일치를 야기했던 것이 사실이다. 이는 형평성이라는 가치를 위배하는 것이다. 따라서 혐오시설이 입지하는 지역에 거주하는 주민들에게 객관적으로 타당하면서 충분한 보상을 제공하는 것이 마땅한 일이다.

2) 지역의 상황과 특성을 고려한 지역발전 추구

일부 지방자치단체를 제외한 우리나라의 대부분의 지방자치단체는 오랫동안 계속된 중앙집권체제로 인해, 관편의주의에 익숙하여 스스로 발전을 꾀하고자 하는 인식, 의지, 노력, 정책능력 등이 부족한 것이 사실이다. 그러나 지역마다 처해 있는 상황이 다르고 지역별 특성도 다양하다. 따라서 지방자치단체는 이를 고려하면서 스스로 지역발전을 추구하여야 한다. 특히, 침체 혹은 미발전 지역의 발전을 촉진시키기 위해 중앙정부는 중・장기적으로 지원하여야 한다. 이러한 노력이 결실을 맺을 때 보다 개방되고 긍정적인 마음으로 상생의 길을 모색할 수 있을 것이다.

3) 대화체계 정비

국가, 다른 지방자치단체 혹은 다른 지역의 주민들을 위하여 혐오시설을 자신의 지역에 기꺼이 받아들이겠다고 생각하는 사람은 없을 것이다. 그렇다고 해서 우리 국민들이 완전히 폐쇄적인 생각에 사로잡혀 대화를 거부하는 것은 아니다. 오랫동안 우리나라를 괴롭혔던 방폐장의 경우를 생각해 보면 대화체계의 구축이 얼마나 중요한지를 알 수 있다. 부안군을 비롯한 여러 지역에서 방폐장 건설을 완강하게 반대한 중요한 이유 중에는 지역주민들의 의사를 묻지 않았던 것도 포함되어 있다. 반대로, 중앙정부, 경주시, 경주시민들 간에 솔직담백한 대화가 진행되면서 경주시 시민들은 방폐장 건설과 관련된 주민투표에서 거의 90%에 이르는 찬성을 표시하였다. 이는 주민들과의 대화를 무시하는 밀실행정에 대한 주민들의 반감과 진지한 대화를 할 경우의 주민들의 순응(compliance)을 명백하게 알 수 있게 한다.

경주시 방폐장(방사능폐기물처리장)

경주 중저준위 방사능폐기장이 2015년 8월 준공되었다. 경주시의 방폐장은 국가적 혐오시설의 건설과정이 얼마나 지난한 것인지를 알게 하였으며, 그리고 국책사업의 새로운 추진 모델을 제시했다는 측면에서 대단히 큰 상징성을 갖는 사업이 되었다. 우리나라가 지난 1978년 원자력발전을 시작한 이래 처음으로 방폐장 처리시설을 갖게 되었다.

정부는 지난 1986년부터 방폐장 건설을 추진해 왔으나 9차례나 실패하였다. 1990년 안면도 방폐장 추진, 2003년 위도 방폐장 추진은 극렬한 주민반대로 엄청난 소요가 있었고, 국론분열, 지역주민 갈등 등 큰 상처를 남기게 되었다. 경주 방폐장 추진은 그간의 방폐장 추진의 문제점을 보완하여 주민투표를 거쳐 신청하도록 하는 방법으로 전환하였으며, 선정지역에 대해서는 파격적인 인센티브를 약속하였다. 또한 경주시장을 비롯하여 종교지도자를 포함한 다양한 분야의 시민대표들이 적극적으로 시민들과 대화하면서 설득을 하였다. 이러한 방법의 전환과 시민대표자들의 노력으로 그동안 타 지역에서의 실패를 딛고 많은 시민들의 찬성을 얻으면서 방폐장을 준공하게 되었다.

위의 사례에서 보듯이, 주민들의 고충을 이해하려는 인식에 바탕을 둔 대화체계는 해당 지역주민들의 불만을 약화시키는 데 중요한 역할을 할 뿐만 아니라, 경우에 따라서는 주민들의 적극적인 참여를 유도하는 데 긍정적인 영향을 미친다. 이러한 관점에서 프랑스에서 갈등 해결의 기제로 많이 활용되고 있는 공공토론제도의 도입을 적극적으로 검토해볼 필요가 있다. 공공토론제도란 중요한 이슈 혹은 갈등 등이 발생했을 때 다양한 이해관계자, 전문가 등이 참여하여 심도 있고 자유로운 토론을 통하여 대응방안을 모색하는 것을 말한다. 폐쇄된 장소에서 몇 사람이 모여 결정하는 것보다 공개적인 토론에서 다양한 사람들의 아이디어를 모으는 것이 훨씬 효과적인 대안을 도출할 수 있다는 생각에서 나온 제도이다.

프랑스의 공공토론제도

공공토론제도의 가장 대표적인 사례가 프랑스의 CNDP(국가공론위원회)의 활동이다. 프랑스는 1970년대에 들면서 각종 개발과정에서 지역주민, 환경단체 등의 극심한 반대에 직면하였다. 이러한 문제들을 해결하는 과정에서 다양한 이해관계자, 전문가 등의 참여로 사회적 합의를 이루는 제도를 만들게 되었다. CNDP는 구성, 조직, 예산 등의 측면에서 독립성과 자율성이 보장된 독립행정기관이다. CNDP 위원은 상·하원의원, 법조인, 환경보호단체 대표, 소비자 대표 등 입법부, 사법부, 시민대표가 모두 참여할 수 있도록 다양하게 구성되어 있다.

CNDP의 주요 활동은 다음과 같다: ① 정부가 추진하는 대규모 사업의 계획 수립 단계에서부터 전 과정에 걸쳐 대중의 의견 수렴이 제대로 이루어지고 있는지 확인하고, ② 공공토론을 개최하여 이해관계당사자와 대중의 의견을 종합하되 사전에 대중의 참여방식을 확정하여 토론이 효과적으로 진행될 수 있도록 하며, ③ 토론 결과를 사업시행자에게 전달함으로써, 사업시행자가 그 결과를 고려하여 사업의 지속, 변경, 취소 여부를 결정하도록 권고하는 것이다.

우리나라의 경우, 비슷한 제도가 '사용후 핵연료 관리' 등 사회적 갈등이 예상되는 분야에서 법적 근거를 가지고 활용되고 있기 때문에 도입에 커다란 장애는 없으리라 기대된다. 즉, '사용후 핵연료 관리' 분야의 경우, 위원장 1명을 포함한 15명 이내의 위원으로 구성되는 공론화위원회를 설치하고, 사회적 갈등이 예상되는 사항에 대하여 이해관계인·일반시민 또는 전문가 등으로부터 광범위한 의견수렴절차를 거치도록 하고 있다(방사성폐기물관리법 제6조의2).

4) 효율적 조정제도 구축·운영

조정제도를 만드는 것도 중요하지만, 조정제도를 효과적으로 운영하여 신뢰도를 높이는 것도 중요하다. 지방자치단체들 간의 갈등을 효과적으로 조정하기 위해서는 다음과 같은 대응방안이 필요하다.

첫째, 지방자치단체들 간에 신뢰관계를 형성하고, 긴밀한 협조관계를 유지하는 등의 노력이 무엇보다도 중요하다. 이를 위해서는 지방자치단체들 간에 정확한 정보를 공유하는 관계를 형성함으로써 상호 불필요한 오해가 발생되지 않도록 해야 한다. 또한 광역자치단체들 간에 발생되는 '님비'의 경우에는 중앙정부가 주도하고, 그리고 기초자치단체들 간에 발생되는 '님비'의 경우에는 광역자치단체가 주도하여 관련된 지방자치단체들을 협상테이블에 참석하게 하여 오해와 이견을 좁히도록 설득하고, 서로 만족할 만한 대응방안에 대해 논의하도록 유도하여야 한다. 또한 지방자치단체들 간의 갈등에 대한 모니터링 기능을 강화해야 한다. 작은 갈등이라도 나중에는 크게 확대될 수 있기 때문에, 작은 갈등이든 큰 갈등이든 상관없이 갈등의 상황, 원인, 특징, 확대가능성, 해결가능성을 계속 모니터링해서 사안에 따라 적절하게 대응할 수 있어야 한다.

둘째, 갈등관리를 전담하는 조직과 인력을 확충해야 한다. 현재 대부분의 중앙부처와 광역자치단체에는 지방자치단체들 간의 갈등을 전담하는 인력이나 조직이 없이 기존의 업무에 갈등관리 업무를 추가하여 운영하고 있음은 앞에서 언급하였다. 조직과 인력을 확대하는 것에 대해 부정적인 인식이 있는 것이 사실이지만, 지역이기주의를 해결하기 위한 최소한의 조직과 인력을 확보하도록 해야 한다. 특히, 행정안전부는 지방자치단체들 간에 발생되는 갈등의 '컨트롤 타워(control tower)'인 만큼 현재처럼 별도의 조직 없이 한두 명의 공무원에게 추가 업무를 부여하는 형태로 운영한다면 효과적인 대응을 기대하기 어려울 것이다. 또한 광역자치단체에도 이를 전담하는 조직이 구성되어야 한다.

셋째, 지역이기주의와 관련된 오랜 경험과 노하우를 가지고 있는 조정전문가를 양성할 필요가 있다. 갈등의 조정과 관련한 부서에 오래 근무하면서 경험을 쌓은 공무원 혹은 외부에서 경험을 쌓은 전문가 등을 채용하여 전문성을 제고하는 방법을 강구할 필요가 있다.

넷째, 효율성에 집착하여 직권조정을 강조하는 강제적 조정보다 분쟁당사자들 간의 자율적인 합의를 강조해야 한다. 즉, 분쟁당사자들을 설득의 대상으로 인식하지 말고 공동이익을 추구하는 협력대상으로 인식하여야 한다.

5) '님비' 현상에 대한 인식 전환

'님비' 현상을 일반적으로 통용되고 있는 지역이기주의라는 부정적 의미로서만 한정시키는 것은 자칫 분쟁을 확대시킬 빌미를 제공하여 분쟁 해소에 별다른 도움을 주지 못한다. 따라서 이에 대한 인식전환이 필요하다.

먼저, 혐오시설이 입지하는 지역이 아닌 지역에 거주하는 주민들은 입지 지역의 주민들의 고충을 이해하려는 마음을 가져야 한다. 지금까지 있었던 '님비' 해결과정을 구체적으로 살펴보면, 다수결의 원리를 강조하면서 "대를 위해 소가 희생해야 한다"고 강요하였고, 갈등당사자들 간의 합의를 소홀히 하는 경우가 많았으며, 비선호시설의 편익은 고려하면서 비용을 간과하는 경향이 있었다. 이는 분쟁을 해결하기는커녕 오히려 분쟁을 확대·심화시킬 수 있음을 팔당상수원보호구역, 김포쓰레기매립장, 청계산 추모공원 등을 포함한 여러 사례에서 보았다. 따라서 '님비'는 참여민주주의 하의 개방적 의사결정체제에서 자연스럽게 발생되는 본질적인 문제라는 것을 깨달아야 하고, 동시에 어떤 시설에서 발생되는 불이익에 대한 합리적인 반응, 즉 혐오시설에서 발생되는 편익·비용의 불균형적 배분 혹은 개인의 재산권 침해에 대한 반응으로 인식해야 한다.

또한 혐오시설이 입지하는 지역의 주민들도 지역 이익에만 너무 집착하지 말아야 한다. 앞에서도 지적한 것처럼 혐오시설은 해당 지역주민에게는 상당한 고통을 주는 경우가 대부분이지만, 혐오시설 입지 주민들도 국가적 혹은 사회적으로는 반드시 필요한 시설임을 인식하고, 적절한 보상, 성실한 대화, 효과적인 조정 등이 있으면 가능한 한 상생하고자 하는 마음가짐을 가져야 한다.

알아두면 좋아요

1. 지역이기주의란 향토애를 바탕으로 자신의 지역에 선호시설을 유치하거나 혹은 혐오시설의 입지를 반대하는 배타적·편협적인 사고와 행태를 가진 이해관계당사자들 간의 갈등이 표출되는 현상이다. 지역이기주의의 유형에는 지역에 이익이 되는 시설을 유치하고자 하는 선호적 지역이기주의와 지역에 원치 않는 시설의 입지를 반대하는 혐오적 지역이기주의가 있다.
2. 우리나라에서는 지역주민들의 욕구가 분출되는 상황에서 보상체계와 이해조정체계가 제대로 구축되지 않아 지역이기주의, 특히 '님비' 현상이 빠르게 확대되고 있다. 즉, '님비'는 그 대상이 점차 빠르게 확산됨과 동시에, 특정 지역의 문제가 아니라 전국적 현상이 되고 있다. 그런데 간과하기 쉬운 '님비'의 대표적인 문제점은 정책과 사업의 본질을 흐리는 것과 배타주의를 학습하게 하는 것이다.
3. 우리나라에서의 '님비'의 원인에는 보상체계의 부적절, 지역발전의 형평성문제, 대화 부족, 조정기능의 미약, '님비'에 대한 부정적 인식 등이 있다. 이에 대한 대응방안으로는 적절한 보상체계의 구축, 지역의 상황과 특성을 고려한 지역발전의 추구, 대화체계의 정비, 효율적인 조정제도의 구축·운영, '님비' 현상에 대한 인식 전환 등을 들 수 있다.

논 의

1. 지역이기주의의 특징과 유형을 설명하라.
2. 우리나라의 님비에 대해 원인과 개선방안을 포함하여 논하시오.

제 15 장 지방행정의 방향

세계화 · 정보지식화 · 지방화시대에 잘 적응하는 지방자치단체는 세계의 중심지 혹은 국가의 중심지 혹은 지역의 중심지로 떠오르는 반면에, 사회변화에 적절하게 대응하지 못한 지방자치단체는 많은 측면에서 어려움을 겪으면서 쇠퇴를 반복한다. 중심지적 역할을 하는 지방자치단체도 변화에 지속적으로 대응하지 않으면 쇠퇴의 길로 접어들 수 있고, 쇠퇴하던 지방자치단체도 사회변화에 잘 적응하면 활력을 얻을 수 있다. 따라서 모든 지방자치단체는 항상 사회변화를 예의주시하면서 적절한 대응방안을 마련해야 한다. 개별 지방자치단체의 대응방안은 그 지방자치단체의 장 · 단점, 처해 있는 상황 등에 따라서 매우 다양하게 나타날 수 있다. 여기에서 모든 지방자치단체들의 개별 대응방안을 논의하는 것은 매우 어렵고 어떤 측면에서는 불가능하다고 할 수 있다. 따라서 모든 지방자치단체에 적용가능한 일반적인 지방행정의 방향을 살펴보기로 한다.

제 1 절 '주민의, 주민에 의한, 주민을 위한' 지방행정

1. '주민의' 지방행정

지방자치단체의 주인은 주민이라는 말을 부정할 사람은 없다. 그럼에도 불구하고 '주민의' 지방행정이 되지 않는 경우가 많다. 즉, 주민을 지방행정의 주체가 아니라 객체로 인식하는 경향이 있다. 이를 개선하기 위해서는 주민이 지역에 대한 주인의식과 지역정책에 대한 비판의식을 가져야 한다. 주민의식이 강할수록 지역에 대한 애착과 자긍심이 높아지기 때문에, 지방자치단체가 수행하는 업무에 대한 관심이 커지고 필요할 경우 비판의 목소리가 상대적으로 많이 표출될 수 있다. 이러한 현상이 많아질수록, 지역의 발전에 적극적으로 기여하고자 하는 인식과 행태가 주민들에게 배태된다.

2. '주민에 의한' 지방행정

참여의식은 지방행정의 발전에 매우 중요한 기반이 된다. 지방자치단체의 주인인 주민들이 자신의 문제에 직접 참여하려 하지 않고, 무임승차(free-riding)적 자세를 취하면 주민들은 주권자가 아니라 통치의 대상으로 전락한다. 이는 지방행정을 부패의 온상으로 만들 수 있다. 따라서 주민들은 지역문제를 자신의 문제로 생각하는 의식을 가지고 조직적 · 체계적으로 참여하려는 자세를 지녀야 한다. 이럴 때 지방행정이 민주적이고 건전하게 운영될 수 있다.

3. '주민을 위한' 지방행정

지방자치단체의 궁극적인 목적 중의 하나는 주민들이 원하는 바를 충족시키는 것이다. 예전에는 주민들이 가장 원하는 것이 물질적 만족이었기 때문에, 지방자치단체의 정책은 주로 지역경제 활성화에 초점을 맞추었다. 그러나 세계화 · 정보지식화가 진행되면서 주민들의 가치관이 획일화, 대량화, 집권화에서 개성화, 다양화, 분권화로 변화하였고, 이에 따라 주민들은 매우 다양한 요구를 표출하면서 동시에 요구 충족을 위한 정책과정에 자신들의 의사가 반영되기를 원하고 있다. 주민들의 매우 다양한 요구들을 수렴화 · 조직화하는 것이 쉽지 않다. 그렇지만 지방자치단체는 주민들과 일상적으로 접촉하면서 대화를 통해 의견을 청취하고, 이를 바탕으로 지역정책을 결정 · 집행하여 주민들이 원하는 바를 충족시켜야 한다.

제 2 절 네트워크사회에 부응

1. 타 국가 · 지방자치단체와의 연계성 강화

폐쇄적인 사회에서는 지방자치단체가 세계의 다른 지역과 교류를 하지 않아도 생존이 가능했다. 외부와 단절된 생활로 인해 지방자치단체의 발전과 주민들의 생활의 질 향상은 기대하기가 어렵지만 궁핍한 상황을 이어갈 수는 있다. 그러나 사회는 변하여 개방사회가 되었다. 개방사회와 폐쇄사회는 모든 측면에서 판이하게 다르다. 개방사회에서 지방자치단체는 세계의 한 구성요소이기 때문에, 다른 지역과의 관계에 의하여 그 기능과 존재에 의미를 부여받을 수 있다. 따라서 지방자치단체는 세계 속에서 자신에게 부여된 역할을 수행해야 한다. 즉, 지방자치단체는 다른 지역과 효과적인 분업체계를 구축함으로써, 생존을 모색하고 경쟁력을 향상시키려고 노력해야 한다.

세계적 네트워크에서 배제된 지방자치단체는 중심지역이 될 수 없으며 외곽지역으로 밀릴 수밖에 없다. 네트워크사회는 경쟁사회이기 때문에 대부분의 지방자치단체는 경쟁력 확보를 위해 끊임없이 노력한다. 이러한 상황 속에서 한번 외곽지역으로 밀린 지방자치단체가 중심지역으로 복귀하기 위해서는 예상보다 훨씬 많은 노력과 투자가 필요할 것이다. 따라서 지방자치단체는 외곽지역으로 밀리지 않기 위해 사회변화에 적응하면서 자신의 장점을 최대한 활용하는 혁신을 지속적으로 추구해야 한다.

이러한 변화에 대한 적응은 지역 내부의 안정성을 해치고 불확실성과 위험요소를 증대시킬 수 있기 때문에, 많은 지방자치단체들은 단기적이고 땜질식으로 조급하게 변화를 추구하려고 한다. 이는 실패의 가능성을 높인다. 미래를 위한 장기 전략의 관점에서 사회적 합리성을 중시하고 아래에 서술될 차별성 · 자율성 · 정체성을 확보하면서 세계 네트워크에 연계되도록 하여야 한다.

2. 지방자치단체의 차별성 확보

세계 네트워크에서 중심적 역할을 수행하기 위해서는 다른 지방자치단체와 구별되는 차별성을 갖추면서 네트워크와 연계하여야 한다. 즉, 지방자치단체의 고유한 환경과 비교경쟁력을 이용하여 내생적 특성을 개발하면서, 그 특성을 중심으로 세계 네트워크와 연계하여야 한다. 그렇지 않고 모방에 의존하면 지방자치단체의 특성은 점차 상실되어 경쟁력을 잃게 된다. 차별성을 유지하는 것은 쉬운 일이 아니기 때문에 끊임없이 연구·개발하여야 한다.

3. 지방자치단체의 정체성 구축

세계 네트워크와 연계하면서 지역경쟁력을 확보하기 위해서는 지역정체성을 확보하여야 한다. 지방자치단체의 정체성을 확보하기 위한 전략은 다양한 방법으로 추진될 수 있다. 무엇보다 중요한 것은 지역의 역사적·문화적 전통을 유지·개발하면서, 이를 활용하여 지역마케팅을 효과적으로 추진하는 것이다. 이 전략이 성공하면 지역정체성이 확보되고 지역통합이 이룩되며 지역경제가 활성화될 수 있다. 이는 지역마케팅을 위한 전략적 자원을 강화할 것이고, 이로 인해 지역정체성, 지역통합, 지역경제 활성화는 더욱 강화될 것이다. 이러한 선순환을 통해 지역의 정체성은 확고하게 자리매김할 것이다.

지역정체성이 구축되지 않은 지방자치단체에서 지역발전을 위한 주민들의 단합된 노력과 외부의 투자를 기대할 수 없다. 그러나 지역정체성 확보를 위해 주민들은 자신의 것을 과소평가하는 사고나 행태를 가져서는 안 된다. 자신의 지역에 대한 자긍심을 가질 필요가 있다. 그렇지만 자신의 역사적·문화적 전통만을 중시하여 배타적인 자세를 취하는 것은 삼가야 한다. 포용적이고 지속가능하며 참여적이고 역동적인 지역문화가 형성될 때 바람직한 정체성이 확보될 수 있다.

제 3 절 자율성 강화

위에서 제시한 차별성·정체성을 기초로 세계 네트워크와 연계하기 위해서는 지방자치단체의 자율성이 강화되어야 한다. 지방자치단체의 자율성을 강화하기 위해서는 중앙정부 차원의 노력과 지방자치단체 차원의 노력이 병행되어야 한다.

1. 중앙정부 차원의 노력

지방자치가 활성화되어 지방자치단체가 자신의 상황과 특성을 고려한 다양하고 차별적인 지역정책을 스스로 결정·집행할 수 있어야 한다. 이를 위해서는 중앙정부 차원에서 많은 노력을 하여야 한다. 다른 지방자치 선진국들과 비교하면 현재의 우리나라의 지방자치는 갈 길이 매우 멀다. 이의 원인은 중앙정부와 지방자치단체 모두에게 있다. 먼저, 중앙정부는 그동안의 집권적 문화로 인해 여전히 지방자치단체를 하위기관으로 보는 경향이 있으며, 아울러 지방공무원들의 정책능력을 믿지 못하기 때문이다. 또한 지방공무원들은 관편의주의적 인식에 젖어 있어 중앙정부의 지시를 기다리는 행태에서 완전히 빠져 나왔다고 볼 수 없다. 지방자치단체의 자율성을 강화하기 위한 중앙정부 차원의 대표적인 노력을 살펴보면 다음과 같다. 대부분이 앞에서 논의된 것이기 때문에 간략하게 논의하기로 한다.

1) 자치권 보장

지방자치단체의 자치권을 보장하여야 한다. 지역문제를 스스로 결정할 수 있는 권리가 지방자치단체에게 부여되어야 하는데, 자치권을 법적으로 보장하면서도 이를 제약할 수 있는 규정들이 지나치게 많이 포함되어 있다. 반드시 필요한 부분을 제외하고는 그러한 규정들을 축소 혹은 삭제함으로써, 지방자치단체는 지역문제를 책임지고 중앙정부는 국가적 문제를 책임지는 공생의 길을 모색하도록 하여야 한다.

2) 합리적인 사무배분

사무가 합리적으로 배분되도록 중앙정부의 인식이 바뀌어야 한다. 지방자치단체가 스스로 처리할 수 있는 사무가 작다면 지방자치단체의 자율성이 강화될 수 없다. 그런데 우리나라의 자치사무의 비중은 지극히 낮은 편이다. 그러한 상황임에도 불구하고 지방자치단체가 이를 개선할 수 있는 권한을 거의 갖지 못하고 있기 때문에, 중앙정부의 처분만 기다려야 하는 입장이다. 중앙정부가 지방자치단체와 상생한다는 인식을 갖고 지방자치단체에게 이양해도 무방한 사무는 지방자치단체에게 이양하여야 한다.

3) 지방자치단체의 재정력 향상 지원

우리나라 지방자치단체의 재정력 향상을 위해 중앙정부 차원의 결단이 필요하다. 전체적으로 지방세원이 빈약하므로 국세 중에서 지방세로 전환해도 되는 것은 지방세로 전환하여 지방세수입을 높이도록 해야 한다. 그리고 지방재정조정제도를 국고보조금 중심이 아니라 지방교부세 중심으로 운용함으로써, 지방자치단체들 간의 재정적 격차를 완화시키는 동시에 재정력이 약한 지방자치단체의 재정력을 향상시켜야 한다.

2. 지방자치단체 차원의 노력

지방자치단체의 자율성을 강화하는 것은 중앙정부의 노력만으로 이룩될 수 있는 것은 아니다. 지방자치단체 차원에서도 끊임없는 노력이 있어야 한다. 대표적인 노력을 살펴보면 다음과 같다.

1) 책임의식 강화

그동안 거의 모든 공조직에서 나타났던 관편의주의적 인식과 행태를 지방공무원 스스로가 버려야 한다. 국가공무원과 마찬가지로 지방공무원도 기본적으로는 국민을 위해 봉사하는 마음을 가져야 한다. 따라서 지역문제는 스스로 책임진다는 책임의식을 가지고, 새로운 지방행정수요, 즉 지역마케팅, 지역문화, 지역환경 등과 같은 새로운 행정수요를 충족시키기 위해 노력하여야 한다.

2) 정책능력 향상

지방공무원의 정책능력을 높여야 한다. 지방공무원들은 그동안 익숙했던 중앙정부의 지침을 따르는 타성에서 벗어나 스스로 주민들의 수요에 기초한 지방정책을 만들고 집행하는 능력을 키워야 한다. 주민들과 항상 접촉하면서 주민들이 무엇을 원하는지를 파악하고, 이를 바탕으로 지역의 특수성과 비교우위 분야를 고려하면서 경쟁력이 있는 지방정책을 만들며, 그리고 이를 집행하는 과정에 주민들이 적극적으로 참여하도록 유도할 수 있는 능력을 향상시켜야 한다.

3) 재정적 자립

재정적 자립이 구축되지 않으면 지방자치단체의 자율성을 확보하기 어려우므로, 지방재정력을 향상시키기 위해 지방재정수입을 확대하고 세출의 효율성을 향상시키도록 노력하여야 한다. 세입의 차원에서는 필요한 부문에서 수익사업을 효율적으로 실시하여야 한다. 다만, 외부산업을 유치하는 것보다 지역 고유의 산업을 개발하는 데에 중점을 두어야 한다. 외부 산업을 유치하기 위해 제공한 인센티브는 타 지방자치단체에서 더 많은 인센티브를 주면 효력이 상실되기 때문이다. 또한 국가 전체의 고용창출이라는 측면에서 보아도 외부산업을 유치하는 것은 제로섬(zero-sum) 게임이지만, 고유산업을 개발하는 것은 플러스섬(plus-sum) 게임이기 때문에 고유산업을 개발하는 것이 바람직하다. 이와 더불어, 세외수입을 증대시키는 등의 노력을 하여야 하며, 세출의 차원에서는 선심성 행정, 전시 행정, 중복 행정 등 불필요한 세출을 억제하여 예산의 낭비를 줄이도록 해야 한다.

제 4 절 유연한 시스템

지방자치단체를 둘러싸고 있는 환경은 지속적으로 변화하고 있다. 특히, 개방사회가 됨에 따라 지방자치단체들 간의 경쟁이 확대 · 심화되고 있다. 이러한 경쟁에서 생존하고 발전하기 위해서는 유동자본, 기업, 지역주민, 관광객이 원하는 지역이 되어야 한다. 가능하면 기업의 생산비용이 낮고, 규제가 적으며, 삶의 질이 높고, 쾌적한 환경을 갖도록 하여야 한다. 이를 위해서는 아래와 같이 변화에 능동적, 지속적, 유기적으로 대응할 수 있는 지역내부 시스템을 조성하여야 한다.

1. 유연한 정치 · 행정시스템 구축

환경의 변화에 대해 효과적으로 대응하기 위해서는 지방자치단체가 정치적으로 안정되고 행정적으로 효율성을 확보해야 한다. 이를 위해서는 다음과 같은 점들이 실현되어야 한다.

1) 다양성 존중

지방자치단체 내에는 다양한 주민들이 존재한다. 이들은 지방자치단체의 주요 구성원이기 때문에, 지역정책에 대한 이들의 협조 여부는 지역정책의 성패에 큰 영향을 미친다. 따라서 이들이 표출하는 다양한 의견들의 중요성을 인식하면서 지역정책을 결정 · 집행하는 과정에 주민들이 적극적으로 참여하도록 유도하여야 한다. 아울러, 이들의 건설적 비판을 허용하는 정치행정시스템이 구축되어야 한다. 따라서 주민들에게 정보를 제공하고, 교육을 받을 기회를 확대하며, 참여를 위한 동기를 부여하여야 한다.

2) 불합리성 시정

지방자치단체에는 다양한 연령, 남녀, 다양한 소득, 다양한 인종의 주민들이 거주한다. 연령, 성, 소득, 인종 등에서 차별이 있어서는 안 된다고 인식하면서도 차별이 존재하는 것이 현실이다. 차별이 심할수록 주민들 간의 갈등이 커져 지역통합, 지역정체성, 지역이미지 등에 부정적인 영향을 미친다. 갈등이 심한 지역에 거주하고 싶은 주민, 투자하고 싶은 기업, 관광하고 싶은 관광객은 없을 것이다. 따라서 지방자치단체의 잠재력을 충분히 발휘하기 위해 연령, 성, 소득, 인종 등에서 불합리한 것을 시정하여야 한다. 특히, 정책과정의 투명성을 확보하고, 주민들에게 참여의 기회를 균등하게 부여하며, 협동과 합의의 문화를 구축하고, 비폭력성을 중시하는 분위기를 구축하여야 한다.

2. 유연한 관리방식 도입

1980년대를 '품질(quality)의 시대'라고 하고, 1990년대를 '구조혁신(re-engineering)의 시대'라고 한다. 21세기는 '속도(velocity)의 시대'가 되리라 예측하는 사람들이 많다. 최근에 발생되는 사회변화를 보면 그들의 추측이 틀렸다고 보기 어렵다. 급속한 변화에 신속하게 대응하지 못하면 경쟁에서 뒤쳐질 수밖에 없다.

따라서 지방자치단체는 다음과 같은 방향으로 관리방식의 변화를 꾀할 필요가 있다(임재현, 2016: 457). 첫째, 전통적 계층제에서 평면적 조직구조로 바꾸어야 한다. 둘째, 중앙집중적 관리구조를 지양하고 분권적 관리구조를 갖추도록 해야 한다. 셋째, 부서 중심에서 벗어나 팀 중심으로 운영되어야 한다. 넷째, 정보 · 지식 중심의 관리체제를 구축해야 한다. 다섯째, 연공서열제가 아니라 성과 중심적인 체제가 되어야 한다. 여섯째, 내부조직 중심에서 탈피하여 외부 조달체제를 중시해야 한다.

3. 민관협조체제 구축

세계화 · 정보지식화 · 지방화가 진행되면서 국가 간, 그리고 지방자치단체들 간의 경쟁이 치열해지면서 지역경제의 불확실성이 점차 커지고 있다. 즉, 경쟁의 범위가 확대되고, 경쟁의 정도도 심해지고 있다. 이로 인해, 지역경제에 영향을 미치는 요인들이 크게 증대되고 있다. 이러한 상황에서 지방자치단체 내의 특정 집단의 독자적 노력만으로 지방자치단체가 생존 · 발전하리라 기대하는 것은 비현실적이다. 물론, 주도적 역할을 수행하는 집단이 있을 수 있지만, 다른 집단의 협조가 없으면 일회성 혹은 단기적 효과에 그칠 가능성이 크다. 지방자치단체가 가지고 있는 모든 자원의 총체적 결집이 요구된다. 즉, 지방자치단체 내의 공공부문과 민간부문이 협조체제를 구축하면서 동반자관계를 형성하도록 하여야 한다. 따라서 지방정부, 지방대학, 지방연구소, 지역기업 등을 포함한 지방자치단체 내의 다양한 주체들이 협력네트워크를 강화하면서 혁신을 통해 지역경쟁력을 향상시켜야 한다.

제 5 절 지역 인적 자원 육성

정보지식사회에서는 자연 · 지리적 조건보다 인적 자원을 축적 · 이용하는 것이 지방자치단체의 발전에 더욱 효과적이다. 이를 위해서는 다음과 같은 방안들이 모색되어야 한다.

1. 과학기술인력 육성

과학기술인력을 육성하기 위한 투자가 요망되고 있다. 우수한 과학기술대학이 입지하도록 유도하고, 이 대학이 주민들에게 첨단교육과 고급교육을 제공하여야 한다. 지방자치단체가 발전하기 위해서는 과학기술 엘리트의 역할이 매우 중요하지만, 주민과 지역기업도 중요한 역할을 수행한다. 따라서 지역에 유치된 과학기술대학이 과

제4차 산업혁명의 특징

■ 속도

제1~3차 산업혁명과 달리 제4차 산업혁명은 선형적 속도가 아닌 기하급수적인 속도로 전개 중이다. 이는 우리가 살고 있는 세상이 다면적이고 서로 깊이 연계되어 있으며 신기술이 그보다 더 새롭고 뛰어난 역량을 갖춘 기술을 만들어냄으로써 생긴 결과이다.

■ 범위와 깊이

제4차 산업혁명은 디지털혁명을 기반으로 다양한 과학기술을 융합해 개개인뿐만 아니라, 경제, 기업, 사회를 유례없는 패러다임 전환으로 유도한다. '무엇'을 '어떻게'하는 것의 문제뿐만 아니라 우리가 '누구'인가에 대해서도 변화를 일으키고 있다.

■ 시스템 충격

제4차 산업혁명은 국가 간, 기업 간, 산업 간, 그리고 사회 전체 시스템의 변화를 수반한다.

출처: 클라우스 슈밥(2016)의 『제4차 산업혁명』에서 부분 발췌 · 재서술

학기술 엘리트를 육성하는 것은 물론이고 지역기업과 주민들을 교육시킴으로써, 과학기술 엘리트, 지역기업, 주민 간에 시너지효과가 발생하도록 하여야 한다.

2. 지역 특유의 산업 관련 전문가 양성

지방자치단체 특유의 산업을 육성하여 이 분야의 전문가들을 배출하는 지방행정이 되어야 한다. 지방자치단체 특유의 산업은 지역경쟁력을 향상시키는 데 기여하는 것은 물론이고 이 분야의 기술주도권을 확보하게 함으로써, 지방자치단체를 정보와 지식의 중심지 역할을 수행하게 할 것이고, 또한 이 분야의 전문가를 육성하는 데에도 긍정적인 역할을 할 것이다.

3. 연구 · 개발 전문가 배출

지방자치단체는 연구 · 개발 활동에 적극적으로 투자하여야 한다. 민간부문은 투자금을 단기간에 회수하기 어려운 기초과학부문에 대한 연구 · 개발에 투자를 꺼리기 때문이다. 따라서 선진국에서도 기초과학부문에 대한 연구는 지방대학과 지방공공연구소에서 수행하고, 그 연구 결과를 상용화하는 것은 민간부문에서 담당하는 분업체제를 구축하고 있다. 이렇게 될 때, 기초과학부문은 물론이고, 이를 상용화하는 분야의 전문가들이 많이 배출될 수 있다.

4. 우수인력 유출 방지

지방자치단체는 첨단산업단지를 조성하여 우수인력이 외부로 유출되는 것을 방지하여야 한다. 예를 들어, '실리콘밸리'와 '루트 128'의 경우에도 우수한 과학기술대학을 통해 배출된 유능한 과학기술 인력에게 연구활동과 혁신적 활동을 지원하는 재원을 제공할 뿐만 아니라 첨단산업단지를 조성하여 이들이 창의력을 실현하도록 돕고 있다.

제 6 절 신산업과 쾌적한 주거환경

1. 신산업 육성

세계화 · 정보지식화를 발전의 기회로 이용하여 신속하게 경쟁력을 확보한 지방자치단체는 생산성을 증가시키고 주민의 소득을 상승시켜, 생활양식과 생산활동에서 큰 변화를 경험하였다. 이러한 지방자치단체는 고부가가치를 창출하는 첨단산업과 서비스업에 관심을 가진다. 즉, 기술과 감각과 문화가 어우러지는 신산업을 중시하는 경향이 있다.

2. 쾌적한 주거환경 조성

지역경제가 발전할수록 주민은 문화와 휴식 활동을 중시하게 되고, 주민들의 이러한 수요를 충족시키기 위해 이와 관련된 새롭고 참신한 아이디어가 요구된다. 따라서 아이디어 창출을 위한 핵심적인 역할을 할 수 있는 전문인력을 확보하는 것이 매우 중요한 과제로 등장하고 있다. 이러한 전문인력들을 많이 확보한 지방자치단체는 지역경쟁력을 높일 수 있다. 전문인력을 확보하기 위해서는 생활의 질을 높일 수 있는 거주여건이 구비되어야 한다. 따라서 지방자치단체는 녹지율이 높은 쾌적한 자연조건, 우수한 교육환경, 높은 수준의 문화 · 여가 시설 등을 조성하여야 한다.

참고문헌

○ 국내 문헌

강경태(2009). 정당공천제 개선방안: 기초의회의원선거를 중심으로. 『한국정당학회보』, 8(1): 225-253.

강성철 · 권경득 · 강재호(2004). 『지방자치단체 인사관리 시스템 개선방안』. 한국행정연구원.

강성철 외(2001). 『신인사행정론』. 서울: 대영문화사.

강재규(2012). 지방공기업의 현황과 문제점. 『경희법학』, 4(1): 97-132.

강준만(2016). 『미디어 법과 윤리』. 서울: 인물과 사상사.

강현수(1993). 정보기술의 발달과 도시 및 지역구조의 변화. 『대한국토도시계획학회지』, 28(3): 71-84.

권경득(2003). 지방공무원의 승진 · 전보 · 교류 제도 혁신. 『지방행정』, 2003년 8월호: 44-51.

김대원(1999). 통합시의 생산성 증대효과 분석: 공공산출물의 측정모형의 적용을 중심으로. 『한국행정학보』, 33(3): 327-344.

김동현 · 박형준 · 남승하(2013). 지방공기업과 지방자치단체의 재정건전성 관계에 관한 연구. 『한국정책과학학회보』, 17(1): 89-117.

김동훈(1999). 『지방정부론』. 충남대학교 출판부.

김병준(1997). 경영정보: 위기가 부른 개혁-'주민발의안 13'과 예산제도 개혁. 『지방행정』, 46: 526-527.

김선명 · 김기현(2008). 행정구역개편안에 관한 주요 쟁점 및 평가. 『한국거버넌스학회보』, 15(3): 351-381.

김영기(2003). 주민소환제의 도입방안. 『지방행정연구』, 17(3): 173-204.

______(2008). 미국과 스위스, 한국의 주민발의제도 비교연구. 『지방행정연구』, 22(2): 117-144.

김영정(2000). 정보화와 도시생활양식의 변모: 신화와 현실. 『사회과학연구』, 26: 39-56. 전북대학교 사회과학연구소.

김용복(2009). 지방정치와 정당의 역할. 『지역사회연구』, 17(4): 31-52.

김종욱(2012). 지방선거에서의 정당경쟁. 『한국지방자치학회보』, 24(3): 113-135.
김종춘(2011). 『베끼고, 훔치고, 창조하라』. 매일경제신문사.
김천권(2014). 『현대도시행정』. 서울: 대영문화사.
김철용(2004). 『행정법』. 서울: 박영사.
김현식 · 진영효(2003). 정보화시대 도시공간 변화에 관한 연구. 『국토연구』, 36: 59-76.
김현조(2009). 『지방자치론』. 서울: 대영문화사.
김형국(2002). 『고장의 문화판촉: 세계화시대에 지방이 살 길』. 서울: 학고재.
김호기(2007). 『한국시민사회의 성찰』. 서울: 아르케.
김홍렬(2016). 스마트 그리드, 지속가능한 경제를 위한 첫 조건. 디지털 콘서트 1월 9일.
김홍환(2014). 지방재정 관련주요 현황과 중앙-지방간 재정관계 정립방안. 2015년 정책이슈 발굴 세미나.
김흥식(1993). 『지역이기주의 극복을 위한 정책연구』. 한국지방행정연구원.
마뉴엘 카스텔(2003). 『네트워크 사회의 도래』. 김묵한 외 옮김. 서울: 한울.
모성은(2010). 『지역경제정책론』. 서울: 박영사.
밀즈(1978). 『사회학적 상상력』. 강희경 · 이해찬 옮김. 서울: 홍성사.
박균성(2011). 『행정법론(하)』. 서울: 박영사.
박기관 · 홍관웅(2013). 지방행정체제 개편에 대한 인식과 기대효과의 탐색: 강원도를 중심으로. 『한국지방자치학회보』, 25(2): 55-81.
박봉국(2006). 『지방의회과정론』. 서울: 박영사.
박응격(2012). 『현대 지방자치론』. 서울: 신조사.
박종관 · 조석주(2001). 시 · 군통합에 의한 행정구역개편 정책의 성과평가에 관한 연구. 『한국사회와 행정연구』, 12(3): 55-77.
박종화 외(2013). 『도시행정론』. 서울: 대영문화사.
박지형 · 홍준현(2007). 시 · 군통합의 지역경제성장 효과. 『한국정책학회보』, 16(1): 167-236.
박형준(2013). 시군통합 모형의 이론적 고찰을 통한 시군통합의 한계 탐색: 2단계 C3 모형과 제도적 집단행동모형을 중심으로. 『한국지방자치학회보』, 25(2): 27-52.
박혜자(2011). 『문화정책과 행정』. 서울: 대영문화사.
베르너 크뢰버 릴(2005). 『영상커뮤니케이션』. 조창연 옮김. 서울: 커뮤니케이션북스.
새뮤얼 헌팅턴 외(2001). 『문화가 중요하다』. 이종인 옮김. 서울: 김영사.
서울시정개발연구원(2009). 서울시 자치구 행정구역 개편방안.
서종국(2005). 정보화와 도시공간 및 행태의 변화에 관한 연구. 『한국행정논집』, 17(2): 291-311.
소순창(2010). 지방행정체제 개편: 미미한 성과 그리고 기나긴 여정. 『지방행정연구』, 24(4): 29-58.

송광태 · 임승빈(2010). 2010년 6 · 2 지방선거 분석과 정당공천제도에 대한 논의. 한국지방자치학회 지방선거제도개선제1차 기획 토론회 발표논문: 13-28.

신경희(2011). 『지역기반 제3섹터 조직의 복지활동과 발전방안』. 서울시정개발연구원.

안성호(2005). 주민투표의 직접민주적 개방성. 『한국지방자치학회보』, 17(3): 157-181.

앨빈 토플러(1991). 『권력이동』. 이규행 옮김. 서울: 한국경제신문사.

______(1995). 『미래쇼크』. 이규행 옮김. 서울: 한국경제신문사.

______(2006). 『부의 미래』. 김중웅 옮김. 서울: 청림출판.

______(2006). 『제3의 물결』. 원창엽 옮김. 서울: 홍신문화사.

여영현(2008). 지방공기업 및 출자 · 출연기관의 효율성 증진 방안. 『지방재정과 지방세』, 2008년 4월호. 한국지방재정공제회.

오세홍(1988). 일선공무원의 행정 행태에 대한 연구. 『정책과학논총』, 제4권.

우성호 · 이환범(2010). 기초의원 정당공천제 실태분석 및 개선방안에 관한 연구. 『한국지방자치학회보』, 22(3): 57-82.

원제무(1996). 정보화 사회의 도래가 도시에 미치는 영향. 『지역연구』, 12(1): 31-45.

유승권(2006). 『도시 마케팅의 이해』. 서울: 한솜미디어.

유우익(1995). 지방화시대 농어촌 지역개발의 새로운 방향과 과제. 『지리학논총』, 26: 21-39.

유재원(2002). 지방자치 계층구조 및 행정구역 개편에 관한 소고. 『한국정책과학학회보』, 6(2): 119-138.

유재원 · 손화정(2009). 시군통합의 효과에 대한 경험적 분석: 단절적 시계열모형(ARIMA)의 적용. 『한국행정학보』, 43(4): 285-306.

육동일(2009). 지방선거 정당공천제의 평가와 과제. 한국지방자치학회 위기의 정당공천제 쟁점과 해법 발표논문집: 19-50.

이규환(2004). 『도시행정론』. 서울: 법문사.

이기우(2002). 주민소환제도. 『시민과 세계』, 1: 293-304.

______(2009). 지방행정체제개편의 논의의 방향과 과제. 『제도와 경제』, 3(1): 113-147.

이기우 · 하승수(2007). 『지방자치법』. 서울: 대영문화사.

이동윤(2010). 지방선거와 정당공천제 논쟁. 『현대정치연구』, 3(1): 71-107.

이무용(2002). 도시마케팅 전략에 대한 문화적 제 고찰. 『도시정보』, 247. 대한국토 · 도시계획학회.

______(2006). 『지역발전의 새로운 패러다임 장소마케팅 전략』. 서울: 논형.

이상묵(2008). 지방선거제도 변화와 지방정치엘리트의 충원양상. 『한국행정학보』, 42(1): 123-147.

이성근 외(2013). 『지역개발론』. 서울: 도서출판 집현재.

이성복(2004). 중앙정부와 지방정부의 역할 조정: 분권형 국가로의 개조. 정보통신정책연구원.

이승종(2005). 『지방자치론』. 서울: 박영사.
______(2008). 지방역량강화를 위한 광역자치구역의 개편 방안. 『행정논총』, 46(3): 361-390.
이시원 · 민병익(2001). tl · rns 통합에 따른 행정구역 개편의 효율성 분석: DEA 분석기법을 적용한 통합 전후의 비교를 중심으로. 『한국사회와 행정연구』, 12(3): 79-101.
이원희(1995). 지방공무원의 교육훈련 강화해야 한다. 『월간지방자치』, 현대사회연구소.
이자원(2000). 정보화와 도시공간구조의 변화. 『지리학연구』, 34(4): 245-258.
이종수(2002). 『지방정부이론』. 서울: 박영사.
이주헌 · 김효정(2010). 지방정부간 갈등과 협력기제에 대한 비교연구: 장사시설 관련 갈등사례를 중심으로. 『한국지방자치학회보』, 22(4): 83-105.
이해영 외(2018). 『환경사무 집행체계 개선방안 마련 연구』. 환경부.
이희연(1991). 『경제지리학』. 서울: 법문사.
______(2005). 세계화시대의 지역인구에서 장소마케팅의 의의와 활성화방안. 『한국도시지리학회지』, 8(2): 22-50.
임승빈(2005). 『지방자치론』. 서울: 박영사.
______(2014). 『지방자치론』. 파주: 법문사.
임재현(2016). 『도시행정론』. 서울: 대영문화사.
______(2021). 『지역사회개발론』. 서울: 박영사.
임창호(1998). 정보기술의 발달과 도시에의 영향. 『국토계획』, 33(6): 7-31.
장덕희 · 목진휴(2010). 도농통합의 효과분석. 『한국정책학회보』, 19(1): 363-401.
쟝 피에르 바르니에(2008). 『문화의 세계화』. 주형일 옮김. 서울: 한울.
전영옥(2004). 『문화자원의 개발과 지역활성화 전략』. 삼성경제연구소.
정문기 · 박성호(2011). 서울시 행정체제개편의 탐색적 분석: 자치구 통합에 관한 공무원의 인식을 중심으로. 『한국지방자치학회보』, 23(2): 1-26.
정세욱(2000). 『지방자치학』. 서울: 법문사.
정일섭(2006/2016). 『한국지방자치론』. 서울: 대영문화사.
정정화(2012). 주민투표제도의 운영실태와 개선방안. 『한국지방자치학회보』, 24(4): 89-113.
정주택(2003). 중앙행정권한 지방이양사업의 개선방안. 『한국사회와 행정연구』, 13(4): 167-184.
조석주 · 이재기(2000). 시 · 군통합의 경제적 효과에 관한 연구: 행정비용 절감효과를 중심으로. 『한국지방재정논집』, 5(1): 1-33.
조성대(2006). 지방선거에 있어서 정당경쟁과 의원입법활동. 한국지방정부학회 학술대회 논문집: 189-204.
조성호(2011). 지방이양일괄법 제정의 필요성과 한국형 모델. 지방이양사무의 효율적 법제화를 위한 정책토론회 자료집.
______(2015). 21C 메가시티 경쟁시대 수도권규제의 진단과 해법. 경기연구원 연구보고서.
조성호 · 박석희(2009). 지방행정체제 개편에 관한 비용-효과 분석: 시군 통합방안을 중심으로. 『한국지방자치학회보』, 21(4): 27-53.
조지프 스티글리츠(2021). 『불만 시대의 자본주의』. 박세연 옮김. 파주: 열린책들.
존 그레이(2016). 『가짜 여명』. 김승진 옮김. 서울: 도서출판 이후.
존 메들리(2004). 『초국적 기업 세계를 삼키다』. 차미경 외 옮김. 파주: 창비.
주성수(2007). '직접, 대의, 심의' 민주주의 제도의 통합. 『시민사회와 NGO』, 5(1): 177-204.
주성재(1999). 정보화에 따른 국토공간변화 전망. 『한국경제지리학회지』, 2(1): 169-182.
주용학(2007). 민선4기 지방선거 결과 분석 및 정책적 함의. 『한국지방자치학회보』, 19(1): 29-51.
주재복 · 고경훈 · 심준섭 · 홍성만 · 조영희(2005). 『지역갈등의 현황 및 정책과제』. 한국여성개발원.
지방자치의정연구소(2021). 『자치행정 분야 정책 공약 제안』. 대한민국시도지사협의회.
차경은(2009). 지방자치의 권한과 정당구도의 딜레마. 『한국지방자치학학보』, 21(3): 53-78.
초의수(2000). 외국의 분권-분산정책. 부산광역시청 정책개발실.
최남희(1997). 정보화에 따른 도시공간의 변화와 도시행정의 방향. 한국행정학회 97년 동계 학술대회 논문집: 663-685.
최봉기(2006). 중앙정부에 의한 지역 간 경쟁적 주민투표제도의 개선과제. 『한국지방자치학회보』, 18(2): 5-26.
최봉석 외(2015). 『국가와 지방자치단체간의 사무구분 및 사무조사 연구용역』. 동국대학교.
최송이 · 최병대(2012). 중앙-지방정부간 역할분담에 대한 추이 분석: 1991년 이후 지난 20년 간의 사무배분을 중심으로. 『한국지방자치학회보』, 24(3): 1-24.
최우용(2012). 지방자치사무배분 개혁의 현황과 과제: '법정수임사무'를 중심으로. 『공법학연구』, 12(4): 35-60.
최재헌(2005). 세계화시대의 지역과 지역정체성에 대한 개념적 이해. 『한국도시지리학회지』, 8(2): 1-22.
최창호(2003). 『지방자치의 이해』. 서울: 삼영사.
______(2006). 『지방자치학』. 서울: 삼영사.
최흥석 · 정재진(2005). 도농통합의 재정적 효과에 관한 연구. 『지방행정연구』, 19(4): 145-172.
충북개발연구원(2007). 지방공무원 교육훈련 혁신체계에 관한 연구.
클라우스 슈밥(2016). 『제4차 산업혁명』. 송경진 옮김. 서울: 새로운 현재.

한국지방자치학회 편(1998). 『지방자치사전』. 서울: 보성각.
한국지방행정연구원(2008). 『지방자치단체 사무의 민간위탁 효율성 진단』.
한부영 · 박재희(2019). 『국가와 지방자치단체 간사무배분 원칙과 기준 재정립 방안 연구』. 한국지방행정연구원.
행정안전부(2015). 『한국도시통계』.
______(2020). 『2020 지방자치단체 행정구역 및 인구 현황』.
행정자치부(2004). 『지방분권특별법 해설집』.
허재완 외(1998). 『한국지역경제론』. 서울: 법문사.
허철행(2011). 지방선거에 있어서 정당공천제의 한계와 개선방안에 관한 연구. 『지방정부연구』, 15(1): 233-251.
허훈 · 강인호(2009). 자치행정체제개편에 대한 전문가의견조사와 바람직한 추진방향. 『한국지방자치학회보』, 21(2): 29-55.
허훈 · 정재화(2016). 시민정치도구로서의 주민소환운동 경험과 평가. 『한국지방자치학회보』, 28(3): 77-103.
홍경식(2016). 은퇴 후 일자리로 제3섹터 주목. 한국보험신문. 2016년 12월 4일.
홍준현(1997). 시 · 군통합에 의한 행정구역개편의 효과분석. 『한국사회와 행정연구』, 8(2): 59-90.
______(1999). 중앙행정권한의 지방이양사업에 대한 평가. 한국행정학회 동계학술대회 발표 논문집: 853-873.
______(2005). 시 · 군통합이 지역 내 및 지역 간 균형성장에 미친 효과. 『한국사회와 행정연구』, 16(1): 299-324.
황아란(2002). 지방선거의 정당공천. 『지방행정연구』, 16(1): 97-114.
황태규 · 김형남(2005). 『지역 · 도시마케팅으로 보는 21세기 생존전략 국토이노베이션시대가 열린다』. 문화유람.

국민일보(2016). 일본 규슈 '온천마을'이 색(色)을 입기까지. 2016.9.19.
뉴스인데일리(2018). 직장인 73.8% '직무전환 준비 중'. 2018.5.17.
뉴스핌(2017). '핌피': 동남권 신공항 유치 경쟁. 2017.3.14.
동아일보(2007). 지방의원 도덕성 심각. 2007.7.29.
동양일보(2013). 엔터프라이즈 존. 2013.8.1.
시사경제용어사전(2016).
연합뉴스(2019). 전남 함평나비축제 등 종합만족도 전국 최상위권. 2019.10.8.
위키백과(2016).
중앙일보(2004). 함평 나비대축제. 2004.4.30.
함평 나비대축제 홈페이지.

국외 문헌

Arnstein, S. R.(1969). A Ladder of Citizen Participation. *Journal of the American Institute of Planners*, 35(4).

Bassett, K.(1993). Urban Cultural Strategies and Urban Regeneration: A Case Study and Critique. *Environment and Planning A*, 25(2): 1773-1788.

Bickers, K. N. & R. M. Stein(1998). The Microfoundations of the Tiebout Model. *Urban Affairs Review*, 34(1): 76-93.

Blair, J. P. & Z. Zhang(1994). Ties that Bind Reexamined. *Economic Development Quarterly*, 8(4): 373-377.

Boyte, H. C.(1981). *The Backyard Revolution*. Philadelphia: Temple University Press.

Bradley, A. et al.(2002). Selling Cities: promoting new images for meeting tourism. *Cities*, 19.

Bridges, E.(1997). *The Consolidation of Local Government: Assessing the Serviceand Financial Implications of the Village of Fillmore Dissolution*. www.dos.state.ny.us/lgss/pdfs/fillmore.pdf

Brochand, B. & J. Lendrevie(1989). *Le Publicitor*. Paris: Dalloz Gestion.

Bryson, John M.(1995). *Strategy Planning for Public and Nonprofit Organizations*. San Francisco, CA: Jossey-Bass Publishers.

Carr, J. B. & R. C. Feiock(2004). *City-county Consolidation and its Alternatives: Reshaping the Local Government Landscape*. New York: M. E. Sharpe Inc.

Conyers, D.(1981). Decentralization for Regional Development. *Public Administration and Development*, 1(2).

Coxall, B., L. Robins & R. Leach(2003). *Contemporary British Politics*. London: Palgrave Macmillan.

Crick, B.(1964). *In Defence of Politics*. Harmondsworth: Penguin.

DiMaggio, P. & M. Useem(1978). Cultural Democracy in a Period of Cultural Expansion: The Social Composition of Arts Audiences in the United States. *Social Problems*, 26(2): 179-197.

Downs, A.(1994). *New visions for metropolitan America*. Washington, D.C.: Brookings Institution Press.

Elcock, H.(1982). *Local Government: Politicians, Professionals and the Public in Local Authorities*. London: Methuen & Co., Ltd.

Fesler, J.(1964). *Area and Administration*. Alabama: University of Alabama Press.

Hill, M.(1997). *The Policy Process in the Modern State*. N.Y.: Prentice Hall.

Ife, Jim(2002). *Community development: community-based alternatives in an age of globalisation*. Sydney: Pearson Education.

Jacobs, J.(1984). *Cities and the Wealth of Nations*. N.Y.: Random House.

Judd, D. R.(1988). *The Politics of American Cities: Private Power and Public Policy*. London: Scott, Foresman and Co.

Kearns, G. & C. Philo(1993). *Selling Places: The City as Cultural Capltal, Past and Present*. Oxford: Pergamon Press.

Kotler, P.(1986). *Principles of Marketing*. N.Y.: Prentice Hall.

Leland, S. M. & K. M. Thurmaier(2010). *City-county Consolidation: Promises made, Promises Kept?* Washington, D.C.: Georgetown University Press.

Lipman, V.(1949). *Local Government Areas 1834~1945*. Oxford: Basil Blackwell.

Lipsky, M.(1980). *Streei-Level Bureaucracy: Dilemmas of the Individual in Public Services*. Russel: Sage Foundation.

Loken, B., Ross, I. & R. Hinkle(1986). Consumer Confusion of Origin and Brand Similarity Perceptions. *Journal of Public Policy and Marketing*, 5: 195-211.

Lowery, D.(2000). A Transactions Costs Model of Metropolitan Governance: Allocation versus Redistribution in Urban America. *Journal of Public Administration Research and Theory*, 10(1): 49-78.

Millspaugh, A.(1936). *Local Democracy and Crime Control*. Washington, D.C.: Brookings Institution Press.

Oliver, J. E.(2001). *Democracy in Suburbia*. Princeton: Princeton University Press.

Paddison, R.(1993). City marketing, image reconstruction and urban regeneration. *Urban Studies*, 30(2).

Paytas, J.(2001). *Does Governance Matter? The Dynamic of Metropolitan Governance and Competitiveness*. http://ris.hanam.ac.kr/file

Powell, M. et al.(2007). Understanding the Mixed Economy of Welfare. *The Policy Press and the Social Policy Association*.

Rondinelli, D. A.(1985). *Applied Methods of Regional Analysis: The Spatial Dimensions of Development Policy*. London: Boulder.

Rosenfeld, R. & R. A. Reese(2003). The Anatomy of an Amalgamation: The Case of Ottawa. *State and Local Government Review*, 35(1): 57-69.

Rusk, D.(1993). *Cities without Suburbs*. Washington, D.C.: Woodrow Wilson Press.

Savitch, H. V. & R. K. Vogel(1996). *Regional Politics: America in a Post-City Age*. Thousand Oaks: SAGE Publications.

Schattschneider, E.(1960). *The Semi-Sovereign People*. N.Y.: Holt, Rinehart and Winston.

Schneider, M.(1989). *The Competitive City: The Political Economy of Suburbia*. Pittsburgh: University of Pittsburgh Press.

Seamon, F. & R. C. Feiock(1995). Political Participation and City County Consolidation: Jacksonville-Duval County. *International Journal of Public Administration*, 18(1): 1741-1752.

Selden, S. C. & R. W. Campbell(2000). The expenditure impacts of unification in a small Georgia county: A contingency perspective of city-county consolidation. *Public Administration Quarterly*, 24(2): 169-201.

Smith, B. C.(1985). *Decentralization: the Territorial Dimension of the State*. London: George Allen & Unwin.

Smith, D. & C. Tolbert(2004). *Educated by Initiative: The Effects of Direct Democracy on Citizens and Political Organizations in the American States*. Ann Arbor, Michigan: The University of Michigan Press.

Smith, N.(1986). Gentrification, the frontier, and the restructuring of urban space. In N. Smith & P. Williams(eds.). *Gentrification of the City*. Winchester, Mass: Allen & Unwin Inc.

Steiss, A. W.(2003). *Strategy Management for Public and Nonprofit Organizations*. New York: Marcel Dekker.

Ter-Minassian, T.(1997). Decentralizing Government. *Finance & Development*, 34(3): 34-39.

Teske, P., M. Schneider, M. Mintrom & S. Best(1993). Establishing the Micro Foundations of a Macro Theory: Information, Movers and the Competitive Local Market for Public Goods. *American Political Science Review*, 87: 702-713.

The Coopers & Lybrand Consulting Group(1995). *Strategy Management: An Introduction for the Executive and Legislative in City Governments*. New York.

Tocqueville, Alexis de.(2003). *Democracy in America*. London: Penguin Classics.

Toffler, A.(1980). *The Third Wave*. N.Y.: Bantham Books, Inc.

Tullock, G.(1967). *The Politics of Bureaucracy*. N.Y.: Public Affairs Press.

Wright, D.(1988). *Understanding Intergovernmental Relations*. Pacific Grove, California: Books & Cole Publishing Company.

Zimmerman, J.(1999). *The Initiative: Citizen Law-Making*. Westport, Connecticut: Praeger Publishers.

cafe.daum.net/34-1004/TSfR/31
http://blog.daum.net/lsak21/6094931
https://kisingo.tistory.com/481

찾아보기

ㄷ

ㄹ

ㅁ

ㅂ

ㅅ

ㅇ

ㅈ

저자 소개

임재현

한국외국어대학교 영어과 학사
연세대학교 행정학과 석사
미국 University of Delaware 도시정책학 박사
한국행정학회, 한국정책학회 이사 역임
지방자치단체 · 공공기관 평가위원 역임
국가고시 · 공무원시험 출제 · 채점 위원 역임
오리건주립대학교 교환교수 역임
숙명여자대학교 행정학과 학과장 역임
숙명여자대학교 사회과학대학 학장 역임
숙명여자대학교 정책대학원 원장, 인적자원개발대학원 원장 등 역임
현) 숙명여자대학교 행정학과 명예교수

저서: 도시행정론(대영문화사), 지역사회개발론(박영사), 한국의 환경지속성(대영문화사), 사회복지정책론(법문사), 주택정책론(부연사), 부동산학개론(부연사), 공동주택관리론(부연사), 부동산과 현대사회(부연사)

논문: 도시의 성장과 쇠퇴(현대사회발전연구), 우리나라의 도시별 도시화단계(주택연구), 광역행정체계의 활성화에 관한 연구(현대사회연구), 영구임대주택단지의 공동체 활성화에 영향을 미치는 요인에 관한 연구(한국정책과학학회보), 주택특성가격이론의 발전모색(한국행정학보), 도시주거지역개발을 위한 gentrification과 incumbent upgrading의 비교분석(통일논총), 지역개발의 과제(사회 · 교육과학연구), 무주택서민을 위한 지방정부의 주택프로그램이 주택쇼핑의 능률성에 미친 영향(주택연구), 지방자치단체의 자치구역에 관한 연구(한국행정연구), 영구임대주택단지 임차가구의 삶의 질에 영향을 미치는 요인에 관한 연구(GRI연구논총), 국가 지식정보자원 관리체계의 효과적 구축을 위한 제언(한국행정연구), 지방재정 확보에 관한 연구(사회 · 교육과학연구), 지속가능한 발전을 위한 수자원 관리방안(사회 · 교육과학연구), 공공지식정보자원 유료화의 조건(현대사회와 행정), 주택저당채권유동화제도의 활성화 방안(사회 · 교육과학연구), 생태계 보전을 위한 관리방안(사회 · 교육과학연구), 주상복합건물의 매매가격에 영향을 주는 요인에 관한 연구(대한부동산학회지), 서울시 아파트의 전세가격 격차에 영향을 주는 요인에 관한 연구(지적), 영구임대주택단지의 공동체 활성화 요인에 대한 수요분석(한국정책학회보), 서울시 상권 특징이 상가월세의 비중에 미치는 효과(지적), 상가권리금의 결정요인에 관한 연구(지적과 국토정보), 주상복합아파트 임대료의 산포에 영향을 주는 요인(지적과 국토정보), 문화지구의 지가의 영향요인에 관한 연구(지적과 국토정보), 성과평가제도의 평가결과 요인이 직무태도에 미치는 영향(한국인사행정학회보) 등 다수

개정판
지방행정론

펴낸날 제1판 제1쇄 2017년 9월 11일
제2판 제1쇄 2023년 1월 31일
지은이 임재현
펴낸이 임춘환
펴낸곳 도서출판 **대영문화사**
주소 (본사) 사무실: 경기도 고양시 일산서구 주화로 70
우신프라자 307호 (우 10387)
(본사) 물류센터: 경기도 고양시 일산서구 덕산로
107번길 68-50 (우 10205)
등록 1975년 12월 26일 제3-16호
전화 (031) 913-3062, (031) 914-3884~5
팩스 (031) 913-3839
홈페이지 http://www.dymbook.co.kr

ISBN 978-89-7644-873-6
값 32,000원